陈总编爱车热线书系

汽车1000个为什么

彩色版

陈新亚　编著

机械工业出版社
CHINA MACHINE PRESS

本书中的1000个汽车问答是从作者20多年来与车友的上万条互动中精选出来的。所选内容涉及汽车的方方面面，都是关于汽车的基本常识，且是车友们常遇到的问题，很多都很新颖。回答采用了通俗的语言、形象的比喻，并配上丰富的精美图片。这里没有枯燥的专业词汇，没有难懂的图表，更没有复杂的公式，都是车友们一看就懂的科普式介绍。一本书助您成为懂车行家。

本书尽量采用一问一答一图的形式，内容贴近车友生活，实用性强、专业准确、新鲜及时，适合汽车从业人员、汽车爱好者、车主、购车者等阅读使用。

图书在版编目（CIP）数据

汽车1000个为什么：彩色版 / 陈新亚编著.

北京：机械工业出版社，2024.12. --（陈总编爱车热线书系）. -- ISBN 978-7-111-77138-8

Ⅰ. U46

中国国家版本馆CIP数据核字第2024Z34P95号

机械工业出版社（北京市百万庄大街22号 邮政编码100037）
策划编辑：李 军　　　　　责任编辑：李 军 高孟瑜
责任校对：梁 园 张 薇　　责任印制：刘 媛
北京中科印刷有限公司印刷
2025年1月第1版第1次印刷
184mm×260mm・18印张・2插页・605千字
标准书号：ISBN 978-7-111-77138-8
定价：99.00元

电话服务　　　　　　　　　　网络服务
客服电话：010-88361066　　　机 工 官 网：www.cmpbook.com
　　　　　010-88379833　　　机 工 官 博：weibo.com/cmp1952
　　　　　010-68326294　　　金 书 网：www.golden-book.com
封底无防伪标均为盗版　　机工教育服务网：www.cmpedu.com

PREFACE 前言

这里有问必答

很荣幸,一不小心进入了汽车行业,为车友提供咨询服务二十多年,回答与汽车有关的问题上万条,包括购车、赏车、用车、玩车等内容,涉及品牌文化、设计制造、售后服务、赛车运动等方面。我把这些提问与回答进行收集、整理,挑出1000个最有意思的问答进行分类,就形成了您手中的这本书。

直观、通俗、轻松、有趣、实用,是本书的五大特点。

在个人或家用器具中,除了汽车还没有哪种物件需要考试合格后才允许使用,因为汽车包含太多太多的文化、技术和知识。汽车是最为复杂的家用器具了。面对一辆汽车,甚至可以提出十万个为什么,从外观造型到内饰设计,从基础技术到创新配置,从购车养车到安全驾驶,永远有问不完的问题。现在日新月异的汽车电动化、智能化创新技术,更是为我们带来了无穷无尽的汽车新知,也等待我们去不断探索。

近年来,新能源汽车在国内迅猛发展,自动驾驶技术得到了快速普及应用。本书为此增加了"新能源汽车电驱动"一章,使内容能够与时俱进,及时满足车友们的需求,切实做到"一本书助您成为懂车行家"。

本书篇幅有限,如有汽车相关问题,可通过邮箱或扫描公众号二维码提问。来信必复,这里有问必答!

270963083@qq.com

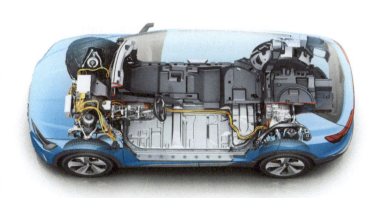

扫描公众号二维码提问

目 录

前言　这里有问必答

第1章 认识汽车

1.1 汽车有哪些类型与级别？/002

怎样为汽车分类？汽车都有哪些类型？/002
什么样的车才能被称为越野车？它有什么特点？/004
SUV是指什么车？它有什么特点？/004
越野车与SUV有什么区别？/004
为什么有时不好区分它们？/004
为什么不能将越野车统称为"吉普"？/004
什么是旅行轿车（Wagon）？/005
为什么车迷称其"瓦罐"？/005
什么是跨界车型（Crossover）？/005
什么是MPV车型？它有什么特点？/005
什么是Roadster车型？哪些著名车型是Roadster？/005
Cabriolet和Convertible分别是指什么车型？/006
什么是轿跑（Coupe）车型？为什么有人称其"古贝"车型？/006
Saloon和Sedan都是指轿车吗？/006
LPG、CNG、EV、HEV、FFV分别是指什么车型？/006
什么是跑车和运动车？跑车有什么设计特点？/007
什么是超级跑车？它有什么主要特征？/007
GT是指什么车型？它有什么特点？/007
什么是豪华轿车？/008
什么是超级豪华轿车？它有哪些显著特点？/008
为什么防弹车能够防御武器袭击？/009
防弹车是怎样改装制造的？/009
超级加长豪华轿车是怎样改装出来的？/009
为什么超级加长豪华轿车仍采用前置后驱方式？/009
什么是车型？/010
汽车级别是怎样划分的？轿车有哪些级别？/010
什么是A、B、C、D级车型？/010
什么是入门车型？/011
什么是换代车型？/011
什么是旗舰车型？/011
什么是小改款车型？/011
什么是大改款车型？/011
为什么说汽车铭牌是汽车的身份证？/012
汽车铭牌通常固定在什么位置？/012
VIN有什么作用？/013
怎样从VIN知道汽车生产年份？/013
什么是汽车的整备质量？/014
整备质量对汽车的性能有什么影响？/014
什么是汽车载质量？/014
什么是汽车总质量？/014
什么是电动汽车的续驶里程？/014
什么是NEDC续驶里程？/014

1.2 怎样认识汽车外观？/015

汽车车身是怎样划分"厢"的？/015
什么是单厢车？/015
什么是两厢车？/015
什么是三厢车？/015
为什么两厢车的行李舱盖也称为"门"？/015
什么是2门车身？/016
什么是3门车身？/016
什么是4门车身？/016
什么是5门车身？/016
什么是掀背式和快背式车身？/016
什么是楔形车身？为什么跑车喜欢采用这种设计？/016
什么是双段式尾门？/017
什么是鸥翼式车门？/017
什么是剪刀式车门？/017
什么是蝴蝶式车门？/017
什么是滑动式车门？/018
什么是对开式车门？为什么又称为"自杀门"？/018
什么是纵向通过角？/018
什么是最小离地间隙？/018
什么是接近角和离去角？/018
它们怎样影响汽车的通过性？/018
什么是最大爬坡度？/019
什么是最大涉水深度？/019
什么是最大侧倾角？/019
什么是汽车的前翼子板和后翼子板？/019
什么是汽车的A、B、C柱？/019
车身外都有哪些常见灯？/020
前照灯下方小方块有什么用？/020
为什么氙气前照灯发出接近日光的白光？/020
为什么卤素前照灯发出白色偏黄光？/020
为什么雾灯和转向灯采用黄色光？/020
为什么制动灯和示廓灯采用红色光？/020
为什么日间行车灯和倒车灯采用白色光？/020
跑车身上为什么有"洞洞"？/021
无边框车窗有什么好处？/021
为什么前照灯罩内有许多条纹？/021
为什么后尾灯罩内看起来晶莹闪亮？/021
为什么汽车后风窗不能打开？/022
如果打开后风窗会发生什么？/022

车尾上 1.6L、1.8T、2.4GS 分别代表什么？/ 022
汽车前脸造型设计受专利保护吗？/ 022
为什么一些车尾下有根"小条"？/ 022
为什么救护车上的名字是反印的？/ 022

1.3 怎样认识车内标识符号？/ 023

什么是左舵和右舵？/ 023
汽车为什么要分左舵和右舵？/ 023
为什么有些自动档汽车有三个踏板？/ 023
方向盘上的"SRS"是什么意思？/ 023
为什么一些车速表上有两圈数字？/ 024
数字式车速表有什么优缺点？/ 024
为什么转速表上要设置红线区？/ 024
转速达到红线区时会发生什么？/ 024
为什么一些车速表在 30 和 50 处有红线？/ 025
为什么燃油表显示时快时慢？/ 025
车速表显示的速度是如何测得的？/ 025
1 迈相当于多少千米？/ 025
什么是多功能方向盘？/ 026
为什么前驱车后排地板中间也有隆起？/ 026
什么是带阳光反射技术的座椅真皮？/ 026
后排座椅 4/6 布置是什么意思？/ 027
怎样调整电动座椅？/ 027
怎样调整座椅头枕？/ 027
怎样调整方向盘倾斜度？/ 028
为什么要设置后车门儿童安全锁？/ 028
怎样操作电动车窗玻璃的升降？/ 028
怎样折叠后座椅靠背？/ 029
怎样操作中控门锁开关？/ 029
为什么要拉两下门内拉手才能开车门？/ 029
怎样使用驾驶座椅加热器？/ 029
怎样认识燃油表？/ 029
怎样使用遥控钥匙？/ 030
点火开关上的英文字母是什么含义？/ 030
怎样看冷却液温度表？/ 031
怎样观看车速 / 里程表？/ 031
怎样查看转速表？/ 031
怎样操作灯光开关？怎样用灯光提示前方车辆？/ 031
怎样调节刮水器开关？/ 032
危险警告灯什么时候打开？/ 032
怎样进行风窗玻璃喷水和清扫操作？/ 032
怎样调节车外后视镜？/ 032
怎样使用行李舱盖释放按钮？/ 033
怎样打开和关闭发动机舱盖？/ 033
开启油箱盖时应注意什么？为什么加油站禁止打手机？/ 033
怎样操作空调更合理？/ 033
怎样延长空调使用寿命？/ 034
长时间暴晒后怎样让车内快速降温？/ 034
怎样除去前风窗玻璃上的雾气？/ 034
怎样操作后车窗除雾器开关？/ 034

"内循环"和"外循环"是什么意思？/ 035
什么时候使用"外循环"？什么时候使用"内循环"？/ 035
怎样操作天窗开关？/ 035
怎样使用点烟器 / 电源插座？/ 035
ABS 警告灯一直亮怎么办？/ 036
车门未关闭警告灯亮时表明什么？/ 036
制动警告灯突然点亮时怎么办？/ 036
机油压力警告灯突然亮时怎么办？/ 036
发动机故障警告灯亮时怎么办？/ 036
车身稳定控制系统警告灯亮时怎么办？/ 036
轮胎气压警告灯亮时怎么办？/ 036
安全带警告灯亮时表明什么？/ 037
SRS 气囊警告灯亮表明什么？/ 037
充电警告灯持续亮时表明什么？/ 037
汽车上有哪些常用指示标识符号？/ 037

第 2 章 发动机与变速器

2.1 发动机是怎样工作的？/ 039

为什么汽车发动机也称内燃机？/ 039
为什么现在汽车不用外燃机？/ 039
什么是横置式发动机？它有什么特点？什么是纵置式发动机？它有什么特点？/ 039
反置式发动机是指什么？/ 040
什么是 V 形发动机？/ 040
V 形发动机有什么特点？/ 040
什么是直列发动机？/ 040
直列发动机有什么特点？/ 040
气缸夹角是指什么？/ 040
什么是水平对置发动机？/ 041
水平对置发动机有什么特点？/ 041
为什么只有两三家车厂使用水平对置发动机？/ 041
B6 和 H6 都是指水平对置发动机吗？/ 041
发动机排量是指什么？/ 041
什么是汽车的转速？/ 042
怠速是什么意思？/ 042
什么是多点电喷？/ 042
多点电喷有什么优点？/ 042
OHC、SOHC、DOHC 分别是什么意思？/ 042
凸轮轴起什么作用？/ 043
什么是顶置凸轮轴？/ 043
顶置凸轮轴有什么优缺点？/ 043
为什么进气门比排气门多或大？/ 043
压缩比是如何计算出的？/ 044
压缩比对发动机性能有什么影响？/ 044
为什么发动机会断油？/ 044
压缩比是越高越好吗？/ 044
什么是冷起动？/ 044
什么是热起动？/ 044

发动机内部温度有多高？/045
为什么排气歧管要做成奇形怪状？/045
设计排气歧管时要遵循什么原则？/045
什么是发动机的工作行程？/046
什么是火花塞？/046
火花塞起什么作用？/046
什么是四冲程发动机？它是怎样工作的？/046
什么是两冲程发动机？/046
"缸径 × 行程"有什么意义？/047
什么是长行程发动机？它有什么特点？/047
什么是短行程发动机？它有什么特点？/047
什么是起动机？起动机是怎样工作的？/048
为什么扭动钥匙就能起动发动机？/048
电子节气门和拉索式节气门有何不同？/050
为什么说电子节气门能改善安全性和舒适性？/050
为什么发动机会自动断油？/050
发动机电脑是怎样工作的？/051
为什么采用很多传感器和执行器？/051
发动机上有哪些传感器和执行器？/051
什么是发动机的点火控制？/052
发动机电脑是怎样控制点火顺序的？/052
发动机的点火顺序是怎样确定的？/052
什么是高压共轨式电控燃油喷射？/053
高压共轨式电控燃油喷射有什么优势？/053
什么是"三元催化"？"三元催化"起什么作用？/054
三元催化转化器与消声器是什么关系？/054
三元催化转化器安装在什么位置？/054
为什么含铅汽油对三元催化转化器有害？/054
冷却液如何循环流动？/055
什么是"拉缸"？/055
"拉缸"是怎么造成的？/055
什么是风冷式发动机？/055
为什么风冷式发动机的汽车很少见？/055
什么是"爆缸"？/056
"爆缸"是怎么造成的？/056
润滑系统是怎样工作的？/056
什么是湿式油底壳？/056
什么是湿式润滑系统？/056
什么是干式润滑系统？/056
什么是干式油底壳？/056
干式润滑系统有什么缺点和优势？/057
为什么赛车和越野车喜欢采用干式润滑系统？/057
氧传感器起什么作用？/058
为什么要装两个氧传感器？/058
什么是进气管真空度？/058
影响进气管真空度的因素有哪些？/058
真空度是否与海拔有关？/058
什么是空燃比？/059
如何计算空燃比？/059

什么是 Lambda 值？/059
发动机转速极限与哪些因素有关？/059
什么可以限制发动机转速？/059
F1 的限速是靠限制转速实现的吗？/059
发动机平衡是指什么？/060
是什么因素制约了发动机的平衡性？/060
为什么发动机内要装平衡块？/060
为何气缸数越多平衡性越好？/060
柴油发动机是怎样调节转速的？/061
为什么它与汽油发动机的调速方式不同？/061
柴油发动机与汽油发动机有什么区别？/061
为什么柴油发动机不需要点火系统？/062
为什么消声器能减小发动机排气噪声？/062
压燃式汽油发动机是怎样工作的？/063
为什么压燃式汽油发动机没有普及应用？/063
转子发动机是如何运转的？/064
为什么转子发动机消失了？/064

2.2 发动机关键技术有哪些？/065

什么是可变气门？可变气门有什么好处？/065
宝马电子气门是怎样工作的？/065
本田 i-VTEC 有什么特点？/066
本田 VTEC 是怎样工作的？/066
丰田 V VT-i 有什么特点？/067
什么是 DV VT？/067
什么是排量可变技术？/067
排量可变发动机是怎样工作的？/067
奥迪气缸按需运行系统（COD）是怎样运行的？/067
什么是阿特金森循环？/068
为什么阿特金森循环发动机的热效率高？/068
为什么混合动力汽车喜欢采用阿特金森循环发动机？/068
什么是进气道喷射？/069
什么是缸内直接喷射？/069
什么是"双喷"发动机？/069
为什么要使用增压发动机？/070
增压器共有几种形式？/070
它们各有什么特点？/070
什么是涡轮增压？/071
怎样才能发挥增压发动机的动力性？/071
增压发动机能够适应高原吗？/071
为什么车用柴油发动机都采用涡轮增压技术？/072
如何延长增压发动机的寿命？/072
为什么增压发动机的压缩比不是很高？/073
涡轮增压表上面的数字代表什么？/073
能否自己加装涡轮增压器？/073
自己加装涡轮增压器会有什么风险？/073
为什么增压发动机要使用中冷器？/074
散热器、冷凝器、中冷器有什么不同？/074
为什么中冷器会装在不同位置？/074
什么是双涡轮增压发动机？/075

为什么要采用双涡轮增压器？ /075
什么是双涡管单涡轮增压发动机？它有什么优势？ /075
机械增压是怎样工作的？它有什么优势？ /076
涡轮增压和机械增压有什么区别？ /077
双增压发动机是什么？ /077

2.3 怎样看懂发动机性能特点？ /078

1 马力是多少？ /078
英制马力、米制马力、千瓦和瓦之间怎样换算？ /078
最大功率 110 千瓦/4500（转/分）是什么意思？ /078
跑车发动机能轻松驱动大货车吗？为什么？ /079
功率和转矩的数值大，就代表性能高吗？ /080
转矩是怎么回事？ /080
发动机的转矩是怎么来的？ /080
转矩影响汽车的什么性能？ /081
磅力·英尺、千克力·米、牛·米之间怎样换算？ /081
转速、功率、转矩之间是什么关系？ /081
发动机在什么时候产生最大转矩？ /082
什么时候产生最大功率？ /082
为什么最大转矩和最大功率不是在最高转速时产生？ /082
什么是转矩储备和功率储备？ /082
转矩储备和功率储备有什么用？ /082
为什么同排量发动机的最大功率有差别？ /083
什么是发动机外特性曲线图？ /083
为什么用外特性曲线图来描述发动机的特性？ /084
怎样从外特性曲线图看懂一台发动机的特性？ /084
设计师怎样调整发动机的转矩输出曲线？ /085
为什么一些发动机有低功率版和高功率版？ /085
为什么涡轮增压发动机能持续输出最大转矩？ /086

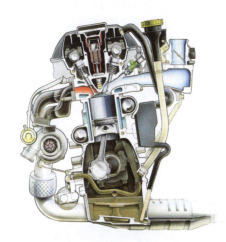

什么是发动机的容积效率？ /086
怎样提高发动机的容积效率？ /086
2.0T 发动机与 2.5 升自然吸气发动机相当吗？ /086
怎样衡量发动机的性能？ /086
什么是升功率？ /087
为什么升功率会影响发动机的性能？ /087

怎样提高发动机的升功率？ /087
气门数越多越好吗？ /087
为什么普遍采用每缸 4 气门设计？ /087

2.4 为什么燃油汽车离不开变速器？ /088

为什么燃油汽车需用变速器？ /088
变速器的主要功能是什么？ /088
汽车变速器有哪些类型？它们的构造各有什么特点？ /089
什么是变速器的传动比？ /089
为什么传动比都不是整数？ /089
为什么变速器中要使用很多齿轮？ /090
为什么变速器能变换转矩和转速？ /090
量产车上变速器档位数最多是多少？ /090
变速器档位数越多越好吗？ /090

2.5 手动变速器是怎样工作的？ /091

为什么说离合器像是"动力开关"？ /091
手动变速器是如何变速的？它有什么弱点？ /091
离合器包括哪些基本部件？ /092
离合器是如何动作的？ /092
手动档的具体换档过程是怎样的？ /092
为什么变速器上要配同步器？ /093
为什么手动变速器升档容易、降档难？ /093
为什么手动档车起动时要踩下离合器踏板？ /093
为什么一些汽车要按下变速杆后才能挂入倒档？ /094
为什么一些汽车的倒档不好挂？ /094
驾驶手动档车要注意什么？ /094
怎样检查离合器是否打滑？ /094

2.6 自动变速器是怎样变速的？ /095

自动变速器有哪些主要结构？ /095
为什么自动变速器能自动变速？ /095
自动变速器与手动变速器哪个更容易损坏？ /095
液力变矩器是怎样工作的？ /096
自动档车有什么优缺点？ /097
为什么有的自动档车上还有 1、2、3 档？ /097
为什么自动档车要比手动档车贵？ /097
为什么说手动模式是"假手动"？ /098
怎样操作手自一体变速器的手动模式？ /098
N 位在什么情况下使用？ /098
自动档位上的符号都是什么意思？ /099
为什么自动档车要按 P、R、N、D 位顺序排列？ /099
HOLD 按钮有什么用？ /099
遇红灯停车时挂 N 位、P 位还是 D 位好？ /100
为什么自动档车不能 N 位滑行？ /100
Shift Lock 按钮有什么用？ /100
POWER 开关怎样使用？ /100
为什么自动档车严禁驱动轮着地拖车？ /101
为什么自动档比手动档油耗高？ /101
为什么不要长时间挂 D 位并踩制动踏板？ /101

2.7 无级变速器是怎样工作的? /102
为什么将无级变速器简称为CVT? /102
为什么CVT可以"无级"变速? /102
为什么说CVT缺乏驾驶乐趣? /103
为什么一些CVT也有"档位"? /103
CVT有什么优点? /103
CVT有什么缺点? /103

2.8 双离合变速器是怎样工作的? /104
为什么称为双离合变速器? /104
为什么双离合变速器的换档速度较快? /104
双离合变速器是怎样换档的? /105
双离合变速器有什么特点? /105

第3章 燃油汽车传动系统

3.1 发动机动力是怎样传递的? /107
发动机的动力是怎样传递到车轮上的? /107
为什么要使用传动轴和半轴? /107
燃油汽车共有多少种传动方式? /108
常见传动方式有哪些? /108
什么是轮间差速器? /108
什么是轴间差速器? /108
什么是差速器? /109
为什么要使用差速器? /109
差速器是怎样工作的? /109
为什么要装中央差速锁? /110
限滑差速器有什么用? /110
为什么越野车型需配锁止差速器? /110
什么是电子限滑辅助? /111
为什么电子限滑辅助可以限滑? /111
电子限滑辅助有什么特点? /111

3.2 为什么驱动方式影响汽车性能? /112
什么是驱动轮和从动轮? /112
为什么从动轮之间不需要差速器? /112
为什么前驱轿车常采用横置发动机? /112
为什么后驱和四驱轿车常采用纵置发动机? /112
4×4、6×4、6×6是什么意思? /112
什么是前置前驱(FF)方式? /113
前置前驱方式有什么特点? /113
为什么普通轿车大多采用前置前驱方式? /113
什么是前置后驱(FR)方式? /113
前置后驱方式有什么特点? /113
为什么豪华车型常采用前置后驱方式? /113
后轮驱动方式有什么优势? /114
为什么豪华轿车多采用后轮驱动? /114
什么是中置后驱(MR)方式? /114
中置后驱方式有什么特点? /114
为什么跑车常采用中置后驱方式? /114

什么是前中置后驱方式? /115
什么是后置后驱(RR)方式? /115
后置后驱方式有什么特点? /115
为什么现在极少采用RR方式? /115
为什么超级跑车采用后中置发动机四轮驱动? /115
跑车采用四驱好还是后驱更好? /116
为什么大货车都是采用前置后驱方式? /116
大货车能像轿车那样采用前置前驱方式吗? /116

3.3 为什么要采用四轮驱动? /117
什么是四轮驱动? /117
为什么要采用四轮驱动方式? /117
四轮驱动方式对操控性有什么影响? /117
为什么一些跑车也采用四轮驱动? /117
四轮驱动方式对安全性有什么影响? /118
为什么不少轿车也有四驱版? /118
什么是四驱车急转弯制动现象? /118
什么是全时四驱? /118
全时四驱有什么优点? /118
什么是适时四驱? /119
适时四驱有什么特点? /119
什么是分时四驱? /120
为什么分时四驱主要用在越野型汽车上? /120
为什么分时四驱中没有中央差速器? /120
全轮驱动货车是怎样传递动力的? /120
什么是分动器? 它起什么作用? /121
为什么一些分动器上还有低速档位(4L)? /121
一款硬派越野汽车需具备哪些设计特点? /122
为什么越野车要采用非承载式车身? /122
为什么越野车型通常要这样设计? /122
为什么越野车采用可断开式横向稳定杆? /123
为什么越野车要拥有低转速大转矩的性能? /123
为什么越野车要采用带低档位(4L)的分动器? /123
为什么越野车要拥有机械式差速锁? /123
为什么越野车采用分时或全时四驱系统? /123

第4章 新能源汽车电驱动

4.1 什么是新能源汽车? /125
什么是新能源汽车? 主要包括哪些车型? /125
什么是电动汽车? /125

电动汽车主要包括哪些车型？ / 125
纯电动汽车的结构和原理有什么特点？ / 126
什么是燃料电池汽车？它有什么特点？ / 126
什么是插电式混合动力汽车？它有几种形式？ / 127
什么是增程式电动汽车？它有什么特点？ / 127

4.2 动力电池是怎样工作的？ / 128
什么是电芯（Cell）？ / 128
电芯都有哪些封装形式？ / 128
电池都是怎样命名的？ / 128
什么是电池模组（Module）？ / 129
什么是电池包（Pack）？ / 129
什么是电池能量？它与电池容量是一回事吗？ / 129
锂离子电池是怎样工作的？ / 130
为什么称锂离子电池是摇椅式电池？ / 130
为什么锂离子电池怕冷又怕热？ / 130
锂离子电池的合理工作温度是多少？ / 130
为什么动力电池要配备热管理系统？ / 131
为什么电动汽车要配备电池管理系统（BMS）？ / 131
BMS 是怎样工作的？ / 131

4.3 驱动电机是怎样运行的？ / 132
为什么电动汽车通常使用交流电机驱动？ / 132
交流电机的构造是怎样的？ / 132
异步电机是怎样工作的？为什么称其为"异步"？ / 133
永磁同步电机是怎样工作的？为什么称同步电机为"同步"？ / 134
磁铁的磁性是如何产生的？永磁体都有哪些？ / 134
为什么电机一起动就能达到最大转矩？ / 135
为什么纯电动汽车不需要变速器？ / 135
为什么利用变频器就可以调节电机转速？ / 136
变频器是怎样调节电机转速的？ / 137
什么是 IGBT？ / 137

4.4 纯电动汽车是怎样工作的？ / 138
电动汽车是怎样奔跑的？ / 138
为什么纯电动汽车不用驱动电机带动空调？ / 139
为什么电动汽车采用热泵空调制冷和制热？ / 139
为什么不用直流电机作为驱动电机？ / 140
为什么电动机可以转换为发电机？ / 140
为什么电动汽车起步和加速特别快？ / 141
什么是 CLTC 续驶里程？ / 142
什么是 WLTP 续驶里程？ / 142
影响电动汽车续驶里程的主要因素是什么？ / 142
为什么电动汽车没有了"大嘴"进气格栅？ / 143
为什么电动汽车行驶时的声音极小？ / 143
电动汽车声音小会影响行车安全和驾驶乐趣吗？ / 143
什么是电池热失控？ / 144
为什么电动汽车会自燃？ / 144
为什么电动汽车通常不配备胎？ / 144

4.5 燃料电池汽车是怎样工作的？ / 145
氢燃料电池汽车是怎样奔跑的？ / 145
氢燃料电池是怎样发电的？ / 145
谁是第一款量产的燃料电池轿车？ / 146
为什么氢燃料电池汽车还不能普及？ / 146

第 5 章 底盘结构

5.1 汽车底盘是怎样构成的？ / 148
汽车底盘由哪些主要部件组成？ / 148

5.2 悬架起什么作用？ / 149
为什么说悬架像是汽车的"腿"？ / 149
悬架系统主要由哪些部件构成？它们各起什么作用？ / 149
有了弹簧为什么还要使用减振器？ / 150
液压减振器是怎样工作的？ / 150
什么是独立悬架和非独立悬架？ / 150

5.3 怎样识别悬架形式？ / 151
乘用车上主要有哪些悬架形式？ / 151
什么是麦弗逊式悬架？麦弗逊式悬架有什么优点？ / 152
为什么高级别车型不采用麦弗逊式悬架？ / 152
什么是双叉臂式悬架？双叉臂式悬架有什么优点？ / 152
如何识别双叉臂式悬架？ / 152
什么是多连杆式悬架？ / 153
多连杆式悬架有什么特点？ / 153
如何识别多连杆式悬架？ / 153
什么是纵臂扭转梁 / 全拖式悬架？ / 153
扭转梁式悬架有什么优点？ / 153
如何识别扭转梁式悬架？ / 153
什么是 5 连杆悬架？它有什么特点？ / 154
什么是自适应性空气悬架？它有什么优势？ / 154
什么是防倾杆？为什么要使用防倾杆？ / 154
防倾杆对汽车性能有什么影响？ / 154
什么是钢板弹簧？钢板弹簧悬架有什么特点？ / 155
什么是空气悬架？空气悬架有什么特点？ / 155
为什么跑车和赛车的离地间隙那么低？ / 155
汽车的悬架决定汽车的舒适性吗？ / 156
哪种悬架既便宜又实在？ / 156
为什么一些汽车的车身可以升降？ / 156

5.4 汽车是怎样转向的？ / 157
什么是齿轮齿条式转向器？ / 157
齿轮齿条式转向器有什么特点？ / 157
什么是循环球式转向器？ / 157
为什么转向需要助力？ / 157
什么是随速助力转向？ / 157
什么是电子液压助力转向？ / 158
电子液压助力转向有什么特点？ / 158
什么是电动助力转向（EPS）？ / 158

电动助力转向有什么特点？/158
什么是可变速比转向？可变速比转向的优点在哪？/159
为什么前轮既能驱动又能转向？/159
什么是转向不足？什么是转向过度？/160
什么原因会导致转向不足？转向不足时有什么特征？/160
出现转向不足时怎样应急处理？/160
为什么前驱车更易产生转向不足？/161
为什么后驱车容易产生转向过度？/161
转向过度时有什么特征？/161
怎样预防和应急处理转向过度？/161
什么是四轮转向？/162
四轮转向有什么优点？/162

5.5 汽车是怎样制动的？/163

什么是鼓式制动？/163
鼓式制动有什么特点？/163
什么是盘式制动？盘式制动有什么优点？/163
为什么要让制动盘"通风"？/164
制动盘上打孔是为了通风吗？/164
为什么驻车制动只对后轮制动？/164
"前盘后鼓"是什么意思？/165
鼓式制动和盘式制动的主要区别是什么？/165
为什么说制动距离对安全性最重要？/165
什么是制动热衰退现象？/166
为什么大型货车向轮胎上淋水？/166
什么是冷制动和热制动？/166
什么是制动渐进性？/166
为什么"手刹"没有放松而车辆还能行驶？/166

5.6 为什么无内胎轮胎更安全？/167

什么是无内胎轮胎？它有什么优点？/167
为什么无内胎轮胎不容易爆胎？/167
什么是斜交线轮胎？什么是子午线轮胎？/168
为什么现在都使用子午线轮胎？/168
什么是前束？什么是正前束和负前束？/168
为什么汽车要有正前束？/168
什么是四轮定位？为什么要使四轮正确定位？/168
轮胎上标有哪些重要参数？/169
怎样看懂轮胎参数？/169
为什么要用扁平比来标示轮胎？/169
怎样看懂轮胎上的各种标识？/170
轮胎的抓地级数和温度级数有什么意义？/170
轮胎气压是怎样被监测的？/170
为什么有些轿车的轮胎很扁？/171
扁平轮胎有什么优缺点？/171
常见轮胎花纹有哪些？/171
不同花纹的轮胎各有什么特点？/171
为什么胎面花纹会影响行车安全？/171
轮毂、轮辐、轮辋分别指车轮的什么部位？/172
使用铝合金车轮有什么好处？/172

什么是T型备胎？/172
为什么T型备胎比正常轮胎要小些？/172
轮胎有方向性吗？可以左右互换吗？/172
防爆轮胎系统（RSC）是怎样工作的？/173
轮胎是否越大越好？/173
轮胎增大后会干扰车载电脑吗？/173
为什么车轮上都有个小金属块？/173

第6章 电气与电子系统

6.1 什么是汽车的电气系统？/175

什么是汽车的电气系统？/175
电气系统是怎样工作的？/175
什么是雨感刮水器？/175
它是怎样感应雨量大小的？/175
什么是HID前照灯？/175
为什么它又称氙气前照灯？/175
LED灯有什么优势？/176
什么是随动转向前照灯？/176
随动转向前照灯有什么好处？/176
什么是自动辅助转向前照灯？/176
车后窗的线条有什么用？/177
什么是第三制动灯？/177
为什么要设置第三制动灯？/177
什么是中控门锁？/177
中控门锁的工作原理是什么？/177
什么是可变排量空调？它有什么优势？/177
一触式起动有什么好处？/178
什么是自动空调？/178
什么是手动空调？/178
什么是分区空调？/178
为什么空调能制冷？/179
为什么自动空调能自动调节温度？/179

6.2 什么是汽车的电子系统？/180

什么是汽车的电子系统？它是怎样工作的？/180
电子系统与电气系统有什么区别？/180
什么是CAN-BUS总线？/180
使用CAN-BUS总线有什么好处？/180
什么是线控技术？在汽车上已有哪些应用？/181
什么是线控转向？线控转向是怎样工作的？/181
为什么线控转向还不能得到广泛应用？/181

6.3 什么是智能座舱？/182

什么是智能座舱？/182
什么是抬头显示（HUD）？它是怎样工作的？/182

6.4 什么是驾驶辅助系统？/183

什么是驾驶辅助系统？/183
怎样操作停车辅助系统？/183

什么是主动安全性？哪些配置会影响主动安全性？ / 183
什么是变道辅助系统（LCA）？ / 184
什么是盲点信息系统（BLIS）？ / 184
什么是陡坡缓降功能（HDC）？怎样使用此功能？ / 184
什么是疲劳驾驶警告系统？ / 184
定速巡航系统是怎样工作的？ / 185
什么是自适应定速巡航系统（ACC）？ / 185
它与普通定速巡航系统有何区别？ / 185
什么是车道偏离警告系统（LDW）？ / 186
什么是车道保持辅助系统（LKA）？ / 186
什么是防眩目车内后视镜？ / 187
防眩目车内后视镜是怎样工作的？ / 187
怎样知道车内后视镜具有防眩目功能？ / 187
什么是ABS？ ABS有什么用处？ ABS是怎样工作的？ / 187
ABS能缩短制动距离吗？ / 187
什么是EBD？ / 188
EBD有什么作用？ / 188
什么是夜视系统？它是怎样工作的？ / 188
夜视系统有实用意义吗？ / 188
TCS是什么？ TCS的工作原理是什么？ / 189
TCS有什么缺点？ / 189
什么是ESP？ / 190
ESP与DSC、VSA、VSC都是一回事吗？ / 190
ESP是怎样稳定车身姿态的？ / 190
什么是EBA？ / 191
EBA有什么用处？ / 191
什么是防翻滚稳定系统？ / 191
什么是自动紧急制动（AEB）？它是怎样工作的？ / 191
什么是汽车的行驶稳定性？ / 192
什么因素影响汽车的行驶稳定性？ / 192
为什么一些汽车在高速行驶时会发飘？ / 192

6.5 为什么汽车能自动驾驶？ / 193
自动驾驶级别是怎样划分的？ / 193
什么是智能汽车和智能网联汽车？ / 193
智能汽车具备哪些主要功能？ / 193
什么是自动驾驶技术？自动驾驶系统是怎样工作的？ / 194
什么是纯视觉方案？什么是多传感器融合方案？ / 194
纯视觉与多传感器融合各有什么特点？ / 194

6.6 为什么汽车能远程升级（OTA）？ / 195

远程升级（OTA）是怎么回事？怎样进行远程升级？ / 195
车联网能帮助汽车实现什么功能？ / 195

第7章 车身与安全

7.1 什么是安全车身？ / 197
什么是汽车的被动安全性？ / 197
为什么碰撞测试成绩不能代表汽车的整体安全性？ / 197
为什么车身钢板厚度不能代表汽车的安全性？ / 198
为什么感觉一些车辆车身较轻？ / 198
被动安全性和主动安全性谁更重要？ / 198
为什么多数轿车没有大梁？ / 199
什么是承载式车身？ / 199
承载式车身有什么特点？ / 199
什么是非承载式车身？ / 199
为什么一些汽车采用非承载式车身？ / 199
什么是碰撞吸能区？ / 200
吸能区是怎样保护驾乘人员的？ / 200
小车与大车相撞，小车更危险吗？ / 200
重量小的车与重量大的车相撞，谁更危险？ / 200

7.2 被动安全配置是怎样工作的？ / 201
安全气囊的构造是怎样的？安全气囊是怎样起爆的？ / 201
如果电源电路被撞坏后安全气囊还能起爆吗？ / 201
什么是双段式安全气囊？ / 201
安全气囊在多长时间内起爆？ / 201
安全气囊起爆时对戴眼镜者会有伤害吗？ / 202
安全气囊弹出时外面那块硬塑料会伤人吗？ / 202
前排安全气囊在什么条件下才会起爆？ / 202
在什么条件下前排安全气囊不易起爆？ / 202
驾乘有侧安全气囊的车要注意什么？ / 203
驾驶有安全气囊的车要注意什么？ / 203
为什么前排乘客安全气囊还有开关？ / 203
为什么撞车时安全气囊不一定打开？ / 203
什么是预紧式安全带？为什么要将安全带预先拉紧？ / 204
预紧式安全带是怎样动作的？ / 204
什么是安全带拉力限制器？ / 204
为什么要限制安全带的拉力？ / 204
系安全带要注意什么事项？ / 204
为什么孕妇驾车也要系好安全带？ / 205
孕妇怎样正确系安全带？ / 205
为什么要采用下沉式发动机设计？ / 205
怎样实现下沉式发动机设计？ / 205
为什么采用可溃缩式转向柱设计？ / 205
为什么儿童乘车时要使用专门的座椅？ / 206
儿童乘车时常存在哪些误区？ / 206
为什么儿童座椅尽量不要放在前排？ / 206
如何挑选和安装儿童座椅？ / 206
轿车中哪个位置最安全？哪个位置最危险？ / 206

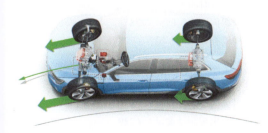

第8章 评车与购车

8.1 怎样评测汽车的动力性？/208
什么是汽车动力性？/208
汽车动力性主要包括哪些指标？/208
什么因素决定汽车的动力性？/208
什么是比功率？它影响汽车的什么性能？/208
什么是最大爬坡度？/209
最大爬坡度30%与30°有什么区别？/209
为什么不能用发动机性能代表汽车动力性能？/209
怎样测试自动档车的加速性？/209
将加速踏板踩到底时的车速就是汽车最高车速吗？/210
怎样正确测试汽车最高车速？/210
如何测量0—100千米/小时加速时间？/210
为什么要测量0—400米直线加速时间？/210

8.2 怎样评价汽车的舒适性？/211
什么是汽车的舒适性？/211
怎样评价汽车的舒适性？/211
汽车都有哪些主要噪声？/211
如何降低发动机的噪声？/211
消声器是怎样降低发动机排气噪声的？/211
为什么说减小空阻噪声也是必需的？/212
什么因素影响空阻噪声的大小？/212
为什么汽车行驶时有轮胎噪声？/212

8.3 怎样评测汽车的经济性？/213
为什么同一辆车的实际耗油量有时不一样？/213
为什么厂家耗油量与实际耗油量差别很大？/213
什么是等速耗油量？它是怎样测量出的？/213
怎样准确自测耗油量？/214
为什么汽车越重耗油量越高？/214
为什么汽车外部形状影响耗油量？/214
什么是经济车速？普通轿车的经济车速是多少？/214

8.4 怎样评测汽车的操控性？/215
什么是汽车的操控性？/215
怎样感受汽车的操控性？/215
车主怎样自测汽车的操控性？/215
哪些因素影响汽车的过弯稳定性能？/216
什么是横向加速度？/216
为什么悬架软硬度会影响操控性能？/216
什么是车轮抓地力和附着力？/216
换宽胎能增大抓地力吗？/216
什么是激烈驾驶方式？/216

8.5 怎样挑车选车更聪明？/217
什么是好车？/217
什么是性价比？/217
如何确定一款车的性价比高低？/217
为什么说性价比因人而异？/217
配置丰富就是性价比高吗？/217
为什么选车要考虑保有量大小？/218
为什么要尽量选择销售量大的车型？/218
提车时怎样检查汽车外观？/218
提车时怎样检查汽车内部？/219
选车时怎样试驾？/219

第9章 驾车与养车

9.1 新手怎样驾驶汽车？/221
驾车中焦急烦躁时如何自我减压？/221
为什么饮酒后驾车容易出事？/221
为什么疲劳驾驶会影响行车安全？/221
怎样预防驾驶疲劳？/221
新手稍一紧张就会使车辆熄火怎么办？/221
拉驻车制动器手柄行驶的后果会很严重吗？/221
为什么紧急制动时制动踏板会剧烈抖动？/222
左脚踩制动踏板来驾驶自动档车可以吗？/222
什么是发动机制动？什么时候使用发动机制动？/222
利用发动机制动有什么好处？/222

9.2 怎样防御性驾驶？/223
什么是防御性驾驶？/223
怎样超车更安全？/223
在什么转速下换档最好？/223
为什么雨中驾车要特别注意行人？/223
怎样携带宠物一同乘车？/224
怎样跟车行驶？/224
为什么跟在一些车辆后面不安全？/224
怎样过弯更顺畅？/225
为什么转弯时大力制动比较危险？/225
为什么驾驶SUV要避免急转弯？/225
为什么说四驱并非万能？/225

9.3 怎样越野驾驶？/226
越野前怎样检查和准备？/226
为什么越野前一定要加满油箱？/226
为什么越野前要拧紧所有固定件？/226
为什么分时四驱要及时切换两驱/四驱模式？/227
如何通过坑洼路段？/227
汽车托底时怎么办？/227
汽车涉水时如何操作？/227
怎样正确操作分时四驱车型？/228
四驱车应当如何挑选轮胎？/228
越野后怎样检查和保养车辆？/228

9.4 怎样应急驾驶？/229
应急驾驶要掌握什么原则？/229
转向失控时如何应急操作？/229
为什么汽车会出现制动失灵？/229

目录

行车中制动失灵怎么办？/229
为什么夏天汽车自燃事件时有发生？/229
为什么手动档汽车能推着起动？/230
怎样推着起动没电的手动档车？/230
为什么自动档车无法推着起动？/230
爆胎后如何驾驶车辆？/231
怎样正确更换轮胎？/231

9.5 怎样使用保养汽车？/232

什么是制动跑偏？怎样检查汽车制动跑偏？/232
制动盘有锈斑怎么办？/232
制动系统进水后会降低制动性吗？/232
换新轮胎要注意什么？/232
轮胎使用多久应该更换？/233
轮胎磨损不匀是否要紧？/233
为什么要给车轮做动平衡？/233
怎样保养检查轮胎？为什么要定期给轮胎换位？/233
怎样驾驶才能不伤害轮胎？/234
从哪知道轮胎的标准气压是多少？/234
怎样测量轮胎气压是否符合标准？/234
为什么要往轮胎中加充氮气？/234
氮气可以防止爆胎吗？/234
氮气轮胎都有哪些好处？/234
什么是轮胎升级？轮胎升级方式有哪些？/235
轮胎升级有哪些优点？/235
怎样计算升级轮胎的尺寸？/235
升级轮胎要注意什么？/235
什么是机油等级和机油黏度？/236
怎样选择发动机机油？/236
为什么排气管会有水排出？/236
一个气缸不工作，车还能开吗？/236
怎样通过观察排气颜色判断发动机故障？/236
为什么冷车起动时发动机抖动？/237
踩加速踏板有"噗噗"放炮声是怎么回事？/237
为什么搭电起动时要先接正极、后接负极？/237
爆燃是什么意思？/237
抗磨剂和各种添加剂有用吗？/237
节油器、节油添加剂真有用吗？/237
错加低标号汽油会怎样？/238
怎样清除发动机中的积炭？/238
为什么发动机会产生积炭？/238
汽车"放炮"是怎么一回事？/238
为什么早晨起动时要尽量热车？/239
一般热车多长时间为宜？/239
实际油耗突然增大怎么办？/239
怎样根据汽车异味判断发动机故障？/239
为什么发动机会有机油消耗？/240
为什么一些发动机比较费机油？/240
什么是"烧机油"现象？为什么"烧机油"？/240
错加柴油或汽油该如何处理？/241

汽车贴膜该注意什么？/241
手工洗车要注意些什么？/241
为什么空调会有异味？怎样除去空调异味？/241

9.6 怎样驾驶更节能？/242

汽车始终开前照灯是否增大耗油量？/242
为什么超高速行驶时耗油量比较高？/242
为什么匀速行驶可降低耗油量？/242
为什么采用高档位行车可省油？/242
为什么少踩制动踏板可以省油？/243
燃油报警灯亮后你还能走多远？/243
怎样驾驶更节能？/243

第10章 赛车运动

10.1 赛车常识/245

国际汽车联合会（FIA）是什么组织？/245
赛车服要符合什么要求？/245
为什么赛车手套不能用真皮制作？/245
为什么赛车手要戴护颈？/245
汽车比赛旗帜都是什么含义？/246
怎样保证赛车手的安全？/246
赛车手的安全头盔是什么样的？/246
赛车鞋必须符合什么要求？/247
为什么赛车手要戴防火面罩？/247
赛车座椅为什么要设计成桶形？/247
为什么赛车必须安装自动断油装置？/247
后燃现象是怎样产生的？/247
赛车安全带有什么特别要求？/248
为什么赛车要加装防滚架？它是怎样制作的？/248

10.2 F1大奖赛/249

为什么称"方程式"赛车？还有哪些"方程式"赛车？/249
什么是F1？现在的F1是怎样的？/249
为什么F1赛车不是全封闭式车身？/249
对F1赛车的技术与设计要求主要有哪些？/250
F1积分怎么计算？/250
为什么F1轮胎都很厚，扁一点不是操控性更好吗？/250
F1车手要具备什么样的身体条件？/251
F1赛车的最高车速是多少？/251
为什么F1不漂移过弯？/251

10.3 拉力赛 /252

什么是拉力赛？有哪些著名拉力赛事？/252
拉力赛车有什么要求？/252
"拉力"是什么意思？/252
什么是拉力赛特殊路段？/252
什么是拉力赛行驶路段？/252
什么是拉力赛超级特殊路段？/252
什么是世界拉力锦标赛？/253
世界拉力锦标赛有什么特色？/253
什么是拉力赛路书？/253
怎样才能成为拉力赛车手？/253
拉力赛领航员起什么作用？/254
什么是拉力赛时间卡？/254
拉力赛车改装有什么要求？/254
拉力赛车改装的首要目的是什么？/254
拉力赛和F1有什么主要区别？/255

第11章 设计与制造

11.1 汽车是怎样设计的？/257

什么是空气动力学？空气动力学对汽车设计有什么帮助？/257
什么是空阻？/257
空阻对汽车性能有什么影响？/257
什么是风洞？为什么要在风洞中做测试？/257
汽车行驶时受到哪些力？/258
怎样知道汽车所受空气阻力的大小？/258
什么是空阻系数？/258
空阻系数是如何得出的？/258
一般轿车的空阻系数是多少？/258
汽车各部位对空阻的影响如何？/258
怎样才能达到较小的空阻系数？/258
什么是升力？/259
为什么汽车行驶时会产生升力？/259
为什么说升力影响汽车的行驶稳定性和动力性？/259
什么是下压力？/259
F1赛车尾部为什么要装那么大的扰流板？/259
扰流板起什么作用？/260
扰流板是怎样起作用的？/260
为什么汽车的最高速度比公路限速高得多？/260
为什么国内极少生产敞篷车？/260

每开发一款车型是否同时要开发一款发动机？/261
车身和发动机哪个最先设计？/261
什么是最小离地间隙？/261
最小离地间隙是根据什么确定的？/261
什么是汽车的前悬和后悬？/262
前悬/后悬尺寸受什么因素限制？/262
前悬和后悬的长短对车身配重有何影响？/262
为什么有的轿车可以达到50：50的前后配重比？/262
什么是汽车的最小转弯半径？/262
汽车的最小转弯半径跟什么有关？/262
什么是前后50：50配重比？/263
为什么前置后驱车型的前后50：50配重比不理想？/263
为什么跑车喜欢采用中置发动机式布局设计？/263
为什么一些跑车的后轮距比前轮距大？/264
为什么汽车设计先从草图开始？/264
什么是汽车设计效果图？/264
为什么要做1：5油泥模型？/265
怎样制作1：1油泥模型？/265
样车要做哪些试验？/265
什么是人性化设计？/266
怎样评价内饰人性化设计？/266
什么是"手伸界限"？/266
怎样评价汽车造型设计水平？/267
汽车设计师应当具备哪些条件？/268
怎样才能让车厂制造我设计的车？/268
为什么美国货车都是长头，而中国货车多是平头？/269
为什么纯电动汽车都不设计转速表？/269
什么是单踏板驾驶模式？/269
为什么纯电动汽车可设计单踏板驾驶模式？/269

11.2 汽车是怎样制造的？/270

激光焊接是怎么回事？/270
激光焊接有什么好处？/270
什么是共线生产？/270
什么是柔性化生产？/270
什么是镀锌钢板？/271
为什么轿车车身多用镀锌钢板？/271
什么是空腔注蜡技术？/271
什么是夹层玻璃？/272
为什么汽车前后风窗要使用夹层玻璃？/272
为什么有些车风窗玻璃周围有黑色胶带？/272
车身钣金接缝会有什么影响？/272
怎样检查钣金接缝是否均匀？/272
怎样评价内饰做工质量？/273
车身制造有哪四大工艺？/273
一辆燃油汽车是怎样驶下生产线的？/274

第 1 章 认识汽车

1.1 汽车有哪些类型与级别？

怎样为汽车分类？汽车都有哪些类型？

汽车类型名称五花八门，很不统一，国内和国外不同，官方标准与民间称呼也有差别，而且随着汽车工业的飞速发展，汽车类型的划分标准也滞后于时代发展。通常可以按下面三种方式给汽车分类。

1. 按功能用途分类

1）乘用车，乘坐2~9位乘员（包括驾驶员），根据功能可分为轿车、SUV、MPV、旅行轿车、轿跑车、跑车、越野车等；根据外形可分为单厢车、两厢车、三厢车、敞篷车等。

2）客车，乘坐9位以上乘员，包括微型客车、轻型客车、中型客车、大型客车和公交汽车等。

3）货车，用于运载各种货物，驾驶室内还可容纳2~6位乘员，包括皮卡、厢式货车、轻型货车、中型货车和重型货车等。

4）牵引汽车，专门或主要用于牵引挂车的汽车，可分为半挂牵引汽车和全挂牵引汽车等类型。

5）特殊用途汽车，包括竞赛汽车、特种作业汽车，如商业售货车、环卫环保作业车、市政建设工程作业车、农牧副渔作业车、石油地质作业车、医疗救护车、公安消防车、机场作业车、矿区汽车，以及各种专用汽车，如自卸汽车、冷藏汽车、油罐汽车等。

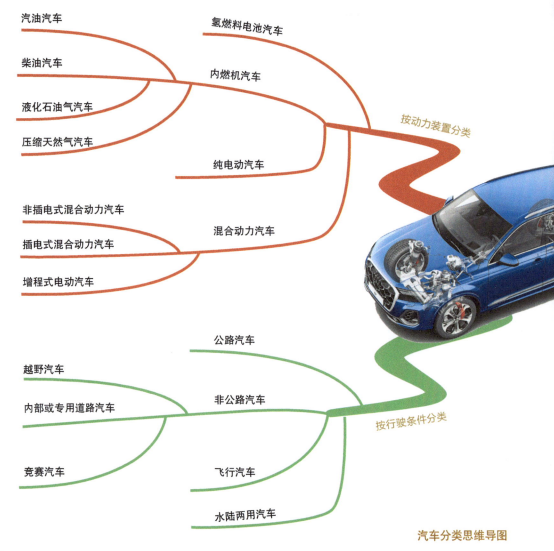

汽车分类思维导图

2. 按动力装置分类

1）内燃机汽车：使用石化燃料作为能源、由活塞式内燃机驱动的汽车，这些石化燃料包括汽油、柴油、液化石油气、压缩天然气等，内燃机又分为往复式活塞内燃机和旋转式活塞内燃机。

2）纯电动汽车：使用外部电源作为唯一能源、由电机驱动的汽车。

3）混合动力汽车：由内燃机和电机联合驱动的汽车，包括非插电式混合动力汽车、插电式混合动力汽车以及增程式电动汽车。

4）氢燃料电池汽车：利用车载氢气作为能源并利用燃料电池发电、由电机驱动的汽车。

3. 按行驶条件分类

1）公路汽车，主要行驶于公路和城市道路的汽车，其长度、宽度、高度、单轴负荷等均受交通法规的限制。

2）非公路汽车，主要包括三种：一是只能在矿山、机场、工地、公园景区、高尔夫球场等特殊场地内的无路地区或专用道路上行驶的汽车；二是可以在无路地段行驶的越野汽车；三是只能在竞赛场地内行驶的竞赛汽车。

3）飞行汽车，可以在空中飞行和公路上行驶的汽车。

4）水陆两用汽车，可以在水中和公路上行驶的汽车。

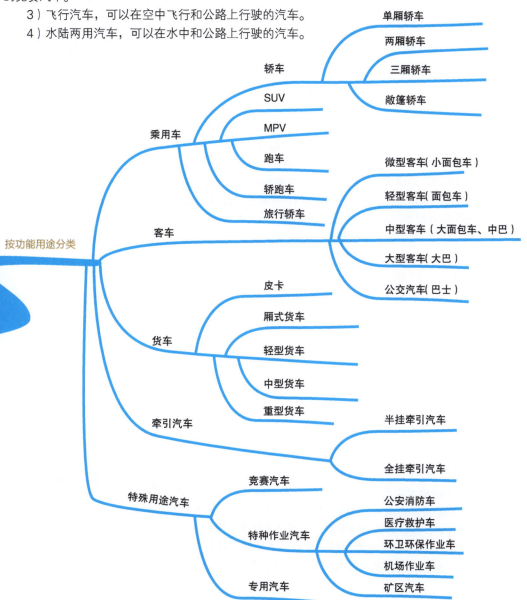

什么样的车才能被称为越野车？它有什么特点？

越野车是指主要用于非铺装路或无路地区、四轮驱动、具有高通过性能的车型。越野车的特点是底盘高，车身坚固，驾乘室与行李舱在一起，发动机功率大，驱动方式为分时四驱或全时四驱。一般的越野车常作为野外工作、探险、旅游用车；高性能的越野车常作为军用车。

越野车的英文名是 Off-road Vehicle，或 Off roader，其原意是"公路之外使用的车辆"。但现在越野车已很难准确定义，它和 SUV 之间也很难区分，许多 SUV 也兼有较强的 Off road 功能，而越野车也有较强的 On road 性能。我们只好将具有较强 Off road 功能的车辆称为越野车。世界上最有名的越野车型有悍马 H1、奔驰 G 级等，它们都可以毫无疑问地被称为越野车。

SUV 是指什么车？它有什么特点？

SUV 是运动型多功能车辆（Sports Utility Vehicle）的缩写，它实际上是在越野车的基础上增强了舒适性，或者说是在轿车的基础上增加了越野性能，使汽车不仅可用于越野，而且更主要是可用于公路行驶。

SUV 起源于美国，是为迎合年轻白领阶层的爱好，使人们在享受轿车般舒适性的同时，也能获得一定的越野性能而设计的。虽然 SUV 并不能完全取代越野车的功能和乐趣，但它却拥有越野车威猛的外形和高高在上的驾驶感觉，它能够给那些在都市生活的人们带来一些畅想的空间感和闲时足够的越野驾驶乐趣。

一般来讲，根据 SUV 的性能、结构和定位不同，将其分为越野型 SUV 和都市型 SUV。

其实，关于 SUV 和越野车的定义并不是十分明确，也没有统一的规定，我们只能凭借其性能的不同加以区分。可以说，SUV 是介于越野车和轿车之间的一种车型，兼顾了轿车的舒适性和越野车的通过性。

越野车与 SUV 有什么区别？为什么有时不好区分它们？

虽然没有权威部门为越野车下个明确的定义，但越野车还是不同于普通的 SUV。举个最简单的例子吧，如果把奔驰 G 级或悍马 H1 说成 SUV，似乎就有点不太合适；如果把奔驰 M 级、丰田 RAV4、本田 CR-V 说成越野车，显然也不太合适。

虽然说 SUV、越野车两者的含义有许多重叠的地方，但是 SUV 与所谓的纯粹的越野车之间还是有区别的。尽管大多数 SUV 具备一定的越野能力，有些 SUV 的越野能力还很强，但它们在造型时尚性、乘坐舒适性、驾驶操控性和燃油经济性等方面，要比纯粹的越野车强一些。在用途上，SUV 的适用性要更宽泛一些。当然，随着社会的发展，纯粹的越野车是越来越少，大多数原来定位越野的车型也开始提高其公路性能。因此，现在确实很难将一些车明确地划分为 SUV 还是越野车。我们也没必要在这个定义上较真。

为什么不能将越野车统称为"吉普"？

总有人把越野车都称为吉普，如说"三菱吉普"如何如何、"丰田吉普"怎样怎样，其实这都是错误的说法。越野车是车型种类的名称，特点是四轮驱动、底盘高、通过性好，常作为探险或军用，主要是为在非公路地区行驶而设计的汽车。如奔驰 G 级、丰田陆地巡洋舰、三菱帕杰罗都是越野车。而吉普（Jeep）只是一个汽车品牌名，而不是汽车种类。在吉普品牌下有大切诺基、牧马人等车型。

什么是旅行轿车（Wagon）？为什么车迷称其"瓦罐"？

旅行轿车（Wagon，在德国也被称为 Estate 或 Touring）其实就是将三厢轿车的行李舱盖提升至与车顶平行，从而成为两厢车型，以增大储物空间，可放置比较大的物件，使之更适合出门旅行。

从外形上看，旅行轿车也可以看成加长款的两厢轿车，绝大多数的旅行轿车为两排座椅设计，也有部分为三排座椅设计的。一般旅行轿车的尾门可以向上全部打开，行李舱地板距地面较近，便于提放行李，并且除了具有普通两厢车的 A、B、C 柱之外，还有一根 D 柱。

在中国，车迷们也称旅行轿车为"瓦罐"，源自旅行轿车的英文（Wagon）发音。

什么是 MPV 车型？它有什么特点？

MPV 的全称是 Multi-Purpose Vehicle，即多用途车辆。什么是多用途？就是能够"多拉快跑"，空间大而灵活，舒适性强，操控自如。MPV 由小型客车或俗称的面包车演变而来。有时也将 MPV 称为"子弹头"。

从外形上看，MPV 与两厢轿车非常相似。如果车内座椅是和轿车一样的 5 座设计，那么就把它归为轿车；如果多于 5 座设计，如 7 座，那就称它为 MPV；大于 7 座的，你干脆就称其为客车或中巴算了。也有人将小型 MPV 称为单厢轿车，如雪铁龙毕加索、雷诺风景等。

什么是跨界车型（Crossover）？

Crossover 本意是跨界、跨越、交叉和融合，目前，Crossover 逐渐引申为两种不同类事物的混合与交融。在汽车行业，Crossover 多指外形上混合轿车、SUV、皮卡、MPV 等两种或两种以上元素而设计的，功能上整合了越野性、舒适性和操控性特点的多功能车型。这种车型一般重心略低，车内像轿车般舒适，耗油较低，内部空间宽敞，道路通过性强。

跨界其实只是一种概念，并没有确定的定义，也只是汽车厂家为了宣传上的方便，给自己的车型找个卖点而已。

什么是 Roadster 车型？哪些著名车型是 Roadster？

在英文报刊中常看到 Roadster 这个词，它现在是指运动型两座敞篷轿车。过去这种车以软顶敞篷为主，但现在则以可折叠的硬顶车篷为主。这种车只能坐两个人，而且行李舱空间也非常小。像宝马 Z4、马自达 MX-5 就是典型的 Roadster 车型。

Cabriolet 和 Convertible 分别是指什么车型？

Cabriolet 源自法语，汽车发明之前就已经在欧洲指一种轻型的开放式马车，后来指拥有活动软顶的轿车，此词也可简写为 Cabrio。

而在美国，这种活动软顶轿车称为 Convertible。现在这种车型越来越多地采用金属硬顶车篷。为了区别于 Roadster，现在一般把两排座的敞篷轿车称为 Convertible 或 Cabriolet。

这种车型一般不是以动力强大为特点，而是以敞篷式车身、优美的造型为卖点，从而吸引时尚、浪漫的人们。其实这种车型被称为"敞篷轿车"更为合适。但一些厂商往往将其宣传为"敞篷跑车"，以吸引人们的目光。

什么是轿跑（Coupe）车型？为什么有人称其"古贝"车型？

轿跑（Coupe）是指一种流线型强、造型优美、动感强的双门汽车，它为快背式（Fast Back）车身设计，行李舱盖和后风窗玻璃是一体的，当打开行李舱盖时，它的后风窗玻璃会一起打开，因此不好说它是三厢车还是两厢车。另外，它的 B 柱一般被省略，只有 A 柱和 C 柱。

在国内，有人将 Coupe 音译为"古贝"，称其为"古贝"车型。

也有四门轿跑车型，如保时捷 Panamera。

LPG、CNG、EV、HEV、FFV 分别是指什么车型？

LPG 是液化石油气（Liquid Petrol Gas）的缩写，一般指用液化石油气作燃料的汽车。

CNG 是压缩天然气（Compress Natural Gas）的缩写，一般指用压缩天然气作燃料的汽车。

EV 是电动汽车（Electric Vehicle）的缩写，是用电力作动力的汽车总称。

HEV 是混合动力汽车（Hybrid Electric Vehicle）的缩写，有时也写成 HV，一般指电力和其他动力组成的混合动力汽车。

FFV 是自由混合双燃料汽车（Flexible Fuel Vehicle）的缩写，这类汽车有用甲醇与汽油混合燃料的，也有用酒精与汽油混合燃料的。

Saloon 和 Sedan 都是指轿车吗？

这两个英文单词都是指普通的轿车车型，也就是马路上现在最为常见的四门轿车。这种车型的名字在英语中是 Saloon，在美语中为 Sedan。

这种车型的最大特征是采用固定的硬车顶，四个车门，而且由 A、B、C 三个立柱支撑车顶，车内设有 4 或 5 个座位，并分凹背（三厢）和快背（两厢）两种车身造型。

什么是跑车和运动车？跑车有什么设计特点？

跑车的英文名是 Sports Car 或 Sporty Car，原意指"运动轿车"。跑车的概念不是十分明确，没有一个非常权威的定义。但一般认为跑车的车身为双门式，只有左右两个车门，双座或2+2座（两个后座特别狭窄），顶盖为可折叠的软质顶篷或硬顶篷。现在四门跑车也开始出现，但一般都是比较大型的跑车，称它们为轿跑车可能更合适。

由于跑车一般只按两人驾乘设置座位，车身轻便，而其发动机的功率一般又比普通轿车发动机的强大，所以它比普通轿车的加速性要好，最高车速也比较高。

跑车设计时较注重操控性，而舒适性和通过性相对要差一些，越高级的跑车，此特点越明显。

前置发动机的跑车车头较长，后面的行李舱较小；后置和中置发动机的跑车甚至没有行李舱，只是在车头的前盖下面有一个能放备胎的小空间。

跑车的共同特点是动力强劲、外观新潮、造型动感。

跑车的最大特点就是能"跑"，起步、加速及最高车速都应超出一般车型。只有流线型的车身是不够的，如果在优美的车身下是一款动力软弱的"心脏"，肯定不能称之为跑车。因此，当有厂家把经济型家用车换个流线型车身便称之为跑车时，你千万不可称它为跑车。

运动车也没有严格的定义，其概念比跑车更模糊不清，甚至有人把它和跑车归为一类，认为是一种车型两种叫法。

什么是超级跑车？它有什么主要特征？

和跑车一样，超级跑车（Super Sport Car）没有具体的定义，它应是跑车中的极品，其特点是：外观鲜艳夺目，造型极酷，让人爱得要"死"；加速时令人皮肤绷紧，汗毛直竖，让人吓得要"死"；数量奇少，价格奇高，让人想得要"死"。总结世界上的超级跑车特点，可归纳出如下特征：

1）限量生产，只生产几百辆或几千辆，因此有时这种车的旧车型比新车还贵，购买（或叫收藏）可以保值；价格高昂，是普通跑车的几倍或几十倍。
2）动力强劲，发动机排量在3.5升以上，气缸数在8个以上，一般采用V形排列。
3）起步快，0—100千米/小时加速时间在5秒以内。
4）技术超群，采用当今汽车领域的顶尖技术。
5）车身自重轻，一般采用碳纤维或轻质合金材料制成。
6）外观造型超前，一般在10年内不会显得落伍。

GT是指什么车型？它有什么特点？

GT一词为英文Grand Touring 或拉丁文 Gran Turismo的缩写，你可以直译为"伟大旅行"，但显然不准确，所以只好称为GT。

GT车型起源于20世纪60年代末、70年代初期，虽然当时的车辆制造水平已经可以生产出一些高性能的跑车，但是早期的机械耐用度普遍不够，车辆的长途高速巡航能力一般说来都还不足，所以当时能够用来进行长途行驶的高性能车型可以说是少之又少。因此，当时一些在高性能跑车领域有优势的汽车厂家，在发动机技术上有所突破之际，推出新款高性能轿跑车时，便打出GT这样的旗号，用来标榜该车型除了高输出动力之外，还拥有高度耐用性。现在GT已演变为高性能汽车的代名词，当初"伟大旅行"的意义早已不存在。

什么是豪华轿车？

顾名思义，装饰讲究、工艺先进、功率强劲、驾乘舒适的轿车就称为豪华轿车。但具体到哪辆是豪华轿车，现在越来越难判断。因为过去豪华轿车上的配置及技术渐渐普及到普通车型上，如真皮座椅、安全气囊、ABS、大功率多气门发动机、高级音响等，在许多中档车中也常见。因此，豪华轿车的概念越来越模糊，也没法给出一个完整的定义。

什么是超级豪华轿车？它有哪些显著特点？

超级豪华轿车在英文中称 Limousine。这种车的显著特点是驾驶室与乘员室用一块可升降的玻璃隔开，乘员平常有事告诉驾驶人可用车内电话。国内有人称这种车为"华贵轿车""高级加长车"或"元首用车"等。

超级豪华轿车的生产有两种，一种是汽车公司专门设计制造的；另一种是汽车改装厂由高级轿车改装而成。改装方法相当"残酷"，先将一辆崭新的高级轿车沿 B 柱后沿一锯两截，然后用钢管插入大梁之中，加固、焊牢，再用钢板补上延长的一段车身、地板，还要加长传动轴。

超级豪华轿车的特点就是超级，不仅车身超长，而且发动机的排量、功率也超级大。一般发动机排量在 3.5 升以上，高的可达 6~7 升。多数采用 V8、V10 甚至 V12 气缸，最大功率在 220 千瓦（约 300 马力）以上。

为了得到更大的乘坐空间，多数超级豪华轿车为三排座椅，前排座椅后面有两个活动座椅，座位方向有顺向也有逆向的，或是可调方向的，平时收起来靠在前排座椅后背上，用时打开。每个座位上都有安全气囊，车内有彩电、冰箱、吧台、CD 音响、电话、传真机等。超级豪华轿车多为政商要人及公务使用，专供社会上层人士在较隆重的场合乘用。后排座位为主座，是最佳乘坐位置。

为什么防弹车能够防御武器袭击?防弹车是怎样改装制造的?

最低级的防弹车应能防御小口径枪支的射击;中级防弹车应能抵挡火力强而射速快的自动武器的射击;最高级的防弹车可以抵御手榴弹、地雷、炸弹爆炸的袭击。一般的防弹车由专业工厂利用高级轿车改装而来。改装时要将全车分解,加装防弹设施后再组装而成,而且要从外观上看不出是防弹车。改装内容一般如下:

1)驾乘室要加装防弹设备。平面部分用钢质防弹玻璃纤维填充,再用钢板重新焊合好。曲线部位则用软式防弹玻璃纤维均匀填好,以保证能吸收冲击力。

2)四个车门内部加装强韧钢梁,三根车窗柱(即A、B、C柱)强化后要能保证车门在任何情况下都能开关自如。

3)车辆底盘要增铺蜂窝状的合金防爆层,确保车辆不受地雷、炸弹爆炸的影响。

宝马7系防弹车车窗玻璃共有3层

4)不仅油箱要用软式防弹玻璃纤维包起来,并配上灭火器,散热器护罩也要用防弹玻璃纤维围好,确保发动机正常工作。

5)"三明治"式的车窗玻璃不仅能防弹,还要让人看不出与普通玻璃有何区别。

6)轿车加装防弹设备后,重量大大增加,因此要更换承载力更大的悬架系统。

7)目前还没有真正的防弹轮胎,只是在充气内胎中装有一种特制小号的实心胶胎,射穿后仍可快速驶离现场。

8)发动机一般不需要更换,但一定要在四周加上防弹钢板。

9)有的防弹车还在行李舱内安装烟雾或滑油喷射器,以阻止追车。有的还在保镖座位边上开几个射击孔。

10)使用双电源及包括GPS在内的先进通信联络系统,确保及时增援。

宝马7系防弹车上装备的防爆轮胎

超级加长豪华轿车是怎样改装出来的?

首先将轿车从中部一分为二,一般是在B柱后处"开刀"。你别心疼,要想将轿车加长,再好的轿车也得从中截断,否则也就无从加长。其次再依用户要求用加强型钢梁将轿车的大梁加长,具体方法是用制作轿车大梁的钢管插入原来的大梁之中,加固、焊牢。然后再用钢板补上延长的一段车身、地板,并换上加长后的传动轴。当然,只要交通法规允许,加多长都可以,但一定要使改装后的轿车具有可靠的行驶性能和安全性,而这也正是显示各个改装厂本领的重要方面。最后是装饰,这有点类似于家庭装修,当然要以典雅、华贵为主。依主人的要求,可以将沙发、电视机、DVD音响、冰箱、吧台等生活设施搬到车上,也可以把电脑、传真机等办公设备搬到车上。

为什么超级加长豪华轿车仍采用前置后驱方式?

几乎所有的超级加长豪华轿车都采用前置发动机后轮驱动。原因有三:

1)后轮驱动较前轮驱动稳定性好。

2)超级加长豪华车自重大,有的可达4吨,转向困难,已经承担转向任务的前轮如再承担驱动任务,可靠性难以保证。

3)虽然传动轴加长后会增加动力损耗,从而增加耗油量,但坐这种车的人并不在乎耗油量,更多注重舒适、安全和气派。

什么是车型？

一般汽车都是批量生产，为了更好地生产、销售及维修，同批量生产的汽车必须进行统一设计，采用相同的生产线，必须具有相同的内部结构及外观造型等。这样同批量生产的汽车款式就称为一种车型。

车型一般都要经历诞生、改型换代、停止生产等过程。一个汽车品牌可以有一个或多个车型，车型可以一年一换，也可以数十年不变。

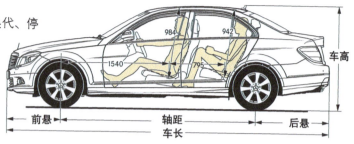

汽车级别是怎样划分的？轿车有哪些级别？

现在关于汽车级别的划分标准非常混乱，国家制定的一些划分标准也随着车型的发展而显得非常落后，早已不适合对目前车型的划分。可以说，现在没有非常权威和统一的划分标准，有按轴距分的，有按排量分的，也有按车身长度分的。称呼也比较随意，有称中级车的，也有称中型车的，非常混乱。

现在国内采用更多的分级方法是从大众汽车引进来的方法，即 A 级、B 级、C 级、D 级等。按照大众汽车分级标准：A 级车（包括 A、A0、A00）是指小型轿车，B 级车是指中级轿车，C 级车是指高级轿车，而 D 级车则是指豪华轿车。其等级划分主要依据轴距、发动机排量、重量等参数，字母顺序越靠后，该级别轿车的豪华程度也就越高。

汽车级别是为了方便介绍车型而人为划分的，但设计师并不一定按照汽车级别的划分方法去设计汽车，而是会根据市场需要去确定汽车的车身尺寸、发动机排量和轴距等。而且随着车型的不断更新换代，汽车越造越大，同一款发动机也可能在不同级别的车型上使用。因此，现在很难有比较权威的汽车级别划分方法让大家都能接受。

什么是 A、B、C、D 级车型？

通常将燃油轿车分成 A、B、C、D 级。但随着电动汽车的普及，这个分级方法越来越不适用，下列分级方式仅供特别条件下参考。

级别	特征	主要用途
A00	发动机排量最小的轿车，其发动机排量一般在 1 升以下，车身尺寸一般为 3.5~4.0 米，通常为两厢车型	入门级轿车
A0	发动机排量一般为 1.2~1.6 升，车身造型以两厢为主，车长 3.8~4.0 米，也有一些三厢车，车长 4.2~4.4 米	上下班代步工具
A	发动机排量一般为 1.6~2.0 升，车身造型两厢、三厢都较常见。两厢车长一般在 4.3 米左右，三厢车长一般在 4.5 米左右	个人和家用
B	发动机排量一般为 2.0~3.5 升，车身造型基本为三厢，车长一般为 4.5~5.0 米	家用兼公务商务用车
C	发动机排量一般为 2.4~4.5 升，车身造型为三厢，车长一般为 5.0 米左右	公务商务用车
D	发动机排量一般为 3.0~6.0 升，车身造型为三厢，车长一般都超过 5.0 米	高级公务商务用车

特别提醒

先有汽车，后有分级方法，因此现在没有一种汽车分级的方法是完美的。一些新推出的汽车，由于轴距、发动机排量或车身尺寸异常，无法将它们准确地划分为某个级别的车型。需要提醒的是，千万不要把自己陷入汽车分级的困境而不能自拔。

宝马 1 系是宝马品牌中的入门车型

宝马 760Li 是宝马品牌中的旗舰车型

什么是入门车型？

入门车型是指某汽车品牌所有车型中级别和档次最低的车型，其发动机排量最小，或续驶里程最短，配置也最简单。

什么是旗舰车型？

旗舰车型也称顶级车型，它与"入门车型"相反，是指某汽车品牌所有车型中动力最强、配置最高、档次最高、价格最昂贵的车型。

什么是换代车型？

所谓换代车型，是指全新开发设计的新一代车型。换代的开发流程跟设计新车一样，要重新设计车身结构，并且车身钣金、内饰等都有很大的变化。有些车型的换代也会重新匹配更高级别的悬架，或在上一代车型悬架的基础上进行较大幅度的改进。但也有底盘结构基本不变，而其他部分都是重新设计的车型。

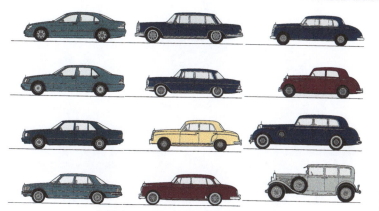

梅赛德斯－奔驰 S 级轿车外观造型演变

什么是小改款车型？

小改款车型是指对于车辆外观细节部分的一些局部修改。比如改一改前脸、保险杠、前照灯或尾灯的形状及颜色等，车内增加或减少一些配置，推出一些新的内饰颜色等，这些都属于小改款。对于小改款的车型有一个最直观的辨别方法就是，如果内饰的形状和尺寸没有变化且车身侧面线条和尺寸也没有什么变化，就可以看成小改款。所有的小改款车型都不会改变车身钣金和内部结构。

什么是大改款车型？

大改款车型的改动程度要比小改款大一些，但也只是针对前照灯、前脸或保险杠等部位的重新设计，并不会改动车身钣金、悬架这些核心部件，但可能会增添些配置等，比如帕萨特领驭就是原来帕萨特车型的大改款。

为什么说汽车铭牌是汽车的身份证？
汽车铭牌通常固定在什么位置？

每辆汽车都有自己的身份证，也就是固定在车身上的铭牌。我们要想认识一辆汽车，必须先从汽车铭牌开始。汽车铭牌内容一般包括制造工厂的名称、制造国别、生产年月、整车参数、发动机性能参数以及车辆识别码等。

汽车铭牌一般镶嵌在发动机室内壁、侧壁或右侧B柱上。车辆识别码（VIN）通常固定在驾驶人侧前风窗玻璃下面位置，以及右前减振器上部的车身上。

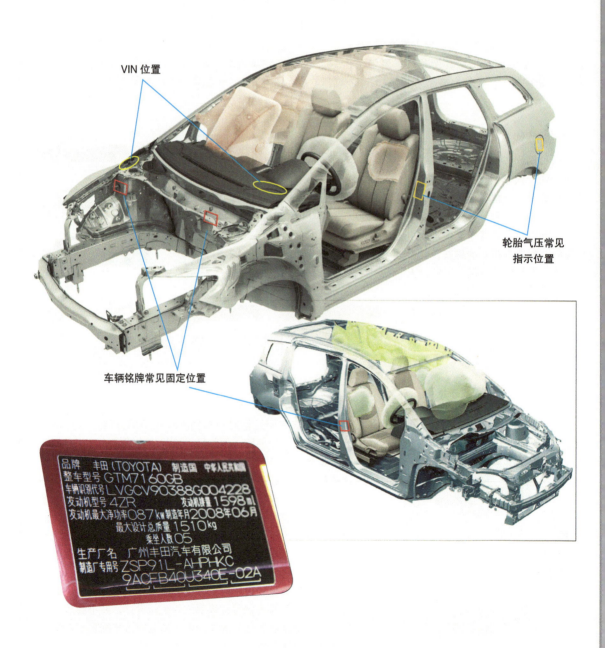

VIN有什么作用?

过去从底盘号能看出汽车的生产年份,现在底盘号已经改为国际上通行的17位车辆识别码(Vehicle Identification Number, VIN)。

车辆识别码是制造厂为了识别车辆而给每一辆车指定的一组字码。它由世界制造厂识别码(WMI,第1至第3位)、车辆说明部分(VDS,第4至第9位)、车辆指示部分(VIS,第10至第17位)三部分组成。每一辆车一个VIN,并足以保证每个制造厂在30年之内生产的每一辆车的识别代码具有唯一性。

第10位指示汽车的车型年款代码

VIN的第1位是生产国或地区代码:1——美国、J——日本、S——英国、2——加拿大、K——韩国、3——墨西哥、L——中国、V——法国、W——德国、6——澳大利亚、Y——瑞典、9——巴西、Z——意大利。

VIN的第10位是车型年款代码。请注意,"车型年款"并不完全等同于车辆的生产年份。在中国,往往"车型年款"就等同于车辆的生产年份,但在国外生产的汽车,有时"车型年款"要晚于汽车的生产年份1年,比如,2012年可能生产2013年款的车型,下图所示为2009年生产的车型,但它的车型年款代码就是"A",而不是代表2009年的"9"。这表明这是一辆2010年款的车型。

怎样从VIN知道汽车生产年份?

在中国制造的汽车上,其车辆VIN中的第10位代码就是表示生产年份的数码,如第10位是9,那么就代表是2009年生产的汽车。具体对照见下表:

年份	代码	年份	代码	年份	代码	年份	代码
1981	B	1994	R	2007	7	2020	L
1982	C	1995	S	2008	8	2021	M
1983	D	1996	T	2009	9	2022	N
1984	E	1997	V	2010	A	2023	P
1985	F	1998	W	2011	B	2024	R
1986	G	1999	X	2012	C	2025	S
1987	H	2000	Y	2013	D	2026	T
1988	J	2001	1	2014	E	2027	V
1989	K	2002	2	2015	F	2028	W
1990	L	2003	3	2016	G	2029	X
1991	M	2004	4	2017	H	2030	Y
1992	N	2005	5	2018	J	2031	1
1993	P	2006	6	2019	K	2032	2

第10位代码是车型年款代码,数字9表明此车为2009年生产的车型

第3位代码是车辆类型代码

第2位代码是汽车制造商代码

第1位代码是生产国代码,其中L代表"中国"

什么是汽车的整备质量？
整备质量对汽车的性能有什么影响？

汽车的整备质量是指汽车完全装备好（但不包括货物、驾驶人及乘客）的质量，它除了包括发动机、底盘和车身外，还包括加满燃料、润滑油、冷却液及携带随车工具后的汽车自重。

汽车的整备质量对汽车的性能有不小的影响。如果整备质量较大，其好处是驾驶起来感觉稳重，高速行驶时不易发飘；其负面影响是动力消耗大导致油耗高，容易影响空调性能，起步速度慢，制动距离长。对一款汽车来讲，其质量（在这并不是指其可靠性和工艺水平等，而是指其"重量"）应该是一个合理值，不能太小，也不能太大。汽车的新配置越来越多，导致汽车质量增加，一些汽车厂家选择降低车身钢板厚度的做法来达到减轻重量的目的，而负责任的厂家则选择高强度钢板或铝合金等高科技的做法来减小车身质量。

超级跑车的整备质量都比较小，以便保证其快速起步和加速性能

纯电动汽车为了拥有较大的续驶里程，往往装备较多的动力电池，致使整备质量都比较大

什么是汽车载质量？
什么是汽车总质量？

汽车载质量是指汽车在硬质、良好的路面上行驶时所允许的最大额定装载质量。客车和轿车一般以乘坐的人数来表示其载重能力。

汽车总质量是指汽车在满载时的总质量，即汽车整备质量和载质量之和。

载质量是购买载货汽车时的最重要参考指标

什么是电动汽车的续驶里程？
什么是NEDC续驶里程？

电动汽车的续驶里程是指在充满电、加满燃油的情况下，所能连续行驶的最长距离。

由于补充燃油比较方便，而充电不方便且需要时间，因此续驶里程对电动汽车更为重要。

NEDC续驶里程是指按照新的欧洲驾驶循环（New European Driving Cycle）测试标准所测得的电动汽车最大行驶里程。这一标准在中国被官方采用，用于测试电动汽车的综合里程，是消费者购买电动汽车时重要的参考指标之一。

续驶里程是电动汽车的重要性能指标之一

1.2 怎样认识汽车外观？

汽车车身是怎样划分"厢"的？

虽然世界上汽车品牌上千种，车型更是无数，具体车身造型也各不相同，但车身的大致形式和形状却相差不多，因为汽车的结构都基本一样，如乘用车都是由发动机、驾乘室、行李舱、底盘等组成的。为了方便人们认识汽车，便将汽车按车身结构形式分类，将车身中独立的、不相通的、封闭的空间称为"厢"，这样对于乘用车来讲，最多有三个"厢"，即发动机舱、驾乘室及行李舱。

什么是单厢车？

从车身外观上看像是个盒子，如大中小客车、面包车等，都称为单厢车。

如果车辆的发动机舱很小，非常不明显，发动机舱盖与前风窗玻璃几乎成一斜面，车身整体看来浑然一体，那么此车便是单厢车，如雪铁龙毕加索、奔驰A级等。许多流线型的MPV车型也可归为单厢车。

有时单厢车与两厢车没有严格的区分界限，或者说单厢车并没有非常严格的定义。

什么是两厢车？

从汽车外观上看，如果驾乘室和行李舱整合为一体，而发动机舱比较明显独立，那么此车便是两厢车。一般小型轿车喜欢采用两厢式设计，看起来活泼、动感，比较适合个人驾驶。

旅行轿车也是两厢式，它能装载更多或更大的行李，以便外出旅游。

所有SUV都是两厢式车身，但一些典型流线型的跑车，外观上看起来像是两厢，但一般不用"厢"数来区分它们。

什么是三厢车？

从汽车外观上看，如果汽车的发动机舱、驾乘室、行李舱是相对独立的，便是三厢车。三厢车看起来大气、稳重，一般都是4门5座设计，比较适合商务和家用，也是现在最常见的车身形式。

为什么两厢车的行李舱盖也称为"门"？

车门是指汽车上能开启并能让人员进出的门。而两厢车的行李舱盖也能很宽敞地打开，打开后的空间不比侧门小，甚至如果想从此进出车内也没问题，从形式上讲，它和三厢车的行李舱盖区别较大，而与车门却更相近。因此，在"统计"车门数量时，一般把尾门算一个门。这样一来，轿车的车门数最少为2个，最多可达到5个。

什么是2门车身？

轿跑车、跑车喜欢采用2门设计，一侧一个车门。敞篷车一般都是2门式设计。4座的2门车有一个特色，就是车门多半比较宽大。由于一边只有一个车门，为了让后座乘客上下车方便，都会将车门的宽度加大，以增加实用性。而2座的2门车的车门由于不需要进入后排，因此它的车门与普通车门基本一样。

并不是所有跑车都采用2门设计，也有一些跑车采用4门设计，如保时捷Panamera、玛莎拉蒂Quattroporte、奔驰GT AMG等，可以兼顾运动与豪华。

什么是3门车身？

掀背式2门车由于行李舱盖像一个后车门，故称3门车身。掀背式2门轿车在国内并不常见，但一些小型SUV采用这种3门式设计非常时尚，如铃木吉姆尼等。3门车有着双门的造型，又增加一个可以直通驾乘室的尾门，可使后排车厢的装载安排更具灵活性。

什么是4门车身？

4门车身是最传统的轿车车身设计，车身两侧各有两个车门。现在普通轿车基本都是4门车身。4门车身在乘用车市场仍处于主流地位，是一种任何时代都深受欢迎的车身形式。

什么是5门车身？

5门车身实际上是4门掀背式车身，或者说4门的两厢车就是5门车身，因为它的尾门也算是一个门。这种车身设计在中国也越来越流行，国内销售的单厢和两厢乘用车基本都是5门设计。这种设计实用性非常强，尾门打开后不仅可以装载更多更大的物件，而且装载和取出都非常方便。

什么是掀背式和快背式车身？

掀背式车身（Hatch Back）的车背比较陡直，绝大多数两厢轿车都是掀背式车身。

快背式车身（Fast Back）的尾部比较平顺、流畅，呈斜线形，因此也称为斜背式或溜背式。这种车的后背可以向上掀起，因此可以装载比较大的物件。这种车身形状利于气流快速流过车背，气流到车后部时不致过早分流而产生涡流，从而可减小行驶时的空气阻力。

掀背式车身

快背式车身

什么是楔形车身？
为什么跑车喜欢采用这种设计？

楔形车身是指其车身造型从侧面看像是一个楔子，前低后高，线条锐利。把汽车设计成楔形，不仅看起来动感强劲、气场强大，而且能大幅度降低汽车所受的空气阻力。

一般来说，跑车喜欢采用楔形车身设计，而意大利的兰博基尼应是楔形车身设计中的典型。现在不少4门轿车也越来越多地采用楔形车身设计，除了动感强、空气阻力小两个优点外，还可以增加行李舱的容量。

什么是双段式尾门？

4门和5门设计各有优势，但如果将两者整合在一起，将拥有这两种车身设计的优势。斯柯达昊锐采用的双段式尾门开启方式，就是出于这种思路设计的，这也是世界首创。这款车可以在4门三厢轿车和5门掀背式轿车之间自如切换：按下行李舱下部中央的按钮，就能打开普通意义上三厢车的行李舱；如果先按下位于右侧的选择按钮，高位制动灯将闪烁两次提示模式选择完成，此时按下中间按钮便可以将后风窗玻璃连同行李舱盖一同打开，可以像5门掀背式轿车那样装载大件物品。

什么是鸥翼式车门？

鸥翼式（Gull Wing）车门是指两侧车门掀开后像是海鸥展翅那样，故称为鸥翼式车门。最早的鸥翼式车门出现在奔驰300SL跑车上。

什么是剪刀式车门？

剪刀式车门是指车门打开后像是一个剪刀，它的开关也与剪刀相似。兰博基尼的一些车型上喜欢采用剪刀式车门设计。

什么是蝴蝶式车门？

蝴蝶式车门的结构与剪刀门近似，但它是向外展开，从车前方看像是蝴蝶张开翅膀。

什么是滑动式车门?

可以完全向后滑动打开的车门,称为滑动式车门。滑动车门通常应用在 MPV 上,它在狭窄的空间也能打开车门,而且打开后形成的开口比较大,对上下乘客或装卸货物都非常方便。

什么是对开式车门?
为什么又称为"自杀门"?

如果车侧后门可以向后打开,车身没有 B 柱,就称其为对开式车门。这种车门方便上下乘客,但对车身安全性会有一定影响,而且如果开后门下车时受到后方来车撞击,会造成更严重的伤害。因此,有人将向后方打开的车门又称为"自杀门"。

什么是纵向通过角?

纵向通过角是从汽车底部的突出部位向汽车前轮和后轮所作的两个切面之间在汽车后方形成的夹角。这个夹角越大,汽车被地面凸起物托住的可能性越小,汽车的纵向通过性能就越好。

什么是最小离地间隙?

汽车底盘最低点离地面的高度就是最小离地间隙。一般说来,F1 赛车的最小离地间隙最小,跑车较小,轿车也不大,客车和越野车较大,货车当然是最大了。

什么是接近角和离去角?
它们怎样影响汽车的通过性?

由前轮和前保险杠形成的一个角度,称为接近角,它实际上是衡量汽车的物理结构所能爬过的最大角度。如果接近角小,实际坡大,那么车轮还没有上坡,前保险杠就接触路面了。

与接近角相反,离去角是指后轮和后保险杠之间形成的一个夹角。如果这个角度不足,那么车辆下坡后转为平路行驶时,车尾就可能碰到坡面上,使后轮架空并失去驱动力。

什么是最大爬坡度？

汽车满载时在良好路面上用第一档克服的最大坡度，称为汽车的最大爬坡度。爬坡度用坡度的角度值（以度数表示）或以坡度起止点的高度差与其水平距离的比值（正切值）的百分数来表示。如45°与100%的爬坡度相当。

什么是最大涉水深度？

汽车的最大涉水深度是指车辆在水中行驶时，能够安全通过的最大水深（以毫米表示）。也就是说如高于这个水深，汽车就无法通过。

什么是最大侧倾角？

当汽车以侧倾姿态通过时，汽车车身所能承受的最大侧倾程度，即最大侧倾角。或者说，如果汽车在大于这个角度的斜坡上行驶，汽车将无法通过。

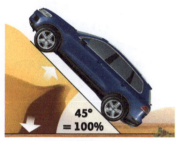

爬坡度

最大涉水深度

最大侧倾角

什么是汽车的前翼子板和后翼子板？

汽车的翼子板是指遮盖车轮的车身外板，因旧式车身该部件形状及位置似鸟翼而得名。按照安装位置又分为前翼子板和后翼子板，前翼子板安装在前轮处，因为前轮有转向功能，所以必须保证前轮转动时的最大极限空间，设计者会根据选定的轮胎型号尺寸，用"车轮跳动图"来验证翼子板的设计尺寸。后翼子板无车轮转动碰擦的问题，但出于空气动力学的考虑，后翼子板略显拱形弧线向外凸出。

现在有些轿车翼子板已与车身本体成为一个整体，成为一体的侧围板。但也有轿车的翼子板是独立的，尤其是前翼子板，因为前翼子板碰撞机会比较多，所以独立装配以便整件更换。

什么是汽车的A、B、C柱？

A、B、C柱是轿车上的专有名词。如果将轿车四周的玻璃全去掉，你就会发现轿车的车顶是由6个支柱支撑着，站在车身侧面从前往后数就分别是A、B、C柱。其中A柱是指前风窗玻璃两侧的支柱，B柱是指前车门和后车门之间的门柱，C柱则是指后风窗玻璃两侧的支柱。在旅行轿车、MPV或SUV等车型上，通常把后风窗玻璃两侧的支柱称为D柱。

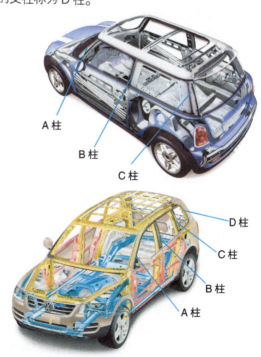

车身外都有哪些常见灯？

车身外常见的灯不仅有夜行照明灯（远光灯和近光灯）、日间行车灯、雾灯、转向灯，还有汽车后部的制动灯、尾灯、倒车灯以及牌照灯等。

远光灯和近光灯通常集成在一起，再加上转向灯、日间行车灯，构成一体式前照灯。

前照灯和转向灯位于车前侧两翼，雾灯位于车前两翼下部。制动灯设计在尾部高位。尾灯和倒车灯的位置，各车型的设计并不相同。牌照灯自然在牌照上方或者下方。

前照灯清洗机构盖板

前照灯下方小方块有什么用？

前照灯下方的小方块是前照灯清洗机构的盖板。当开启前照灯清洗功能时，这个小盖板会自动打开并伸出清洗液喷嘴，可以清洗前照灯罩上的灰尘及污垢，保证前照灯的足够照明。请注意，前照灯清洗功能只能在前照灯开启的情况下使用。

为什么氙气前照灯发出接近日光的白光？

氙气前照灯的色温较高，它会发出接近太阳光的白光。光的色温决定灯光的颜色。色温是表示光源光色的尺度，通常以K作为单位。K值从低到高，颜色则会按黑、深红、浅红、黄、白、蓝顺序变化。通常来说，色温3000K的灯光明显发黄，色温在4300～5500K之间的灯光接近太阳光，色温在6000K的灯光发白，色温在6000K以上灯光则发蓝。

氙气前照灯

为什么卤素前照灯发出白色偏黄光？

卤素前照灯（包括近光灯和远光灯）都采用白色偏黄的颜色，而黄色是波长最长的可见光，它的传播距离更远，这样能保证即使在恶劣天气下也能照亮路面。

卤素前照灯

为什么雾灯和转向灯采用黄色光？

转向灯、雾灯和示廓灯采用黄色，因为黄色在可见光里的波长是最长的，不论是良好天气还是恶劣气候，它传播距离远，因此用它作雾灯，可以照亮更远的地方。而且黄色还是仅次于红色的警示色，颜色醒目，所以也用它作为转向灯的色彩，能较好地起到警示作用。

雾灯、转向灯

为什么制动灯和示廓灯采用红色光？

制动灯、高位制动灯和后示廓灯都采用红色。红色是刺眼、最醒目的色彩，看到它能使肌肉的机能和血液循环加快。红色容易引起注意，因此具有较佳的明视效果，常用来作为警告、危险、禁止等警示用色。当前车制动时，前车的制动灯就会自动点亮，以引起后车的注意。

制动灯、示廓灯

为什么日间行车灯和倒车灯采用白色光？

白色的穿透力更强，用它作为日间行车灯可以让更远的人们注意到它。现在的日间行车灯都是LED灯。车后方没有像前照灯那样的照明光源，所以倒车灯采用白色光，是为了与红色制动灯、红色示廓灯和黄色转向灯明显区别开来。

日间行车灯、倒车灯

跑车身上为什么有"洞洞"？

跑车身上的"洞洞"，一般是为了冷却发动机或制动盘而用来进气和出气的。如果洞口朝前，那是用来进气的；如果朝后，则是用来出气的。跑车的车速较高，发动机转速也较高，它们的发动机和制动盘都需要更大强度的冷却。

前置发动机跑车

如果是前置发动机，即发动机在车头放置，那么车头上的进气口不仅要大些，而且在车身侧面开个出气口可以提高流过发动机或前制动盘的空气速度，从而增大冷却强度。

如果跑车的发动机后置，即放在车后部，虽然出气比较顺畅，但进气却很困难，发动机的散热器很难得到冷却风。针对这种情况，一般有两种解决方案：第一种方案是把发动机的散热器放到车前端，就像前置式发动机的散热器那样，但这种方式必须让循环水管穿过整个汽车，布置起来很不方便，因此这种方式已不多见，保时捷多采用这种方式；第二种方案就是在车身的每个侧面开一个进气口，由此流进空气。也有少数跑车在车顶上开进气口的，就像F1赛车中车手头顶后部的庞大进气口那样。

后置发动机跑车

后置发动机跑车

无边框车窗有什么好处？

无边框车窗一般在运动型轿车或跑车上出现，尤其是敞篷跑车。由于没有边框，驾乘者的视野将更开阔，尤其是可以缩小A柱附近的盲区。另外开跑车者一般个性较足，无边框车窗也可显示出与众不同的个性来。但不利的是它的密封性能容易受到影响，因此对制造技术有较高的要求。

为什么前照灯罩内有许多条纹？
为什么后尾灯罩内看起来晶莹闪亮？

汽车前照灯的透明灯罩内有很多条纹设计，是因为当光线通过这些条纹时，透明灯罩相当于是微透镜和微棱镜的组合体，可以折射一部分光束，使其分散到汽车的两侧和车前路面上，以增加车灯的照明面积。

尾灯罩内有很多密密麻麻的凹凸设计，它们起到微棱镜的作用，可以反射光线，从而增强尾灯的亮度，即使尾灯在没有被点亮的情况下，也能反射发光，提醒后车注意。

为什么汽车后风窗不能打开？如果打开后风窗会发生什么？

当汽车向前"奔跑"的时候，受到很大的空气阻力，被冲击的空气就会沿着汽车的车身两侧向后"飞跑"。这时候，车尾后风窗的外边几乎一点空气也没有，压力很小，或者说形成负压，周围的空气就要向那里补充，于是"猛跑"的空气使吹起来的灰尘以及汽车排放的尾气一起"扑向"后风窗。如果后窗在行驶中打开，灰尘和尾气就会进到车厢中，所以后风窗在行驶中不能打开。

车尾上 1.6L、1.8T、2.4GS 分别代表什么？

车尾上的 1.6L 代表的是发动机排量，L 代表升，也就是发动机排量为 1.6L。1.8T 代表的是 1.8L 涡轮增压发动机，T 代表的是 Turbo，也就是涡轮增压。3.0G 代表的是 3.0L 排量的车，G 指的是此款车的一个型号。2.4GS 则是指发动机排量为 2.4L，GS 是款式型号。

此外，还有 GL、GLS 等，都是用来区别车型款式的，或者说区分配置高低的。虽然没有厂家的技术解释，但大家一般都理解为 G 为基本型（Grand，也称入门级），GL 为豪华型（Grande，Luxury），GLS 为顶级车（Luxury，Super）。由于国内很少见到 G，所以很多经销商直接将 GL 解释为基本型，GLS 解释为豪华型。

汽车前脸造型设计受专利保护吗？

除了个别超级豪华品牌，如劳斯莱斯的"帕特农神殿"进气格栅造型设计，其他的汽车前脸造型设计一般不会特别申请专利保护，因为世界上真正的汽车厂家，不会去模仿他人的设计，都会尽量避免与他人的设计雷同，否则会遭到耻笑，直接影响品牌声誉与产品销售。

为什么一些车尾下有根"小条"？

以前好多车尾都垂下一根"小条"，是导静电橡胶拖地带。它拖在地上，大多用来释放车身上的静电，起到接地作用。上面还有"注意"的标志，只是起到一般的提醒作用，如保持车距等。该物品不是汽车的标准配件，可以选购安装。如果是特殊作业车辆如油库槽车等，则必须装备。如果你的座套、脚垫等车内饰件是容易起静电的材质，还是建议你到汽配城去装上一根。

为什么救护车上的名字是反印的？

在一些进口的救护车的发动机舱盖上，反印着救护车的英文名"AMBULANCE"。这主要是为了让救护车前面的车在后视镜中能更清楚地看到"AMBULANCE"，以便尽快给救护车让道。由于从后视镜中看到的影像是左右相反的，所以救护车上反印的字，在前面车看来正好是正的。

1.3 怎样认识车内标识符号？

为什么有些自动档汽车有三个踏板？

下图中从左到右依次为驻车制动踏板、行车制动踏板、加速踏板。最左边那个踏板是驻车制动踏板，即用"脚刹"来代替"手刹"的功能。例如：奔驰、雷克萨斯及凯迪拉克的车型，均采用脚踏式驻车制动器。

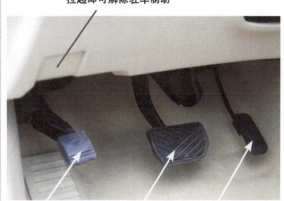

拉起即可解除驻车制动

驻车制动踏板（踩下即可实现驻车制动）　行车制动踏板　加速踏板

驻车制动踏板：踩下就进行驻车制动（PUSH ON），再踩下就可解除驻车制动（PUSH OFF）

什么是左舵和右舵？
汽车为什么要分左舵和右舵？

如果方向盘布置在驾驶室内的左侧，就称为左舵；如果布置在右侧，则称为右舵。

方向盘的布置完全是为了符合当地道路通行规则的要求而设计的。靠右行驶的国家使用的汽车为左舵，这样在正常行驶、超车时视线会更好。反之，在靠左行驶的国家使用的汽车为右舵，也是为了满足正常行驶和超车时的需要。

方向盘上的"SRS"是什么意思？

SRS 是汽车安全气囊的标志，说明该方向盘中央安装了安全气囊装置。SRS 是辅助防护系统（一般指安全气囊）的英文缩写，全称是 Supplemental Restraint System。其实在其他位置也能找到 SRS 的标示，只要那个位置装备有安全气囊或安全气帘。

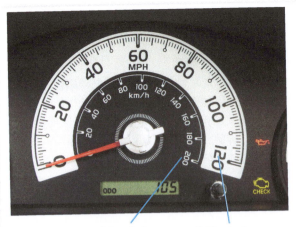

千米/小时　　英里/小时

为什么一些车速表上有两圈数字？

在不少欧美生产的汽车上，它们的车速表上有两圈数字，其中一圈是以千米/小时（km/h）为单位，另一圈以英里/小时（MPH，即mile/h）为单位，以适应不同地区的用户需求。因为在美国和英国，现在仍通行"英制"，行驶距离一般用英里表示，而我们常用的是"m制"，即用千米表示里程。1英里/小时相当于1.609千米/小时。

数字式车速表有什么优缺点？

相对指针式车速表，数字式车速表的优点在于测量值不会发生读数误差，相对比较精准，但缺点是数字变动很快，容易造成眼睛疲劳。例如在高速公路上定速行驶，因为速度会稍有上下的变动，所以数字式仪表便会灵敏地频繁显示出"98""100""102"。为了减少显示值闪动，可将仪表测量速度的取样间隔延长，降低仪表的精度。但延长取样间隔后，车速变化的瞬间便不能追踪显示。比如，你已经紧急制动让汽车停止了，但数字式车速表显示的仍可能是20千米/小时。

为什么转速表上要设置红线区？转速达到红线区时会发生什么？

理论上来说，只要持续踩加速踏板，发动机就应不断增加动力输出，转速就会不断升高，车速也会越来越高。然而这只是理论，在实际应用中并不可行。因为材料的强度、耐热度等，并不能让发动机转速无限制地提升，否则很有可能造成发动机无法承担过重的负荷而损坏。

为了避免导致发动机超过其能承受的工作范围，在发动机转速表上都会特别标示发动机的红线转速范围，而且一般都会设定断油点，当发动机转速进入红线区，即会限制供油，达到保护发动机的功效。

红线区

转速表上的红线区是发动机达到可承受最高转速的警戒标志，并非换档标准。

手动档车不换档，重踩加速踏板，发动机转速升高，如到达警戒线后，发动机转速将不再增加，发动机"断油"，可能出现顿挫感或加速无力，这是电子限速装置起作用了。

自动档车型，如在较低档位时迅猛踩加速踏板，可能在一瞬间发动机转速达到最高，甚至到达红线，此时变速器才会根据程序设置完成换档，如果正常加速则一般不会出现此现象。

为什么一些车速表在 30 和 50 处有红线？

一些德国品牌的汽车，如保时捷、大众宝来等的车速表上的低速区，有两条非常醒目的红线，一条是停留在 30 千米/小时的位置上，另一条则停留在 50 千米/小时的位置上。其含义是在德国市区内道路有严格的速度限制，基本都会限制车速不得超过 30 千米/小时，而城市主干道的车速被限制在 50 千米/小时。在德国超速违章的惩罚也是相当严厉，这两条线的真正作用其实就是提示驾驶人不要超速。

为什么燃油表显示时快时慢？

这与燃油箱的形状有一定的关系。有些燃油箱的上下形状比较统一，油面下降的速度比较均匀；而多数汽车的燃油箱的形状不规范，比如上宽下窄，在燃油不多时，油面下降的速度就会比在油满时要快许多，而这反映到燃油表上，就是油量消耗显示越来越快了。

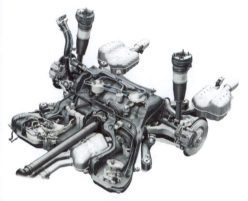

燃油箱内部构造图

车速表显示的速度是如何测得的？

一般是先利用前轮上的轮速传感器，测量车轮旋转的圈数和转速，然后通过电子控制单元计算处理后，即可得出反映车速的电压或电流信号，并发送至车速表显示。

现在主要采用磁电式和霍尔效应式轮速传感器。其中霍尔效应式轮速传感器利用霍尔效应原理，当齿轮转动时，穿过霍尔元件的磁力线密度会发生变化，引起霍尔电压的变化，霍尔元件输出一个准正弦波电压，经过电子电路转换后成为标准的脉冲电压信号。

1迈相当于多少千米？

"迈"是英里（mile）的音译，也是过去比较通俗的叫法，现在一般称为英里（1 英里约等于 1.609 千米）。

我们平常所说车速达到多少迈，其实存在误区。在中国道路上跑的汽车中，里程表和车速表中极少用英里标示，绝大多数采用千米标示。限速牌上的数字也是指千米/小时，而不是英里/小时。

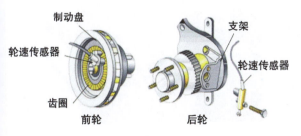

轮速传感器安装位置

国内公路限速牌上的数字是指"千米/小时"，而不是"迈"

什么是多功能方向盘？

如果方向盘上集成了音量调节、电台/曲目选择、静音、一键式电话、蓝牙、巡航控制等多种功能，驾驶人手不离方向盘就可轻松操作，就称此方向盘为多功能方向盘。多功能方向盘可以提高驾驶乐趣，对安全行车也非常有利。

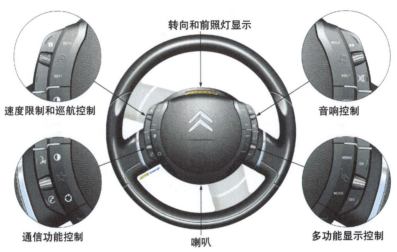

为什么前驱车后排地板中间也有隆起？

前置发动机、后轮驱动或四轮驱动的后排中间，都有一个较大的凸起，这是因为这些车的底部要安装传动轴，将动力从车前部的发动机传递到后面的驱动轮上。但一些前置发动机、前轮驱动的后排也有一个较小的凸起，这是由于要在车辆底部安装排气管。但多数前轮驱动的汽车，由于设计巧妙，其后排地板中间并没有明显的凸起。

什么是带阳光反射技术的座椅真皮？

这是在宝马敞篷跑车上率先采用的一种特殊类型的创新真皮。采用阳光反射技术处理的真皮加入了特殊的颜料，可以反射阳光中的红外线辐射，从而可以显著降低座椅、扶手和方向盘上由于阳光照射引起的升温幅度。

带阳光反射技术的座椅真皮主要应用在敞篷车型上，如奔驰 CLE 敞篷跑车等。据奔驰在 2021 款 CLE 敞篷车上进行的测试，这种座椅在直射阳光下的温度比没有涂层的座椅低了 12℃。

后排座椅 4/6 布置是什么意思？

汽车传统的后排座椅是一体式的。考虑到行李舱有时会放一些尺寸太大或不规则的物品，这时需要放倒后排座椅。如果将后排一体式地全放倒，则后排座位就不能坐人了。于是现在车辆的后排座椅开始不再做成一体式的，而是分开成两个，一宽一窄，大多数情况下是按左右横向宽度的40%、60%（即我们俗称的四六开）来分。

怎样调整电动座椅？

虽然各种车型的电动座椅调节按钮的样子和位置有所不同，但调整方法大体相近。

驾驶座前后调整： 向前后推动控制按钮，可以使座椅前后移动到理想位置，松开按钮时座椅将固定在该理想位置上。

驾驶座高度调整： 上下移动控制按钮的前、后部，可以调节座位的前、后部位的升降。

驾驶座椅靠背角度调整： 前后扳动相应的控制按钮（或控制按钮上部），可以调整座椅靠背的倾斜角度，至理想角度后松开按钮，则锁定该位置。

更高级的车辆座椅调整会有更多的方向控制键，如通常的"8方向电动调节""16方向电动调节"等。

驾驶位置记忆功能大都有3个位置记忆，包括座椅位置、后视镜位置等。如想将座椅调整成某种常用状态，只需按一下记忆开关，座椅便会快捷地调整到当初设定的最佳位置。

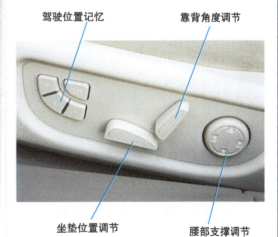

怎样调整座椅头枕？

头枕的延长杆部位有一个小按钮，它就是头枕位置锁定钮。调高头枕时，只需将其拉高至理想的位置。若要调低头枕，则应该先将头枕位置锁定钮按下，同时向下推压头枕（有的头枕在调高和调低时都需要将锁定钮按下）。当驾驶人的耳朵和头枕中线在一条水平线上时，头枕高度比较合适。

按动此处，即可调整头枕

特别提醒

很多人不重视座椅头枕的调节，认为开车时不需要将头枕在上面，根本就用不着头枕。其实设计座椅头枕的主要目的不是为了舒适，而是为了减少颈部意外受伤的危险。

怎样调整方向盘倾斜度？

方向盘倾斜度调整杆一般位于方向盘管柱中间的下面或左侧。拉开调整杆，即可使方向盘解除位置锁定，升高或降低方向盘至合适位置后，扣上调整杆即可锁定方向盘位置。

电动调整只需调整画有方向盘图样的小按钮即可，调整时按照箭头标示操作即可。

特别提醒

只有在车辆静止时才可调整方向盘的位置。切勿在车辆行驶中试图调整方向盘的位置，否则会导致车辆失控。

为什么要设置后车门儿童安全锁？

使用儿童安全锁，即便车门锁都已经打开，也无法从车内打开车门，而只能从车外打开车门。当有儿童坐在后座时应尽量使用此装备功能，以便保护儿童在行车中的安全。

使用方法是：在关门前将儿童安全锁置于闭锁符号一侧，此时只能从车外面，用车外门把手开门；如果要取消，只需在关门前将儿童安全锁装置拨至开锁符号对应的一侧即可。

如果后车门从里面打不开，但从外面却可以打开时，很可能就是后车门的儿童锁被锁上了，只要打开儿童锁即可解除。

怎样操作电动车窗玻璃的升降？

车窗玻璃的升降操作钮一般设置在车门的扶手上，这样驾乘人员操作起来最为方便。

装有电动车窗的车辆，只有当点火开关在"ON"的位置时，才可以操作电动车窗玻璃升降。

在驾驶座椅一侧的门把手上，电动车窗开关可以控制车辆两侧的前、后车窗玻璃升降，并且有一个车窗玻璃升降锁止键。按下该键时，其他车门的玻璃升降开关键将失去作用，以防后排儿童打开车窗。再按下此键，即可解除锁止状态。

一些车窗具有防夹功能，如果车窗玻璃在上升过程中遇到阻力，它会停止上升，以防夹到乘车人的头或手、臂等。

将点火开关转到"ACC"或"LOCK"位置后，一般还可以再操作电动车窗30秒。然而当点火开关转到"LOCK"并拔出钥匙时，如果打开了前车门，此时不能操作电动车窗。

- 选择左后视镜
- 左前车窗玻璃控制
- 左后车窗玻璃控制
- 后视镜调节钮
- 选择右后视镜
- 按下此键，可使后排车门的电动门窗按钮不起作用，以防后排儿童打开车窗；再按一次，即可解锁
- 右后车窗玻璃控制
- 右前车窗玻璃控制
- 折叠后视镜（同时按下L、R按钮）

怎样折叠后座椅靠背？

凡是"4/6"分开的后座椅，一般都有将靠背全部放倒的功能（向前）。该座椅的靠背锁钮有的在座椅的后上方，有的在座椅的侧后方。扳动该按钮，即可松开靠背并将其彻底放倒。有的车辆的前排乘客座椅也有向前全部放倒的功能，以便能形成一个车内的小桌子，给其他的乘客创造一个方便的办公、娱乐空间。

怎样操作中控门锁开关？
为什么要拉两下门内拉手才能开车门？

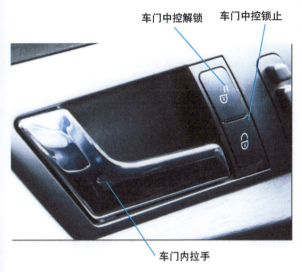

车门中控解锁　车门中控锁止

车门内拉手

现在轿车上一般都有一个"中控门锁开关"，大多设在驾驶座旁的车门内板上。驾驶人关上车门后，当按下中控锁的"LOCK"按钮，所有车门都会锁上；当再按下"UNLOCK"钮，所有车门就都开锁了。但现在更多的是用"解锁"和"锁止"的图形来表示，如左图所示。

现在轿车一般都有自动落锁功能。如果汽车超过一定速度（如30千米/小时左右），车子会自动落锁。这就是为什么在汽车刚刚加速行进时，常常听到"哗"的一声。

当要打开车门下车时，一些汽车只需拉一下车门内拉手即可打开。而更多的车型为了防止误开车门，往往需要拉两下才能将车门真正打开。

怎样使用驾驶座椅加热器？

在寒冷的天气里，刚进入车时，可以打开座椅加热器。将点火开关置于"ON"位置，按下驾驶人座椅或乘客座椅的座椅加热开关，即可取暖。关闭时重新按下该开关至"OFF"，即可关闭该功能。

一些座椅加热设有不同档位，如HI表示"高温"，LO表示"低温"。

由于是用电取暖，所以尽量不要在发动机未起动的情况下长时间使用此功能，以免耗尽电池的电量。

怎样认识燃油表？

燃油表上面的燃油刻度只是近似燃油量，而且由于油箱设计的形状不是很规则，因此有时并不是均匀下降。它最上端是油满符号"F"（Full），最下端是油空符号"E"（Empty）。

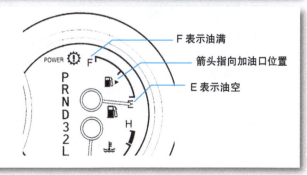

F 表示油满
箭头指向加油口位置
E 表示油空

怎样使用遥控钥匙？

遥控钥匙上有锁门按钮和解锁按钮，有的还有遥控行李舱盖的释放按钮。

遥控钥匙上的锁门按钮和解锁按钮一般都与防盗警报系统联系在一起。按下列步骤操作可以锁上车门并进入防盗警戒状态：从点火开关拔出钥匙，确认发动机舱盖和行李舱盖上锁，按遥控器锁门按钮（LOCK），锁上车门，此时转向信号指示灯会闪烁或发出声响，提示防盗系统进入警戒状态。

开锁时，只需按遥控钥匙上的解锁按钮（UNLOCK），转向信号灯会闪烁或发出声响提示警报系统已经解除完毕，并且所有车门已经开锁。

在夜里起动车子前可以按下钥匙上的前照灯按钮，打开前照灯，照亮车前路面。

钥匙上的红色三角是紧急功能和寻车功能按钮，也有用钥匙图案代表寻车按钮。按下此钮，两侧的转向灯会同时闪烁并伴有喇叭声，提醒其他车辆注意，同时也可以作为在停车场寻车时的声光信号。通常该功能在激活至少5秒钟后，再次按下该按钮可以关闭功能，否则其在2分钟多后会自动关闭。

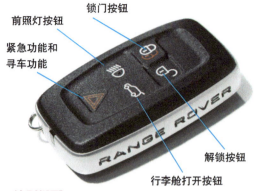

前照灯按钮 锁门按钮
紧急功能和寻车功能
解锁按钮
行李舱打开按钮

特别提醒

一般情况下，只有使用遥控钥匙才能解除防盗系统的警戒状态。若使用遥控钥匙无法解除防盗警报系统的报警，则可以尝试下列操作：

1) 用钥匙打开车门（会启动防盗报警系统的警报）。

2) 将点火钥匙插入点火开关，并转到"ON"的位置。

3) 等待30秒。

如果警报还未解除，请联系厂家服务。

点火开关上的英文字母是什么含义？

点火开关上有"LOCK""ACC""ON"和"START"四个开关位置和"PUSH"字样的提示。

"LOCK"是方向机锁，要打开该锁，必须把点火开关钥匙插入。

"ACC"是附属设备电路接通位置，该装置一般用于接通收音机、点烟器的电路。

"ON"是发动机点火开关位置，起动发动机成功以后，开关维持在该位置以给发动机运转提供电能。

"START"是发动机起动位置，点火开关在该位置时，起动机转动并带动曲轴转动，从而起动发动机。

标有"PUSH"字样，是提示您在拨动开关时，应注意将锁钮按下！

特别提醒

在起动发动机时，不要在起动位置"START"停留太长时间，大概在3秒左右。长时间起动会对起动机或整个起动系统造成损坏。好一点的车辆隔声效果比较好，发动机怠速运转时噪声和振动都会不易察觉。有人在行车前会习惯地再去打火起动，由于发动机和起动机的转速差别，也会对起动机有害。所以在起动前，最好先看一眼转速表，如果已有转速显示（700~800转/分），表示发动机已经起动，在怠速状态。

如果你的车是一键式起动，那么只要按下起动按钮，汽车便会起动。

怎样看冷却液温度表？

冷却液温度表指示发动机冷却液的温度，指针下端是低温符号"L"（或"C"），指针上端是高温符号"H"。

发动机冷却液温度太高或太低都不好，适宜的温度是80~90℃。在汽车的持续行驶中，如果发现冷却液温度不正常，请及时检查发动机冷却系统；停车关闭发动机，打开发动机舱盖，检查冷却液量及水泵传动带等。

特别提醒

发动机过热时，切勿着急打开散热器盖，以免被沸水烫伤。应该等发动机冷却下来，或在确保散热器内压力不太大时，把散热器盖捂上一个浸过冷水的湿毛巾后，微拧放气减压后再打开。

怎样观看车速/里程表？

一般车速表和里程表都在一个表壳内。车速以指针式指示，它记录汽车的瞬时速度，其数字单位一般为"km/h"，即"千米/小时"。

里程表则以数字滚动的形式显示，随着行驶里程的增加，里程数字会自动变大。

里程表共有两种：一个是记录这辆车从出厂一共行驶了多少千米，因此也称总里程表，总里程表不可调节或清零；另一个则是记录测量从某个时刻开始行驶过的距离，并有一个复位按钮，按下此按钮则可以将单程里程表清零，重新开始计算里程。

怎样查看转速表？

转速表记录的是每分钟发动机的转速，它的单位一般是1000转/分，通常标示为"×1000rpm"或"×1000r/min"，其中rpm和r/min都是"转/分"的意思，如转速表指针指向3，即表明此时发动机的转速为3000转/分。

很多开车的人并不太重视汽车转速表，其实发动机的转速对在何时换档有很大的影响，懂得此道的人可以在最大转矩的转速时换档，这样可以用最短的时间将汽车加速，但此时耗油也会较高。也可通过观察转速表来检查发动机运转是否正常。

车速表　　总里程表　　单程里程表

怎样操作灯光开关？怎样用灯光提示前方车辆？

按照操纵杆上的图符标示，一般是将开关转动到第一个位置是打开示廓灯、侧灯、尾灯、仪表灯和开关照明灯等；而继续转动到第二个位置是打开近光灯；如果要打开远光灯，还需要将操纵杆向前推（远离驾驶人），此时前照灯远光亮并且仪表板上的远光指示灯也亮起（如想变回近光灯，只需要将操纵杆拉回即可）。

如果想给前方车辆、行人以信号，需要迅速交替变光（变换远近光）的时候，只要朝驾驶人的位置拉动操纵杆后松开，前照灯就会在远、近光之间变换。这种变光哪怕灯光开关位于"OFF"位置，前照灯仍然会有远光闪烁。

有的前照灯调整旋钮不在方向盘的杆柱上，而是仪表板上的一个档位旋钮，按照旋钮周围的灯光图示进行旋转，即可获得相应的灯光效果。

怎样调节刮水器开关？

一般的风窗玻璃刮水器开关有三个位置：间歇运动、低档运动和高档运动。

间歇运动：如果刮水器有间歇档位，一般该档位的标识是"INT"，刮水器可以在该档位间歇运动——即往复一次后休息一段时间后，再往复一次如此循环。刮水器的间歇运转时间间隔可以通过刮水器开关上的调整旋钮来调整，一般可以在2~10秒内变换。

低档、高档运动：刮水器的另外两个档是低档运转和高档运转。低档的标识是"LO"，高档的标识是"HI"，分别表示刮水器的低频率往复和高频率往复，只需要将刮水器旋钮旋至相应的位置处即可。

为了防止刮水器系统的损坏，严禁刮擦冰或雪等重积物。如果冰雪只有薄薄的一层，您可以使用除雾加热器把冰雪融化后，再使用刮水器。

怎样进行风窗玻璃喷水和清扫操作？

对大多数车辆来说，将刮水器及喷水器操纵杆朝驾驶人的方向拉动，即可使用风窗玻璃喷水器喷水。直到松开控制杆，喷水器才会停止喷水。

喷水器的操作，每次不得超过15秒。当储液箱中无清洗液时，禁止操作清洗器；在冬季或结冰的天气里，在使用刮水器之前，应先确认刮水器片是否冻结在玻璃上；在寒冷地区，应使用防冻的风窗玻璃清洗液。

怎样调节车外后视镜？

在驱车起步前，一定要检查好车辆后视镜的位置角度是否合适，是否可以看见你车辆左右两侧合理范围内的物体。

后视镜有手动调节和电动调节两种。手动调节的一般在后视镜根部车门内侧有对应的小摇柄，手摇该柄可以调整后视镜；电动控制的后视镜按钮一般在车门内侧的扶手前方，多与玻璃升降的按钮相邻。首先扳动选择开关"L"或"R"选中左或右后视镜，然后按动四边按钮调整后视镜的角度。

车外后视镜的合适位置应是天空占上下的1/3，车身占左右的1/3。

若在狭窄的地方停放车辆，可以将车外后视镜折叠收起。折叠后视镜时，只要将整个后视镜朝车尾方向推动即可（有电动机操纵的严禁用手扳）。

危险警告灯什么时候打开？

该开关是很明显的一个红色三角形符号按钮，在危险路段需要紧急停车时，应该使用危险警告系统。按下该危险警告开关，会使所有的转向信号灯闪烁不停。即使点火开关没有闭合，也能进行此项危险警告操作。取消危险警告只需再次按下该开关。

车外后视镜调节法：天空占上下的1/3，车身占左右的1/3

怎样使用行李舱盖释放按钮？

该开关把手标有后行李舱盖翘起的标识符号，位置大都在驾驶人左手附近——门内侧把手下或仪表板下方接近地板处等。

将行李舱盖释放把手向上拉起，您可以在不用钥匙的情况下打开行李舱盖。

将行李舱盖放低并按下，直到"嘭"的一声锁住。要确认是否锁紧，只需要试探性地向上拉一拉看是否松动即可。

车辆行驶中，一定要确保行李舱盖关闭。如果是打开或半闭状态，不但内部物品有丢失的危险，而且发动机排出的废气会进入车内，引起车内人员中毒或更严重的后果！

怎样打开和关闭发动机舱盖？

发动机舱盖释放把手上也有对应的图示符号，拉动该把手将会释放发动机舱盖上的挂钩。然后将手伸进开启的发动机舱盖缝中，拨动安全挂钩操纵杆（一般在发动机舱盖前中央位置，视不同车辆上扳、下压或横拉），以彻底放开挂钩。向上抬起发动机舱盖，用支撑杆稳固支撑发动机舱盖后方可彻底松开手。

关闭发动机舱盖后，应认真检查确认是否已经关好，如发现发动机舱盖周围的缝隙太大，就表明还没关好，此时可用手按压使其完全关闭。如果没关好，在高速行车时会发生发动机舱盖被风掀起的危险事故！

开启油箱盖时应注意什么？
为什么加油站禁止打手机？

车内油箱盖门开启把手的位置大多数在行李舱盖开启把手的附近，并且上面画有加油器的图符。使劲拉一下该把手，即可在车内远程打开加油口盖门。要拧开油箱盖需要特别小心，必须先关闭发动机，然后缓慢拧开油箱盖。

加油站内有禁止烟火和禁止打手机的警示。可能很多人对打手机的这一条不以为然，其实手机的电磁辐射会对加油站的电子设备有很大影响，严重时引起火灾和爆炸都是可能的，特别是在电子加油机附近！

怎样操作空调更合理？

按下"A/C"键即可打开空调系统（再按一次弹起按键即可关闭空调系统）；有些车型则是通过关闭风扇的方式关闭空调。

按照冷（蓝色）、热（红色）指示方向旋转温度控制旋钮，可以调整出风口的空气温度至合适。

调整鼓风机档位旋钮，就像调整家用空调风扇风速一样，使风速达到合适。

如果是自动空调的话，则只需调整到所需温度即可，一切就不用你再操心了。一般温度在22~25℃之间人体感觉比较舒适。

在使用空调时，最好选择空气车内循环，此时空气只在车内循环冷却或加热。当选择外循环按钮时，车外的空气可以进入车内。

调整空气流动方向，空气分别被引导流向足部、胸部、膝部或风窗玻璃等方向。此类按键上都标有相应的图示符号，只要选择按下某个按键，空气将通过相应的通风口排出。

怎样延长空调使用寿命?

1) 在每天早晨着车时,应等稍微行驶一段距离后再开空调。也就是说避免着车时开着空调,这会增加发动机起动的负担。

2) 每次发动机熄火前应先关闭空调。

3) 行驶中避免连续起动、关闭空调键,特别是在全速加速中。

4) 日常检查保养时应注意检查压缩机传动带是否松弛。

5) 冬天不用空调时,每周也应让空调连续运转 5~10 分钟,以维持空调管路畅通,以及压缩机润滑正常。

长时间暴晒后怎样让车内快速降温?

1) 打开四个车窗和天窗。

2) 将空气进气开关调整为"外循环"状态,设置最高档风扇,将车内的闷热空气吹出车外。

3) 上路后开启冷气,关上车窗和天窗,并将进气开关设置为"内循环"状态。

4) 空调温度设置在最低状态,然后再根据车内温度重新调整空调的风扇速度或温度。

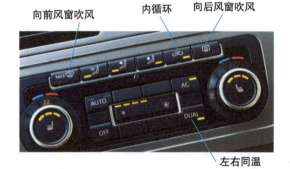

怎样除去前风窗玻璃上的雾气?

当下雨时,尤其是大雨时,车外温度比车内低,使车内空气中的水分凝结在车窗内侧形成一层雾,而且无论如何擦拭,马上又会形成新的雾。这种雾非常影响驾驶人的视线,最好将车停下来,千万不可强行继续前行。

解决此问题的最好办法是打开空调和风扇,选择内循环,把吹风方向指向前风窗玻璃,这样一会儿就能把雾气吹跑。如果有天窗,可将天窗调整到"上翘"状态,这样既能让车内通风,使车内车外温度接近,又不会让雨滴落入车中。为了减小在车窗内侧形成的雾气,要保持玻璃内侧清洁,否则如果有小污点,容易以污点为中心形成小雾滴。

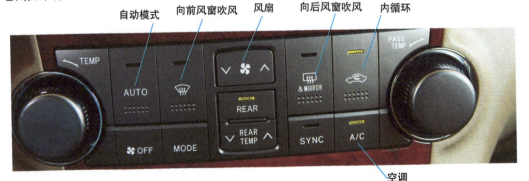

怎样操作后车窗除雾器开关?

该开关上一般是矩形框内画有热气上升的标识,按下该开关即可打开后窗的除雾器,同时指示灯也亮。关闭除雾器的时候,只需再按一次开关即可。一般 15 分钟以后,后车窗除雾器将自动关闭。

为了避免损坏除雾器的电阻丝,不要用研磨型的玻璃清洗器清洗后窗玻璃内侧,也不要用硬物清除玻璃上的污垢。

"内循环"和"外循环"是什么意思？
什么时候使用"外循环"？什么时候使用"内循环"？

"内循环"和"外循环"是指车内空气的流通状态。当内循环时，如果关闭车窗，那么车外空气就无法进入驾乘室内；当外循环时，车外空气可进入车内流通。有的也称外循环为"新鲜空气"状态。

一般情况下，车内空气应保持在"外循环"状态，增加车内空气与外面空气的流通，也能使驾驶人头脑清醒，保证行车安全。因此，一些车辆的此开关都设计成默认为外循环状态，就是如果不操作它或不按下它，此开关就处于外循环状态。

在下列情况下需要开启内循环：
1）行驶环境污染较严重，如前车尾部冒黑烟、路面尘土飞扬、周围有气味等。
2）使用空调冷气时，要使用内循环，否则不利于制冷效果。
3）当开动空调用来除去风窗玻璃上的雾、霜时。
4）冬天使用暖风时应处于内循环状态。

外循环

内循环

天窗滑动打开
按着此键，天窗玻璃即向后滑动打开。
SLIDE= 滑动
OPEN= 打开

天窗上翘开关
按着此键，天窗即自动向上翘起。
TILT UP= 向上翘

天窗关闭
按着此键，打开的天窗即自动关闭。
CLOSE= 关闭

怎样操作天窗开关？

调整天窗的开关程度：当点火开关在"ON"的位置时，可电动操作天窗。按下车顶前部的"OPEN"或"CLOSE"开关，可以打开、关闭天窗；按住开关直到理想的位置后松开即可。当按动 TILT 或 TILT UP 时，则可以将天窗向后掀起。

刚刚清洗车辆或淋雨之后，请将天窗顶部的积水弄干后再操作天窗。

天窗玻璃下面一般有单独的可滑动遮阳板，可以在天窗关闭的情况下，手动调整透过天窗的光线强度。

怎样使用点烟器/电源插座？

点火开关必须在"ACC"或"ON"位置时，才可以使用点烟器和电源插座。

直接将点烟器按下，点烟器开始加热升温，当温度过高时，会自动弹起至断开位置，此时可以拔下点烟。

电源插座有点类似于点烟器的插口（其实很多情况下，点烟器口也可作为电源的插口），可以给车载电子附件或装置提供电源，并且只有在点火开关置于"ON"或"ACC"位置时才可以。

特别提醒

在起动汽车时仪表板上显示的标识符号，基本是警告或提醒信号，当车上电气系统接通时，它们都会进行自检，如没有问题就会马上熄灭，有问题的系统则继续点亮，以提醒驾驶人注意。

警示标识符号一般是黄色和红色，并且按照问题轻重顺序，分别按"黄色点亮""黄色闪亮""红色点亮""红色闪亮"发出提示。其中"红色闪亮"说明问题严重，需要马上维修。

发动机故障警告灯亮时怎么办？

该警告灯上简略画有发动机的轮廓，并且一般还有"CHECK"的字样。起动车辆时，该信号灯闪烁数秒后自动熄灭。

如果起动车辆时不闪烁或行车时一直亮，都表示发动机有故障，应及时检查。

ABS警告灯一直亮怎么办？

该警告灯一般标有"ABS"字样。当点火开关转至"ON"位置时，系统会自动检测，这时ABS警告灯会亮，系统正常后会在数秒后熄灭。如果该警告灯一直亮，或行驶中突然亮起，或点火开关转至"ON"时根本未亮，都表示ABS出现故障。

车门未关闭警告灯亮时表明什么？

如果车门未关闭或没完全关紧，该警告灯会亮起，有时还会有警告的声音发出。

发动机熄火后（点火开关在"LOCK"位置而钥匙未拔下），如果有任何一个车门被打开，该警告灯亮起提醒您不要将钥匙忘在车内。

车身稳定控制系统警告灯亮时怎么办？

正常情况下，车身稳定控制系统（ESP）指示灯在起动发动机后应当在几秒钟内自动熄灭。

如果ESP警告灯闪烁，则是表明ESP正被激活，正在提高车辆的转向稳定性。

如果ESP警告灯常亮，原因可能是ESP按钮被按下，ESP被关闭。此时，只需再次按下按钮，打开ESP即可使ESP指示灯熄灭。

如果ESP被关闭，车速大于50千米/小时时，系统仍将自动打开，介入工作。

如果ESP按钮没有被按下，按钮上的警告灯自行点亮，表明ESP存在故障，应当将车辆送到维修站进行检修。

制动警告灯突然点亮时怎么办？

当点火开关处于"ON"或"START"位置时，制动警告灯会亮。如果此时不在驻车状态（驻车制动器手柄放下），汽车起动后该灯会自动熄灭。如果处于驻车状态（驻车制动器手柄拉起），该灯会一直亮起。在行车过程中该灯突然亮起，应停车检查。有的车辆在制动系统的储液罐内制动液量不足时，该警告灯也会亮起。

机油压力警告灯突然亮时怎么办？

在正常情况下，机油压力警告灯在点火开关打开时亮，起动发动机后熄灭。若发动机运转时，机油压力警告灯一直亮起，则发动机会出现严重故障，应停车检查机油情况。

轮胎气压警告灯亮时怎么办？

当轮胎气压异常时该灯会亮起，此时应先路边停车，下车查看轮胎气压。如果没有明显亏气，可以不予理睬，再上车后对胎压系统进行复位处理，让警告灯熄灭。在继续行驶一段时间后，如果警告灯再次点亮，则说明某个轮胎的胎压确实出现了问题，需要及时进行检查和补胎。

安全带警告灯亮时表明什么？

起动车辆自检时该灯闪烁。行车过程中如果有人未系好安全带（主要是前排座椅），该灯会亮起或闪烁。

SRS气囊警告灯亮表明什么？

当SRS安全系统出现故障时，该警告灯会亮。当把点火开关拨到"ON"位置时，该灯会闪烁数秒后自动熄灭。如果该灯持续闪烁或亮起，表明安全系统出现故障。

充电警告灯持续亮时表明什么？

当点火开关置于"ON"的位置时，充电警告灯亮，起动发动机后自动熄灭。若发动机持续运转时该警告灯仍亮，说明充电系统出现故障，应首先检查发电机的传动带是否脱离或松弛等。

汽车上有哪些常用指示标识符号？

车内照明	近光灯	远光灯	示廓灯	前雾灯
前照灯高度调节	转向灯	警告灯	燃油量表	冷却液温度
机油压力	电池充电	驻车制动	ABS检测	发动机故障
空气调节	空气车外循环	空气车内循环	制冷	吹风方向
吹风方向	吹风方向	刮水器	前风窗喷淋	前风窗除霜
后风窗喷淋	后风窗除霜	制冷	扬声器	儿童安全锁
安全气囊关闭	点烟器	喇叭	后雾灯	安全带提醒

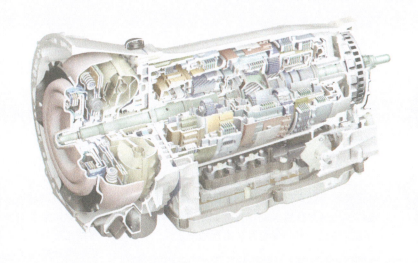

第 2 章 发动机与变速器

2.1 发动机是怎样工作的?

为什么汽车发动机也称内燃机?
为什么现在汽车不用外燃机?

在早期的火车和轮船上用的蒸汽机就是典型的外燃机。燃料（煤、木头、油）在发动机外部燃烧产生水蒸气，然后水蒸气进入发动机内部来产生动力。现在大型火力发电厂上有的蒸汽轮机，也是外燃机。还有一种名为斯特林的发动机也是外燃机。它们的共同特点是燃料只在气缸外面燃烧。

内燃机则是相对早期的外燃机而言，它的燃料是在气缸内燃烧做功，如现在的汽油机和柴油机，都是内燃机。

相比之下，内燃机的体积也比相同动力的外燃机小很多，内燃机比外燃机的工作效率高，比燃气轮机的价格便宜，容易添加燃料，相比电动汽车更加便利。这些优点使得大部分现代汽车都使用往复式的内燃机。

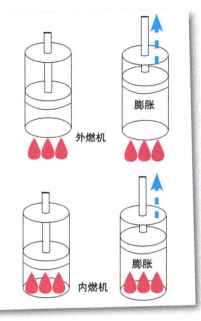

什么是横置式发动机？它有什么特点？
什么是纵置式发动机？它有什么特点？

横置式发动机是指发动机的气缸排列方向与汽车的行驶方向垂直，如下面左图所示。纵置式发动机是指发动机的气缸排列方向与汽车的行驶方向一致，如下面右图所示。更直观的描述是：打开发动机舱盖，你站在车前并面向发动机，如果发动机横放在你面前，那么就是横置式发动机；如果纵放在你面前则是纵置式发动机。

在前置发动机、前轮驱动的车型上，通常采用横置式发动机。其特点是动力传递直接，传动效率高。由于前驱车上横置式发动机的输出轴与汽车的前轴平行，所以直接通过普通的斜齿轮就能将发动机的动力传递到差速器上。而且变速器和差速器总成可以布置在前轴前面，因此发动机舱占用空间较小。

纵置式发动机主要应用在前置后驱或前置四驱车型上。通过一根传动轴将动力传递给后轴，就构成前置后驱布局；或通过中央差速器输出前传动轴和后传动轴，分别向前轮和后轮传递发动机的动力，构成前置四驱布局。纵置式发动机、后轮驱动或四轮驱动的布局，可以将发动机的动力直接传递给变速器的中央差速器而无须改变传递方向，因此其动力传递也比较直接，传递效率相对较高。

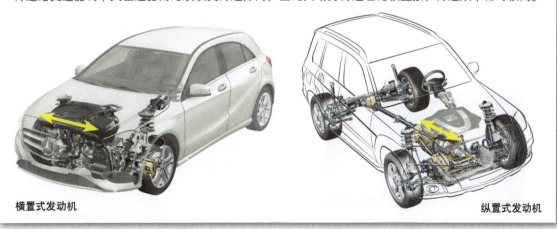

横置式发动机　　　　　　　　　　　　　　　纵置式发动机

反置式发动机是指什么？

反置式发动机是指进气和排气布置位置与普通发动机相反。普通发动机是前排气、后进气，反置式发动机则是前进气、后排气，进气歧管布置在迎风面，排气歧管布置在发动机后方，不用再从前面绕过发动机。反置式发动机的优点是提高排气效率，降低车身重心，底盘更加平整；缺点是进气速度慢，压力不够，在发动机低转速范围内动力较差，容易产生积炭。

反置式发动机的进气歧管布置在前方

什么是V形发动机？
V形发动机有什么特点？

将所有气缸分成两组，把相邻气缸以一定的夹角布置在一起（一般为90°），从侧面看气缸呈V字形，就是V形发动机。

V形发动机的高度和长度相对直列发动机尺寸较小，在汽车上布置起来较为方便。现代汽车比较重视空气动力学，要求汽车的迎风面越小越好，也就是要求发动机舱盖越低越好。另外，如果将发动机的长度缩短，便能为驾乘室留出更大的空间，从而提高舒适性。将气缸分成两排并斜放后，便能减小发动机的高度和长度，从而迎合车身设计的要求。V形发动机的气缸均成一角度对向布置，还可以抵消一部分振动。V形发动机的缺点是必须使用两个气缸盖，结构较为复杂。另外其宽度加大后，发动机两侧空间较小，不宜再安排其他装置。

6~12缸发动机一般采用V形排列。V8发动机结构复杂，制造成本较高；V12发动机过大过重，结构更为复杂，只有极个别的高级轿车采用。

什么是直列发动机？
直列发动机有什么特点？

发动机气缸排列形式主要有直列、V形、水平对置等形式。

一般5缸以下的发动机多采用直列方式排列，现在少数6缸发动机也有直列方式的，过去也有过直列8缸发动机。直列发动机的气缸体成一字排开，缸体、缸盖和曲轴结构简单，制造成本低，低速转矩特性好，燃料消耗少，尺寸紧凑，应用比较广泛；缺点是功率较低。

一般1升以下的汽油机多采用直列3缸，1~2.5升汽油机多采用直列4缸，少数也有采用直列5缸，但是动平衡比较困难。有的四轮驱动汽车采用直列6缸，因为其宽度小，可以在旁边布置增压器等设施。直列6缸的动平衡较好，振动相对较小，所以也为许多中、高级轿车采用。

气缸夹角是指什么？

V形发动机有两排气缸，如V6发动机是每3个气缸为一排，V8则是每4个气缸为一排，这两排气缸成V字形排列，它们之间的夹角称为气缸夹角。气缸夹角通常为60°、90°等，也可以为其他角度，这要看设计师的考虑了。

其实，也可以把直列发动机和水平对置发动机看成V形发动机的特殊情况。当这两排气缸间夹角为0°时，它就是我们最为常见的直列气缸发动机；当两排气缸夹角为180°时，则就是所谓的水平对置发动机。

什么是水平对置发动机？

将V形发动机的夹角继续扩大到180°，让相邻气缸相互对立设置，即水平对置发动机。

水平对置发动机的所有气缸呈水平对置排列，就像是拳击手在搏斗，活塞就是拳击手的拳头，你来我往，毫不示弱。水平对置发动机的英文名（Boxer Engine）含义就是"拳击手发动机"，可简称为B型发动机，如B6、B4，分别代表水平对置6缸和4缸发动机。

B6和H6都是指水平对置发动机吗？

B6和H6都是指水平对置6缸发动机，只不过B6是德国车惯用的叫法，因为在德国，水平对置发动机被称作Boxster，而B6的字母B则是Boxster的单词缩写。H6中的H是英文Horizontally opposed（水平对置）的首写字母。

水平对置发动机有什么特点？
为什么只有两三家车厂使用水平对置发动机？

水平对置发动机只有保时捷和斯巴鲁在一直制造，现在丰田也采用斯巴鲁生产的水平对置发动机。这类发动机的优点明显，但缺点也非常明显。

优点是：

1）重心低。由于它的气缸为"平放"，而不是像V形或直列发动机那样"斜放"或"立放"，因此降低了汽车的重心，同时又能让车头设计得又扁又低。这些因素都能增强汽车的行驶稳定性。

2）左右对称。由于水平对置发动机本身就左右对称，因此它可使变速器等放置在车身正中，让汽车左右重量对称，而不会像大多数汽车那样重心偏向一侧。

3）便于后轮或四轮驱动的动力传递。水平对置发动机的动力输出轴方向与传动轴方向一致，因此不需要改变动力传递方向或利用齿轮传动，而是可以直接与离合器、变速器对接，动力传递效率较高，使汽车的起步和加速更迅猛。

缺点是：

1）不便于前轮驱动车辆使用。

2）维修不方便，而且各缸点火间隔独特，使其排气声响比较怪异，因此普通汽车极少使用水平对置发动机。

以上的特点说明，水平对置发动机的应用比较有限，尤其是对于前驱车不太适用，而现在市面上前驱车占大多数，不可能为了利用它的那些优点而放弃前驱设计。因此，现在只有拥有水平对置发动机技术传统的保时捷、斯巴鲁和丰田个别车型在使用。

发动机排量是指什么？

发动机排量是各缸工作容积的总和，一般用升（L）来表示。每个气缸的排气量则是指活塞从上止点到下止点所扫过的容积，它取决于缸径和活塞行程。

发动机排量是汽车最重要的结构参数之一，它比缸数、缸径更能全面地代表发动机的大小，甚至是汽车级别高低的重要标志。因此，许多轿车的尾部都明确标出2.0L、2.4L、3.0L等，此数字一般为发动机的排量。

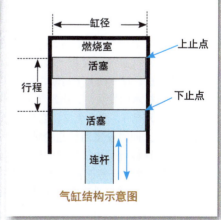

气缸结构示意图

什么是汽车的转速？

汽车的转速？我想你指的应是发动机转速。在生活中，许多人在谈论发动机转速时往往将"发动机"三字省略，如说"在3500转/分时换档"，实际上就是指"在发动机转速达到3500转/分时换档"。人们在口语中省略一些字词是正常的。汽车本身没有转速，更不能指车轮的转速，甚至汽车转弯时的"转速"。

转速的单位为"转/分钟"，可简写为"转/分"，或用英文r/min表示。

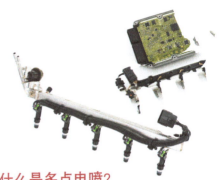

什么是多点电喷？多点电喷有什么优点？

多点电喷是多点式燃油电子喷射系统的简称，其英文是Multi-Point Injection，因此也缩写为MPI，在一些轿车车身上就能看到此字样。

多点喷射是相对单点喷射而言的，单点喷射是指只有一个喷油器负责向各缸喷油，喷油器位于未分成进气歧管之前的进气管上，其喷油量大小根据节气门大小而定。由于进气歧管长短不一，位置有远近，因此喷入每个气缸的混合油气的量和时间都不一致，从而导致每个气缸工作状况有差异。

多点电喷就是每个气缸上都装有一个喷油器，可以实现各缸独立供油，避免单点喷射"一刀切"带来的弊病，每个气缸的喷油量由电脑控制和调节，因此向每个气缸喷射油气的量和时间应更精确，从而提高发动机的热效率。

怠速是什么意思？

汽车的怠速不是一种速度，而是指一种工作状况。发动机空转时的转速称为怠速。在发动机运转时，如果完全放松加速踏板，这时发动机就处于怠速状态。发动机怠速时的转速被称为怠速转速，怠速转速可以通过调整风门大小等来调整其高低。一般来讲，怠速转速以发动机不抖动时的最低转速为最佳。一般轿车怠速约为800转/分。

OHC、SOHC、DOHC分别是什么意思？

OHC代表汽车发动机中的重要部件顶置凸轮轴（Over Head Camshaft）。气缸各气门的开闭由凸轮边缘推动气门推杆来实现，而凸轮轴将数个凸轮串联起来，将凸轮的旋转运动转化为气门推杆的直线运动，以控制气门的开闭。凸轮轴是驱动气门运动的主要部件。

SOHC表示单顶置凸轮轴，其中S为英文单词Singal的首字母。它是在气缸顶上设置一根凸轮轴，通过凸轮轴的旋转带动摇臂，推动进、排气门上下运动，以此实现气缸的进气与排气过程。

随着技术的发展，又出现了DOHC装置，D代表英语里面的Double（双倍），顾名思义，它就被称为双顶置凸轮轴。此装置是在气缸顶上同时设置两根凸轮轴，一个负责进气门，另一个负责排气门，这样就省去了摇臂的使用，可以更快更好地工作，提高了发动机性能。一般而言，SOHC具有在低转速时扭力充沛的优点，而DOHC的优点则表现在发动机运转安静以及加速时的流畅感。

顶置凸轮轴

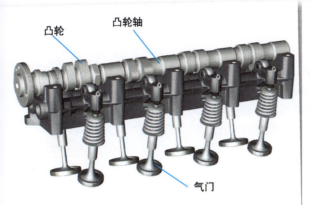

凸轮　凸轮轴　气门

凸轮轴起什么作用？

凸轮轴是驱动气门运动的关键部件，由它控制和调节气门的运行过程。

凸轮轴因其横截面形状近似桃子，又称桃子轴或偏心轴，是配气机构中的驱动件，专门驱动气门按时开启和关闭。各种车型发动机的凸轮轴结构大同小异，主要差别在于安装的位置，凸轮的数目和形状尺寸也不尽相同。

为什么进气门比排气门多或大？

由于进气是被"吸"进去的，而排气是"推"出去的，因此进气比排气更困难，而且进气越多，燃烧得越好，发动机的性能也更好。因此，一般都将进气门设计得比排气门大，以降低进气难度，提高进气量。有的干脆多设计一个进气门，这才有了3气门（2进1排）和5气门（3进2排）设计。

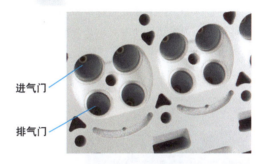

进气门　排气门

什么是顶置凸轮轴？
顶置凸轮轴有什么优缺点？

发动机的凸轮安装位置分为下置、中置和顶置三种形式。轿车发动机由于转速较快，转速可达 5000 转 / 分，如果采用下置式或者中置式的凸轮轴，由于气门与凸轮轴的距离较远，需要气门推杆和挺柱等辅助零件，造成气门传动机件较多，结构复杂，发动机体积大，而且在高速运转下还容易产生噪声，而采用顶置凸轮轴则可以改变这种现象。所以，现代轿车发动机一般都采用了顶置凸轮轴，将凸轮轴配置在发动机的上方，缩短了凸轮轴与气门之间的距离，省略了气门的推杆和挺柱，简化了凸轮轴到气门之间的传动机构，将发动机的结构变得更加紧凑。更重要的是，这种安装方式可以减小整个系统往复运动的质量，提高了传动效率。

当然，任何事物都有其两面性，顶置凸轮轴一方面缩短了与气门的距离，另一方面却拉大了凸轮轴与曲轴之间的距离。由于凸轮轴是由曲轴带动的，因此两者之间一拉开距离就必须用链及链轮传动，结构比下置凸轮轴的齿轮啮合传动复杂得多。

顶置凸轮轴

压缩比是如何计算出的？
压缩比对发动机性能有什么影响？

压缩比是指气缸总容积与燃烧室容积的比率，表示活塞到达上止点时混合气（汽油机）或空气（柴油机）被压缩的程度。压缩比大表示发动机功率高、转矩大、油耗低。但压缩比过大，容易自燃着火，产生爆燃而降低功率，损伤气缸。现代车用汽油机压缩比在 8~11 之间，10 以上被称为高压缩比发动机。车用柴油机的压缩比在 16~22 之间。

在密封容积内，当气体受到压缩时，温度与压力成正比，压力越大，温度越高。因此，当发动机的压缩比较高时，汽油与空气的混合气体被压缩后所能达到的温度也较高，当火花塞点燃混合气时能在较短的瞬间完成燃烧动作，释放出较大的爆发能量，从而输出较大的功率。反之，压缩比较低，混合气被压缩后所能达到的温度也较低，当火花塞点燃混合气时需较长的瞬间完成燃烧动作，而且要耗费一定能量用来提高混合气温度，从而不能输出较大的功率。

但一定注意，以上是在同样气缸内或者排量相同的气缸内所进行的比较。因为发动机功率大小主要取决于气缸总排量而不是压缩比，总排量越大，功率也越高。

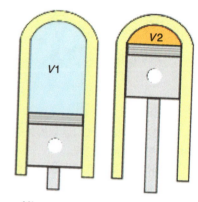

$\dfrac{V1}{V2}$ = 压缩比 $V1 - V2$ = 排气量

压缩比是越高越好吗？

压缩比不是越高越好。因为压缩比较高的发动机，在混合气燃烧时产生的动力较大，相应的抖动自然也较大。尤其是直列式的四缸和三缸发动机，由于缸数少，其动力产生得不均匀，间隔较长，如采用的压缩比较高，其抖动自然更大。

但是，随着科技的日益发展，不少汽车厂家已找到消灭抖动的妙方，许多压缩比较高的汽车的抖动并不明显。这也是判断发动机技术水平高低、汽车性能优劣的主要标准之一。

为什么发动机会断油？

发动机断油是指发动机在转速达到一定高度时，如 8000 转 / 分，行车电脑会自动停止对发动机供油，让发动机转速不能超过限值，这是厂家出于保护发动机的目的而特别设计的。普通发动机设计转速通常不会超过 8000 转 / 分，但是竞技用发动机，例如 F1 所用的发动机，通常换档转速都会在 18000 转 / 分以上。

在转速表上，一般都用红区标示发动机的危险转速，当指针进入红区后，发动机一般都会停止燃油喷射。如果是自动档车型，则会自动升档以降低发动机转速。

什么是冷起动？
什么是热起动？

发动机在其冷却液和机油的温度与外界环境温度完全一样时的起动，就称为冷起动。

当发动机运转或汽车行驶一段时间后，发动机和其他部件都已经走热，暂时熄火后再重新起动，就称为热起动。

发动机内部温度有多高？

汽车发动机在工作时，由于各部分运动零件之间摩擦和燃料的燃烧，生成大量的热，虽然在气缸外围有冷却液和空气进行冷却，导出了许多热量，润滑油也带走了部分热量，但发动机的零件还有很高的温度，同时由于各部分工作情况不同、结构不同，其温度也有差异，一般主要零件的温度如下：

气缸壁上部为120~370℃，气缸壁下部低于150℃，活塞顶部为210~425℃，活塞上部为105~315℃，活塞裙部为95~205℃，燃烧室为2000~2500℃。

为什么排气歧管要做成奇形怪状？
设计排气歧管时要遵循什么原则？

排气歧管是指从排气门出来的七扭八歪的那部分金属管。由于每个气缸的排气时刻都不一样，为了保证每个气缸的排气顺畅，必须防止不同气缸之间的排气有干扰。因此，在设计排气歧管时要遵循四项基本原则：

1）排气歧管要尽可能长。
2）各缸排气歧管要尽可能等长。
3）各缸排气歧管要尽可能独立，互不干涉。
4）排气歧管内表面要尽可能光滑。

排气管是指从排气歧管一直到车尾排气口的那部分金属管。排气管上的部件相对要多一些，如氧传感器（2个）、三元催化转化器（1~2个）、消声器（1~2个），都要安装在排气管上。

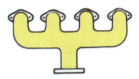

↑最简单的铸铁式排气歧管，4个歧管汇成一根排气管，适用于普通直列四缸发动机

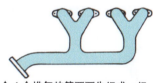

↑4个排气歧管两两先组成一组，然后再归到排气管，相对上图布局，可以更顺畅地排气

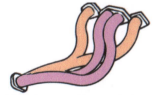

↑排气歧管两两一组，而且到达排气管的距离一致，各个歧管热气压力相等，减少相互干涉

↑排气歧管不仅相互独立，而且长度较长，可以减少排气回压，从而减少排气相互干涉

什么是发动机的工作行程？

发动机利用燃料燃烧而输出动力的过程是按一定规律进行的，首先使气缸进气（空气或可燃混合气），其次将进气压缩，然后点燃膨胀，推动活塞移动做功，并通过连杆使曲轴旋转，输出动力。最后将燃烧后的废气排出气缸。进气、压缩、做功、排气四个工作过程不断循环往复进行，才能使发动机连续不停地工作。

活塞在气缸中往复运动时，活塞由上止点到下止点之间运动一次的过程，称为一个工作行程。

什么是火花塞？火花塞起什么作用？

火花塞是用来点燃气缸内可燃混合气体的部件，它有相邻很近的两个电极，分别称为中心电极与侧电极，它们之间的间隙，称为火花塞间隙。当点火线圈过来的高压电流流过两个电极时，会产生高压电火花，从而点燃混合气使之燃烧膨胀，推动活塞运动而做功。

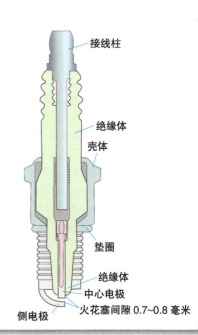

什么是四冲程发动机？它是怎样工作的？

四冲程是指在进气、压缩、做功和排气四个工作行程内完成一个工作循环，此间曲轴旋转两圈。

进气行程时，此时进气门开启，排气门关闭。流过空气滤清器的空气与汽油混合形成的可燃混合气，经进气管道、进气门进入气缸。

压缩行程时，气缸内气体受到压缩，压力增高，温度上升。

做功行程是在压缩上止点前喷油或点火，使混合气燃烧，产生高温、高压，推动活塞下行做功。

排气行程时，活塞推挤气缸内废气经排气门排出。此后再由进气行程开始，进行下一个工作循环。

进气

压缩

做功

排气

什么是两冲程发动机？

两冲程是指在两个工作行程内完成一个工作循环，在此期间曲轴旋转一圈。首先，当活塞在下止点时，进、排气口都开启，新鲜混合气由进气口充入气缸，并扫除气缸内的废气，使之从排气口排出；随后活塞上行，将进、排气口均关闭，气缸内充量开始受到压缩，直至活塞接近上止点时点火或喷油，使气缸内可燃混合气燃烧；然后气缸内燃气膨胀，推动活塞下行做功；当活塞下行使排气口开启时，废气即由此排出，活塞继续下行至下止点，即完成一个工作循环。燃油摩托车发动机通常采用两冲程发动机。

"缸径 × 行程"有什么意义？
什么是长行程发动机？它有什么特点？
什么是短行程发动机？它有什么特点？

缸径是指发动机气缸的直径，行程则是指活塞从气缸一端到另一端的距离。在发动机参数中，往往标示有"缸径 × 行程"，因为从这个参数中可以看出发动机的一些性能特点来。

在排气量不变的前提下，每个气缸可以设计成小缸径 × 长行程，也就是缸径尺寸小于行程尺寸，这样的发动机称为长行程发动机。也可以设计成大缸径 × 短行程，即缸径小于行程，这样的发动机称为短行程发动机。二者各有优缺点。

1）**体形上的区别**：采用短行程设计，会造成发动机水平面积变大，在发动机舱里会占据比较大的水平空间，这是缺点；优点在于行程短，发动机高度就不会太高，因此可以降低整车的重心，对高速稳定性、操控表现都有帮助。

相对的，长行程设计的好处是发动机占用空间不大，车头有机会设计得较短，把宝贵的空间让出来给驾乘室；缺点是整个发动机的高度变高，车头不容易设计得低扁，对低空阻、流线造型的设计都有阻碍，除此之外，高重心当然也会影响操控表现。

2）**动力性能上的区别**：排量相同的发动机，采用长行程设计者，其峰值转矩出现的转速会比较低，这是因为活塞在气缸内每跑一次的行程较长，因此产生的动力加速度较高，转矩也就容易变大。就好比拳击手，当他把拳头拉得越后时，所挥出来的这一拳力气一定比较大。所以，采取长行程发动机的属性会是低转速发动机，长处是起步加速快，缺点则是极速不高，而且因为行程较长的缘故，每一个行程的动能都较大，因此发动机运转时的振动也比较强，要平衡就不容易。

反之，采用短行程设计的发动机，因为活塞的每个行程较短，产生的动力加速度较低，因此必须靠多跑几次才能获得等量的能量输出，于是，它的属性就会是高转速发动机，飙极速是它的专长，而起步加速要快的话，就只能靠拉高发动机转速，不过，相对获得的好处是发动机运转的振动较小，容易平衡。

综上，强调牵引能力的载货车喜欢采用长行程发动机，而喜欢飙高速的跑车则喜欢采用短行程发动机。

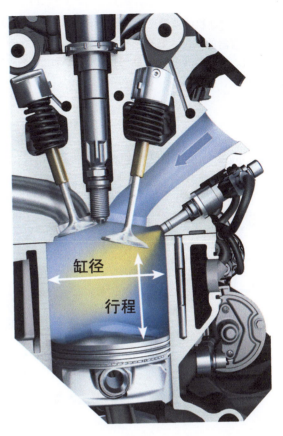

长行程发动机特点：

转矩特性较好，起步加速性能好，最高车速不是特别高。

短行程发动机特点：

发动机转速较高，最高车速较高，最大转矩对应的转速较高。

什么是起动机？起动机是怎样工作的？

在起动机的顶部"背"着一个电磁离合器，当驾驶人扭转点火开关到起动档时，就是在控制通往电磁离合器的电路。它在通电后可以推动小齿轮与飞轮接合，从而驱动发动机的飞轮旋转，最终起动发动机。当通往电磁离合器的电路断开后，在复位弹簧的作用下，小齿轮再从发动机飞轮上退出，终止起动。

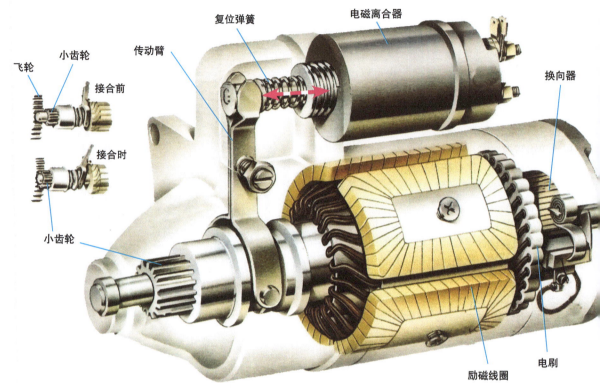

汽车起动机构造示意图

为什么扭动钥匙就能起动发动机？

当驾驶人将车钥匙插进点火开关并扭动到起动档时，或按下起动按钮时，起动机的电路接通，蓄电池的大量电流便流入起动机和电磁离合器的线圈，起动机开始运转，同时电磁离合器推动小齿轮和飞轮上的齿圈接合，把起动机旋转的转矩扩大传送给曲轴，带动曲轴旋转，曲轴再带动活塞上下移动。

在扭动点火开关的同时，发动机电脑（ECU）即得到电信号启动。它首先检验和确认钥匙中的密码是否合法，然后再指挥燃油供给系统向气缸内喷射燃油、指挥点火系统按顺序将高压电通向火花塞，点燃气缸内被压缩到燃烧室的可燃混合气，从而产生爆炸力，推动活塞下行，再推动曲轴继续旋转。

如此这般，发动机的曲轴就会不间断地旋转起来，从而使发动机完全起动。

当操纵点火开关的手松开时，起动机电路被切断，这时起动机也停止运转。发动机起动后，起动机小齿轮和飞轮齿圈也会自动分开。

发动机转动后，带动附在发动机旁的发电机运转而产生电力，供给点火系统及车上的电器用电，如音响、车灯等。

第 2 章 发动机与变速器

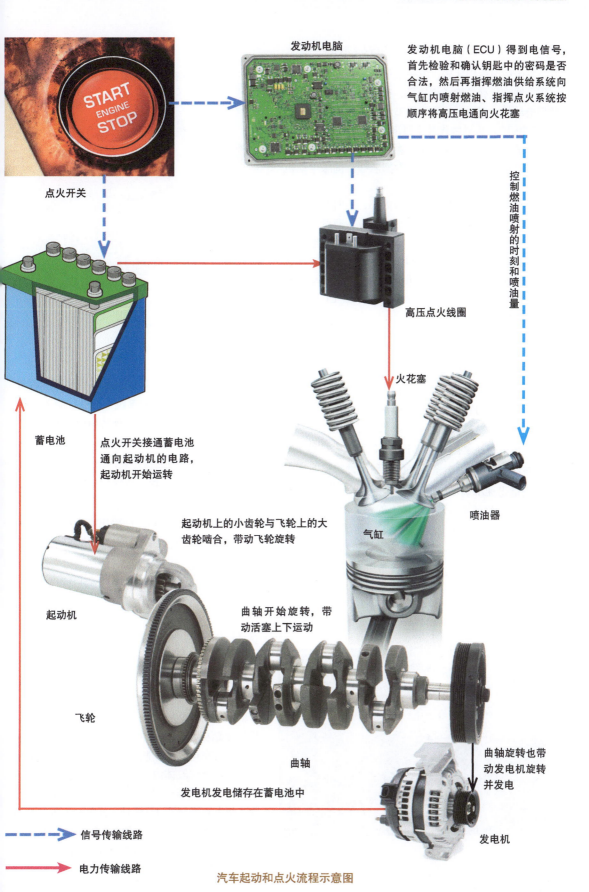

汽车起动和点火流程示意图

电子节气门和拉索式节气门有何不同？

与传统节气门比较，电子节气门明显的特点是可以用导线来代替拉索或者拉杆，在节气门那边装一只微型电动机，用电动机来驱动节气门开度，即所谓的"线控油门"，用导线代替了原来的机械传动机构。

电子节气门控制系统主要由加速踏板、踏板位移传感器、电控单元（ECU）、数据总线、伺服电动机和节气门执行机构组成。

位移传感器安装在加速踏板内部，随时监测加速踏板的位置。当监测到加速踏板高度位置有变化，会瞬间将此信息送往ECU，ECU对该信息和其他系统传来的数据信息进行运算处理，计算出一个控制信号，通过线路送到伺服电动机继电器，伺服电动机驱动节气门执行机构，数据总线则负责系统ECU与其他ECU之间的通信。

为什么说电子节气门能改善安全性和舒适性？

由于电子节气门系统是通过ECU来调整节气门的，因此电子节气门系统可以设置各种功能来改善驾驶的安全性和舒适性，其中最常见的就是牵引力控制系统（ASR）和速度控制系统（巡航控制）。

当ASR检测到驱动轮打滑时，ECU就根据加速踏板的位置、车轮速度和方向盘转向角度等之间的不同而求出滑动率，通过减小节气门开度来调整混合气流量，以降低发动机功率来达到控制目的。

而在ASR中，电子节气门起到十分关键的作用，它涉及整个ASR中车速控制、怠速控制等功能，使系统能迅速准确地执行指令。即当电子节气门系统接收到ASR指令时，它对节气门控制指令只来自于ASR，这样就可以避免驾驶人的误操作。

当驾驶人使用速度控制系统时，车速传感器将车速信号输入ECU，再由ECU输出指令给伺服电动机控制节气门开度。在这样的系统中，根据行驶阻力的变化，由控制系统自动调节发动机节气门开度，使行驶车速保持稳定。因此电子节气门系统也可以兼容巡航控制功能。

为什么发动机会自动断油？

电喷轿车的喷油动作都是由车载电脑（ECU）的程序来控制的，而且电喷车的行车电脑中确实也存储着"减速断油"的程序。比如车辆以4000转/分高速运转，在驾驶人突然松开加速踏板，车速降低，发动机转速下降的情况下，行车电脑会控制喷油器做出"减速断油"的动作，此时缸体内没有燃油喷射和燃油燃烧。这样的情况相当于"让车辆带着发动机转动"。当发动机转速降到1500转/分左右（不同车型的具体转速不同）时，喷油恢复正常。发动机的断油动作可从瞬时油耗显示上看出。

发动机电脑是怎样工作的？

发动机控制单元（ECU）俗称发动机电脑，它掌控发动机的一切工作，确保发动机始终处于最佳的工作状态。ECU利用各种传感器收集发动机的各种状态信息，如节气门开度、进气量的变化、进气温度、冷却液温度、发动机转速、加速踏板位置、制动信息、排气中的氧含量、气缸的振动等，然后按预设的程序运算后，确定出汽油喷射时间、喷射量以及点火时刻，并向对应的执行器，如喷油器、点火系统、可变气门等发出指令，使汽油的燃烧始终控制在最佳状态。

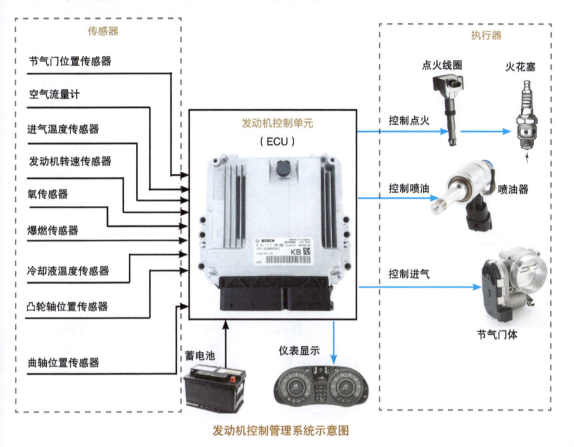

发动机控制管理系统示意图

为什么采用很多传感器和执行器？
发动机上有哪些传感器和执行器？

发动机控制模块（ECU）从各种模拟传感器获取数据，数字化处理、计算这些信息，计算的结果被用来指挥和操作各种执行器。比如，氧传感器告诉ECU，发动机喷油过多或过少；加速踏板位置传感器告诉ECU，加速踏板被踩下的距离；空气流量计告诉ECU，流入发动机气缸内的空气量；发动机冷却液温度传感器告诉ECU，发动机是否需要预热或冷却。

传感器：加速踏板位置传感器、节气门位置传感器、机油温度传感器、氧传感器、进气温度传感器、EGR传感器、油压传感器、燃油液位传感器、车轮转速传感器、转矩传感器、爆燃传感器、空气流量计、曲轴位置传感器、凸轮轴位置传感器、歧管绝对压力传感器、冷却液温度传感器等。

执行器：喷油器、火花塞、排气再循环（EGR）阀、油箱排气口、冷却风扇、起动电动机、节气门位置电动机等。

什么是发动机的点火控制？
发动机电脑是怎样控制点火顺序的？
发动机的点火顺序是怎样确定的？

发动机的点火控制是指对各个气缸的点火顺序和点火时刻的控制，现在都是由发动机控制单元（ECU）完成的。ECU 根据发动机工作顺序确定点火顺序，并根据凸轮轴位置传感器和曲轴位置传感器的信息，确定精准的点火时刻，并指令点火线圈通电，使火花塞放电跳火，点燃混合气使其燃烧做功。

发动机的点火顺序是根据各个气缸的工作顺序确定的，主要原则是使发动机的振动最小化，保证发动机运转时的平衡性和稳定性。比如，三缸发动机的点火顺序通常为 1-3-2；四缸发动机的点火顺序是 1-2-4-3 或 1-3-4-2；五缸发动机的点火顺序为 1-2-4-5-3；直列六缸发动机的点火顺序一般为 1-5-3-6-2-4 或 1-4-2-6-3-5；V 形六缸发动机的点火顺序一般为 1-4-5-2-3-6 或 1-6-5-4-3-2；八缸发动机点火顺序一般为 1-8-4-3-6-5-7-2。

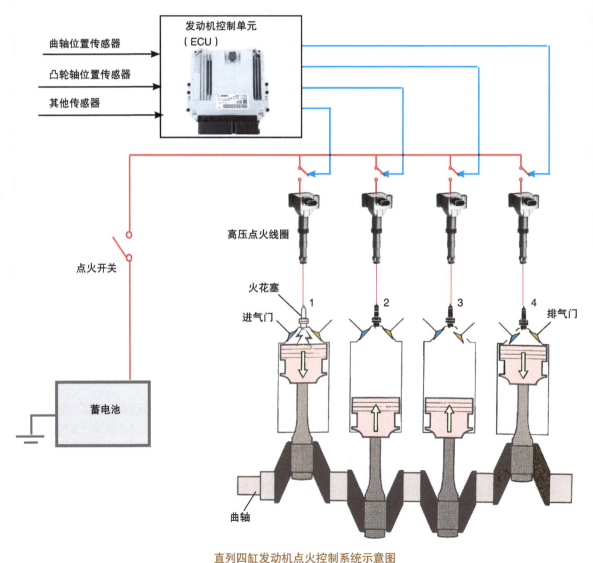

直列四缸发动机点火控制系统示意图

什么是高压共轨式电控燃油喷射？
高压共轨式电控燃油喷射有什么优势？

高压共轨式电控燃油喷射是一项源于传统柴油发动机的技术。传统柴油机喷射过程中，高压油管各处的压力是随时间和位置的不同而变化的。柴油的可压缩性质和高压油管中柴油的压力波动，使实际的喷油状态与喷油泵所规定的柱塞供油规律有较大的差异。油管内的压力波动有时还会在喷射之后，使高压油管内的压力再次上升，达到令喷油器针阀开启的压力，将已经关闭的针阀又重新打开产生二次喷油现象。由于二次喷油不可能完全燃烧，于是增加了烟度和碳氢化合物的排放量，并使油耗增加。此外，每次喷射循环后高压油管内的残压都会发生变化，随之引起不稳定的喷射，尤其在低速区域容易产生上述现象。严重时不仅喷油不均匀，而且会发生间歇性不喷射现象。为了解决柴油机燃油压力变化所造成的缺陷，现代柴油机采用了一种称为"高压共轨"的电喷技术。后来随着计算机技术和传感检测技术迅猛的发展，又用高压共轨式电控燃油喷射取代了传统的纯机械操纵式喷油方式，并将此喷射技术应用到汽油发动机上。

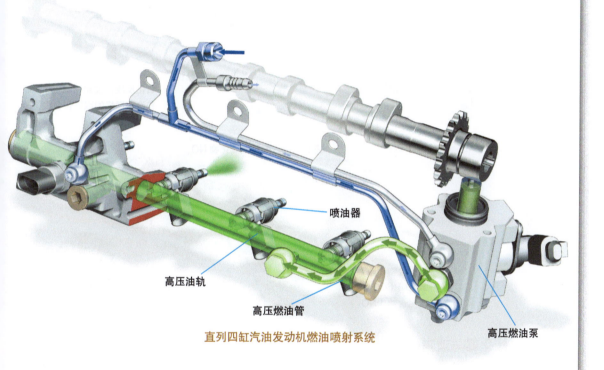

直列四缸汽油发动机燃油喷射系统

在现代燃油缸内直喷汽油发动机上，高压共轨技术是指在由高压燃油泵、压力传感器和电子控制单元（ECU）组成的闭环控制系统中，将喷射压力的产生和喷射过程彼此完全分开的一种供油方式。它由高压燃油泵把高压燃油输送到公共油轨中，通过对公共油轨内油压的精确控制，使高压油管的压力大小与发动机的转速无关，大幅度减小了供油压力随发动机转速变化而变化的程度，从而提高燃油喷射量的控制精度。因为喷油量大小取决于油轨压力和喷油器开启时间的长短。

它的高压油轨系统的"轨"其实是一个储压器，其中燃油由高压油泵供给，可在最高 200 兆帕的压力下存储燃油，这相当于将一辆高档豪华轿车的重量集中在 1 平方厘米的面积上。正是由于高压作用以及喷嘴上一个直径只有 0.1 毫米的精细小孔设计，共轨系统的喷射器能够将燃油雾化为极为精细的微粒，从而确保出色、均匀的油气混合及高效的燃烧。

什么是"三元催化"?"三元催化"起什么作用?

三元催化是"三元催化转化器"的简称。催化转化器是一种降低汽车排放污染的装置,它可以将汽车排气中的三种污染物——一氧化碳、碳氢化合物和氮氧化合物转化为无毒物。该装置安在汽车的排气系统内,其作用是减少发动机排出的废气污染物。

三元催化转化器只是催化转化器的其中一种,它通常含有铂、钯、铑等贵重金属,因此三元催化转化器价格较高,但它可除去上述三种污染物质的90%左右,因此现在其应用较普遍。把三种贵金属的混合物喷镀到金属网条上或陶瓷做的蜂巢上,然后再包上不锈钢外皮,形成外形很像消声器的催化转化器,当汽车废气通过时,就可使之净化后再排出。

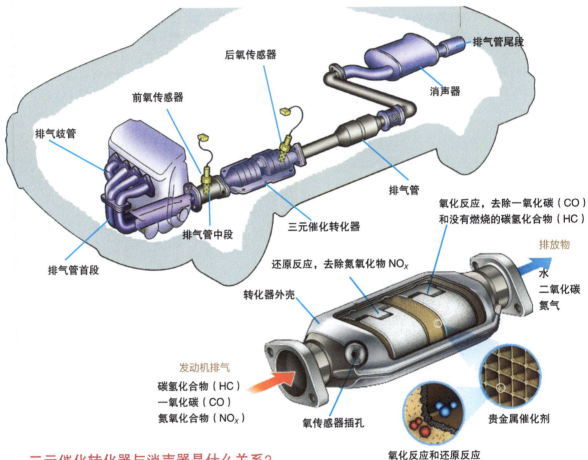

三元催化转化器原理示意图

三元催化转化器与消声器是什么关系?
三元催化转化器安装在什么位置?
为什么含铅汽油对三元催化转化器有害?

它们两个除了都安装在汽车的排气系统中之外,没有太大的功能联系。三元催化转化器通常安装在消声器的前面,燃烧的废气首先通过三元催化转化器,然后再通过消声器后排入大气。

消声器的主要目的就是有效地控制空气动力性噪声向外传播。由于消声器的种类很多,工作原理也各不相同。传统的消声器的工作原理就是在圆柱体内加装一些吸声材料,更高级的还有"主动消声技术"等。

三元催化转化器的外形类似消声器。它的外面用双层不锈钢薄板制成筒形。在双层薄板夹层中装有绝热材料——石棉纤维毡。内部在网状隔板中间装有催化转化剂。

为了充分发挥三元催化转化器的降污作用,防止早期损坏失效,汽车不能使用含铅汽油。因为含铅汽油燃烧后,铅颗粒随废气排经三元催化转化器时,会覆盖在催化剂表面,使催化作用面积减小,从而大大降低催化转化器的转化效率,这就是常说的"三元催化转化器铅中毒"。

冷却液如何循环流动？

发动机冷却方式分为水冷及风冷两种。水冷是指利用冷却液来降低发动机的温度，而风冷则是指用自然风或风扇使气流经过发动机，达到降低发动机温度的目的。一般的车用发动机为水冷式。

水冷式发动机通过水泵使环绕在气缸周围水套中的冷却液加速流动，并把水套中的冷却液引入散热器中，再利用行驶中吹进的自然风和风扇的吹风，使冷却液在散热器中进行冷却，然后再将它们引入水套中，进行周而复始的循环冷却。这些冷却液可以不断循环利用，也可以供汽车的暖气系统使用。

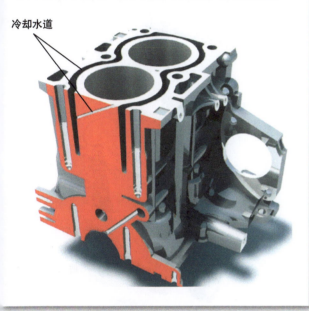

冷却水道

什么是"拉缸"？
"拉缸"是怎么造成的？

拉缸是发动机活塞或活塞环将气缸工作表面拉成伤痕的现象。它是发动机的一种严重故障。造成拉缸的主要原因有：

1）发动机长时间超负荷工作使气缸温度过高。

2）活塞或活塞环与气缸配合的尺寸不当，如间隙过小等。

3）因活塞或活塞环材质低劣而产生损坏变形。

4）因冷却系统循环不畅、缺少润滑油等造成温度过高而使气缸发生变形，也会出现拉缸现象。

气缸拉伤后，会出现发动机动力下降，汽车行驶无力，严重时排气管还会冒出浓浓的蓝白色烟雾。

什么是风冷式发动机？
为什么风冷式发动机的汽车很少见？

风冷式发动机的冷却方式是风冷＋油冷。

水冷式发动机的冷却方式是水冷＋风冷＋油冷。

由此可见，发动机是风冷式还是水冷式，不是看风而是看水，有水冷方式就是水冷式发动机，没有水冷方式就是风冷式发动机。

水冷能够更好地散热、冷却。如果发动机的冷却不足，最直接的后果就是发动机无法工作，就像电脑CPU，如果风扇坏了或者过热，就会自动重启或者关机，这叫过载保护。现在的新车型已经基本没有单纯靠风冷来冷却的发动机了。

过去只有极少数后置发动机的汽车采用风冷，由于噪声太大等技术原因，现在已极少用风冷式发动机。但现在的摩托车基本采用风冷式发动机。

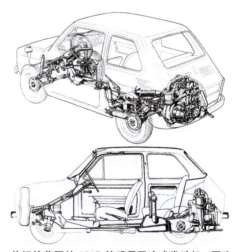

曾经的菲亚特126P就采用风冷式发动机，因为它的发动机放置在车后部，而且不需要太大的冷却就可满足发动机要求

什么是"爆缸"？"爆缸"是怎么造成的？

爆缸又称"抱缸"，是指活塞在气缸内不能运动，活塞和气缸壁"咬"或"抱"在一起。普通汽车上造成爆缸的原因一般是缺少机油或机油供应出现故障。没有机油后机件之间没有了润滑剂，机件之间直接摩擦生热而使气缸温度剧升，使活塞膨胀变形，最终动弹不得。

在日常开车时，要注意观察机油压力警告灯，当此灯亮时（起动时除外）一定要马上熄火停车检查，否则就会出现爆缸或拉缸现象，严重时还会造成活塞和缸体报废。

什么是湿式油底壳？什么是湿式润滑系统？

湿式油底壳也就是我们最常见的机油储存方式，它在发动机最下端有个储油罐，可以储存润滑发动机所需的全部机油。采用这种方式的润滑系统就称为湿式润滑系统。在湿式润滑系统中只有一个机油泵，机油泵从油底壳底部吸出机油，然后将其泵送到发动机需要润滑的零部件，而润滑后的机油滴又自然会流回到发动机最下端的油底壳内。

湿式润滑系统的特点是机油泵直接从最下端的油底壳中吸油，结构简单，制造成本较低。

缸盖

缸体

曲轴

湿式油底壳

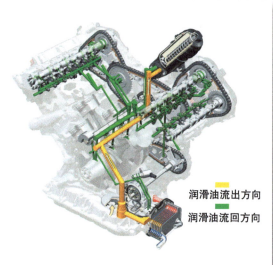

润滑油流出方向
润滑油流回方向

润滑系统是怎样工作的？

发动机的润滑油也称为机油。机油平常就储存在发动机下部的油底壳中，当发动机运转时，发动机动力的一部分便会带动机油泵将机油抽上来，再利用泵的压力将其送去润滑发动机的各个部位。润滑后的机油再变成油滴沿壁落回到油底壳中，然后再被抽上来继续润滑各部件。

在反复润滑后，磨损的金属屑或灰尘就会混入机油，这样反而会加速滑动面的磨损，因此，在机油的油路上必须安装机油滤清器，时刻对机油进行过滤。即使如此，时间长后机油也会变脏，因此行驶一定里程后必须更换机油。机油在润滑的同时，还能起到一定的冷却作用。

什么是干式润滑系统？什么是干式油底壳？

干式润滑系统是指专门在发动机外设置一个机油箱，而在发动机下端只有一个较浅的接油盘子。为了给发动机提供润滑油，必须配备两个机油泵，一个负责把接油盘中的机油抽到机油箱中，另一个负责把机油箱的机油抽到发动机内部用于润滑。由于发动机下端的接油盘只存少量的机油，其实它更像个中转站，因此，又将其称为干式油底壳。

干式润滑系统有什么缺点和优势？

与湿式油底壳相比，干式油底壳润滑系统需要增加额外的机油泵和储存机油的机油箱，所以在结构上变得复杂，同时也增加了重量，并且制造成本也会相对较高，但它有几大优势：

1）采用干式油底壳润滑系统，下端的油底壳比较小，所以发动机主体的位置可以放得更低，这有助于降低发动机的重心，而且更加符合车辆空气动力学的设计，增强行驶稳定性。

2）储存机油的机油箱可以设计安装在汽车的任何位置，车辆在转弯、制动、加速时都不用担心机油会聚到发动机的一侧而使润滑系统暂时"断油"。

3）在湿式润滑系统中，多余的机油可能会附着在曲轴上增加曲轴运转的阻力，因而会降低发动机的动力输出。而改用干式油底壳后，可以避免这种情况的发生。

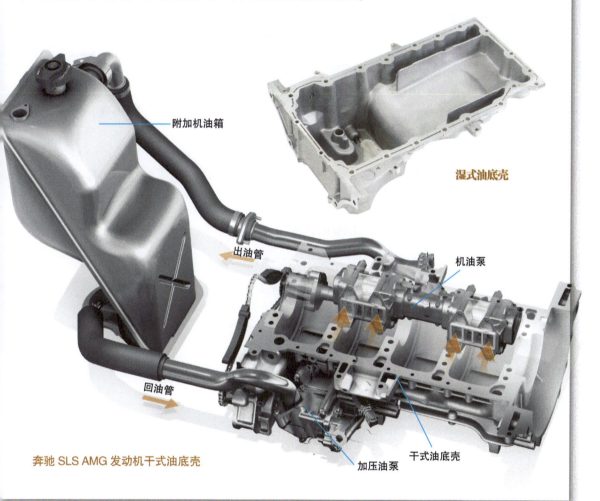

奔驰 SLS AMG 发动机干式油底壳

为什么赛车和越野车喜欢采用干式润滑系统？

由于采用干式润滑系统的车辆可以将重心设计得较低，赛车和跑车要求汽车的重心尽量低，因此采用干式润滑系统比较合适；另外，赛车和跑车的行驶状态都相对比较激烈，急加速、紧急制动都可能将机油聚集在一侧，而采用干式润滑系统则可以让发动机始终得到较好的润滑。

对于越野车来讲，其最小离地间隙要求较高，而且行驶在坏路上也容易发生侧倾现象，因此，没有油底壳的干式润滑系统对越野车也比较有利。

氧传感器起什么作用？
为什么要装两个氧传感器？

电喷车必须精确地控制混合气的空燃比（理想空气和燃油的比例为 14.7∶1），这样才能使燃油的热效率尽可能高。氧传感器实际上就是测量排气中氧气含量的部件，当排气中氧气高于或低于规定时（也就是空燃比偏离理想值时），氧传感器就会向 ECU 报告，从而调节喷油量。

目前，车辆大都安装有两个氧传感器，三元催化转化器前、后方各有一个。前方的作用是检测发动机不同工况的空燃比，同时 ECU 根据该信号调整喷油量和计算点火时间。后方的主要检测三元催化转化器的工作好坏，即催化器的转化率。通过与前氧传感器的数据对比，来检测三元催化转化器是否工作正常。

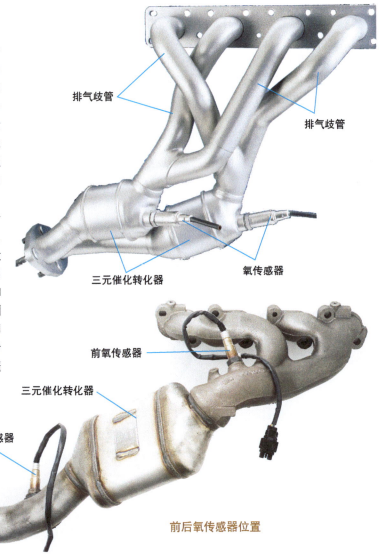

前后氧传感器位置

什么是进气管真空度？影响进气管真空度的因素有哪些？
真空度是否与海拔有关？

发动机在运转过程中，进气歧管内将会产生一定的真空度，而这一真空度的大小、稳定与否将直接反映出发动机的总体性能与故障部位。真空是低于大气压的压力，测量单位一般是千帕。一台性能良好的发动机运转时的真空度比较高。当节气门在任何角度保持不变时，只要发动机转速加快，或是进气歧管无泄漏且气缸密封性良好，真空度就会增加。当发动机运转比较慢或气缸进气效率变低，那么歧管内的真空度就会变低。进气管真空度取决于发动机的工作状态，并与不同的工作状态有比较稳定的对应关系，其中，主要与节气门的开度有关。怠速时，节气门的开度小，对进气的节流作用大，进气管的真空度较高。

此外，进气管真空度随海拔的升高而降低。海拔每升高 1000 米，真空度将减小 10 千帕（76 毫米汞柱）。

什么是空燃比？如何计算空燃比？什么是 Lambda 值？

空燃比表示空气和燃料的混合比。理论空燃比：即将燃料完全燃烧所需要的最少空气量和燃料量之比。汽油的理论空燃比约为 14.7，也就是说，燃烧 1 千克汽油需要 14.7 千克的空气。一般常说的汽油机混合气过浓过稀，其标准就是理论空燃比。空燃比小于理论空燃比时，混合气中的汽油含量高，称为过浓；空燃比大于理论空燃比时，混合气中的空气含量高，称为过稀。

发动机燃烧时不可能总是处在理论空燃比的状态（实际空燃比总是偏离 14.7 这个数值），由于可燃混合气均匀程度、燃烧时间以及发动机工况不同等条件的限制，发动机总是处于或稀或浓的空燃比状态。总之，空燃比是发动机运转时的一个重要参数，它对尾气排放、发动机的动力性和经济性都有很大的影响，至于具体的影响，将在以后讨论。

Lambda 也就是希腊字母"λ"读法的拼音。在某些汽车专业的书籍中，它是实际空燃比与理论空燃比的比值，称为过量空气系数，也是用来确定混合气的稀浓程度的一个指数（有的书籍中也用其他希腊字母表示）。

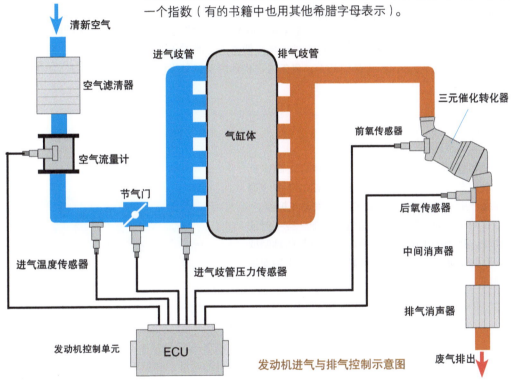

发动机进气与排气控制示意图

发动机转速极限与哪些因素有关？什么可以限制发动机转速？F1 的限速是靠限制转速实现的吗？

发动机的转速极限主要与整个发动机的结构有关，如曲柄连杆机构的机械惯量、配气机构的高速力学性能、使用燃料的种类等。燃料在气缸内燃烧推动活塞运动所产生的速度和力量都不可能无限大，并按照一定规律增大和减小。其外在表现就是我们熟悉的发动机特性曲线，转矩和功率在一定转速后不再增长，而是下降。学过物理的人应该明白，加速度（不管是线加速度还是角加速度）与力和转矩成正比关系，如果力和转矩达到最大（与阻力取得平衡），则速度（或角速度）也会达到最大不会再增加。

F1 限制车速的规定是一系列综合措施的结果，你所提到的发动机转速限制只是其中很小的一个方面。例如关于车身动力学方面尾翼的改动规定、轮胎使用方面的规定以及每个发动机必须参加两站以上的规定，甚至包括发动机高度、缸径尺寸、气缸间距和角度以及发动机和变速器上限制使用的电子技术等，这些都是 F1 比赛限制车速的手段。

发动机平衡是指什么？
是什么因素制约了发动机的平衡性？

发动机工作时，活塞在气缸内做着高速且不均匀的上下反复直线运动，并带动活塞销和连杆产生了很大的惯性力。其中活塞和活塞销只能做直线往复运动，只产生纵向惯性力。连杆则不同，它的一部分质量参与直线运动，另一部分运动质量参与曲轴的旋转运动。也就是说，参与旋转运动的质量将产生两个方向的惯性力。

为了平衡这些惯性力，设计者在曲柄上布置适当重量的平衡（平衡块或平衡轴），理论上讲，这一措施应该可以平衡上述所有的惯性力。但实际上，只能平衡纵向惯性力，但很难平衡横向惯性力，所以只有在上下止点时，发动机才能得到百分之百的平衡，而在其他位置时，各惯性力是不能完全平衡的。在多缸机上，由于曲轴的对称布置，能够在一定程度上消除横向惯性力。而对于非定轴转动的构件，如曲柄连杆机构中活塞和连杆的运动所产生的惯性力，是无法在构件内部得到平衡的，这些惯性力的存在会使发动机发生振动。

发动机平衡轴

为什么发动机内要装平衡块？

发动机在运转时，在从直线运动转为圆周运动时，发动机要产生剧烈的振动。多个气缸在不同步调旋转便会产生一定的不平衡，从而引起发动机振动。

为了减小振动，可以在发动机内装配一些平衡块或平衡轴，抵消不平衡现象。平衡块有时与曲轴制成一体，有时是通过螺栓固定在曲轴上的。平衡轴安置在缸体内。

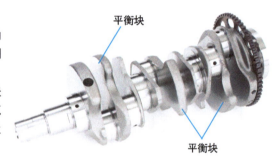

为何气缸数越多平衡性越好？

降低发动机振动的方法很多，例如减轻活塞等运动件的重量、提高曲轴的刚度、装用平衡轴等。但是不管哪种发动机，都会存在一定的振动。

四冲程汽车发动机的一个气缸做功一次对应曲柄转两周，即720°。所以，一般四缸发动机曲轴的相位角为180°，六缸为120°，而八缸则为90°。缸数越多，前后依次做功的间隔角度就越小，就越不会发生动力断续的情况，运行的平稳性就越好。因此缸数越多，平衡性越好。

发动机内高速运动的零部件会产生很大的惯性力，造成发动机的剧烈振动。虽然对于定轴转动的构件，如曲柄，可以通过动平衡方法减少由于惯性力对轴承产生的动压力，但对于缸数多、曲轴长的情况，会因旋转惯性力而产生内力矩，使曲轴产生弯曲，影响运行平稳性。因此现在六缸以上高速发动机气缸大都采用V形排列，缩短曲轴长度。V形在平衡性上面比直列有先天的优势。

柴油发动机是怎样调节转速的？为什么它与汽油发动机的调速方式不同？

这要先从柴油机的原理说起。柴油机只压缩空气，不像汽油机那样压缩汽油与空气的混合气。气体有个特性，随着被压缩程度加强，它的自身温度就会提高。先在气缸中充满空气，然后进行压缩，待把空气压缩到500℃高温时，再在100~200个大气压的高压下向气缸内喷射柴油，导致柴油迅速燃烧、膨胀，从而产生动力。

那么柴油发动机是怎样调节转速呢？只有通过调节柴油的喷射量，才能控制膨胀力的大小。因此，柴油车的加速踏板与控制喷油量相关联，但这并不代表它就一定与喷油量控制开关直接相连。

一般来讲，有两种方法来控制发动机转速，一种是加速踏板与进气管路中的节气门直接相连，通过控制进气量的多少来间接控制喷油量的大小，这也是汽油发动机调节转速的方式；另一种是直接控制喷油量，加速踏板直接与油量控制机构相连。现在柴油发动机一般是两种控制方式都用，低速时用前者，这样更精确；高速时就用后者，这样更直接。

柴油发动机与汽油发动机有什么区别？

柴油发动机也称"压燃式内燃机"，是以柴油为燃料的内燃机。进入气缸内的空气，被活塞压缩到燃料能自行着火燃烧的温度后，用喷油泵及喷油器将柴油喷成雾状射入其中，与灼热的空气相遇，即自行着火燃烧。燃烧所产生的高温高压燃气，在气缸内膨胀，推动活塞做功。在内燃机中，柴油机有较高的热效率，为拖拉机、船舶、内燃机车、载货汽车、小型发电厂广泛应用。柴油发动机与汽油发动机主要不同之处是：

1）所用燃料不同：柴油机用柴油，汽油机用汽油，绝不可混用。

2）喷油方式不同：汽油机须将汽油与空气混合后喷入气缸（燃油直喷发动机除外），而柴油机是将柴油喷入已充满压缩空气的气缸。

3）点火方式不同：汽油机用火花塞点燃混合气，而柴油机是压缩自燃点火。

4）压缩比不同：汽油机压缩比没有柴油机大。

5）油耗不同：由于柴油机可实现高压缩比，它的膨胀比和热效率高，因此柴油机的油耗比汽油机要低。

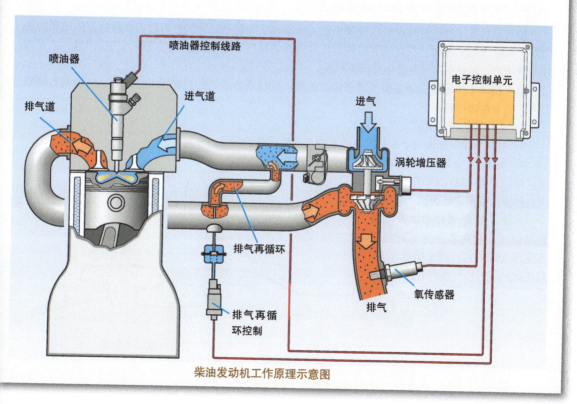

柴油发动机工作原理示意图

为什么柴油发动机不需要点火系统？

柴油发动机是一种压燃式内燃机，是以柴油为燃料的内燃机。柴油发动机利用气体被压缩后温度会上升的原理，用活塞压缩进入气缸的空气；当空气温度上升到柴油燃点时，用喷油器将柴油喷成雾状射入气缸；柴油一旦与灼热的空气相遇即发生燃烧；燃烧所产生的高温高压燃气在气缸内膨胀，从而推动活塞做功。柴油是在高温高压之下"自燃"的，不是被点燃的，所以柴油发动机不需要点火系统。

 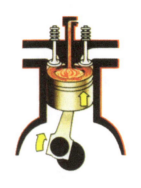 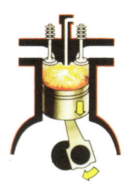 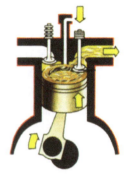

进气行程
进气门打开，排气门关闭，空气从进气门被吸入气缸，然后进气门关闭

压缩行程
活塞上升并压缩吸入的空气，使空气温度升高。喷油器将燃油喷入气缸并混入热空气中

做功行程
柴油与空气的混合气越来越热，以至于温度升高到可以自燃。混合气燃烧爆炸的力量将活塞向下推动，并通过连杆推动曲轴旋转

排气行程
排气门打开。旋转的曲轴推动活塞向上运动，活塞将燃烧后的废气从排气门推出气缸

四冲程柴油发动机工作示意图

为什么消声器能减小发动机排气噪声？

排气噪声是一种在空气中传播的冲击波。当发动机气缸开始排气行程时，此时气缸内的压力为300～400千帕。因此，在排气管路内形成非常强的排气冲击波，从而形成较大的噪声源。为了减小排气噪声，都会在排气系统中安装消声器。

消声器的工作原理是消减排气冲击波的能量，包括冲击波的压力和温度。因此，一般都是围绕以下三个方面进行消声：

1）多次改变排气流的方向。
2）使排气流反复通过收缩和扩大的通道或曲折异常的通道。
3）使排气流通过多孔管流动，使之产生摩擦而转化成热能并耗散掉，使声波减弱。

总之，就是尽力不让排气顺利地通过，利用各种方式减弱排气流所含的内能，减小排气压力，从而达到减小排气噪声的目的。

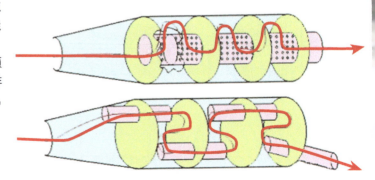

汽车消声器工作原理示意图

压燃式汽油发动机是怎样工作的？
为什么压燃式汽油发动机没有普及应用？

马自达在 2019 年推出一款点火控制压燃汽油发动机，简称压燃式汽油发动机。它采用一种超稀薄燃烧方式，这种独特的燃烧方式要求在一个压缩行程中进行多次燃油喷射，第一次喷射是在压缩行程开始阶段，第二次喷射是在点火前，这样就形成两个不同空燃比的混合气区域。在火花塞附近，混

电火花率先点燃火花塞附近的混合气并产生火焰球。迅速膨胀的火焰球像是第二个活塞，使其余混合气体在超高压下自燃点火

压燃式汽油发动机燃烧原理示意图

合气的空燃比为 29.4，也就是理想空燃比的 2 倍，使混合气的浓度刚好能够点火。而在远离火花塞的地方，混合气的空燃比最高可达 36.8。压燃式汽油发动机的点火过程可分两步：

1）首先通过活塞压缩，使温度上升至接近点火的温度状态，然后通过火花塞点火，使火花塞附近部分燃料混合气先燃烧，体积膨胀，此膨胀的火焰球进一步给燃烧室施加压缩。

2）膨胀的火焰球就像是第二个活塞，以空气的形式给混合气体追加压缩，使之瞬间达到压燃点火所需的温度和压力。

压燃式汽油发动机可以使汽油的燃烧更充分，提高热效率，节省燃油，但目前存在结构复杂、制造成本高、自重较大等缺点，因此仍不能普及，只有马自达汽车在使用。

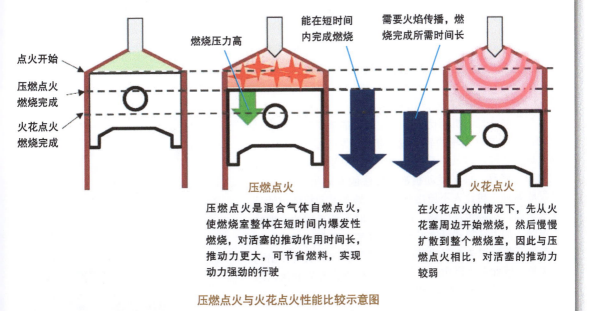

压燃点火与火花点火性能比较示意图

转子发动机是如何运转的？

转子发动机的运动特点是：三角转子的中心绕输出轴中心公转的同时，三角转子本身又绕其中心自转。在三角转子转动时，以三角转子中心为中心的内齿圈与以输出轴中心为中心的齿轮啮合，齿轮固定在缸体上不转动，内齿圈与齿轮的齿数之比为3:2。上述运动关系使得三角转子顶点的运动轨迹（即气缸壁的形状）似"8"字形。三角转子把气缸分成三个独立空间，三个空间各自先后完成进气、压缩、做功和排气，三角转子自转一周，发动机点火做功三次。由于以上运动关系，输出轴的转速是转子自转速度的3倍，这与往复运动式发动机的活塞与曲轴1:1的运动关系完全不同。

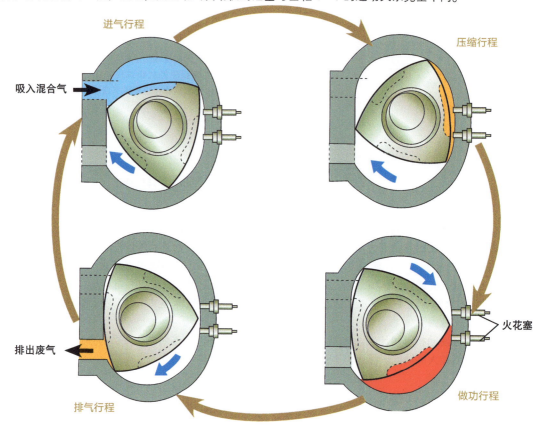

转子发动机工作行程示意图

为什么转子发动机消失了？

与往复式发动机相比，转子发动机取消了无用的直线运动，因而同样功率的转子发动机尺寸较小，重量较轻，而且振动和噪声较低，具有较大优势。但是由于从生产装配到维护修理，转子发动机都与传统的发动机大不一样，开发成本高。更让人不愿接受的是，转子发动机的燃油消耗非常高，排放也是问题，这也是一时无法克服的主要技术难题。加上往复式活塞发动机在功率、重量、排放、能耗等方面都比过去有了显著提高，转子发动机没有显出明显优势，因此各大汽车企业都没有积极性去开发利用，后来转子发动机就逐渐在量产汽车上消失了。

2.2 发动机关键技术有哪些？

什么是可变气门？可变气门有什么好处？

可变气门是指发动机气门的正时和升程是可以根据行驶情况变化的，以提高动力性能和节油效果。

当人快速奔跑时，氧气消耗量就会增大。为了吸进更多的空气，你会自然地张大嘴巴；反之，如果平常走路时，你的嘴巴不会张得太大。对于发动机来讲，也是如此，当高转速时，也需要吸入更多的空气（混合气），因此如能把气门提得更高些（改变升程），或延长气门的打开时间（改变正时），便能满足需求，从而提高动力；反之，当在低速时，最好少吸入混合气，则可以降低气门的升程或缩短打开时间，从而节省燃料。

但是，传统发动机的气门升程和正时都是固定的，不论你是否需要更多的氧气，它都是张一样大的嘴，吸入同样多的气，这样对节油和提高动力都不利。因此，现在各种各样的可变气门便应运而生。

虽然各个厂家所采用的执行机构不尽相同，但基本都是控制气门的升程或正时，或对气门正时和升程同时进行控制，因为气缸的进气量或排气量主要取决于气门的升程和正时。可变气门可以使气门在低速时进排气少点，在高速时进排气多点，从而使供给的燃料不浪费，也不亏欠，燃烧更完全，对动力、节油、排放都有好处。

宝马电子气门是怎样工作的？

宝马的电子气门（Valvetronic）机构利用一个伺服电动机来控制一个偏心轴，以实现一个由转速到角度的转换，从而使偏心轴更精确地转动，再由它控制一个异形中间臂。中间臂的运动轨迹同时受凸轮轴运动的影响，这个中间臂再带动进气门摇臂动作，可以实现对进气门的无级调节。当驾驶人踩加速踏板时，伺服电动机便会根据所收集的信号进行适当的运转，然后驱动偏心轴、异形中间臂、可变正时凸轮轴和气门摇臂，对进气门的正时和升程进行无级调节。

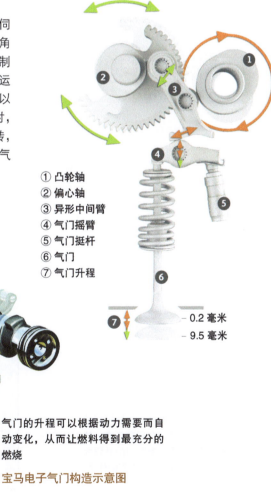

① 凸轮轴
② 偏心轴
③ 异形中间臂
④ 气门摇臂
⑤ 气门挺杆
⑥ 气门
⑦ 气门升程

- 0.2 毫米
- 9.5 毫米

气门的升程可以根据动力需要而自动变化，从而让燃料得到最充分的燃烧

宝马电子气门构造示意图

本田 i-VTEC 有什么特点？

i-VTEC 是"智能可变气门正时和气门升程电子控制系统"（Intelligent Variable Timing and Lift Electronic Control System）的英文缩写。说起 i-VTEC，就不得不提到 VTEC。后者是本田更早些时候开发的发动机技术，也是为了省油而产生的，最早用在本田的 F1 赛车上，后来才引用到批量生产车型上。与当时别的可变气门技术相比，它是世界上第一个能同时控制气门开闭时间及升程两种不同情况的气门控制系统。

i-VTEC 系统是在 VTEC 的基础上，添加了一个智能可变正时控制系统，通过 ECU 控制程序调节进气门的开启与关闭，使气门的重叠时间更加精确，达到最佳的进、排气时机，并且进一步提高了发动机的功率。

本田 VTEC 是怎样工作的？

本田的可变气门简称为VTEC，它在常规只有两个凸轮的地方设计了三个凸轮，一个高转角凸轮在中间，两个高度相同的低转角凸轮在两侧。

当发动机低速运转时（图A），三个摇臂相互独立运动，其中高转角凸轮对应的摇臂悬空不工作，低转角凸轮正常工作，发动机的气门升程很小，进气量减小。

转速升高后，高转角凸轮的摇臂和低转角凸轮的摇臂"串"为一体（图C），此时变成低转角凸轮不起作用了，而是由高转角凸轮来带动摇臂控制气门升程。此时的气门升程也就自然而然地变大了，进气量增大。

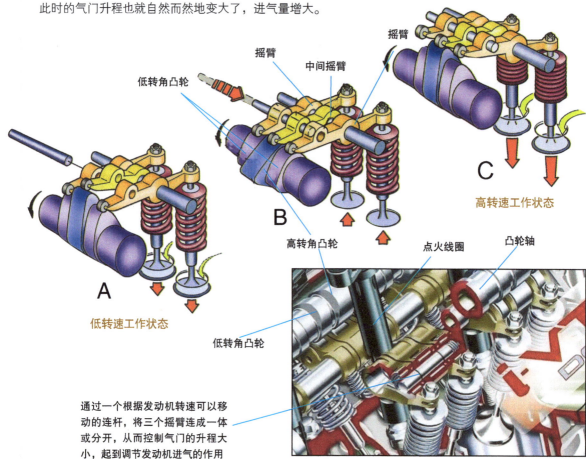

本田 VTEC 系统构造

丰田 V VT-i 有什么特点？
什么是 DV VT？

V VT-i（Variable Valve Timing and Lift with intelligence）是丰田注册的发动机可变气门技术，直接翻译成中文的意思是"智能可变配气正时系统"。这套系统的最大特点是可根据发动机的状态控制进气凸轮轴，通过调整凸轮轴转角对配气时机进行优化，以获得最佳的配气正时，从而在所有速度范围内提高转矩，并能在一定程度上改善燃油经济性，有效提高汽车的功率与性能，减少油耗和废气排放。

V VT-i 由传感器、电控单元、液压控制阀和控制器等组成，按控制器的安装部位不同而分成两种：一种是安装在排气凸轮轴上的，称为叶片式 V VT-i，比如说丰田大霸王；另一种是安装在进气凸轮轴上的，称为螺旋槽式 V VT-i，雷克萨斯 400、430 等高级轿车采用此种形式。

DV VT 是指双 V VT 系统。V VT 只对进气门的正时进行控制和调节，双 V VT 则对进气门和排气门都进行控制和调节。相对而言，双 V VT 可以使发动机的运行效率更高。

什么是排量可变技术？
排量可变发动机是怎样工作的？

为了获得较大的动力，就得将发动机排量设计得非常大。然而这样做的后果则是油耗也增加许多，尤其是在不需要这么大的动力时，其油耗浪费较为严重。排量可变技术则可解决这个问题。在不需要强大动力时，如在低速行驶、怠速停车等情况下，可使部分气缸停止工作，具体办法是关闭它的进气门和油路。当需要较大动力时，再恢复原来正常工作状态，而且这一切都是在驾驶人觉察不到的状态下完成的。

各厂家的排量可变技术的工作方式有所不同，以克莱斯勒装备了 5.7 升 V8 HEMI 发动机为例，它可根据行车条件需要而适时地关闭或起动部分气缸，在动力需求不大时，只用 4 个气缸工作，以节省油耗；当需要强大动力时，它会在 0.04 秒内转化到 8 缸工作。

本田 3.0 升 V6 发动机也有排量可变技术，它可以根据需要在 6 缸、4 缸和 3 缸间进行转化。

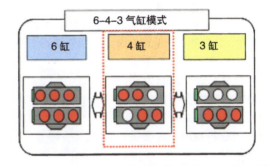

奥迪气缸按需运行系统（COD）是怎样运行的？

奥迪气缸按需运行系统（Cylinder on Demand）在发动机冷却液处于 30℃ 以上、变速器处于 3 档以上、车辆对转矩的需求又处于发动机最大转矩的 25%～40% 时，会自动将发动机由 8 气缸切换至 4 气缸工作状态，相当于一部 2.0 升排量的 V4 发动机。该系统可以最大限度地改善 8 缸发动机在经济工况下的表现。

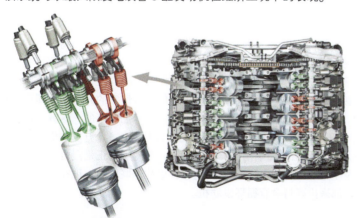

在进气、排气凸轮轴上安装一套零行程的凸轮，就可令其无法驱动气门完成进排气动作

什么是阿特金森循环？
为什么阿特金森循环发动机的热效率高？
为什么混合动力汽车喜欢采用阿特金森循环发动机？

在四冲程发动机中，汽油与空气的混合气被点燃膨胀后，推动活塞下行做功，当活塞到达下止点时，这时气缸中仍有膨胀力，或者说气缸内压力仍大于大气压，活塞仍会受到一定的推力。这时候，如果活塞从下止点往上运行开始排气行程，那么相当于将气缸内残余的推力浪费掉了，或者说没有将燃烧膨胀产生的力量充分完全吸收掉。这就像出拳打人，还没将拳头打到尽头呢，就往回收缩，就会显得出拳无力、浪费力量。只有继续往前打拳，把拳头上的力量完全释放出来，然后再往回缩，这样才是力尽其用。对于发动机来说，最好是能延长膨胀做功的行程，让活塞继续往下行，一直到气缸内的压力等于大气压，没有一丝推力施加在活塞上为止。可气缸就那么长，已到底了，总不能再接出一截来吧。于是阿特金森就想出了一个主意，那就是缩短压缩行程，减少受压缩的混合气量，不产生那么大的推力，那么在做功行程中活塞到达下止点时就能完全释放所有推力，从而实现不浪费一丝推力的目的。

最初的阿特金森循环是利用一套复杂的机械连杆机构，在压缩行程开始阶段继续保持进气门打开，直到活塞上行一段距离后再关闭进气门，然后才开始真正的压缩行程，从而缩短压缩行程，使膨胀做功行程大于压缩行程。当电子控制技术、可变气门正时技术出现后，利用电控技术将进气门再晚关一会儿，让压缩行程延迟开始，就可以轻松缩短压缩行程，从而实现阿特金森循环，而且不需增加任何机械部件。为什么说是再晚关一会儿？因为实际应用中发动机的进气门并不是正好在下止点关闭的，而是到了下止点再往上运行一段距离后才关闭的。因为活塞在进气冲程下止点时，缸内压力小于大气压，而且进气存在一定的惯性，此时在压力差和惯性的作用下，一些进气仍然能继续进入气缸，哪怕活塞已开始往上运行。因此，为了多进一些空气，现在所有发动机的进气门都会晚关闭一会儿，当活塞向上运行到1/9~1/3行程时，才会关闭进气门。

现代版的阿特金森循环发动机，要将活塞向上运行的距离再增大一些，至少上行到2/5行程时再关闭进气门，此时发动机就进入阿特金森循环工作状态。虽然这时候可能把一些进气推回进气道，但这

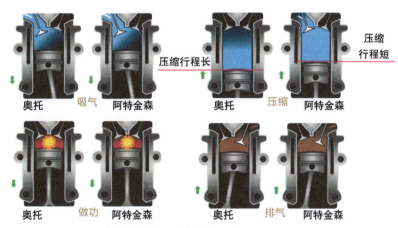

奥托循环与阿特金森循环比较

也有利于下一次的进气，可以减少进气时的功率损失。当活塞向上运行2/5行程后再关闭进气门，开始压缩行程，致使压缩行程只有3/5行程，即只有60%行程，而膨胀行程仍为100%，从而将膨胀推力充分吸收利用，做到力尽其用，减少能量浪费，提高热效率，最终实现节省燃油的目的。现在阿特金森循环发动机的热效率最高已达46%，而普通奥托循环发动机的热效率通常为40%左右。

阿特金森循环的压缩行程变短，被压缩的混合气量减少，压缩比降低，致使它的升功率，即每升排量产生的功率也相对降低了。就是说，它以减小输出功率为代价，达到了更节油的目的。这就好比是一台1.8升排量的阿特金森循环发动机，其输出功率与1.6升发动机相当，油耗则与1.4升发动机相当。

阿特金森循环发动机的最大特点是节省燃油、功率稍弱。真是巧了，节省燃油正是混合动力的最大诉求，而功率稍弱则可以由电驱动来弥补。阿特金森循环与电机搭档，堪称珠联璧合。现在几乎所有混合动力车型，包括插电式和非插电式，都采用阿特金森循环发动机。

什么是进气道喷射？
什么是缸内直接喷射？
什么是"双喷"发动机？

无论是什么样的汽车发动机，其基本原理都是使燃油与空气的混合气点燃爆炸。但不同的发动机将燃油与空气开始混合的地方却有所不同，或者说燃油喷射的位置不一样。总的来说，可分为进气道喷射和缸内直喷。

进气道喷射是将燃油喷射到进气道中，与进气混合后再进入到气缸内参与燃烧。而缸内直喷则是直接将燃油喷射入气缸中，如所有的柴油发动机和部分缸内直喷汽油机。由于燃油缸内直喷对提高燃油经济性、提高动力输出都很有帮助，因此现在采用缸内直喷发动机的车辆越来越多。燃油缸内直喷已成为发动机先进技术代表之一。

"双喷"发动机除了配备缸内燃油直喷系统外，还在进气道内设计了一个喷油器，组成双燃油喷射系统。双燃油喷射系统可以根据行驶状况在缸内喷射与缸外喷射之间进行切换，确保高效的动力输出和最佳的燃油经济性。发动机冷起动时，采用进气道喷射；低中负荷时，采用混合喷射，提升转矩，降低油耗；高负荷时，采用缸内直喷，提升功率。

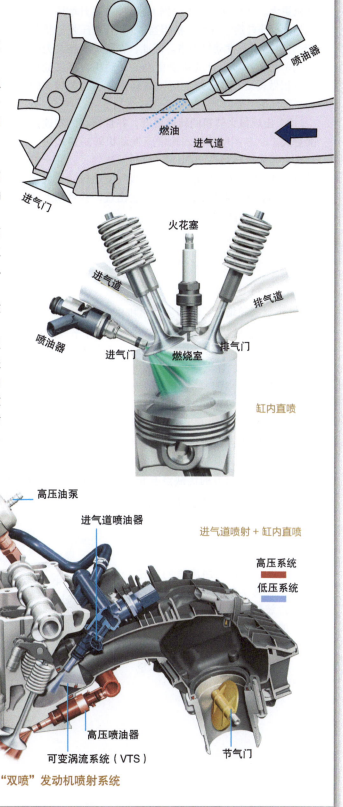

为什么要使用增压发动机？

1）增压发动机的动力输出比同排量的自然吸气发动机更大。如果仅从动力数据上来讲，1.8升增压发动机与2.4升自然吸气发动机相当；2.0升增压发动机与2.5升自然吸气发动机相当。因此，在实现同样动力输出的前提下可以设计成排量更小的发动机，将发动机的体积做得更小些，从而可以减轻重量、获得较佳的起步和加速性能。

2）出现最大转矩的转速更低，并且持续的转速范围更大。从右图所示的涡轮增压发动机转矩曲线可以看出，其最大转矩在2000转/分时就达到了，并一直保持到4500转/分左右。而自然吸气发动机的最大转矩一般都要在3500转/分以上才会出现，并且马上就会开始下降，持续的转速范围极小。

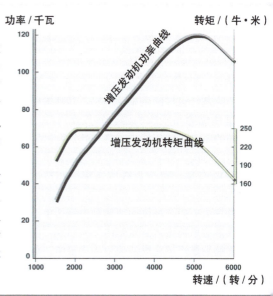

增压器共有几种形式？
它们各有什么特点？

废气涡轮增压：利用发动机排出的废气达到增压目的。它的优点是增压效率要高于机械增压系统，但与机械增压相比，增压效果有滞后于节气门开启的表现。

机械增压：通过传动带从发动机输出轴获得动力，由发动机直接驱动增压器的转子旋转，从而将进气增压。它的优点是，转子的速度与发动机转速是相对应的，所以它的动力输出没有滞后，更为流畅。但它的缺点同样明显，因为它消耗一部分发动机动力，造成增压效率不高。

复合增压：就是将机械增压和涡轮增压两套系统集合在一个发动机上，让双方的优缺点互相补充，达到更好的增压效果。它的优点在于，动力输出大、油耗低、噪声小，但缺点是结构复杂、对工艺要求高，因此应用较少。

气波增压：利用废气的高压通过一种特殊的旋转小室，靠空气压力波的传播给进气管的新鲜空气加压，是一种新型的增压器。这种系统低速增压性能好、加速性好、工况范围大，但尺寸大、笨重且噪声大，因此应用较少。

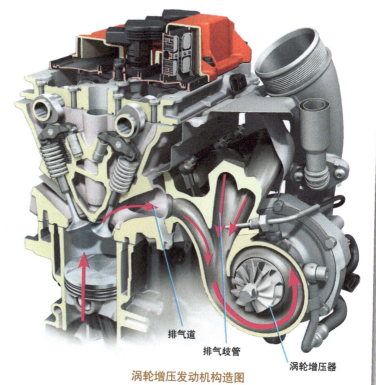

涡轮增压发动机构造图

什么是涡轮增压？

涡轮增压（Turbocharged）简称Turbo。如在一些轿车尾部看到"Turbo"，即表明该车采用涡轮增压发动机。这种发动机是利用发动机排放出的废气的能量，冲击装在排气系统中的涡轮，使之高速旋转，同时带动压气机一同旋转，压气机压缩进气，强制地将进气增压后压送到气缸中。由于发动机功率与进气量成正比，因此可提高发动机功率。

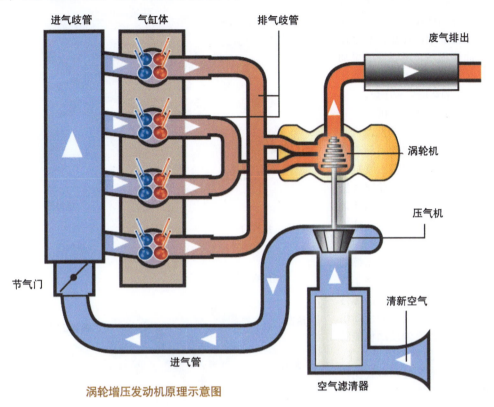

涡轮增压发动机原理示意图

怎样才能发挥增压发动机的动力性？

实际上，涡轮增压发动机在涡轮介入之前工作效率是极低的。如果最大转矩在1800转/分时出现，那么，在需要较大动力时，应当尽量让转速保持在1800转/分以上，不要像自然吸气发动机车型那样用尽可能低的转速驾驶。因为在涡轮介入之前，增压发动机的压缩比很低，整个发动机的工作效率也极低，不但没有足够的动力输出，而且经济性也会恶化，只有将发动机的转速超过最大转矩的转速时，才能充分发挥增压发动机的动力性，输出最大转矩，并拥有较佳的燃油经济性。

增压发动机能够适应高原吗？

在高原地区，由于气压低，空气稀薄，自然吸气发动机无法达到其额定功率，因此动力性下降。涡轮增压发动机正是发挥作用的好时候。为了使越野汽车在此种情况下仍能得到足够高的动力，许多军用越野汽车都安装涡轮增压发动机。因为增压发动机能够将空气的密度提高，使进入发动机气缸内的空气量增加，从而可使燃料充分燃烧，以产生更多的能量，使发动机发出更大的功率。

为什么车用柴油发动机都采用涡轮增压技术？

其实要了解这个问题，只要了解了柴油和汽油两种燃料的特性后自然而然就能得出结论了。

对于柴油发动机来说，无论是涡轮增压还是自然吸气，它的压缩比都要比汽油发动机高很多。通常汽油发动机的压缩比是 10 左右，个别发动机能达到 13。而柴油发动机的压缩比通常是 19 左右，高的甚至超过 20。究其原因是柴油具有比汽油更好的抗爆性，也就是说柴油比汽油更加难以点燃，燃烧速度也比汽油慢很多，所以性质更加稳定。那么，就需要更高的压缩比让柴油在高压的环境中被压燃。

另外，柴油发动机的供油方式也与汽油发动机有很大差别，汽油发动机的燃料往往是被喷射到进气歧管当中的，也就是说吸入气缸内的已经是混合气了，如果此时气缸内温度、压力过大，就很容易让混合气提前燃烧。柴油发动机往往是高压喷射式的，采用的是缸内直喷，所以活塞在进行压缩行程时压缩的是纯空气，到了压缩行程快终了时才喷入燃料。再加上柴油的抗爆性本身已经很好了，那么柴油发动机的压缩比自然就比汽油发动机能够提高许多。在更加稳定的燃烧下，柴油发动机引入增压技术也就比汽油发动机容易得多了。

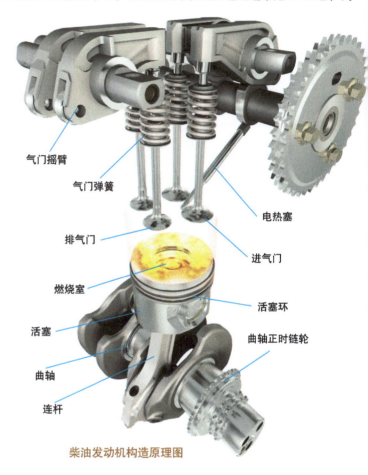

柴油发动机构造原理图

如何延长增压发动机的寿命？

涡轮增压器与发动机是共用一套润滑系统的，在更换发动机机油后就已经起到了保养涡轮增压器的作用。不过要强调的一点就是增压发动机必须使用比自然吸气发动机更高级别的机油。因为对于增压发动机来说，气缸的工作温度和工作压力更高，负荷更大。事实上对于增压发动机来说，它的活塞、曲轴、连杆等部件都是经过强化的，比普通自然吸气发动机的曲柄连杆具备更高的强度。也正是由于这些部件工作环境恶劣，所以机油级别一定要得到保证，推荐使用 SM 级机油，或者级别和黏度系数不低于原厂标准的机油。

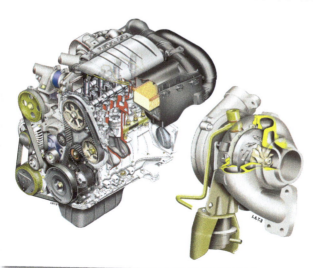

空气滤清器
涡轮增压器
进气管
排气歧管
进气歧管
节气门

为什么增压发动机的压缩比不是很高？

由于增压器的作用，增压发动机的进气压力比较高，当发动机进入到压缩行程时，高压气体很容易在火花塞点火前使汽油自燃，产生爆燃。为了避免发动机爆燃现象的发生，增压发动机的压缩比一般低于自然吸气发动机。

同时，增压系统起动后使气缸内的压力骤然增加，如果发动机压缩比本来就很高，那么当增压后发动机气缸所承受的压力会非常大，甚至会承受不了而出现危险。因此，一般都把增压发动机的压缩比设计得比较小。

涡轮增压表上面的数字代表什么？

带有涡轮增压系统的发动机，可以改装加个涡轮增压表（Boost Meter），放置在驾驶人可看见的位置，便于驾驶人了解涡轮增压的增压强度和增压开启时的转速高低。

涡轮增压表有电子式和机械式，表上数字显示涡轮瞬时增压值，有正值和负值，单位为巴（bar）。一些汽车上也装有涡轮增压表，以显示涡轮增压器的工作状态。

能否自己加装涡轮增压器？
自己加装涡轮增压器会有什么风险？

车主最好不要自己加装涡轮增压器。

增压系统是一个非常复杂的系统，它需要进行大量的试验和匹配，不是装一个涡轮增压器就好了。由于压缩空气会放热，而高温空气进入气缸后极易引起爆燃，所以需要配备中冷器。而中冷器的散热量也需要严格匹配，散热不够会导致进气温度过高而爆燃，散热量太大会造成进气温度过低，动力下降。

在增加了涡轮增压器以后，整台发动机的发热量也会迅速增大，因此需要匹配更大尺寸的散热器和风扇；由于增压后的进气量增大，进气道也要加粗以适应高流量的空气；活塞、曲轴、连杆等运动部件都要换成更高强度的部件，以适应功率的提升；压缩比同样需要降低，不然会有爆燃危险；润滑系统也要改进，以适应更加恶劣的工作环境，并增加一套涡轮轴润滑油路；更大的工程就是需要提高气缸强度，最常见的做法就是通过降低排量，采用强度更大、体积更小的气缸套来提高缸壁强度，这也是很多原厂的增压版本发动机排量都要比自然吸气版本发动机小的原因。除非你有专业赛车需要，而且完全不考虑日后的可靠性和耐用性，否则千万不要自行加装涡轮增压器。

为什么增压发动机要使用中冷器？

气体有这样一个特性：当它受到压缩时，随着它的密度增加，它的温度也会上升，从而影响发动机的充气效率。如果想要进一步提高增压发动机的充气效率，就要降低进气温度。

另外，如果未经冷却的增压空气进入燃烧室，除了会影响发动机的充气效率外，还很容易导致发动机燃烧温度过高，造成爆燃等非正常燃烧，而且会增加废气中氮氧化物的含量，加重排放污染。中冷器实际上就是个散热器，它被放置在通风良好的位置，吸收进气被压缩时产生的热量，从而降低进气温度。

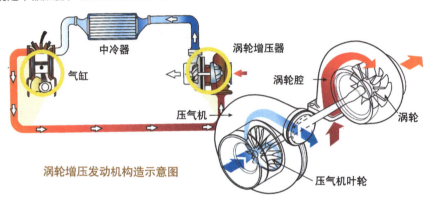

涡轮增压发动机构造示意图

散热器、冷凝器、中冷器有什么不同？

散热器是指发动机冷却系统中的散热部件，大多装备在进气格栅的后部，背面一般有两个电子扇，一个是为散热器大循环使用，而另外一个则是为小循环使用，所以这两个电子扇大多是一大一小。

冷凝器是空调设备使用的配置。冷凝器多在空调设备附近，具体位置依车型而定，一般也在进气格栅的后部，那里是进气最多的地方，最利于冷却。

中冷器则是装备有增压器车型的专有部件，它用于冷却增压后的空气，其安装位置因车而异。

涡轮增压器系统构造图

为什么中冷器会装在不同位置？

中冷器是发动机增压器用于冷却空气的部件，它的安装位置具有多样性，大致分为三种：

1）前置：这种装备方式多是为高增压发动机设计的，目的是在高速行车时利用更强的空气流动为中冷器内的压缩空气降温，提高压缩空气含氧量。其具体位置是在保险杠后端下端，散热器前端。

2）侧置：这类装备方式多是为低增压发动机设计的，因为低增压发动机不需要大型中冷器为其降温，侧置中冷器可以更有效地减小其在发动机室内占用的空间。

3）顶置：这是拉力赛车惯用的安装位置，目的是避免赛车高速行驶在杂草丛生的荒野地带中冷器被飞来的石子、树枝等扎穿从而产生更大的麻烦。这类车型的发动机盖上一般都设有进气孔，如下图所示的斯巴鲁翼豹 WRX 款车型就是典型的例子。

顶置式中冷器

什么是双涡轮增压发动机？
为什么要采用双涡轮增压器？

双涡轮增压发动机就是发动机前安装了两个涡轮增压器。由于是利用发动机排出的废气作为动力来推动涡轮室内的涡轮（位于排气道内），涡轮又带动同轴的叶轮，叶轮就压缩由空气滤清器管道送来的新鲜空气，再送入气缸。当发动机转速加快时，废气排出速度与涡轮转速也同步加快，空气压缩程度就得以加大，发动机的进气量就相应地得到增加。每个涡轮增压器可增加的压力和压气机壳可承受的压力有限，所以有些多缸发动机采用两个涡轮增压器。

如宝马的六缸双涡轮增压发动机，每个涡轮增压器对三个气缸输入压缩空气，但后来被双涡管单涡轮增压器所替代。V形涡轮增压发动机，由于两列气缸有一定距离，因此仍采用两个独立的涡轮增压器。

标致607 2.2升HDi柴油发动机也采用了双涡轮增压技术，4个气缸加装了两个内径一样的序列式双平行蜗轮增压器，发动机转速较低时只有一个涡轮增压器两个气缸工作，发动机负荷较大时，另外一个涡轮增压器两个气缸才被激活，发动机才全部投入工作。

双涡轮拥有较低的惯量和较小的体积，有助于减少反应时间，提高节气门的反应能力。

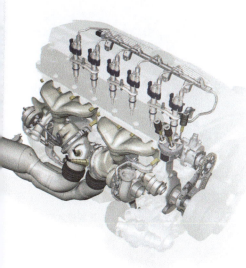

直列六缸双涡轮增压发动机

什么是双涡管单涡轮增压发动机？它有什么优势？

2009年，宝马率先采用双涡管单涡轮增压发动机，最早是在直列六缸3.0升发动机上采用这种技术。它把三个气缸分成一组，每组在排气歧管和涡轮增压器中都有单独的气道，当废气将要进入涡轮增压器时，两组废气合成一个涡管，共同吹动同一个涡轮旋转，驱动涡轮对进入气缸中的空气进行压缩。

双涡管单涡轮增压系统中，将发动机排气管道按点火时刻相邻气缸的排气管道分成两组，点火相邻的两个气缸的排气不受干涉影响，具有更强的脉冲增压，而且排气更为充分，从而有效提高发动机的效率。相对于普通的涡轮增压发动机，双涡管单涡轮发动机可以有效缓解低速时的迟滞性，使得发动机峰值转矩爆发得更早，燃油经济性更佳。

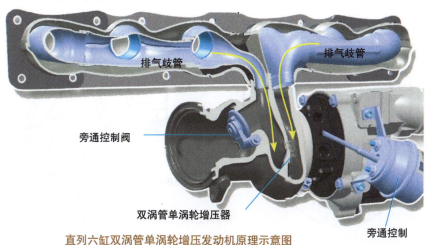

直列六缸双涡管单涡轮增压发动机原理示意图

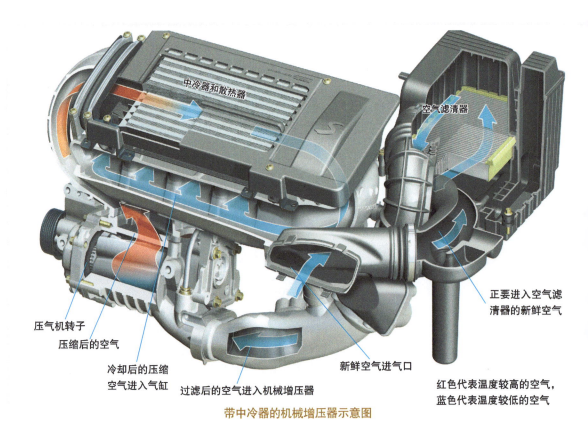

带中冷器的机械增压器示意图

机械增压是怎样工作的？它有什么优势？

与涡轮增压相比，机械增压（Supercharger）并不是依靠排出的废气能量来压缩空气的，而是利用发动机曲轴的动力带动空气压缩机旋转来压缩空气的。压缩机是通过两个转子的相对旋转来压缩空气的。正因为需要通过曲轴转动的能量来压缩空气，机械增压会对发动机输出动力造成一定程度的损耗。

机械增压器的特性刚好与涡轮增压相反，由于机械增压器始终在"增压"，因此在发动机低转速时其转矩输出也十分出色。另外，由于空气压缩量完全是按照发动机转速线性上升的，整个发动机运转过程与自然吸气发动机极为相似，加速十分线性，没有涡轮增压发动机在涡轮介入那一刻的唐突，也没有涡轮增压发动机的低速迟滞。但由于高转速时机械增压器对发动机动力的损耗巨大，因此在高转速时其作用就不太明显。

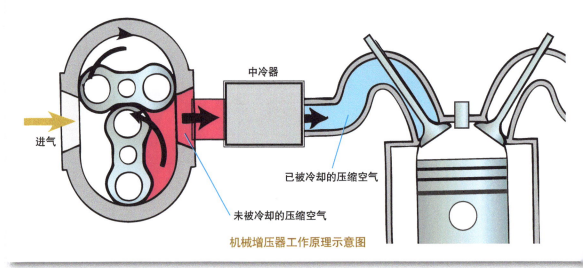

机械增压器工作原理示意图

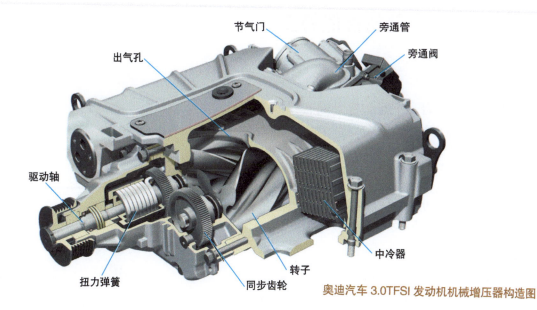

奥迪汽车 3.0TFSI 发动机机械增压器构造图

涡轮增压和机械增压有什么区别？

第一是结构原理不同。 涡轮增压是利用发动机排出废气的动力来推动涡轮转动，然后再带动空气压缩机将即将进入发动机气缸的空气进行压缩，从而提高发动机的进气量，达到提高发动机动力输出的目的。而机械增压就不同了，它的空气压缩机则是由发动机带动，然后也是对即将进入气缸的空气进行压缩，从而达到提高发动机动力输出的目的。

第二是起动时机不同。 涡轮增压器只有在发动机达到一定转速时才会起动，因为当发动机转速太低时，其废气的动力根本无法带动空气压缩机运转，也就无法让涡轮增压器工作。然而，由于机械增压器的空气压缩机是由发动机直接带动的，因此只要发动机运转，机械增压器就参与工作。

第三是对动力性能的影响不同。 由于上述原因，涡轮增压器对提高高速运转时的动力性能比较有利，在低速时它根本还没参与工作。而机械增压由于一直参与工作，因此它对低速运转时的动力输出比较有利，而在高速运转时由于其本身的能量消耗也加大，因此在高速运转时其效果比较微小。

第四是制造成本不同。 由于机械增压器一直处于工作状态，它对精密度的要求较高，对维修保养也要求较高，因此它的制造成本和使用费用稍高。

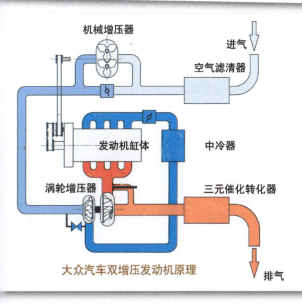

大众汽车双增压发动机原理

双增压发动机是什么？

涡轮增压与机械增压一直是汽车厂家所能接纳的主要增压方案，两者的优劣无法简单判断，前者的作用在中高速时明显，而后者在中低速时作用更大。那么何不将它们兼而济之呢？大众在 2005 年装备在高尔夫 GT 车上的 1.4 升 TSI 发动机就做出了这个惊人之举。这台双增压发动机在进气系统上安装一个机械增压器，而在排气系统上安装一个涡轮增压器，从而保证在低速、中速和高速时都能有较佳的增压效果。

在一台发动机上采用两个涡轮增压器，称为双涡轮增压发动机。

2.3 怎样看懂发动机性能特点？

1 马力是多少？
英制马力、米制马力、千瓦和瓦之间怎样换算？

马力是一个衡量功率大小的单位，它有英制马力（hp）和米制马力（ps）之分。米制马力比英制马力稍小。

1 米制马力（ps）=0.9863 英制马力（hp）

我们通常所说的马力一般是米制马力（ps）。
功率也可用千瓦（kW）表示，1米制马力 =0.7355 千瓦。
马力、瓦或千瓦都是表示发动机功率大小的单位。

1 马力 = 0.735 千瓦
1 千瓦 = 1.36 马力

1 米制马力（后简称马力）是指将 75 千克的重物在 1 秒内垂直提升 1 米，或者说将 4.5 吨的重物在 1 分钟内垂直提升 1 米的功率。

在生活中，我们常说 ×× 匹马力，而在书报刊中则可以将"匹"字省去。

1 马力是指将 75 千克的重物在 1 秒内垂直提升 1 米

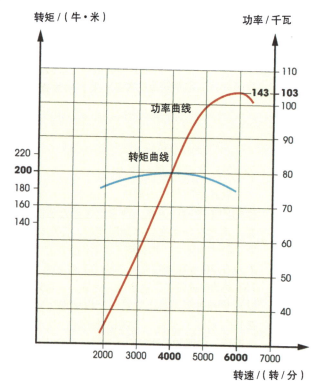

最大功率110千瓦/4500（转/分）是什么意思？

厂商在标注汽车发动机的性能时，通常要标出发动机的最大功率，如最大功率 110 千瓦/4500（转/分）。这里的"最大功率"是指发动机在 4500 转/分时功率达到最高，当发动机转速低于或高于 4500 转/分时都不是最大功率。因此，我们在开车时如果盲目地使劲踩加速踏板，并不能达到提高发动机功率的效果。

在标明最大功率时，一定要注明产生最大功率的转速，否则单说一台发动机的功率，并不能全面说明该发动机的工作特性，起码对汽车而言，单看功率数字是看不出什么的，300 马力（220 千瓦）可以是一辆超级跑车发出的功率，也可以是一辆货车发出的功率。

跑车发动机能轻松驱动大货车吗？为什么？

虽然跑车发动机的最大功率动辄五六百马力（1马力等于0.735千瓦），而大货车的最大功率才二三百马力，但跑车发动机也无法轻松驱动大货车。因为一台发动机能否"带"得动一辆汽车，不能看它的最大功率有多大，而主要应看发动机转矩够不够大，因为相比之下，货车自重和载重都非常大，在起步时需要非常高的转矩才能将其驱动。

虽然跑车发动机的功率都比较大，但其转矩却相对非常小。例如，兰博基尼Murcielago LP640跑车使用6.5升的V12发动机，最大功率可达到464千瓦，最大转矩更是高达660牛·米/6000（转/分），这在跑车中算是非常"嚣张"的了。而奔驰的Actros大货车的一款12升的V6发动机，最大功率虽然只有335千瓦，但最大转矩却高达难以置信的2200牛·米/1080（转/分）。如果用Murcielago LP640的发动机来驱动Actros，那么即使在起步时将发动机转速提升到6000转/分，达到其最大转矩660牛·米，也只能是与大货车发动机怠速时产生的转矩差不多，根本没有力量去"带"动货车那个"大家伙"。

拿跑车与大货车相比，就好比拿马和牛相比，马比牛跑得快，但牛比马更有劲。

有一个办法可以让跑车发动机带动大货车，那就是彻底改变变速系统，增加减速器，扩大总传动比，将跑车发动机输出的较高转速充分地降低，以适应大货车的低速驱动系统。然后深踩加速踏板，将发动机的转速提高到能输出足够转矩，只有这样或许能将大货车"带"动慢慢前进，但要跑起来也很困难。

上述内容中存在着一个发动机匹配的问题。就像搞对象要门当户对一样，什么用途的车就要配什么样的发动机。如果将200牛·米的跑车发动机与200牛·米的拖拉机发动机互换，那么跑车和拖拉机都要趴窝。因此，在评价发动机性能时，不要只看发动机的排量或最大功率、最大转矩什么的，还要看它的工作特性。

功率和转矩的数值大，就代表性能高吗？

功率和转矩是表明汽车发动机性能的主要指标，但我们千万不能被纯粹的数字所迷惑或误导。在比较发动机的性能时，不能只简单地比较大小，还要考虑到发动机的设计取向。

根据车型的不同性能取向，其发动机也要设计成不同的性能，是偏向高速性能，还是适合于日常市区行驶的低速特性，或以省油经济性为目标。若是偏重于高速性能的发动机，其最大转矩产生在较高的发动机转速；相对而言，若偏向日常市区行驶，则尽量在较低转速时产生最大转矩。如两辆同排量的轿车，甲车发动机的最大功率为 120 千瓦 /6500（转 / 分），最大转矩为 180 牛·米 /5000（转 / 分）；乙车最大功率为 110 千瓦 /5000（转 / 分），最大转矩为 190 牛·米 /3800（转 / 分）。相比之下，具有低速大转矩的乙车比甲车更适合在市区行驶。因此，从某种意义上讲，这两辆车的发动机不具有可比性，因为它们的设计取向不同。

在比较发动机最大功率和最大转矩时，一定要注意其产生"最大"时的发动机转速。否则，如单说一台发动机的最大功率为 200 千瓦，那可能是保时捷跑车发动机，也可能是一辆大货车的发动机。

转矩是怎么回事？
发动机的转矩是怎么来的？

发动机的转矩也称为扭矩，也就是我们中学物理学的"力矩"。用一根 1 米长的扳手去扭动一个螺母，如果你用 1 牛顿或 1 千克力的手力量去扭动，那么施加在螺母上的转矩就是"1 牛·米"或"1 千克力·米"。如果扳手长度增加 1 米，则施加在螺母上的转矩便会增加到"2 牛·米"或"2 千克力·米"。同理，如果增加手力量，也会增加转矩。无论两者谁增大，都会使最终的转矩增大，反之亦然。

燃料在发动机内膨胀燃烧产生热能，热能使气体膨胀转变为气体的压缩势能，膨胀气体推动活塞做功，使势能转变为直线运动的动能，连杆活塞推动曲轴旋转，把直线运动的动能转变成旋转动能，于是发动机的转矩通过飞轮、离合器、变速器将动力传递下去。所谓发动机的动力其实是源源不断的能量，其大小是转矩与转速的乘积。

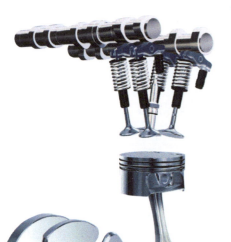

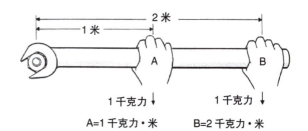

转矩影响汽车的什么性能？

发动机的转矩大小随着负荷（节气门开度）大小、（曲轴）转速高低等因素的不同而变化。即使节气门位置相同（比如说都是最大节气门开度位置），发动机输出转矩的大小也随转速的变化而不同，这就是厂家经常对外提供的发动机转矩特性。所以一般在说发动机的最大转矩时，都必须说明它当时的曲轴转速。比如奥迪A8的旗舰车型采用6升的V12发动机，其最大转矩为580牛·米/4000~4700（转/分），也就是说当发动机转速为4000转/分时发动机便达到最大转矩，超过4700转/分时，转矩便开始下降。

发动机的低转速区转矩的大小直接影响汽车的起步性能；中转速区的转矩值大小决定加速性能的好坏；高转速区应使转矩平缓并略有下降，以形成适度的转矩储备。汽车的最高车速并不直接由转矩值的大小来决定，而是由发动机的最大功率和整个传动系共同决定的。

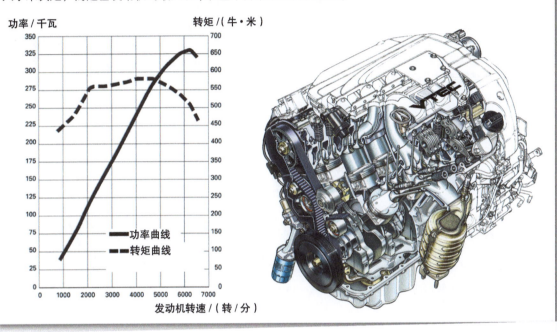

磅力·英尺、千克力·米、牛·米之间怎样换算？

这三者都是衡量转矩大小的单位，其中，lbf、kgf、N 分别表示"磅力""千克力""牛顿"，都是力的单位；ft、m 则分别代表"英尺""米"。

1kgf=2.2lbf，1m=3.28ft，

所以，**1kgf·m=7.22lbf·ft**

1kgf=9.8N，也就是1千克力=9.8牛顿，

因此，**1kgf·m=9.8N·m**

根据上面关系，1kgf·m=9.8N·m=7.22lbf·ft，

因此，**1N·m=0.74lbf·ft**

转速、功率、转矩之间是什么关系？

发动机的功率是指单位时间内发动机所做的功，单位是千瓦或马力。

发动机的转矩是指对应某一转速下发动机输出的转矩，单位是牛·米（N·m）。

发动机的转速一般是指发动机每分钟内的转数，一般写成 rpm 或 r/min（转/分）。

这三者之间关系是：**功率＝转矩 × 转速**

发动机在什么时候产生最大转矩？什么时候产生最大功率？
为什么最大转矩和最大功率不是在最高转速时产生？

发动机产生最大转矩的时机主要与发动机进气系统、供油系统和点火系统的设计有关。在某一转速下，这些系统的性能匹配达到最佳，就可产生最大转矩，我们称该发动机在这个转速下达到最大转矩。

发动机在不同的转速下，对应不同的转矩，将转矩和对应的转速相乘，可以找出最大功率点，同时该点对应的转速成为最大功率时的转速。下图所示为某发动机的功率、转矩、转速的对应关系图。从图中我们看到，发动机的最大转矩点和最大功率点不是在同一转速，更不是最高转速。

发动机在高速运转时，进、排气门的开启时间相对变短，进、排气受到影响，同时点火系统的闭合时间变短，点火能量相对变弱。这些都影响发动机的转矩和功率输出，所以当发动机转速达到最高时，转矩和功率都不是最大。

在节气门开度相同的情况下，随着发动机转速的变化，转矩和功率也发生变化，这就是厂家提供的发动机功率和转矩特性图。一般自然吸气发动机的最大转矩出现在 3000~4000 转/分的时候，然后下降；但由于"功率＝转矩×转速"，所以功率还会随着转速上升而继续上升，大约在 6000 转/分的时候达到最大值（如下左图）。然后由于机械能力所限，随着转速的上升而使能量损失增加，致使功率开始下降。因此，并不是最高转速时发动机的输出功率最大，这时你再怎么踩加速踏板，汽车也不会再增加速度。

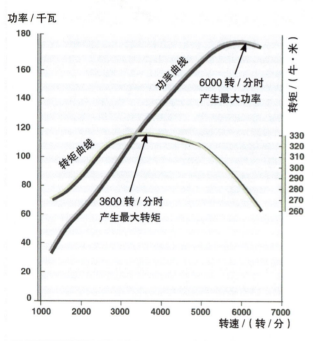

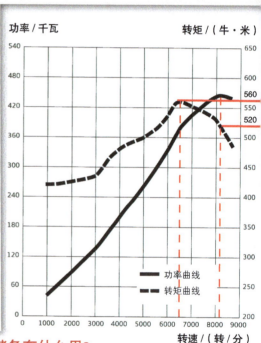

什么是转矩储备和功率储备？转矩储备和功率储备有什么用？

发动机的转矩储备是指发动机最大转矩与最大功率时的转矩之差。例如某一发动机的最大转矩是 560 牛·米/6500（转/分），最大功率时的转速是 8200 转/分，此时对应的转矩是 520 牛·米，那么它的转矩储备是 40 牛·米，如上右图所示。转矩储备主要是为了稳定发动机工作，并且避免突遇阻力时发动机失速（发动机转速急速下降或熄火）和因此引发的频繁换入低档等操作。

汽车的功率储备其实就是它的后备功率：当汽车在平直良好的路面上以较低的车速行驶时，节气门开度不是最大（称为部分负荷），假设此时的发动机功率为 P_1；如果接着一下子将节气门开到最大，也就是将加速踏板踩到底（全负荷）用来爬坡或加速，假设节气门最大时的功率为 P_2；则 P_2-P_1 这部分功率称为汽车的功率储备。

功率储备越大，则汽车动力性越好，能够爬更大的坡度和获得更大的加速度来超车。同一台发动机，一经生产并装上汽车，它的转矩储备便就确定，无法再更改；但是汽车的功率储备却可以通过装备不同的变速器来改变。通过改变主减速器的传动比来改变汽车的功率储备，这也是汽车传动系设计的最基本道理。

为什么同排量发动机的最大功率有差别?

发动机排量是最重要的结构参数之一,一般来讲,排量越大,其最大功率也越大。但排量与功率并非固定关联的关系,同样排量的发动机,其最大功率可以相差很大,主要原因有:

1) 与研发年代有关。如10年前2.0升排量的发动机比起当今新型2.0升发动机,其最大功率相差几十千瓦。

2) 与厂家技术水平有关。除了排量外,影响发动机最大功率的其他因素还有压缩比、配气机构、点火机构等,发动机性能是厂家动力技术水平的综合体现。

3) 与汽车用途有关。根据不同车辆的用途,设计师会为发动机设计不同的性能特点,有时为了取得较好的转矩或油耗表现,而会牺牲功率表现。

4) 与制造工艺和材料有关。不同厂家的制造水平会有差异,而且为了控制制造成本,也会在选材上有所差异,结果都会导致发动机的动力表现有所差异。

什么是发动机外特性曲线图?

发动机特性曲线图的横坐标为发动机的转速(转/分,r/min),纵坐标为发动机的功率和转矩。图中曲线为发动机在不同转速下功率和转矩数值变化的轨迹。

发动机全负荷时的特性曲线一般有两条,一条为功率曲线,另一条为转矩曲线。这一组曲线又称发动机的外特性曲线。

功率曲线比较陡峭,这表示发动机功率随着转速的提高而急剧上升,其峰顶对应的功率数值即发动机技术参数中标注的"最大功率"。最大功率越大,汽车可能达到的最高车速也越高。

转矩曲线的两端比较低,中间凸起,并比较平缓。实际上,中间凸起部分越高越平缓,表示发动机的转矩特性越好,这种发动机的操纵性越好,汽车越好驾驭。如果在低速时便拥有较大的转矩,表明汽车的起步性能好;如果在中高速时才拥有较大转矩,那它可能是一台高速性能的发动机,在高速行驶时特性较佳。

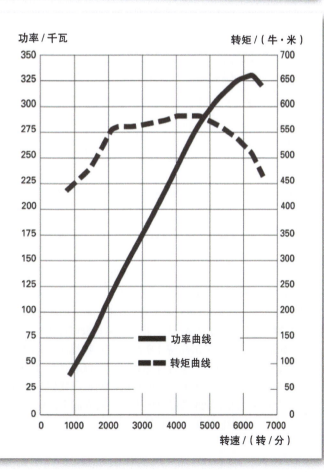

为什么用外特性曲线图来描述发动机的特性？
怎样从外特性曲线图看懂一台发动机的特性？

功率和转矩是谈论发动机性能时最常提到的术语。若过分强调功率或转矩的最大输出值就会显得以偏概全了。因为在日常行驶中，发动机运转范围相当大，自怠速800转/分左右的转速，可以上升到6000~7000转/分，不能仅局限于最大功率和最大转矩"那一点"上。所以，一台发动机的输出特性，须从其功率、转矩与转速关系的外特性曲线图上，才能了解发动机的性能特色是否符合需求：是着重在日常市区行驶的低速大转矩反应，还是飙车族偏爱的高转速大转矩的高速疾驰。

发动机很难成为一个"全才"——在低、中、高速时都具有很好的转矩响应，不仅有劲，而且跑得快，又当牛使，又当马骑，设计发动机时只能有所侧重。

但随着汽车技术的进步，一些高性能跑车和高档轿车，在电子技术的支持下，可以让发动机一些原来不变的参数（如气门正时、气门升程、进气管长度、凸轮轴等）随发动机转速变化而变化，使发动机在不同转速下都能保持最佳状态。这些正是高级发动机的高明之处，也是各厂家技术竞争的关键。

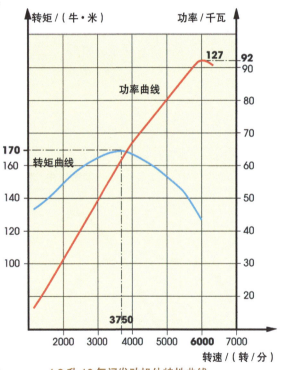

1.8升16气门发动机外特性曲线

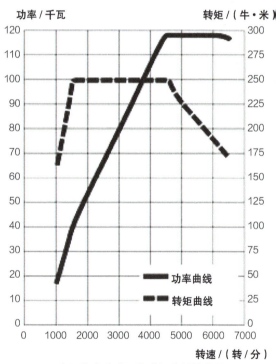

1.8升缸内直喷增压发动机外特性曲线

如上左图所示是某品牌1.8升16气门发动机的外特性曲线图。从图中可看出，此发动机在6000转/分发动机达到最大功率92千瓦（约127马力），超过这个转速时发动机的功率开始下降。此发动机在转速达到3750转/分时转矩输出达到最大的170牛·米。而在经常使用的2000转/分时转矩只有150牛·米。由此分析，此发动机更适合高速公路行驶，而在市区行驶时起步能力不是很有优势。

如上右图所示是某品牌1.8升缸内直喷增压发动机的特性曲线图。从图中可看出，这是一款"全能"式的发动机，转矩曲线接近理想状态，从低转速的1500转/分到高转速的4500转/分，发动机的转矩一直保持最高值250牛·米。这个转速区间正是我们日常在市区行驶时常用的转速，因此装配此发动机的汽车，其起步性能和加速性能应该不错，驾驭起来应比较顺手。此发动机的功率峰值高达118千瓦（160马力），并且出现在4500~6200转/分区间，这也是比较少见的特性，可以使汽车很容易达到最高车速。

设计师怎样调整发动机的转矩输出曲线？
为什么一些发动机有低功率版和高功率版？

发动机转矩输出曲线除了与发动机基本结构有一定关系外，影响最大的就是其性能调校。同样一台 2.0 升直列 4 缸自然吸气发动机，既可以把转矩曲线调校得像一堵墙一样十分平直，最大转矩所处的转速范围十分宽广，也可以把转矩曲线调校得像一座山峰一样十分陡峭，最大转矩近似处于某一点的转速。

原因很简单，在转速一定的情况下，发动机的转矩输出与此时的工作效率和燃料供给量相关。发动机外特性曲线都是在节气门全开（加速踏板踩到底）的情况下测得的，燃料供给量相对固定，影响转矩曲线的主要因素就是发动机的工作效率。而在不同转速情况下，发动机的工作效率与进气截面积、进气管长度、配气正时、气门行程等参数息息相关。如果为了追求最大的转矩数字，在调校匹配发动机的时候，可以把这些参数都按照一个固定的转速去优化。

如下左图是某品牌 1.8 升发动机，最大转矩出现在 4300 转/分，最大转矩为 174 牛·米，它的进排气系统、点火、配气等机构完全针对 4300 转/分这个转速进行最大工作效率的优化。这样设计的好处，是能够让发动机在排量不变的情况下，最大功率和最大转矩数值都显得十分突出，缺点是必须拉高转速激烈驾驶才能获得最大转矩，日常驾驶的动力性并不好，但很省油。

另一种调节相对比较均衡，如下右图所示。它把配气机构、进排气机构等都按照不同的转速段进行优化，在各个转速情况下都有一项机构处于效率最高的工作状态，最大转矩曲线就相对较为平直。这样做的好处是在较大的转速范围内都能获得最大转矩，无论是高转速还是低转速，动力性都非常出色。但是理论上，最大转矩肯定没有前者那么高，而且由于低速的时候最大转矩就已经出现，发动机此时的功耗很高，换句话说，即便是普通的日常驾驶，油耗也会偏高。

既然发动机的外特性曲线可以调节，那么就可以根据汽车的定位来调节出不同功率版本的发动机来。如追求动力性的车型，可以采用高功率版本的发动机；而更重视燃油经济性的车型，则可以采用低功率版本的发动机。

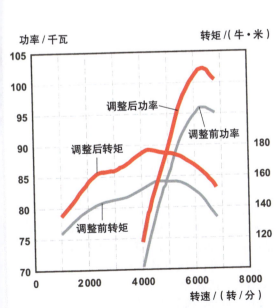

某品牌 1.8 升发动机调整前后的外特性曲线

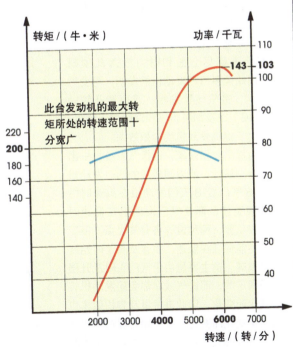

为什么涡轮增压发动机能持续输出最大转矩？

右图是奥迪 TT 上装配的 2.0TFSI 发动机的外特性曲线，由于怠速至 1800 转/分左右时发动机排气能量太低，不足以推动废气涡轮，所以此时涡轮没有介入工作，或者说涡轮增压器没有参与工作，此时发动机和自然吸气发动机没什么区别，因此转矩曲线随着转速的上升而上升。

在 1800~5000 转/分之间，涡轮增压器开始起动，并强制为发动机进气，使发动机达到最佳工作状态并输出最大转矩，而且转矩输出均匀、稳定，一直维持在最大转矩 280 牛·米，输出功率也线性增大。当发动机转速达到 5000 转/分时，输出功率攀升到最大。为了防止发动机过载，此时涡轮增压器被断开，所以转矩输出迅速下降，但由于转速仍在上升，从而仍可保持最大功率输出。

什么是发动机的容积效率？
怎样提高发动机的容积效率？

容积效率是指进气时，实际进入气缸的混合气量和理论上的气缸容量之比。相同排气量的两个厂家的发动机，在动力性能上会有差异，而影响此差异的重要因素，就是容积效率。容积效率越高，发动机的动力输出性能越好。

为了增大容积效率，世界各大汽车厂家无不竭尽心血和财力投入此项研究。因此像多气门发动机的发明、可变气门技术、进气歧管加粗、双顶置凸轮轴（DOHC）以及加装机械和涡轮增压器等，都是为了提高发动机的容积效率。

为提高容积效率，进排气系统衍生出若干特别设计，所以同排量的四缸发动机中，16 气门较 8 气门发动机在高速时性能表现更佳，而 8 气门发动机在低速时表现较从容，两种设计各有其优点。但二者均不能保证在低速、中速及高速时始终表现卓越。这主要是由于气门正时及升程都是固定的，而进气效率都会随发动机转速变化而变化，因此进气量及容积效率也随转速变化而变化，无法始终保持理想状态。多种形式的可变气门技术，正是为解决此问题而发明的。它们可以灵活调节气门正时或升程，从而提高容积效率。

2.0T 发动机与 2.5 升自然吸气发动机相当吗？
怎样衡量发动机的性能？

如果仅从最大功率上看，2.0T 发动机确实与 2.5 升自然吸气发动机的指标相差不多，而且油耗指标上也基本相当，但也仅此而已。在其他方面还是存在明显差别的，如转矩输出特性方面，带"T"的发动机，也就是涡轮增压发动机的最大优势是转矩输出特性非常好，在较低转速，如不到 2000 转/分时即可达到最大转矩输出，而且可以一直持续到 4500 转/分左右。而自然吸气发动机往往只有过了 3500 转/分时才会迎来最大转矩输出。

简单地从功率数据上衡量发动机的性能是很不科学的。衡量现代发动机性能时主要考虑以下几点：

1）燃油经济性，也就是能否省油。
2）环保性，能达到什么排放标准。
3）噪声、振动，关系行驶舒适性。
4）功率、转矩输出特性曲线，直接关系汽车的动力性能。
5）重量、体积、可靠性等。

什么是升功率？
为什么升功率会影响发动机的性能？
怎样提高发动机的升功率？

"升功率"是指每升排量所输出的功率。比如，一台 2.0 升排量的发动机，其最大功率是 120 千瓦，那么它的升功率就是 60 千瓦/升。

升功率表示单位气缸工作容积的利用率。升功率越大，表示单位气缸工作容积所发出的功率越大。那么，当发动机最大功率一定时，升功率越大的发动机，相对而言发动机的体积和重量就越小，材料也就越省。升功率的高低反映出发动机设计与制造的技术水平和工艺质量。提高升功率的措施主要有：

1）提高充气效率。燃料燃烧需要空气，燃料与空气比较，后者更难充入气缸，所以就要改善换气条件，减小进气阻力，增大气门通道截面积，有些发动机就采用每缸 4 气门形式。当多气门结构布置困难时，首先要满足进气门的需要，不管气门布置形式怎样，都是进气门的直径和数量等于或者大于排气门。

2）改善混合气质量和燃烧过程。采用电控燃油喷射系统，使所有工况下混合气的质量尽可能达到最佳，空气与燃油的混合地点从节气门处移至喷油器处，燃油直接与吸入的空气混合，从本质上改善了混合气的均匀性。

3）提高发动机机械效率，增加有效功的输出，减少机械损失，主要是减少零件之间的摩擦。这涉及零件加工的精度、表面加工质量、润滑质量、温度控制及减少附件等。

气门数越多越好吗？
为什么普遍采用每缸 4 气门设计？

多气门发动机具有高转速、高效率的优点。由于气门多，高转速时进、排气效果比 2 气门要好得多，且火花塞放在中央可提高压缩比，因此性能好。但多气门设计较复杂，气门驱动方式、燃烧室构造及火花塞位置都要精密安排，而且制造成本高，工艺要求先进，维修也较困难。因此，并不是气门数越多就一定越好，要具体情况具体分析。近年来，世界各大汽车公司新开发的轿车大多采用 4 气门结构，每个气缸各有 2 个进气门和 2 个排气门。每缸 4 气门设计可以兼顾发动机在低速和高速时的性能，因此现在 4 气门结构基本已成各汽车制造商的共识。

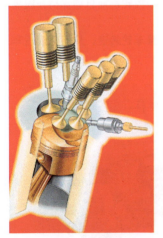

每缸 5 气门

每缸 3 气门

2.4 为什么燃油汽车离不开变速器？

为什么燃油汽车需用变速器？

汽车从静止开始起步时需要非常大的转矩，但起步时发动机的转速较低，功率输出也较低，输出的转矩非常有限，不足以驱动汽车起步。根据公式"功率 = 转速 × 转矩"，在功率一定的情况下，转速与转矩成反比。利用变速器，当在低档位时可以将变速器的输出转速降低，从而提高输出转矩，驱动汽车顺利起步或爬坡。当需要提高汽车速度时，将档位切换到高档位，将变速器的输出转速提高，从而提升汽车速度。虽然高档位时变速器的输出转矩较小，但此时汽车已不再需要较大转矩，正好满足汽车的行驶需求。

如果没有变速器，汽车只能以一种速度、一种转矩前进，不能顺利起步和上坡，也不能高速飞驰。

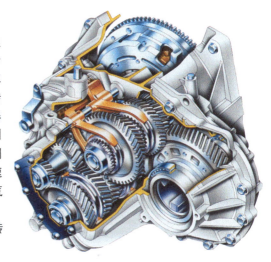

变速器的主要功能是什么？

燃油汽车的变速器具备以下的主要功能：

1）**减速和变速**。变速器的首要功能就是改变传动比，扩大驱动轮转矩和转速的变化范围，以适应经常变化的行驶条件，达到减速和变速的目的，同时使发动机在有利（功率较高而油耗较低）的工况下工作。

2）**汽车倒驶**。在某些情况下，汽车需要倒向行驶。然而，活塞式内燃机是不能反向旋转的，故与内燃机协同工作的传动系必须保证在发动机旋转方向不变的情况下，能够使驱动轮反向旋转。一般结构措施是在变速器内加设倒档（具有中间齿轮的减速齿轮副）。

3）**必要时中断传动**。在汽车长时间停驻时，以及在发动机不停止运转情况下，使汽车暂时停驻，传动系应能较长时间中断传动状态。为此，变速器应设有空档，即所有各档齿轮都能自动保持在脱离传动位置的档位。

总之，变速器可以根据工况不断调整由发动机传递到车轮的转矩并调整车轮转速，从而保证汽车在不同使用条件下都能正常行驶。

汽车变速器有哪些类型？它们的构造各有什么特点？

1）按照传动比方式，可分为有级变速器、无级变速器（CVT）。

2）按照操纵方式，可分为手动变速器（MT）、自动变速器（AT，含手自一体变速器、无级变速器、双离合变速器、自动离合变速器等）。

3）按照离合器控制形式，可分为自动离合变速器（AMT）、双离合变速器（DSG/DCT）等。

变速器	换档操作方式	动力传递方式	变速方式	传动比
手动变速器（MT）	手动	全机械	齿轮	有级
自动变速器（AT）	自动	有液力	行星齿轮	有级
手自一体变速器（AT）	自动/手动	有液力	行星齿轮	有级
无级变速器（CVT）	自动/手动	有液力	钢带+滑轮	无级
自动离合变速器（AMT）	自动/手动	全机械	齿轮	有级
双离合变速器（DSG）	自动/手动	全机械	齿轮	有级

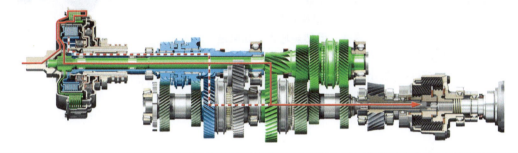

什么是变速器的传动比？
为什么传动比都不是整数？

对汽车来说，传动比、减速比都是一个意思，也就是变速机构的输入转速与输出转速之比。其实在转速改变的同时，转矩也成反比例地发生了变化，因为功率的大小就是转矩与转速的乘积，而传递的功率都是一定的。例如发动机的输出转矩150牛·米时转速为2600转/分，经过变速器后传递到传动轴时，转速降到了1300转/分，那么传动轴上的转矩也变成了300牛·米。

一般的传动比是指变速器的减速比（如果是超速档的话就是"超速比"了）。手动变速器、自动变速器和双离合变速器都是使用齿轮组合变速，因此只要数一数主动齿轮和被动齿轮的齿数，就能算出传动比：传动比=被动齿轮齿数/主动齿轮齿数。如果是多个变速齿轮副串联起来的话，整个系统的传动比就是所有齿轮副传动比的乘积。无级变速器使用滑轮变速，它的传动比是被动滑轮与主动滑轮的直径之比。

传动比一般不是整数，而是带小数点的，这是因为啮合齿轮的齿数不是整倍数。如果主动和被动齿轮的齿数是整倍数，就会导致齿轮啮合面磨损不均匀，使得轮齿表面质量产生较大的差异。

变速器各档位传动比值示例			
档位	4速变速器	5速变速器	6速变速器
第1档	2.92	3.42	4.15
第2档	1.56	2.21	2.33
第3档	1.00	1.60	1.53
第4档	0.71	1.00	1.15
第5档	—	0.75	1.00
第6档	—	—	0.79
倒 档	2.38	3.02	3.67

为什么变速器中要使用很多齿轮？
为什么变速器能变换转矩和转速？

一对相互啮合的齿轮，直径较小的齿轮以较小的力旋转，那么在较大齿轮上就会获得更大的力，但作为获得较大力的代价，大齿轮的转速则会相应降低。或者说，相互啮合的一对齿轮，直径越大或齿数越多的齿轮，它的转速越低，转矩越大；反之，转速越高，则转矩越小。

利用齿轮变换转矩和转速的原理，可以用很小的力来提升很重的物体，甚至，一只小老鼠通过一个设计合理的齿轮组合就能将一头牛提起来。

汽车变速器就是根据齿轮啮合原理设计的。当驾驶汽车上桥或爬坡时，如果感觉汽车动力不足，我们就会降低档位，实际上是更换传动比更大的齿轮组合，也就是换直径较小的主动齿轮和直径较大的被动齿轮组合。根据齿轮啮合原理，此时变速器输出的转速就会相对降低，但转矩增大；如果是升档，实际上是换直径较大的主动齿轮和直径较小的被动齿轮的齿轮组合，此时变速器输出的转速就会提高，但转矩会相应减小。

在齿轮组合传动中，传动比越大，其输出的转速越小，但其输出的转矩却越大。利用这个原理，可以想象，如果齿轮组合的传动比足够大，那么一只老鼠也可以提起一头牛。

齿轮放大转矩原理示意图

量产车上变速器档位数最多是多少？
变速器档位数越多越好吗？

除了无级变速器外，其他的手动和自动变速器的档位数量都是有限的。目前在量产轿车上采用最高10档变速器，也就是10个前进档，主要应用在通用、福特、雷克萨斯和本田的车型上。

档位数量的多少，对汽车的动力性能表现、舒适性、油耗等都有影响。从发动机曲轴输出的动力，经离合器后，直接输入到变速器的输入端。此时转速较高，而转矩较小，不能直接驱动车轮，必须要经过一系列降低转速，同时增大转矩，才能推动车轮前进。变速器的作用其实就是把发动机输出的高转速降下来。

在变速器内部有多个齿轮副，每个齿轮副就是一个档位，换档就是换用不同的齿轮副。如果齿轮副的数量较多，或者说档位数较多，那么在总传动比不变的情况下，就可以有条件将每个齿轮副的传动比设定得更加接近，这样在换档前和换档后的传动状况"变化"较小，不仅可以更加及时地换档，而且还可以使换档更加顺畅，换档冲击感较小，驾乘舒适性增强。由于有更多更合理的档位适应行驶条件，因此可以使汽车的行驶状态更加"平顺""和谐"，从而还可以降低燃油消耗，减少机械磨损。

档位数量对动力性能影响也较大。首先，如果档位数较多，便可以使它的1档拥有较大的传动比，这样可以使1档起步时输出较大的转矩；其次，如果它的档位数较多，那么，在加速时它的换档反应就会更及时和迅速，可以使汽车的动力发挥到较佳状态。

2.5 手动变速器是怎样工作的？

为什么说离合器像是"动力开关"？

发动机只要在运转，就有动力输出。但有时汽车并不需要动力，如在停车时，甚至在滑行时也不需要动力，但行驶中又不能将发动机熄火，因此汽车上必须有一个"动力开关"，这就是离合器。

离合器的作用是将发动机与变速器之间的动力断开或连接。但是，为了让动力平顺地传递到变速器，离合器必须采用摩擦、液力方式进行接触，而不能采用刚性连接，因此出现了手动变速汽车上的摩擦离合器和自动变速器车上的液力变矩器。

当没有踩下离合器踏板时，飞轮上的摩擦片与压盘接合，传递发动机动力；当踩下离合器踏板时，主油缸的压力推动分离叉挤压膜片弹簧，使压盘与飞轮上的摩擦片分离，动力传递中断。

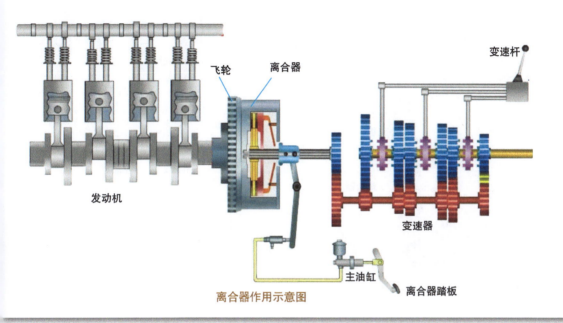

离合器作用示意图

手动变速器是如何变速的？它有什么弱点？

顾名思义，所谓的手动变速器（Manual Transmission，简称MT），就是必须用手拨动变速杆（俗称档把）才能改变传动比的变速器。手动变速在换档时必须踩下离合器踏板，方可拨得动变速杆。

手动变速器的原理就是换不同大小的变速齿轮，当降档时，实际上是将主动齿轮换成更小的齿轮，而被动齿轮切换成更大的齿轮。根据杠杆原理，此时变速器输出的转速就会相对降低，但输出转矩增大；反之，如果是升档，则将主动齿轮换成更大的齿轮，而被动齿轮切换为更小的齿轮，此时变速器输出的转速就会提高，但输出转矩会减小。

手动变速器通常带同步器，换档方便，动力传递直接，动力响应迅速，比较省油，噪声也小。最常见的手动变速器多为5档位（5个前进档、1个倒档），运动型轿车常用6档位变速器。手动变速器的弱点是换档比较麻烦，手脚并用，容易产生驾驶疲劳。

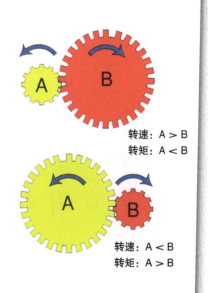

离合器包括哪些基本部件？

典型的离合器包含飞轮、离合器片、压盘三个基本要件。飞轮和压盘作为主动件，和发动机的曲轴连接并随之旋转，离合器片为被动件，将发动机动力传至离合器轴。其他部分有离合器盖板、弹簧、分离杠杆、分离轴承等。

离合器是如何动作的？

踩下离合器踏板：此时的分离叉会推动分离轴承去压分离杠杆，分离杠杆会将压盘往后拉，使飞轮、离合器片、压盘三者分开。此时没有动力传输，离合器片可自由在轴上移动。

抬起离合器踏板：由于分离杠杆没有受到任何的推力，弹簧的弹力使压盘向飞轮的方向推，让飞轮、离合器片、压盘紧压在一起，此时的动力经由飞轮、压盘→离合器片→离合器片毂→离合器轴→变速器。

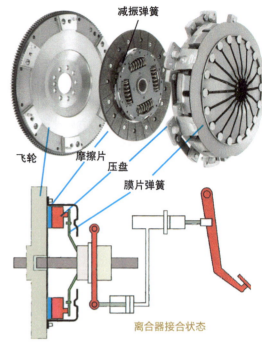

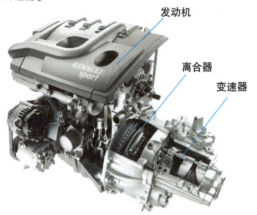

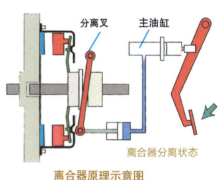

离合器原理示意图

手动档的具体换档过程是怎样的？

当离合器接合时，不管是在空档或任何档位上，变速器中每个档位的主动齿轮，以及每个档位的从动齿轮，它们始终啮合在一起并按照各自的转速不停地旋转。但在空档时各个档位的所有从动齿轮并没有和输出轴连接，此时输出轴是静止不转的。

当挂上某个前进档位时，实际上是将此档位的从动齿轮通过同步器（或称犬牙啮合套）和输出轴接合起来共同旋转，这样就可以将从发动机传来的动力经变速器后传递出去。

当变换档位时，必须将输出轴与原来档位的从动齿轮分离（也就是摘档），然后换成与新档位的从动齿轮接合并共同旋转。这样从发动机传来的动力便会以不同的传动比传递出去。

倒档的主动齿轮和从动齿轮之间又"夹"了一个中间齿轮，这样就可使输出轴的旋转方向与其他档位相反。

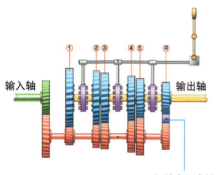

为什么变速器上要配同步器？

由于变速器输入轴与输出轴以各自的速度旋转，变换档位时会存在不同步的问题。两个旋转速度不一样的齿轮强行啮合必然会发生冲击碰撞，损坏齿轮，甚至挂不上档位。因此，旧式变速器要采用"两脚离合"的方式进行换档操作。现在的变速器则通过同步器，利用摩擦力强制将要啮合的齿轮达到一致的转速，然后再顺利啮合。

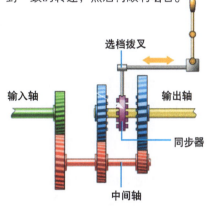

为什么手动变速器升档容易、降档难？

开手动档汽车的朋友也许知道，汽车正常行驶时，升档操作容易而降档相对困难。这是由同步变速工作原理决定的，而不是汽车或者变速器出了问题。升高档位时，为了更平顺地换档，要求发动机转速下降，而换档时事先松开加速踏板，发动机转速正好处于下降状态，此时同步器受到的摩擦力矩较小，同步时间快，因此挂档阻力较小。

反之，降低档位时，为了更平顺地换档，要求发动机尽量提高转速，但此时松开加速踏板，使发动机的转速下降，导致同步器受到的摩擦力矩较大，同步时间长，因此降档时的阻力较大。为此，有些载货车驾驶人在减档时，特意踩一下加速踏板，使发动机的转速稍微提升，以达到更快捷平顺降档的目的。

6速手动档的布局特别像是"手"字

为什么手动档车起动时要踩下离合器踏板？

这是因为手动档车在空档时和踩下离合器踏板时的状态并不完全等同。

在空档时，相互常啮合在一起的主动齿轮、被动齿轮都在转动，可以说几乎所有的变速齿轮都在随着发动机的运转而转动，只是没有同步器工作，没有动力传递到输出轴上。

当踩下离合器踏板时，发动机与变速器分开，变速器中所有齿轮都不转动，因此发动机完全没有负荷，这时起动汽车时起动机的负担就会很小。这样不仅延长起动机的寿命，而且电池的电量也不需要太大，还能省电。尤其是冬天早晨着车时，机油变得很黏，齿轮转动起来就会受到比较大的阻力，如果着车时踩下离合器踏板，没有变速器中齿轮组合的拖累，就比较容易将车辆起动。

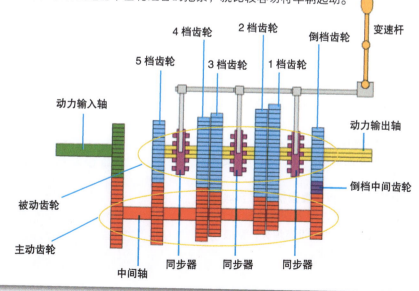

为什么一些汽车要按下变速杆后才能挂入倒档？

在驾驶手动档车时，如果汽车以较高车速行驶时突然误挂入倒档，将可能损坏变速器甚至发动机等。为了防止此类误操作的发生，一些汽车必须往下按变速杆才能挂入倒档，而一些则要提起变速杆下端的卡扣才可换入倒档。

为什么一些汽车的倒档不好挂？

为了节省成本，许多经济型轿车上没装倒档同步器，因此在挂倒档时有时会觉得难以挂入。此时不要着急，不能硬挂，可想办法让车稍微动一下，比如往前开一点，然后再挂倒档。

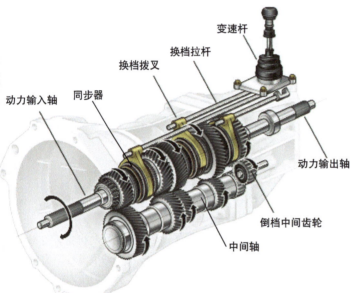

驾驶手动档车要注意什么？

1）换档时离合器踏板一定要完全踩到底。

2）当因红灯或其他原因停在上坡时，尽量不要以半踩住离合器踏板、半踩加速踏板的方法使车辆不致后退，这样做会使发动机及变速器受到磨损。在坡上停车时应用制动系统将车辆停住，不要利用发动机的力量拖住车辆防止向后倒滑。

3）不要长时间将脚放在离合器踏板上开车，因为这样也会加速离合器摩擦片的磨损，造成离合器损坏。

4）必须暂时停车一段时间时，应换到空档，或将发动机熄火。

5）当发动机或传动系声音出现异常时，说明你的档位选择不合适。

怎样检查离合器是否打滑？

手动变速器汽车的常见故障就是离合器打滑。可采用下面办法检查：

1）首先起动发动机，换入2档。

2）用力拉紧驻车制动器手柄（手刹），使其制动力达到最大。

3）轻轻地踏加速踏板，缓慢松开离合器踏板。此时如果发动机熄火，则表明离合器正常。如果在抬离合器踏板时发动机没有熄火，则表明离合器片打滑，需要调整维修。

2.6 自动变速器是怎样变速的？

自动变速器有哪些主要结构？

现在的自动变速器一般都是液力变矩器式自动变速器，它主要由两大部分组成：

一是和发动机飞轮连接的液力变矩器，它和手动变速器车上的离合器位置差不多，其作用也和离合器差不多，它负责将发动机输出的动力传递给后面的变速机构。

二是紧跟在液力变矩器后面的变速机构，它由多片离合器、控制机构和行星齿轮组成。控制机构根据设计师们的设定，可以根据行驶情况对多片离合器发出指令，驱动各档位上多片离合器进行接合或分离，从而控制多组行星齿轮组合使之工作，输出不同的转速与转矩。

控制机构又有液压阀和电磁阀之分，分别称为液压自动变速器和电控式自动变速器；如果变速机构不是采用行星齿轮，而是采用钢带和滑轮，那就是无级变速器了。

为什么自动变速器能自动变速？

自动变速器中有许多套离合器片，几乎每个档位都有一套离合器片，而这些离合器受控制机构的控制，与多套行星变速齿轮组合进行接合或分离，从而切换不同传动比的行星变速齿轮组合参与传动，最终实现变速。

自动变速器中的控制机构基本都是液压式的，其中设计了许多阀门，当油压升高后会自动顶开一些阀门，然后这些油液就会驱动离合器片动作，接合或分离变速齿轮组合。设计师将车速、节气门开度等各种信息作为控制油压升高或降低的输入信号，当车速、节气门开度变化时，它便会自动切换不同传动比的变速齿轮组合参与工作。

现在自动变速器采用电磁阀代替复杂的液压阀，可以利用车速、节气门开度等信息来直接控制多片离合器动作，从而实现自动变速。

值得一提的是，自动变速器中的齿轮和手动变速器中的齿轮大相径庭，它们采用行星齿轮组合，利用控制某个行星齿轮的转动就可实现不同的转速输出。

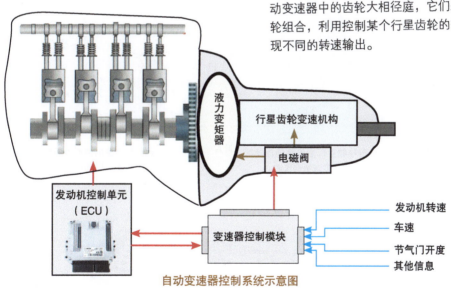

自动变速器控制系统示意图

自动变速器与手动变速器哪个更容易损坏？

这两种变速器技术都已经非常成熟，它们出问题的可能性大小只与制造质量水平有关，与什么变速形式没有太大关系。

由于自动变速器比手动变速器结构复杂得多，因此在维修方便性和维修费用方面，手动档更有优势。

自动变速器中有众多离合器，或者说每一个档位就至少有一个离合器，它存在于自动变速器之中。相对来讲，手动档只用一个离合器，因此它的磨损会更大些，更容易损坏。

液力变矩器是怎样工作的？

　　液力变矩器的构造与原理类似两个对吹的电风扇，当一个电扇通电旋转后，另一个电扇也会被吹得跟着旋转。对吹电扇传递动力的介质是空气，而液力变矩器传递动力的介质是油液。通过控制油液的流动状态，就可以控制动力和转速输出的大小。

　　液力变矩器主要由三个"轮"构成：泵轮、导轮和涡轮。在三个轮之间充满了液压油。泵轮与发动机曲轴相连，当发动机旋转时，泵轮便会跟着旋转，并搅动液压油，将其"甩向"与后面变速机构相连的涡轮，使涡轮旋转，从而将动力传向后面的变速机构，最终传递到车轮。固定不动的导轮的作用则是增大传递转矩。

　　由于液力变矩器采用油液传递动力，当踩下制动踏板时，来自车轮的拖动力不会回传到发动机，因此不会导致发动机熄火，此时相当于离合器分离；当抬起制动踏板时，汽车又可以起步，此时相当于离合器接合。

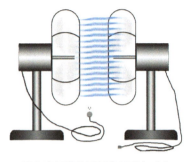

液力变矩器的原理类似两个对吹的电风扇，它们通过介质（空气）可以传递动力

液力变矩器构造示意图

- 变速器油，它是液力变矩器中传递动力的介质
- 液力变矩器外壳
- 导轮固定不动，它的作用是调节液压油的流向，并给液压油一个反作用力，进一步推动涡轮旋转，增大转矩
- 泵轮与发动机飞轮相连接受动力。它的作用是搅动液压油，使液压油产生旋流
- 动力输出轴
- 动力输入
- 发动机飞轮
- 涡轮负责接收液压油传来的流动能量，并向后面的变速机构传递
- 叶片
- 因旋转产生的离心力而形成的油液流通方向

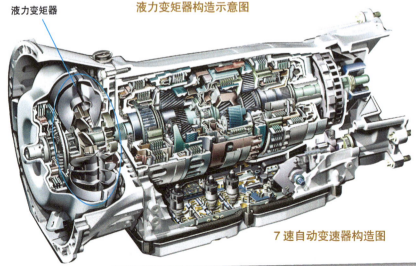

液力变矩器

7速自动变速器构造图

自动档车有什么优缺点？

优点和缺点都是相对的，因此自动档的优点就是手动档的缺点，自动档的缺点就是手动档的优点。

自动档的优点（反之就是手动档的缺点）：

1）省事省力，减少驾车疲劳，堵车时此优点更明显，在立交桥上坡堵车时此优点最明显。

2）舒适性高，换档相对较为平顺。

3）简单易学，驾驶技术容易掌握。

自动档的缺点（反之就是手动档的优点）：

1）价格高，一般要高出万元。

2）维修复杂，费用高。

3）缺乏驾驶乐趣。

4）油耗高。

5）不能让驱动轮着地拖车。

6）电池没电时不能推着。

7）起步反应慢，所有自动档车或多或少都有个迟滞起步反应。

8）超车加速有时不跟劲，它要按照自己的程序来换档，有迟滞现象。

为什么有的自动档车上还有1、2、3档？

自动变速器上的数字档位或"L"（低速）档位，主要是为了限制换档操作，充分利用发动机制动，同时还可减少换档频率，减少变速器磨损。

1档：与手动档车的1档相同，可使变速器输出最大转矩，爬陡坡时可用此位。

2档：只能在1～2档间更换，可使变速器总维持在较大转矩输出，同时又有一定的车速，在下坡时挂此位还可使发动机拥有较大的制动力。在山路行驶时可使用此位。

3档：只能在1～3档间更换。

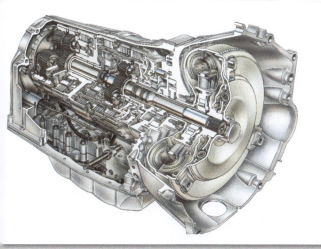

为什么自动档车要比手动档车贵？

1）自动档技术含量较高。相对手动档而言，自动档包含有更多的先进技术和专利，至今我国都不能算是完全掌握自动变速器的核心技术。手动变速器技术相对比较简单，已不存在技术保密问题。

2）自动变速器对制造工艺要求较高，制造成本较高。许多国外品牌的发动机在中国都已国产化甚至返销海外，但目前我国还很少有完全国产化的自动变速器，甚至散件组装都不多。

为什么说手动模式是"假手动"?

与手动变速器由不同的齿轮组合产生变速变矩作用相比,自动变速器在结构和使用上有很大的不同。除了保留手动变速器的齿轮传动部分以外,还增加了液压单元和电控单元。电控单元用来采集相关数据,如转速、车速等,进行逻辑判断,并将最终结果传输给液压单元的部件。液压单元收到指令后,即可通过液体压力调整齿轮传动比,从而达到换档目的。简单地说,就是原来应该由驾驶人做的判断、分析、换档工作,现在由电脑和液压来完成了。

手自一体式变速器中的手动档模式,严格说来只是一种"假手动",它只是在自动变速器上增设一个手动加减档传感器,但实际换档条件仍然要符合电控单元采集到的信息,否则不论你怎么推拉变速杆,变速器都不会理睬你,而这样做只会造成传感器的损耗。也就是说,如不符合电脑设定的条件,你再怎么推拉也不会换档,但你不推拉,倒有可能它会自动换档。这都是为了保护机器而设计的。

怎样操作手自一体变速器的手动模式?

手自一体变速器在手动模式上有"+""-"标记,即加减档之意。不同的车,有的是上推是加档,后拉是减档,有的则相反。还有的手动模式是左右推拉来加减档。

你可以一直使用手动模式,也可以从不用它。使用手动模式的主要目的还是想改善其动力特性,以使其档位更适合或者换档更迅速。根据个人经验,当急需减档而电脑反应较慢时,你可以用手动模式实现迅速减档,如突然上坡时、想快速出弯时,都可使用手动模式提前降档。驾驶技术好者如使用手动模式则会以更快的速度过弯或上坡。当然,如果你的驾驶技术不熟练,或对那款车不熟悉,可能你的换档技术还不如电脑的换档技术好,则会起到相反的效果。

N位在什么情况下使用?

N位的作用,形象来说就是让动力与车轮脱开。汽车在正常行驶时,动力通过变速器、传动系统传递到车轮上,驱动汽车前进。这时动力与车轮是机械连接的,即使完全松开加速踏板后,如果不是在N位,那么发动机也会通过传递系统向车轮提供阻力,使汽车减速,即发动机制动。在N位上时,相当于将发动机动力与车轮脱开,因此N位的使用场景主要包括:

1)短时间停车等红灯时。
2)电脑自动洗车时。
3)出故障推车时或被拖车时。
4)起动发动机时。

自动档位上的符号都是什么意思？

自动档车的基本档位符号就是 P、R、D、N 等，后来又有了其他标示符号。关于自动档位的符号标记的含义，简单总结如下：

P（驻车档）：在熄火停放或汽车静止时使用。注意，在用这一位置时汽车务必保持不动的状态，否则会使变速器受到损坏。

N（空档）：作用同于手动空档，暂时停车时使用。另一个作用是发动机在行驶中突然熄火时，如果想在行驶中重新起动发动机，则需换入 N 位。

R（倒车档）：其作用和手动倒车档相同。

D（前进档）：行驶在一般路面上时使用，能够根据路面情况和汽车速度自动地切换到舒适的工作状态。一般的自动档车包括 4、5、6 个前进档。

L（低速档）：又称爬坡档，其作用是限制速比的范围，以降低速度增大转矩。它一般只允许在 1～2 档或 1～3 档间更换档位。

M（手动模式）及"+/-"：放入此位后能变换为手动模式，用 +/- 功能来手动换档。

OD（超速档）：也叫高速档，用于高速驾驶时。此时变速器的传动比可能小于 1.0，即传动轴的转速将超过发动机的转速，此时汽车比较省油，但在频繁上下坡路段，最好关闭它，以免它频繁换档。

S（运动模式）：此模式时自动调整发动机转速和对应的换档时机，慢升档或早降档，以使发动机保持较高转速，能使提速感觉更明显，但油耗相对 D 位高。

*（雪地模式）：此模式自动调整车辆的驱动力和发动机转速，并会在 2 档起步，早升档或缓降档，降低发动机转矩输出，避免在雪地行驶时打滑。

为什么自动档车要按 P、R、N、D 位顺序排列？

其实自动档的档位排列顺序从来没有权威部门强行规定，但所有汽车厂家都完全按照这个顺序排列，可见只有这样排列是最合理的。其原因主要有二：

1）前进档和倒档之间必须经过空档，使动力有个暂时切断，以便更好地相互转换，因此，N 位必须在 R 位和 D 位之间。

2）一般在停车时会使用倒档，而且使用倒档情况最多的时候也是停车前，因此，把 P 位和 R 位放在一起最为合适。综合考虑，按 P、R、N、D 位顺序排列就是最合理的安排。

HOLD 按钮有什么用？

从 HOLD 的原意也可看出，它是"保持"的意思，也就是保持你当前的档位不变。主要用处有三个：

1）当在山路上行驶时，随着上下坡的变化，一般自动档会不停地换档，这会加速自动变速器的磨损。如果在 3 档时按下此按键，变速器会始终保持 3 档不变，让上下坡更有力和安全。否则，汽车会在 1~3 档间来回变化。

2）过连续弯道时也一样，如果想以较低档位迅速过弯，可在 3 档或 2 档时按下此键，它在弯中不会随意变换档位，而是保持这个档位，让汽车总能获得较大转矩并平稳行驶。

3）在雪地起步时，如 2 档时按动 HOLD 按钮，档位便会直接从 2 档起步。否则，汽车会从 1 档起步，然后升至 2 档。

遇红灯停车时挂N位、P位还是D位好？

这个没有统一规定，看你的习惯了，另外还有个灵活掌握的问题。如你刚到路口，就变了红灯，要从头等到尾，估计时间长些，而当时的路面又是较为平坦的地面，那就挂N位，不平坦就挂P位（在一般道路上行走时尽量不要挂P位，以防从P位换D位时容易造成倒车现象）；如你到路口时红灯已亮了一阵，估计等不了多长时间，那就踩下制动踏板，保持在D位上，稍等一会儿，绿灯一亮抬脚就可走了，不用有劳你再动变速杆了。自动档就是要为驾驶人提供"自动"的方便，尽量少换档。

如果遇堵车，估计要长时间等待，此时可挂P位。但需要注意的是，等再行走时换D位过程中要迅速从P位换D位，以防"路过"R位时造成倒车现象。

为什么自动档车不能N位滑行？

当你在行驶状态（D位）立即换入N位时，发动机就处于怠速状态，此时发动机转速很低。而自动变速器是依靠发动机带动的油泵来提供润滑油的，当发动机转速很低时就很难为自动变速器提供足够的润滑油。然而，此时车速并不低，在N位状态下汽车仍会带动自动变速器的一些部件高速运转（这也是与手动变速器的明显不同），仍然需要足够的润滑油来润滑，否则这些仍在运转的部件就很容易因温度升高而被烧坏。

Shift Lock按钮有什么用？

如果汽车出现问题了无法行走，必须请维修人员为您移动车辆，比如放到拖板车上去。不巧的是，汽车也没电了，不能靠踩住制动踏板来解除变速器内部的锁止机构（ASL），这时就需要按下Shift Lock按钮解除ASL（ASL是纯机械性的，没有电也可以正常工作），然后把变速器设置在N位上，就可以移动车辆了。

当自动变速器设置在P位上时，变速器内部的锁止机构ASL锁住了变速器，在这种情况下是不能贸然移动车辆的。ASL或者说Shift Lock实际上是保护变速器的一个装置，避免在P位上车辆被贸然拖动而损伤变速器。

POWER开关怎样使用？

这是自动变速器的动力模式开关。当需要更多动力进行爬坡或迅速加速时，按下POWER开关，仪表板上的POWER灯会点亮，变速器的换档点会延迟，因此每个档位的发动机转速更高。其实它与一些自动档车上的运动模式比较近似。要解除此动力模式，再按一下即可。

为什么自动档车严禁驱动轮着地拖车?

自动档车出现故障需要拖车时,不能让驱动轮着地行走,就是说不能让驱动轮转动,即使挂上N位也不行。主要原因是此时车轮转动会带动自动档变速器中的一些被动齿轮也会跟着转动,但由于发动机不能转动,变速器的油泵不能工作,因此也不能给变速器提供润滑油。变速器的部件得不到润滑,就可能造成变速器部件损坏。拖自动档车必须采取合适的办法,主要有三种:

1)把驱动轮吊起,使从动轮着地行走。

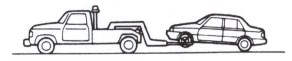

2)吊起从动轮,让驱动轮装在辅车上行走。

3)用全载式拖车将车拖走,哪个车轮也不着地。

为什么自动档比手动档油耗高?

主要原因还是自动变速器中要通过液力变矩器传递动力,由于液力传递不如齿轮传递直接,在传递过程中会丢失一部分动力。而手动变速器则是通过齿轮组合传递动力的,几乎没有什么动力损失。在驾驶自动档车起步时,都会有个迟滞反应过程,其实这正是表明它的初始动力损失较大。

为了减少液力传递的动力损失,现在的自动变速器中一般都装备一个同步锁止器,当达到一定车速且匀速行驶时,同步锁止器可以将动力传递以机械的方式锁死,从而减少能耗损失。

为什么不要长时间挂D位并踩制动踏板?

在D位并踩制动踏板时,尽管汽车已经不动,但是此时汽车仍然会存在微弱的向前行驶趋势,长时间踩住制动踏板等于强行制止这种趋势,这会使汽车的变速器油温升高,油液容易变质。尤其在空调器工作、发动机怠速较高的情况下更为不利。因此,如果停车等待时间有点长,尽量换入N位、拉驻车制动器手柄停车;如果时间更长,则可考虑换入P位。

有些驾驶人为了节油,在高速行驶或下坡时,多此一举地将自动档车的变速杆扳到N位进行滑行,这也很容易损坏变速器。因为这时变速器输出轴转速很高,而发动机却在怠速运转,油泵供油不足,润滑状况恶化,易烧坏变速器。

2.7 无级变速器是怎样工作的？

为什么将无级变速器简称为 CVT？

CVT 是"连续可变传输器"（Continuously Variable Transmission）的英文缩写，一般称"无级变速器"。它是自动变速器的一种，但不同于普通的自动变速器（AT）。普通自动变速器是"有级"变速，或者说是有"档位"的，而 CVT 可以连续变速，它是没有档位的。

"无级变速"可以理解为"无级别的变速"，也可以理解为"无数个级别的变速"。

为什么 CVT 可以"无级"变速？

手动变速器和自动变速器的变速机构都是由多组齿轮组合构成的，从而形成多个固定的传动比，每个传动比就是一个档位，因此它们都有多个档位。CVT 不是利用齿轮进行变速的，而是利用一个滑轮组合实现传动比的变化。这个滑轮组的主动轮和被动轮的直径是可以变化的，从而形成无数个"传动比"，实现连续可变的传动比。

每个滑轮由两块锥形盘组成，两块锥形盘中间形成一个 V 形的凹槽。其中，一边锥形盘由电控液压机构操纵，根据发动机转速、车速、节气门开度等信息，推拉锥形，使 V 形凹槽变宽或变窄，从而改变滑轮凹槽的直径，也就是改变了传动比。两个滑轮凹槽的直径呈反向调节，即其中一个逐渐变宽时，另一个就会逐渐变窄，这样可以迅速调节传动比。

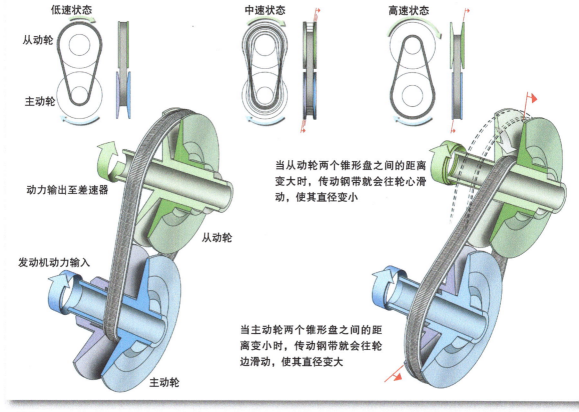

为什么说 CVT 缺乏驾驶乐趣？

CVT 是个双刃剑，与 MT、AT 相比，其优缺点都很明显。CVT 的每个优点，可能就是它的缺点。由于是无级变速，因此 CVT 汽车驾驶起来没有换档时的顿挫感，动力传递异常顺畅，在不知不觉间就已实现变速。你说这是优点，但喜欢驾驶乐趣的人，会说这是缺点，因为它让人失去了开车的一些感觉，缺乏对驾驶操作的反应，没有驾驭感，因此开这种车比较乏味。

缺乏驾驶乐趣也是奔驰、宝马等一直不愿采用无级变速器的主要原因之一。当然超级跑车迷们更是不齿 CVT，甚至连自动变速器也不要，更愿意开手动档车。

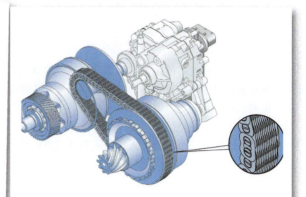

为什么一些 CVT 也有"档位"？

一些无级变速汽车，如某品牌车型采用 8 档手自一体无级变速器。这个 8 档是指手动模式时可以选择 8 个前进档位。其实它的手动模式都是虚拟式手动档，或者说是假的，是人为地限定一些档位，从而实现加减档。

手动模式是为了满足一些喜欢驾驶乐趣的车主而"假设"的。即使手动换档，但如不能满足汽车电脑预先设定的换档条件，它便会阻止你换档或自动纠正你的档位。

所谓的 8 速手自一体无级变速器，只不过它把连续的变速区间人为地划分为 8 个变速区间，从理论上讲还可以分更多的档位，只要设计师愿意。

CVT 有什么优点？

1）换档顺畅，无顿挫感，舒适性强，更适合女性驾驶。

2）油耗相对较低。由于 CVT 可以在相当宽的范围内实现无级变速，从而可以获得传动系与发动机工况的最佳匹配，其动力传递效率较高，损耗小，从而使其燃油经济性较好。据了解，CVT 的油耗水平大概在普通自动档与手动档之间。

CVT 有什么缺点？

1）CVT 的最大缺点是缺乏驾驶乐趣，让人无法感知它的变速动作，是最"傻瓜"的变速器。

2）由于采用钢带与金属滑轮传递动力，摩擦力有限，因此它不太适合高功率发动机车型。

3）CVT 的维护费用较为昂贵，维修起来也不太方便。

2.8 双离合变速器是怎样工作的？

为什么称为双离合变速器？

双离合变速器的内部结构更像是手动变速器，也是采用齿轮组合变速，但它比手动变速器多一个离合器，因此称为双离合变速器。这两个离合器一个负责奇数档位的切换，一个负责偶数档位的切换。当车辆以某个档位运行时，由另一个离合器控制的下一个档位齿轮组也处于啮合状态。

变速器电脑根据驾驶人操作和行驶状态计算后决定需要换档时，就会指示执行器切换离合器，从而实现档位变换。

为什么双离合变速器的换档速度较快？

双离合变速器目前有6档和7档。以6速双离合变速器为例，它有两个离合器，其中离合器1负责控制奇数档位齿轮和倒档齿轮，也就是1、3、5档和倒档；而离合器2负责控制偶数档位齿轮，也就是2、4、6档。汽车运行时，一个离合器处于接合状态，使一组变速齿轮传递动力，而另一个离合器处于分离状态，使另一组变速齿轮处于待命状态。需要换档时，只要切换离合器的接合状态，待命的齿轮组立即投入工作，开始传递动力，从而实现换档。切换离合器显然比切换齿轮组要快些，因此双离合变速器不仅可以自动变速，传动效率高，而且换档速度较快。

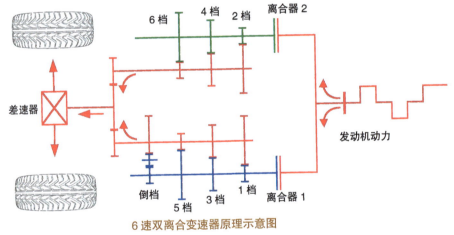

6速双离合变速器原理示意图

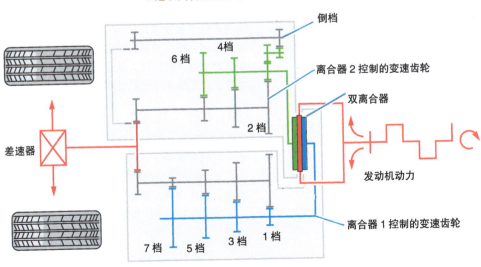

7速双离合变速器原理示意图

双离合变速器是怎样换档的？

下图为7速双离合变速器构造示意图。离合器1控制1、3、5、7档位的齿轮组，离合器2控制2、4、6档和倒档（R）的齿轮组。当变速器以1档起步时，这时2档齿轮组也已处于啮合状态，但离合器2并没有接合，2档处于等待状态；当车速上来后需要换档时，离合器1分离，离合器2接合，2档齿轮组立即开始工作。与此同时，由离合器1控制的3档齿轮组也完成啮合等待指令，一旦指示换3档，只要让离合器2分离、离合器1接合即可。这样就省略了手动变速器换档时档位空置的一刹那，从而使动力传递更加紧凑、顺畅。

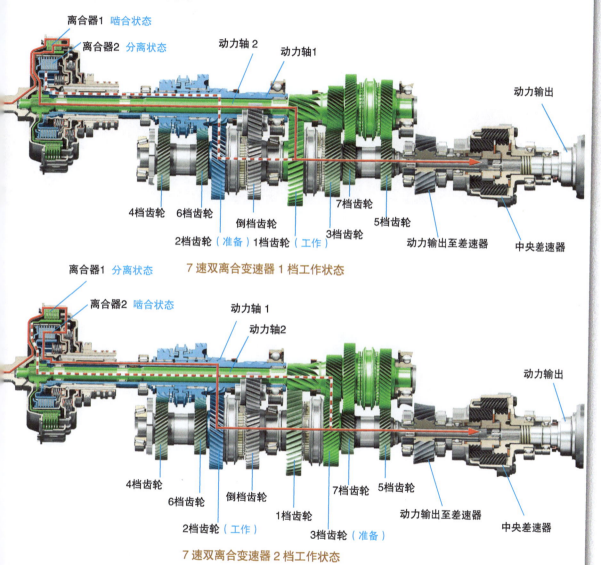

7速双离合变速器1档工作状态

7速双离合变速器2档工作状态

双离合变速器有什么特点？

与普通的自动变速器（AT）相比，双离合变速器的换档速度更快，它们可以在8毫秒内完成升档。由于可使发动机的动力传递不间断，因此可以将燃油效率提高10%左右。此外，它们能够适应不断变化的路况，让驾驶人可以选择手动控制换挡。这对那些喜欢手动驾驶操作的人们更有吸引力。

双离合变速器的结构比较复杂，致使其制造成本较高，维修和养护成本也相对普通自动变速器稍高。由于双离合变速器的复杂性，并不是每个人都能修理它们。另外，它的两个离合器都是由电脑控制的，当遇到交通拥挤时，控制系统频繁工作并可能陷入混乱，从而导致系统升温，影响变速器的寿命。

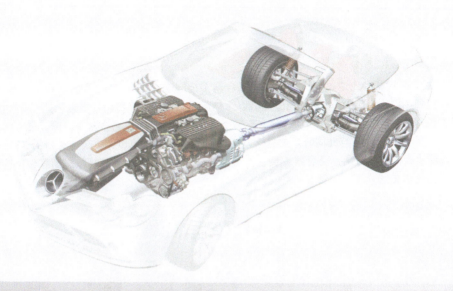

第 3 章 燃油汽车传动系统

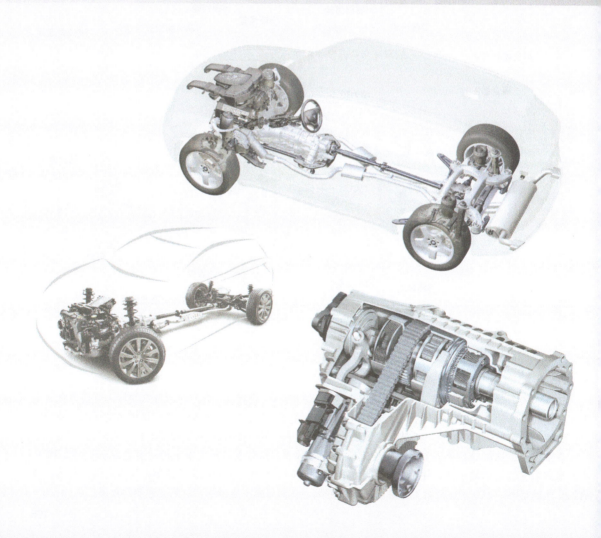

3.1 发动机动力是怎样传递的？

发动机的动力是怎样传递到车轮上的？

燃油汽车传动系统的任务就是将发动机输出的动力传递到车轮上，这样才能驱动汽车向前飞奔。

动力从发动机到车轮要经过多个环节，要经过离合器、变速器、传动轴、差速器和半轴等才能到达车轮。根据车型定位和性能需要，可以设计多种动力传递形式。根据驱动车轮的位置和数量不同，大致可分为前轮驱动（简称前驱）、后轮驱动（简称后驱）和四轮驱动（简称四驱）三大形式。

从下图可看出，前轮驱动的动力传递过程最为简单，它比后轮驱动少了一根传动轴，因此这种传递效率最高，动力损失也最小。同理，四轮驱动的动力传递过程最复杂，它的发动机动力一分为四，要通过三根传动轴、三个差速器、四个半轴。因此，它在传动过程中的动力损失最大，油耗也较高。

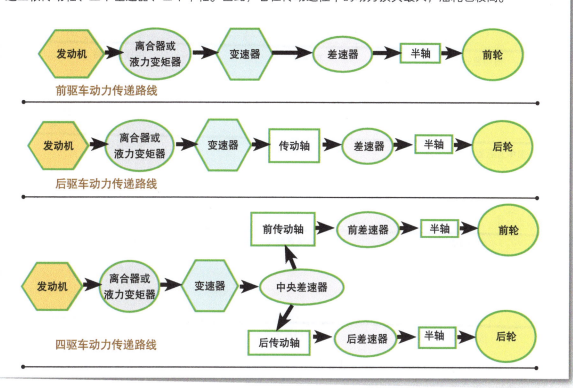

为什么要使用传动轴和半轴？

如果是前置发动机、后轮驱动的车辆，要用一根传动轴将动力从车辆前部传递到后差速器上，再用半轴将动力一分为二传递到两个后轮上；如果是前置发动机、前轮驱动的车辆，前差速器和变速器整合在一起，只需要用两根半轴将动力从前差速器一分为二传递到两个前轮上即可；如果是四轮驱动，基本是将上述两种方式进行整合，要用两根传动轴、四根半轴、三个差速器才能将动力分配到四个车轮上。

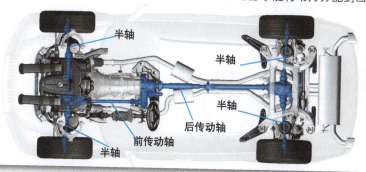

燃油汽车共有多少种传动方式？常见传动方式有哪些？

动力系统的选择及传动形式的设计，对汽车性能特点、前后重量分配比、车内空间安排、车身造型比例等，都会产生重大的影响。

发动机放置在前轴前方，称为前置发动机；发动机放置在前轴后方，称为前中置发动机；发动机放置在后轴前方，称为后中置发动机；发动机放置在后轴后方，称为后置发动机。

发动机气缸排列方向与车轴平行，称为横置发动机；与车轴垂直，则称为纵置发动机。

只采用两个前轮驱动，称为前驱；只采用两个后轮驱动，称为后轮驱动；采用四个车轮驱动，称为四轮驱动。

把发动机位置、驱动轮形式进行排列组合，汽车的传动形式常见的约有12种，如下图所示。

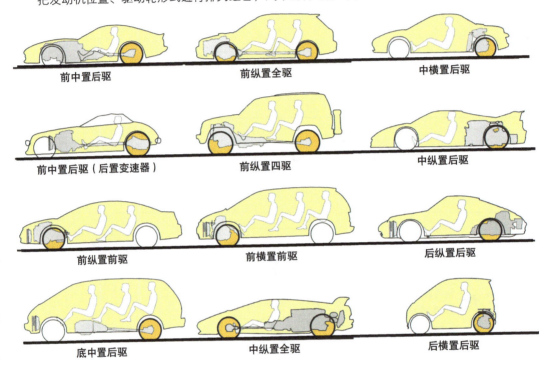

上图为常见的发动机布置和驱动方式。其实，将前纵置发动机、前横置发动机、后纵置发动机、后横置发动机、前中置发动机、后中横置发动机、后中纵置发动机、底中置发动机、前轮驱动、后轮驱动、四轮驱动进行排列组合计算，从理论上讲共有24种驱动形式。但实际上，在批量生产的汽车上，我们只能见到图中的12种，而常见到的只有五六种，其中前横置前驱和前纵置后驱是最常见的驱动形式。

轮间差速器

什么是轮间差速器？
什么是轴间差速器？

布置在两个驱动轮之间的差速器称为轮间差速器。它负责左右驱动轮之间的差速，允许它们以不同转速运动。

在四轮驱动汽车上，布置在两个驱动轴之间的差速器，称为轴间差速器，也称中央差速器。它负责前轴与后轴之间的差速，允许它们以不同转速运动。

什么是差速器？
为什么要使用差速器？

顾名思义，差速器就是产生速度差的机器，它的两个输出轴可以在不同转速下运动，但又保持两轴输出的转矩相同。

汽车差速器是驱动桥的主件。它的作用就是在向两边半轴传递动力的同时，允许两边半轴以不同的转速旋转，满足两边车轮尽可能以纯滚动的形式做不等距行驶，减小轮胎与地面的摩擦。

汽车在转弯时车轮的轨迹是圆弧，如果汽车向左转弯，圆弧的中心点在左侧，在相同的时间里，右侧轮子走的弧线比左侧轮子长，为了平衡这个差异，就要左边轮子慢一点，右边轮子快一点，用不同的转速来弥补距离的差异。

在汽车转弯时，要求左右轮的转速不同，而发动机传递给左右驱动轮的力量是一样的，这样就需要一个装置来协调左右驱动轮的转速，这就是差速器的作用。它可以将变速器输出的转矩合理地分配给左右驱动轮。在前置前驱车上，差速器布置在前轴上；在前置后驱车上，差速器布置在后轴上；在中置后驱车上，差速器也在后轴上；在全时四轮驱动车上，共有前、中、后三个差速器。

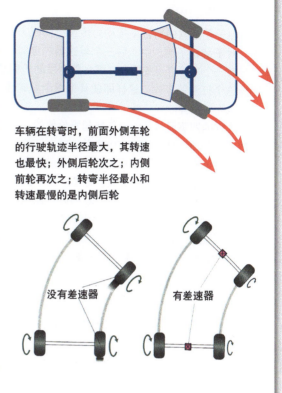

车辆在转弯时，前面外侧车轮的行驶轨迹半径最大，其转速也最快；外侧后轮次之；内侧前轮再次之；转弯半径最小和转速最慢的是内侧后轮

差速器是怎样工作的？

普通差速器由行星齿轮、行星轮架（差速器壳）、侧齿轮（半轴齿轮）等组成。发动机的动力经传动轴进入差速器，直接驱动行星轮架，再由行星齿轮带动左、右两条驱动半轴，分别驱动左、右车轮。

当汽车直行时，左、右车轮与行星轮架三者的转速相等，处于平衡状态，而在汽车转弯时三者平衡状态被破坏，导致内侧轮转速减小，外侧轮转速增加。

这种调整是由于转弯时左右车轮产生的附加力矩而自动进行的。当转弯时，由于外侧轮有滑拖的现象，内侧轮有滑转的现象，两个驱动轮此时就会产生两个方向相反的附加力，导致两边车轮的转速不同，并通过半轴反映到半轴齿轮上，迫使行星齿轮产生自转，使外侧半轴转速加快，内侧半轴转速减慢，从而实现两边车轮转速的差异。

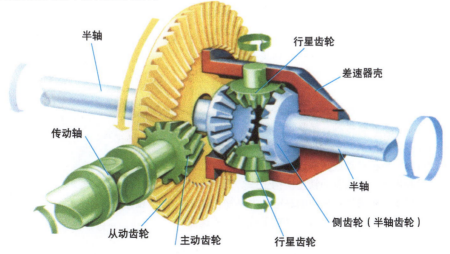

为什么要装中央差速锁？

由于差速器的特性是把动力传递给受阻力较小的车轮，那么对于装备了前、中、后三个差速器的全时四驱车来说，一旦有一个车轮打滑或悬空，那么整个发动机的动力都会传递给这个打滑的车轮，这样即使其他三个车轮还有抓地力，车子也无法动弹。

这样的四驱显然是没有任何越野价值的。所以为了提高全时四驱的通过性，往往在中央差速器上还需要配备各种限滑机构，最常见的就是中央差速锁。驾驶人通过驾驶室中的4WD LOCK按钮来锁死中央差速器。当中央差速锁锁死以后，四驱系统会按照前后50：50的固定比例分配动力，而不再是把动力一味地传递给阻力小的车轮。这种情况就跟分时四驱挂上了4WD模式一样。如果后桥有一个车轮打滑，那么前桥提供的50%的驱动力还能把车拉出抛锚的困境。

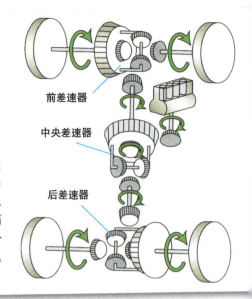

限滑差速器有什么用？

如果觉得带中央差速锁的全时四驱操作起来太麻烦，还有一种性能更好的中央差速器，这就是限滑差速器（Limited Slip Differential，简称LSD）。

限滑差速器通过一系列布置在差速器壳体中的多片离合器来实现限滑的目的。通过这些多片离合器，中央差速器可以自动按照比例主动向前后桥分配动力。一旦某一组车轮打滑，那么LSD会自动把动力分配给不打滑的一组车轮。不过，LSD往往是通过摩擦片来实现动力分配的，所以在重负荷、高强度越野时，由于摩擦片的长时间工作会产生高温，影响可靠性，因此即便配备了LSD的四驱车，也会再配置一个中央差速锁，在高强度、重负荷的越野路况时使用。

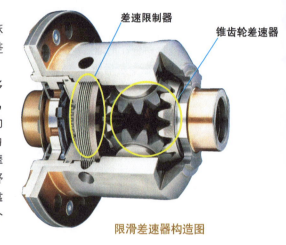

限滑差速器构造图

为什么越野车型需配锁止差速器？

限滑差速器只能部分阻止差速，而对于越野车型来说，在越野时最好是将差速器锁死，使其完全失去差速作用。带有锁止功能的差速器，称为锁止差速器。锁止差速器可将原本进行差速功能的两个轴刚性地连接在一起，使它们以同样的转速运转，即使一个车轮或驱动轴出现打滑现象，另一个不打滑的车轮或驱动轴会一起转动，从而帮助汽车脱困。

现在差速器锁止方式有多种，最常见的是牙嵌式差速器锁（也称爪式差速器锁、犬牙差速器锁等），其接合和分离一般通过手动操作、电控自动或真空动力操控。电控自动锁止装置的操作是利用电磁阀来驱动锁止机构工作。真空动力式锁止装置是利用发动机进气系统中的真空动力来操作锁止机构。当需要锁止差速器时，驾驶人只需按下或扭动差速器锁止开关即可。

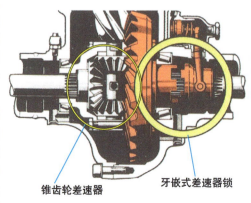

机械式锁止差速器构造示意图

什么是电子限滑辅助？

电子限滑辅助有多个别名，各厂商叫法不一，如电子制动差速锁、电子制动辅助、电子差速锁、电子差速锁止等，但它们的英文名称基本一致：Electronic Differential Lock，简称EDL。

在许多四驱车型上，轮间差速器上很少配有机械式差速限制装置，前后差速器都是开放式的。那么，它们是怎样实现轮间差速限制的呢？答案就是电子限滑辅助。

电子限滑辅助并不是一个有形的装置，它只是在ESP系统中加入一组程序，使ESP系统能够通过轮速传感器感知打滑一侧的车轮并对它施加一定的制动力，这相当于提高了打滑车轮这一侧的附着系数，使传递到不打滑车轮上的有效转矩提升。因此，你将汽车拆开后找不到"电子限滑辅助"这个部件。

为什么电子限滑辅助可以限滑？

我们知道，**差速器允许驱动轴两侧的车轮以不同的转速转动，并倾向于将动力分配到阻力更小的一侧**。如果驱动轴某侧车轮打滑或者悬空时，电子限滑辅助通过轮速传感器自动探测到两侧车轮转速不同，就会通过ESP对打滑车轮施加一定的制动，使打滑车轮上的阻力大于非打滑车轮上的阻力，这样差速器就会将驱动力传递给非打滑侧的车轮，从而避免驱动力的损失。当车辆行驶状况恢复正常后，电子限滑辅助即停止作用。从这个原理看，它与在打滑车轮下垫石块等杂物，使打滑车轮附着力增大而让车辆脱困的措施，具有异曲同工之妙。可以说电子限滑辅助是模拟差速器锁止装置的功能，因此也称其为电子差速锁。

为了保证车辆在转弯时的正常差速，在左右驱动轮的转速差低于设定值时，如100转/分，电子限滑辅助不介入，可让车辆顺利转弯。

电子限滑辅助是根据车轮转速、方向盘角度、车速等信息综合判断后才执行差速限制的，它不是根据转矩感应或转速感应而开启的，是一种完全电子控制的差速限制装置，甚至可以预见打滑现象，其主动性更强，可以更及时有效地阻止车轮打滑。

电子限滑辅助有什么特点？

1）不需要添加额外装置就可实现限滑功能，尤其是可替代轮间差速器的限滑装置。

2）可对四个车轮实行电子限滑控制，对中央差速器和轮间差速器都有影响，更可以实现对汽车整体性能的控制和改善。

3）由于电子限滑辅助依靠对车轮制动来限制差速，当车轮打滑特别严重时，其作用就极为有限，很难帮车辆脱困，因此，它的性能还无法与机械差速锁相提并论，它对车辆的脱困只能起到辅助作用。

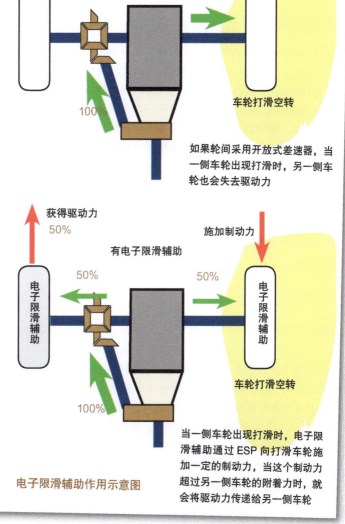

电子限滑辅助作用示意图

3.2 为什么驱动方式影响汽车性能？

什么是驱动轮和从动轮？
为什么从动轮之间不需要差速器？

驱动轮是指能驱动汽车运动的车轮。发动机输出的动力，通过变速器、传动轴、差速器和半轴，最终传到驱动轮上，从而驱动汽车前进或倒退。主要驱动方式有：前轮驱动（FWD），即两个前轮"拉"动汽车前进；后轮驱动（RWD），即两个后轮"推"动汽车前进；四轮驱动（4WD），即4个车轮"前拉后推"一起驱动汽车前进。

车辆上除了驱动轮之外的车轮，称为从动轮。由于左右从动轮之间不存在动力分配和差速问题，因此它们之间不需要差速器。

为什么前驱轿车常采用横置发动机？
为什么后驱和四驱轿车常采用纵置发动机？

现在普通轿车一般都采用横置发动机，因为把发动机横向（即与汽车前进方向垂直）放置，发动机的动力输出轴即曲轴的轴向正好与车轮轴向平行，可以很方便地实现动力传递，避免动力传递系统在传递中途扭转90°，从而可以提高传递效率。另外，发动机横向布置还可以节省布置空间。

后轮及四轮驱动的汽车，其发动机一般都是纵置在车头，这样其动力输出轴的轴向与主传动轴的轴向一致，也能避免动力传递途中扭转90°，从而提高动力传递效率。另外纵置发动机的配重左右较平衡，对汽车行驶稳定性有益处。

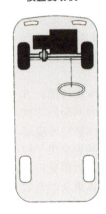 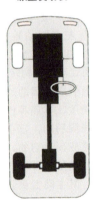

横置发动机　　　纵置发动机

4×4、6×4、6×6是什么意思？

4×4中的第一个"4"代表汽车车轮的总数（不包括备胎），后面的"4"代表驱动轮的个数。4×4表示该车有4个车轮，并且4个车轮都能提供驱动力。

6×4表示该车共有6个车轮，其中由4个车轮提供驱动力。

6×6表示该车共有6个车轮，并且6个车轮都能提供驱动力，如下图所示。

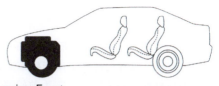

什么是前置前驱（FF）方式？
前置前驱方式有什么特点？
为什么普通轿车大多采用前置前驱方式？

前置前驱是指发动机放置在车前部并采用前轮驱动（Front engine Front wheel drive，简称 FF）。它的特点是头重尾轻，整车的六成以上重量集中在车身前段。

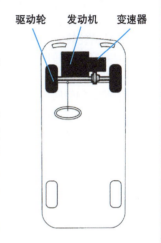

①由于车体是被前轮"拉着走"的，因此 FF 的直线行驶稳定性非常好。②FF 是发动机经差速器后用半轴直接驱动前轮，不需经传动轴，动力损耗较小，所以适合小型车。③FF 车后排座椅间少了 FR 车必有的传动轴凸包，后座的乘员再也不用缩脚挤在狭窄的空间。

现在轿车普遍采用前置前驱方式的主要原因是：①造价低。前驱车不需要后驱动轴和后差速器箱，组件少且集中，制造成本较低。②重量轻。前驱车的机械组件相对于后驱车少且简单，能减轻不少重量。而且发动机和驱动桥的重量都加载在作为驱动轮的前轮，有助于提高车的牵引力。③内部空间大。前驱车不需要像后驱车那样在地板上给后驱设备留出空间，所以空间的利用上有更多的余地。

由于发动机和传动系统、变速器都集中在车前部，受限于空间布局，因此 FF 不适合搭载动力较大的发动机，也不适合作为高性能汽车的驱动方式。

什么是前置后驱（FR）方式？
前置后驱方式有什么特点？
为什么豪华车型常采用前置后驱方式？

前置后驱是指将发动机放置在车前部而用后轮驱动（Front engine Rear wheel drive，简称 FR）。

FR 在轴荷分配上比前驱车平均，一般可以达到 50∶50 的最佳比例，因此它拥有较佳的操控性能和行驶稳定性。理论上 FR 车在过弯时的最高速度会更高，但是，由于汽车前轮直接受转向系统支配，已经改变了行驶方向，而后面的驱动轮仍有向前的惯性，所以容易出现转向过度现象。对于拥有高超驾驶技巧的人来说，这是一种操控乐趣，但也在一定程度上增加了驾驶难度。

奔跑迅猛的动物都有共同特点，就是它们的后腿都非常强健，因为在向前奔跑时重心都会后移，作为汽车来讲，在起步或加速时整车重量会向后轮转移，如果后轮是驱动轮，无疑它的起步或加速性能会更好些。同时，前轮负担较轻，在紧急制动时不致产生车头下沉、后轮悬空的现象。

操控性、稳定性、动力性和制动性较优的优点，正是高性能汽车至今依然喜欢采用 FR 设计的主要原因。

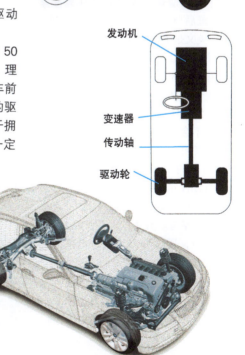

后轮驱动方式有什么优势？
为什么豪华轿车多采用后轮驱动？

其实最早的汽车都是采用后轮驱动，这种驱动方式是因为早期的技术限制，因为前轮要负担转向的任务，如果把转向和驱动都放在同一对车轮，在技术上就会很复杂，这是早期的技术无法实现的。

这种前轮转向、后轮驱动的方式也是经典的驱动方式，后轮驱动的汽车能够减轻前轮转向时的压力，车身重量分配良好，可以使整车接近50：50，使车辆具有良好的操纵稳定性和行驶平顺性，这种底盘近乎完美的平衡性会使快速过弯变得异常流畅；前轮拥有较大的转向角度，具有更大的转向空间，使车辆转弯的灵活性明显增加；后驱车辆在良好的路面上起动、加速或爬坡时，驱动轮的附着压力增大，可以提供更大的抓地力，使动力表现更为出色，牵引性明显优于前驱形式。

后轮驱动汽车转向时如果超出极限，会出现转向过度的情况，这时后轮会向外弯侧滑，但是对于豪华车而言不成问题，因为车上装了大量的电子安全装置，如ESP等，能够有效避免转向过度的现象。因此，豪华轿车、高性能跑车更喜欢采用后轮驱动方式。目前，宝马、奔驰、雷克萨斯、法拉利、保时捷的车型，大多采用后轮或四轮驱动方式。

豪华轿车喜欢采用后轮驱动方式的另一个主要原因是这些车的发动机一般都比较庞大，如将动力和传动系统都布置在前面，不仅太拥挤，而且车前部分重量过重，制动时点头现象严重。

什么是中置后驱（MR）方式？
中置后驱方式有什么特点？
为什么跑车常采用中置后驱方式？

中置后驱是指发动机放在驾乘室与后车轴之间并用后轮驱动（后中置后驱），或发动机放在前轴后面并用后轮驱动（前中置后驱），英文是 Middle engine Rear wheel drive，简称 MR。

只有少数高级跑车采用中置发动机后轮驱动形式，一般轿车上很难看到MR设计。MR的显著特点就是将车辆中惯性最大的沉重发动机置于车体的中央，这是使MR车获得最佳运动性能的最主要保证，因为MR车的车体质量分布接近理想平衡。MR车方向灵敏准确，制动时不会出现头沉尾翘的现象。这是跑车喜欢采用中置后驱方式的主要原因。

MR车有一个先天毛病——直线稳定性较差。为解决这一问题，所有的MR车后轮的尺寸均较前轮大，从而有效地解决了上述先天缺陷。第二个缺点是车厢太窄，一般只有两个座位。另外，由于驾乘人员离发动机太近，因此噪声较大。但是，只追求汽车驾驭性能的人们，是不会在乎这些的，甚至一些人更愿意听到发动机咆哮的轰鸣声。这也是超级跑车一般都采用中置后驱方式的原因。

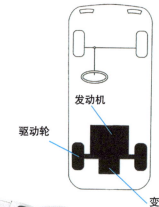

什么是前中置后驱方式？

我们常说的中置后驱方式，一般是指后中置后驱方式，也就是将发动机放在驾乘室和后轴之间，并采用后轮驱动。但也有个别跑车将发动机放置在前轴和驾乘室之间，并采用后轮驱动，这就是前中置后驱方式。

这种布局近似于前置后驱，但它的发动机位置更靠近车身中心位置。由于发动机和变速器的重量都较后面的驱动机构重，因此，这样的放置方式更能使前后轴荷达到50∶50的理想状态。

什么是后置后驱（RR）方式？
后置后驱方式有什么特点？
为什么现在极少采用 RR 方式？

后置后驱是指将发动机放在后轴的后部，并采用后轮驱动（Rear engine Rear wheel drive，简称 RR）。从结构上来说，这种布置方式和前置发动机前轮驱动相似，只不过把前后颠倒了一下而已。

RR 车型的重量主要集中于后方，又是后轮驱动，所以起步、加速性能在所有驱动形式中是最好的。也正是因为后轴承受负荷较大，所在在后轮的抓地力达到极限时，易出现打滑甩尾现象，且不容易控制。

RR 车型的车头较轻，开始进入转弯时较容易造成转向过度的现象。而且后轮周围质量太大，在转弯时后轮有较大的惯性力，一旦产生侧滑，很难进行修正。

虽然 RR 车型的加速性能和驾驶乐趣极佳，但驾驭它需要较高的驾驶技术，因此现在极少采用这种驱动方式，只在保时捷车型中才有使用。

为什么超级跑车采用后中置发动机四轮驱动？

大众汽车集团旗下的超级跑车通常采用后中置发动机四轮驱动方式，如兰博基尼、布加迪、奥迪 R8、保时捷 911 Carrera 4 GTS 等车型。发动机放置在后轴前方，通过传动轴将动力分配给前轴，实现后中置发动机、四轮驱动。

后中置四驱汽车的优势在于其接近 50∶50 的前后轴重量分配，使得车辆在转向时更加稳定，提升了过弯极限，增强了操控稳定性和安全性。另外，通过缩短发动机和变速器之间的距离，提高了动力传输效率，增加了牵引力和抓地力。然而，由于发动机安装在车身中部，其乘坐空间和行李舱空间都会受到限制，而且发动机靠近乘客舱，会产生更多的噪声和热量，影响舒适性。

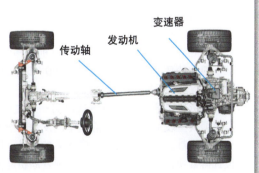

奥迪 R8 传动系统构造图

跑车采用四驱好还是后驱更好？

后驱和四驱的特点都很鲜明，它们的差异也由此而来。它们都是高性能车型喜欢采用的驱动形式。

后驱车容易发挥出更大的功率，能够漂移，在直路和硬路（柏油路）上有很大的优势——由于动力分配以及重量（四驱装置要比后驱增加不少重量）的原因，两驱车在直路和柏油路会比四驱车快，因此包括F1在内的场地赛中赛车绝大部分为后驱车。法拉利的技术是将大部分F1技术直接移植过来的超级跑车，因此也用了后驱方式。

四驱的优势在于操控性能和行驶稳定性，在路况差的路面和弯道中，四轮驱动有很好的操控性。在沙石路上、泥地和冰雪路面上，后驱车在过弯时操控会比前驱车和四驱车难度大很多，从而严重地影响速度。此外，主动安全性能较好也是四驱方式的优势。

对于日常使用的高端性能车型，如保时捷、奥迪、斯巴鲁的一些跑车车型，为应付各种路面时的安全以及操控性能，都采用了四驱形式。保时捷还有后驱和四驱可以选择，在型号后面带有4的保时捷车型就是四驱形式，由于成本的原因，比同型的后驱车型要贵。

理论上来说，同样的车型，在加速与极速方面，后驱要好一些，因为重量更轻；在转向方面，后驱车在过弯时会出现转向过度，如果利用得好就能出现所谓的漂移，利用不好则会出现失控；而四驱车则一直会保持四轮的附着力，不会失控，安全性更好，但过弯速度会略低。

为什么大货车都是采用前置后驱方式？大货车能像轿车那样采用前置前驱方式吗？

汽车最早就是后驱的，现在货车仍然是后驱，其主要原因是后驱车的特点比较适合大货车的行驶特点：

1）和其他驱动形式相比，前置后驱在良好的路面上起动、加速或爬坡时，驱动轮的附着压力大，牵引性能明显优于前驱形式。

2）维修容易。前置后驱的安排也使发动机、离合器和变速器等总成临近驾驶室，简化了操纵机构的布置和转向机构的结构，更加便于车辆的保养和维修。

3）操控性好。因为一些组件从前部移到后部，前后的质量分布也容易接近50∶50，大大改善了汽车的平衡性和操控性。

大货车不愿采用前驱方式的另一个主要原因则是前驱车必须横置发动机。如果前驱车的发动机纵置，动力必须再绕到前面，像四驱车的分动器一样，会有许多困难，而且费材料，成本必然上升。因此前驱车的发动机一般都要横置。而横置发动机就要设计得紧凑，个头不能太大，否则发动机舱无法安放。而大货车的发动机一般都是大个头，很难横放在发动机舱，一般只能纵置。综合考虑后，还是采用前置后驱方式更合理些。

3.3 为什么要采用四轮驱动？

什么是四轮驱动？
为什么要采用四轮驱动方式？

四轮驱动简称四驱，就是用四个车轮作为驱动轮，都能输出动力，其英文是 4 Wheel Drive，简称 4WD。

前轮驱动容易转向不足，后轮驱动容易转向过度，而四轮驱动则可避免这两种现象，可使汽车转向尽量中性，从而提高过弯能力。但这并不是采用四轮驱动的最主要原因，因为四轮驱动的两大优势一是提高通过性，二是提高主动安全性。

如果汽车仅由两个车轮驱动，一旦某个驱动轮打滑，车子就无法动弹。但四驱车就不一样了，如果前轮或后轮打滑，另外两个轮子还可以继续驱动车辆行驶。

在冰雪或湿滑路面行驶时，四个轮子驱动的车辆，当然要比用两轮驱动的车辆更稳定，更不易出现打滑现象，从而提高行驶稳定性能。

当然，四驱也有弱点，一是它比两驱车多装配些部件，重量增加，其油耗可能稍高；二是制造成本稍高，售价也要高些。

四轮驱动方式对操控性有什么影响？
为什么一些跑车也采用四轮驱动？

前驱车在高速过弯时，由于前轮既要起到驱动轮作用，又要起到转向轮的作用，所以负荷很大。在这样大负荷的情况下前轮自然就更容易比后轮先突破抓地极限，前轮失去抓地力的后果就是车头不会按照既定轨迹转弯，而是朝转弯圆弧的外侧冲出，这就是所谓的转向不足。

造成转向不足的根本原因主要是前轮突破抓地极限后提供不了足够的横向转弯力来改变车头的运动方向。所以往往这类车，在高速转弯的时候即便打出了较大的方向，但车头却会不听使唤地转不过来；对于后驱车来说，由于驱动轮跟转向轮分开了，前轮的负荷减轻，前轮所有的抓地力都可以用来提供转向力，所以后驱车不会出现明显的推头。但是如果转向速度过快，后轮会比前轮更容易突破抓地极限，在这种情况下，前轮继续按照既定轨迹转弯，后轮由于突破抓地极限，则会保持原有运动方向，后果就是整台车会产生一个旋转力矩，出现严重的摆尾现象，用专业术语来说称为转向过度。

不过，对于四轮驱动车来说，情况就完全不一样了。从理论上看，如果每个车轮都只获得 25% 的驱动力，那么汽车在转弯时驱动轮就能提供更大的横向力，也就是说驱动轮就更加难以突破极限。举一个简单的例子：假设每个车子总驱动力是 100%，对于两驱车来说，每个车轮需要承担 50% 的驱动力，那么能提供转弯的抓地力就只有 50% 了（假定每个车轮承受的最大抓地力为 100%）。如果速度快到所需要的横向抓地力超过了 50%，那么对于前驱车而言就会出现上述的转向不足，对于后驱车而言就会出现上述的转向过度。但如果是四驱车呢？由于每个车轮只需要承受 25% 的驱动力，那就意味着每个车轮都可以提供 75% 的横向抓地力。因此，转弯的速度自然就更快了。这也是一些跑车愿意采用四轮驱动的主要原因之一。

四轮驱动方式对安全性有什么影响？
为什么不少轿车也有四驱版？

公路上的交通事故大多数是车辆失控造成的，而车辆失控的罪魁祸首往往都是因为车轮失去了抓地力后在横向力的作用下打转，这种情况下驾驶人很难控制车辆。对于前驱车来说，由于驱动轮突破极限体现出来的是转向不足。对于后驱车来说，一旦发生转向过度，汽车会在瞬间打转，驾驶人根本来不及反应修正方向盘。

四驱车在车轮突破极限方面绝对是比两驱车要更难的。汽车在转弯时车轮更难突破极限就意味着汽车能够更容易被控制在既定的转弯轨迹上，不容易出现转向不足或转向过度，这样的性能在摩擦系数较低的冰雪或湿滑路面上会体现得更为突出。

许多轿车采用四驱方式，主要目的就是提高其主动安全性，当汽车在雨雪湿滑路面行驶时，可以更安全地通过，避免出现各种危险情况。

什么是四驱车急转弯制动现象？

四轮驱动的车辆在转弯时，其四个车轮由于转向半径不同，所以车轮的转速也不同。因此常时四轮驱动的车辆一般安装有三个差速器：中央差速器和前、后差速器，来实现在前、后、左、右驱动轮之间灵活地分配动力。但是如果有一个车轮打滑的话，在以上三个差速器的作用下，其他三个车轮也会同时失去驱动力。为了提高车辆的通过性能，就要避免这种情况发生，驾驶人可以通过上面提到的分动器控制杆来控制中央差速器的工作，在较恶劣的路面上行驶时，如果有一个车轮打滑，驾驶人可以将中央差速器锁止。这样如果前轮打滑后，还可以借助后轮的驱动力脱离困境。但是如果在中央差速器处于锁止状态行驶，四个轮子仍然保持相同的转速，车辆将出现急转弯制动现象（即无法顺利转弯），如果在较高车速转向时，有导致车辆侧翻的危险。解除中央差速锁可以避免这一问题。

什么是全时四驱？
全时四驱有什么优点？

所谓全时四驱（Full-time 4WD）或恒时全驱（Permant AWD），即任何时候都是以四个车轮驱动的汽车，不论是在公路或恶劣路面上，也不论是直线行驶还是转弯时，它永远都保持四轮驱动。而且在有需要的时候，它们还能自行调配前后轴的动力分配。这种系统与适时四驱一样，都无须驾驶人介入，遇到车轮打滑时不需要任何驾驶操作和反应时间，四轮驱动力均自动进行调节。而这样的安排，则能够在大多数情况下不论是干地湿地，都能为车子带来较佳的循迹性。

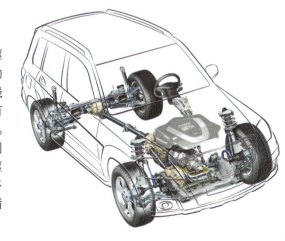

什么是适时四驱?

适时四驱是一种"应需"式四驱系统,也称为自动四驱。适时四驱车型一般是基于前横置发动机前驱车型设计的,变速器和前差速器都整合在一起并放置在前轴上,通过取力器将动力传递向后轴。但在传递中要加装一个电控多片离合器或黏性耦合器等差速限制装置。

正常行驶情况下只有一根车轴上有驱动转矩(一般为前轴)。当前后轮的转速差超过设定值时,电控多片离合器或黏性耦合器等差速限制装置就会动作,并将驱动力传递到另一根车轴上。一旦前轴与后轴之间的转速差小于设定值,差速限制装置就停止工作,使车辆再回到两轮驱动状态。

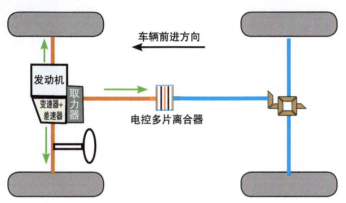

电控多片离合器式适时四驱系统

适时四驱有什么特点?

适时四驱直接利用差速限制装置替代中央差速器,在前后轮的转速差小于设定值时差速限制装置并不动作,车辆保持两轮驱动,因此在车辆转弯时不存在前后车轴干涉现象。但正因如此,如果差速限制装置长时间工作,就会因过热而失去作用,因此适时四轮驱动系统一般只适用于城市SUV。为了防止因差速限制装置过热而导致更严重的后果,一般适时四驱系统都设有过热报警装置,当出现过热现象时就会自动解除四驱方式,重新回到两轮驱动状态。

适时四驱在正常状态下采用的是两轮驱动,只有当驱动轮打滑较严重时从动轮才会介入,因此它需要一个反应时间,而这个反应时间的长短正是体现适时四驱性能的主要指标。

适时四驱车型传动系统构造图

什么是分时四驱？
为什么分时四驱主要用在越野型汽车上？

分时四驱是指必须由驾驶人手动切换两轮驱动或四轮驱动。在车厢内，驾驶人可以自行选择分动器档位的高低速设定，即手动控制切换驱动形式，常见的模式有 2WD High（两驱高速，简称 2H）、4WD High（四驱高速，简称 4H）、4WD Low（四驱低速，简称 4L）。在湿滑的草地、泥泞、沙漠行驶时可以挂上四驱模式，因为这类路面的摩擦系数较低，在转弯时前后车轮虽然会发生转向干涉，但是它们可以自由滑动（打滑），所以不会影响到安全。因此四轮驱动带来的高通过性就可以完全得到体现了。当在公路上行驶时，则可以通过两驱的方式彻底避免转向时的车轮干涉。

这种分时四驱仅仅只能体现出四驱系统对越野性能的帮助，而不能体现出任何更多的公路性能。并且，由于需要驾驶人经常切换两驱或四驱模式，造成操作的复杂性，所以分时四驱主要应用在强调越野性能的车型上，比如吉普牧马人、铃木吉姆尼、三菱帕杰罗、丰田普拉多、北汽BJ系列、长城坦克系列等。

为什么分时四驱中没有中央差速器？

通常情况下，分时四驱只是两轮驱动（通常是后轮），在需要时，驾驶人通过操作杆或操作钮将动力系统与另一个车轴接通，前轴与后轴通过机械连接并以相同转速转动，把动力平分给前轴和后轴，以 50：50 的形式分配前后驱动转矩，从而实现强制性的四轮驱动。

由此看来，在两驱和四驱时，分时四驱系统都不需要差速器对前轴和后轴进行差速调节，因此分时四驱车型上也就没有中央差速器，只有分动器。

由于分时四驱没有中央差速器，因此它不能在铺装路面上行驶，否则就可能导致传动系统无法工作甚至崩溃。

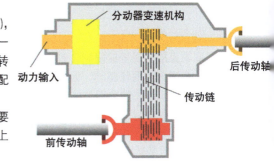

分时四驱的分动器构造示意图

全轮驱动货车是怎样传递动力的？

全轮驱动货车的动力传递主要依靠分动器来实现。分动器也称分动箱，它的作用就是将变速器传出来的动力分配给前后驱动桥。此车共有三个分动器，中间一个为主分动器，另两个副分动器分别为前分动器和后分动器。主分动器将变速器出来的动力一分为二，分别传向前、后；副分动器则起"接力"的作用，继续将动力向前或向后传递。

也有另一种动力传递方式，就是每个驱动桥都通过传动轴与主分动器直接连接，不经副分动器"接力"传递，但这种方式已不多见。

什么是分动器？它起什么作用？

分动器俗称分动箱，顾名思义，它就是分配动力的机器。它的任务就是将发动机输出的驱动转矩分别传递到各驱动轴。它的输入端与变速器输出轴相连，输出端则可以有多个（一般为两个），分别经万向传动装置或传动链与各驱动轴连接。

一些分动器还具有减速功能，设有两个档位选择，起到副变速器的作用。当选择低档位时，可以将驱动转矩放大，以提高攀爬和拖曳能力。因此，在分时四驱汽车上，在变速杆旁边还有一个或两个分动器操纵杆（钮），用来切换两驱与四驱，以及选择分动器档位。当选择低速档位时（4L），此时输出到车轮上的转矩最大，可以在车辆爬坡、过障碍时使用。

分动器

多片离合器
后输出轴
离合器拨叉
传动链
动力输入轴
分动器控制电动机
前输出轴

为什么一些分动器上还有低速档位（4L）？

传统意义上的分动器都有变速装置，起到副变速器的作用。分动器一般设有两个档位，当选择低档位（4L）时，可以将发动机的驱动转矩放大，以便增大车辆的牵引能力。如吉普牧马人罗宾汉的分动器的低速四驱档位的齿比为 4.0：1，也就是说相当于将变速器传来的最大转矩放大了 4 倍，当然，放大转矩的同时转速也变得很低。实际上，低速四驱时变速器的 3 档，大概相当于高速四驱时的 1 档，因此变速器在换档时可能会有顿挫感。

在大多数越野地段，你最好使用低速四驱。这样使车辆更容易应付行驶条件。但永远不要在摩擦系数较小的路面上切换档位，否则你将失去动力，可能会慢慢停下来，并很难再让车辆往前移动。

其实四驱低速档位（4L）也可以用作其他用途，而不仅仅是在通过坏路时使用，比如拖挂重载时，或拖车救援时。

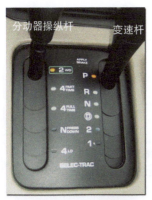

分时四驱车型分动器档位

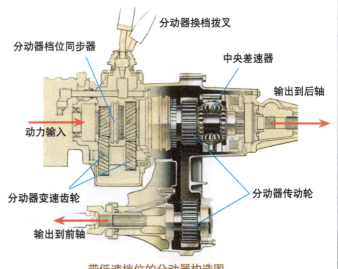

分动器换档拨叉
分动器档位同步器
中央差速器
输出到后轴
动力输入
分动器变速齿轮
分动器传动轮
输出到前轴

带低速档位的分动器构造图

一款硬派越野汽车需具备哪些设计特点？

四驱汽车中有少数车型是为越野而打造的，我们可以称它们是硬派四驱或越野型四驱汽车。虽然它们对On road（公路）性能比较重视，但对Off road（越野）性能更注视。为了能在恶劣环境中顺利行驶，这些越野型四驱汽车一般都会有几样必不可少的设计和装备。这里总结出10项设计特点，也是鉴定是否是越野型四驱车的最重要标志：非承载式车身，较大的接近角、离去角和纵向通过角，较大的最大爬坡度和侧倾角度，较大的最小离地间隙，较大的最大涉水深度，可断开式的横向稳定杆，较强的动力性和低速时的动力响应能力，带低档位的分动器，机械差速器，分时或全时四驱系统。

为什么越野车要采用非承载式车身？

非承载式车身是指汽车的车身只承载自身（包括座椅、内饰等）重量，而不承载发动机、悬架、转向和传动系统等部件，这些部件都由车架（俗称大梁）来承载。非承载式车身的优势是可以提高车身刚性，在通过坑洼不平的路面时车身更不容易变形，路面颠簸也不容易传递到驾乘室内，从而可以保证汽车拥有较高的舒适性和通过性。

吉普牧马人非承载式车身构造

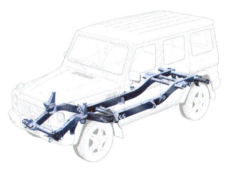

奔驰G级汽车非承载式车身构造

为什么越野车型通常要这样设计？

1）较大的接近角、离去角和纵向通过角。较大的接近角可以使车辆有可能爬上较陡的坡道；较大的离去角则可以使车辆有可能从较陡的坡道上下来；较大的纵向通过角可使车辆有可能通过更加凸起的坡道。

2）较大的最大爬坡度和最大侧倾角度。最大爬坡度和最大侧倾角度是汽车通过坡道能力的综合指标，它不仅与动力系统、四驱系统有关，也与车身重心设计、轮胎性能等都有关系。

3）较大的最小离地间隙。较大的最小离地间隙是车辆拥有较高通过性的最基本保证。最小离地间隙越大，其通过性越强。

4）较大的最大涉水深度。较大的最大涉水深度是车辆涉水性能的最基本保证。这个数据一般与车辆的最小离地间隙有关。另外，柴油动力汽车比汽油动力汽车的最大涉水深度要稍高。

5）较大的悬架行程，以便在过沟坎时让车轮尽量着地。

6）轴距不能过大，以保证翻越坡道的能力。

7）循环球式转向设计，以减缓方向盘的振动。

为什么越野车采用可断开式横向稳定杆？

横向稳定杆的主要作用是防止车辆在过弯时产生较大的侧倾，因此横向稳定杆也称防倾杆。横向稳定杆的两头与悬架部件相连，当车体发生侧倾时横向稳定杆会顺势产生扭动，同时产生相反方向的回馈力使车体的侧倾得到控制，因此横向稳定杆实际上就是一根轴向扭动的杆状弹簧。

但车辆在坑凹较大的地面上行驶时，稳定杆则会影响左右车轮的独立性，对悬架的行程限制较大，有可能使一侧车轮悬空而无法与地面接触，或容易出现交叉轴现象，因此最好把稳定杆断开，以便让车轮尽量触地，从而获得驱动力，提高车辆的通过性能。

为什么越野车要拥有低转速大转矩的性能？

越野型汽车要跋山涉水、穿林过泥，在低速时更需要拥有较大的驱动转矩，遇到障碍时还要求有灵敏的动力反应，并且它们的重量一般都较大，因此，越野型汽车对动力性的要求较高，往往采用3.0升以上排量的发动机作为动力。

为什么越野车要采用带低档位（4L）的分动器？

为了保证车辆在低速时拥有更强大的驱动转矩，越野型车辆不仅会使用分动器来分配前后动力，而且还会将分动器设计成两个档位，其中低速档可以将驱动转矩进一步放大，较高者可以放大4倍，从而提高车辆的攀爬能力。分动器的低速档位常用LOW RANGE或4L表示。

拥有低速四驱档位（4L或LOW RANGE）是硬派越野车型的重要标志

为什么越野车要拥有机械式差速锁？

虽然一些差速限制器可以将差速器锁止，或采用电子限滑辅助阻止车轮打滑、重新分配驱动转矩，但它们都不是将驱动车轮"刚性"连接，在遇到较大障碍时不如机械式差速锁可靠，因此一些超强越野型汽车拥有前、中、后三个机械式差速锁，可以将四个车轮"刚性"连在一起，只要一个车轮上有附着力，就可以帮助车辆脱困。

为什么越野车采用分时或全时四驱系统？

不论遇到什么障碍，如果汽车的四个车轮上始终能够获得驱动转矩，或者说有附着力的车轮上永远能得到驱动转矩，那么汽车就不会惧怕任何路面障碍，它的越野能力就较高。分时四驱在接通四驱时，可以恒定向四个车轮提供驱动转矩；而全时四驱则可以将驱动转矩始终分配给有附着力的车轮，不存在由两驱向四驱被动切换的过程，从而可以保证车辆拥有较高的通过能力。

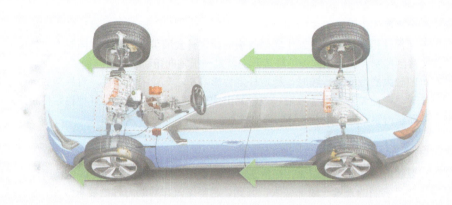

第 4 章 新能源汽车电驱动

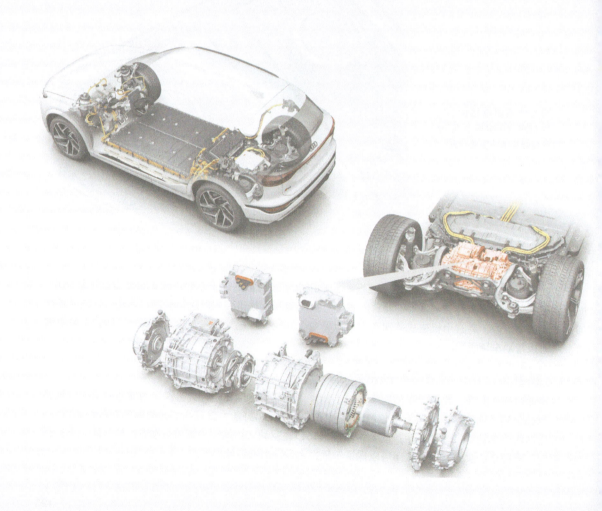

4.1 什么是新能源汽车？

什么是新能源汽车？主要包括哪些车型？

所谓新能源汽车是针对传统的石化"旧能源"而言，像汽油、柴油、压缩天然气（CNG）、液化天然气（LNG）、液化石油气（LPG）等燃料都是产自石化的"旧能源"。凡是不再将石化"旧能源"燃料作为唯一或主要能源的汽车，都可称为新能源汽车，包括电动汽车、太阳能汽车、燃氢发动机汽车、核能汽车和压缩空气汽车等。

什么是电动汽车？电动汽车主要包括哪些车型？

电动汽车（Electric Vehicle，简称 EV）是指完全或主要以电能为能源，用电机驱动车轮行驶，符合道路交通、安全法规各项要求的车辆。根据这个定义，可以根据电能来源的方式将电动汽车分为四种：

1）以车载电池为唯一电能来源的纯电动汽车（Battery Electric Vehicle，简称 BEV）。
2）以车载电池为主要电能来源的插电式混合动力汽车（Plug in Hybrid Electric Vehicle，简称 PHEV）。
3）以车载电池为主要电能来源并可由其他能源（如汽油）进行电能补充的增程式电动汽车（Range Extended Electric Vehicle，简称 REEV）。
4）以车载燃料电池为唯一电能来源的燃料电池汽车（Fuel Cell Vehicle，简称 FCV）。

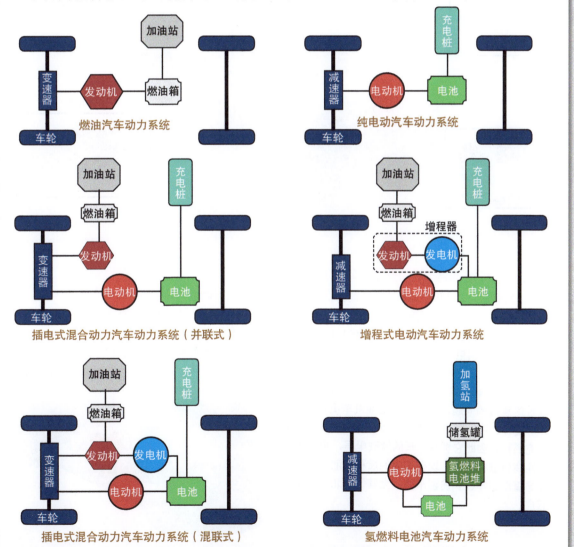

纯电动汽车的结构和原理有什么特点？

纯电动汽车是指完全由动力电池（如铅酸电池、镍镉电池、镍氢电池或锂离子电池等）提供动力的汽车。这些汽车完全由外接电源充电获得能量，当动力电池能量耗尽时，汽车就不能继续行驶。

现在马路上奔跑的电动汽车中，绝大多数是纯电动汽车，因此，如果不加以特别说明，人们通常所说的电动汽车就是指纯电动汽车。

纯电动汽车是结构和原理最简单的电动汽车，它由动力电池、电机、电子控制器、减速器和差速器构成。它的工作原理是：动力电池通过充电接口从电网获取电能并储存，电机接通电源后运转产生动力，通过减速器、差速器、传动半轴将动力传递到车轮，驱动汽车运动。电子控制器负责调节电机转速，从而起到调节汽车速度的作用。

与燃油汽车相比，纯电动汽车上的动力电池相当于燃油箱，电机+电子控制器相当于发动机+变速器。燃油汽车是将化学能转换为机械能，纯电动汽车是将电能转换为机械能。

纯电动汽车构造图

什么是燃料电池汽车？它有什么特点？

燃料电池汽车使用电能作为唯一能源，利用电动机驱动汽车运动，但它的电能不是通过外接电源充电获得的，而是利用车载燃料电池实时发电获得的。它可以像燃油汽车一样加注燃料，燃料在燃料电池中产生化学反应而输出电能，并利用电动机驱动汽车。

现在的燃料电池汽车大都采用氢作为燃料，由氢与空气中的氧发生化学反应，相当于电解水的逆反应而产生电能。只要能加注氢燃料，汽车就能继续行驶。

由于燃料电池在工作时产生一定的热量，不存在电池遇冷导致性能衰减的问题，所以燃料电池汽车更适合在寒冷地方使用。此外，由于它可以像燃油汽车那样很方便、快捷地补充燃料，因此它拥有较长的续驶里程，更适用于长距离行驶的汽车。现在国内的燃料电池汽车主要是重型货车、长途客车等，尤其是在北方应用较广。

什么是插电式混合动力汽车？它有几种形式？

插电式混合动力汽车通常是指可以外接充电的油电混合动力汽车。它不仅可以加注燃油，利用发动机产生的动力直接或间接驱动汽车，还可以使用外接电源为动力电池补充电能，利用电机产生的动力驱动汽车。

插电式混合动力汽车是最复杂的电动汽车，根据发动机与电动机的关系，可以将其分为并联、串联和混联三种形式。

并联：发动机和电动机可以分别单独或同时驱动汽车。动力电池可通过外接电源补充电能。

串联：发动机只负责带动发电机产生电能，通过动力电池、电机间接驱动汽车。动力电池也能通过外接电源补充电能。这种串联式插电式混合汽车也称为增程式电动汽车。

混联：发动机和电机可以分别单独或同时驱动汽车，而且在电能不足时发动机可以带动发电机发电。动力电池也能通过外接电源补充电能。由此可见，混联式的插电式混合动力汽车至少要配备两台电机、一台发动机、一台变速器，同时还要配备一套机械动力耦合装置，其结构和原理相当复杂。

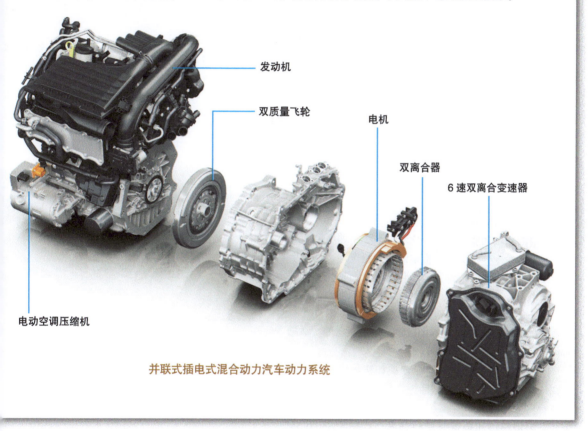

并联式插电式混合动力汽车动力系统

什么是增程式电动汽车？它有什么特点？

增程式电动汽车也称增程式混合动力汽车、串联式插电式混合动力汽车。它配有一台燃油发动机，但并不用来直接驱动汽车，而只用来带动发电机发电，为车载动力电池补充电能，利用电动机驱动汽车。

由于它最终只使用电能和电动机驱动汽车，因此称其"电动汽车"要比"混合动力汽车"更合适。

发动机与发电机的组合称为"增程器"，相当于为纯电动汽车加配一套"增程器"，在动力电池能量耗尽时可以补充电能，使汽车的续驶里程增加，因此增程式电动汽车的续驶里程都比较长，现在这种让人没有"里程焦虑症"的增程式电动汽车越来越受欢迎。

4.2 动力电池是怎样工作的?

什么是电芯（Cell）?

拆开电动汽车的底部，最先看到的动力电池系统并不是一块电池或一个大电池，而是由成百数千个"小电池"组合而成的。这些"小电池"称为"电芯"（Cell）或单体电池，它是电池的最基本单位。

电芯主要由四种组件构成：正极片、负极片、电解质和隔膜。电池在充电或放电时，所有的化学反应都是在电芯中发生的。

电芯都有哪些封装形式?

根据封装工艺的不同，可制造出三种形态的电芯：圆柱形、方形、软包。其中前两种都是用卷绕的方式制造，将正极片、负极片、隔膜卷成圆柱形或方形；软包电芯则是采用层叠工艺制造，像三明治那样，将正极片、负极片和隔膜堆叠而成。

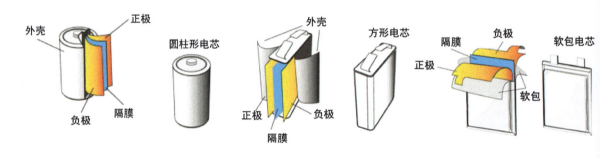

电池都是怎样命名的?

根据结构和原理命名：化学电池、物理电池。现在电动汽车上使用的各种蓄电池、燃料电池，都属于化学电池，因为它们都是利用化学反应而将化学能转化为电能。而物理电池中最常见的是超级电容、太阳能电池，它们在充放电时并不发生化学反应。

根据正极活性物质命名：如磷酸铁锂电池、锰酸锂电池、钴酸锂电池、三元电池等。

根据正极和负极材料命名：如镍氢电池，正极活性物质主要为镍，负极活性物质为金属氢化物，因此称为镍氢电池。

根据极板和电解质材料命名：如铅酸电池，使用铅作为极板，硫酸液作为电解质。

根据电解质形态命名：如液态电池、固态电池。

根据电池组外观形状命名：如圆柱形电池、方形电池和软包电池；长条形的电池组称为"刀片电池"。

根据电芯外形尺寸命名：如18650电池，即指直径18mm、长度65mm的圆柱形电池；4680电池，即指直径46mm、高80mm的圆柱形电池。

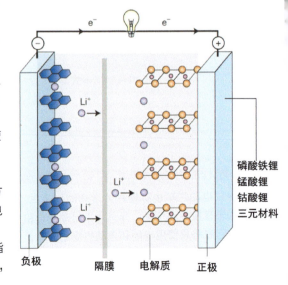

什么是电池模组（Module）？

一个电芯的电压和能量有限，必须将它们一定数量的电芯以串联或并联的方式，连接在一起并放进一个框架中，组成一个电池"模组"（Module）。电池模组可以保护电芯免于受到外热或振动的影响。

什么是电池包（Pack）？

一个电池模组的能量还是不能满足电动汽车的需要，必须将多个电池模组再组合在一起，并装上金属保护外壳、电池管理系统（BMS）、加热或冷却系统等，构成一个更大的"电池包"（Pack），最终以电池包的形态安装在汽车上。根据设计布局，一辆电动汽车可以由一个或多个电池包共同组成动力电池系统。

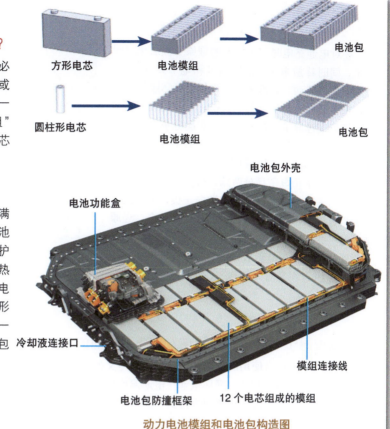

动力电池模组和电池包构造图

什么是电池能量？它与电池容量是一回事吗？

电动汽车的电池能量是指动力电池存储的能够提供驱动能量的电能量，或者说是电池在完全放电过程中能够释放出的总能量，通常以千瓦·时（kW·h）为单位，1千瓦·时=1度电。电池能量通常简称为"电量"，并常用"度"表示。

一辆电动汽车的电池电量是50~100度电，也就是说需要50~100度电才能给汽车电池充满电，具体取决于充电方式、电压、电流以及使用的连接线插头和充电器等因素。例如，特斯拉旗下车型中常见的电池电量为60~90度电。给电动汽车充电的电量可在车内显示屏、充电桩显示屏或手机App上查看。

电池容量和电池能量是两个不同的概念，它们分别代表了电池的两个重要参数。

电池容量通常以安·时（A·h）为单位，表示电池在一定放电速率下能够提供的电荷量。容量是衡量电池存储电能大小的物理量，它取决于电池的化学组成、电极材料、电解液以及电池设计等因素。容量越高，意味着电池在放电时可以提供更多的电荷，从而支持设备更长时间的运行。

电池能量是电池容量与电池平均工作电压的乘积。电池能量反映了电池在实际使用中能够对外提供多少电能，是评价电池储能能力的重要指标。两者之间的关系是：电池能量（W·h）= 电池容量（A·h）× 电池电压（V）。

然而，由于电池能量，也就是"电量"及其单位"度"的表示很容易被人接受，而且其大小也能反映电动汽车的续驶里程，因此，人们常将电池电量或多少"度电"来代表电池的容量。

锂离子电池是怎样工作的？
为什么称锂离子电池是摇椅式电池？

在对电池充电时，正极上的锂原子被氧化成锂离子，同时释放电子，而锂离子和电子兵分两路，分别向负极运动。锂离子通过电解质、隔膜跑向负极，电子通过外部电源跑向负极，两者到负极后结合，还原成锂原子并被嵌入负极石墨分子之间。

在电池放电时，嵌在负极石墨分子中的锂原子被氧化成锂离子，同时每个锂原子会释放一个电子，而锂离子和电子兵分两路，分别从负极跑向正极。锂离子通过电解质、隔膜跑向正极，电子通过外部用电设备跑向正极。两者到正极后结合，还原成锂原子并被嵌入正极材料。

就这样，在充电和放电过程中，锂离子不断在正极和负极之间来回"奔跑"，所以锂离子电池也称摇椅式电池。

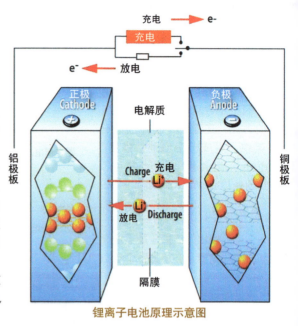

锂离子电池原理示意图

为什么锂离子电池怕冷又怕热？锂离子电池的合理工作温度是多少？

电动汽车上通常使用的锂离子电池，既怕冷又怕热。它的工作温度不能太高，否则容易在内部形成结晶，可能导致内部刺穿，损坏电池；电池温度也不能太低，低于合理工作温度会让电池的锂离子活性降低，放电性能或者说续驶里程大打折扣。对于大多数锂离子电池来说，最佳工作温度为20~30℃，合理工作温度为0~45℃。

据研究，在低于-20℃时，锂离子电池放电容量只有常温时的31.5%左右。其主要原因是：
1）低温环境下，电解液的黏度增大，甚至部分凝固，导致导电率下降。
2）低温环境下，电解液与负极、隔膜之间的相容性变差。
3）低温环境下，锂离子电池的负极析出锂严重。

在温度高于45℃时，锂离子电池内部的化学平衡可能会被破坏，甚至导致击穿，出现热失控。热失控是指单体电池内部发生放热连锁反应引起温度急剧变化，从而可能导致电池过热、起火、爆炸等。目前分析引发电池热失控的原因主要有电池受到机械滥用、热辐射、电池内部短路、恶劣环境滥用等。

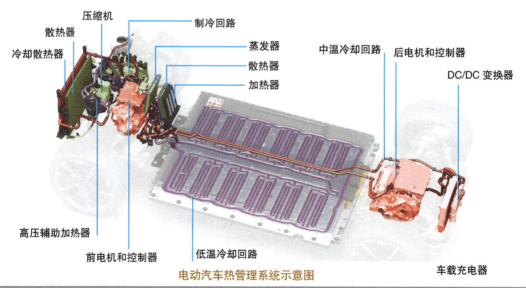

电动汽车热管理系统示意图

为什么动力电池要配备热管理系统?

如果电池的工作温度超出合理温度区间,不论是过热或过冷,都可能引发热失控,电池性能都会明显甚至急剧下降。因此,电动汽车都会装备动力电池热管理系统,监测电池的工作温度等状况,出现异常时及时报警和处理。动力电池热管理系统主要有三方面内容:

冷却降温:当电池温度较高时,利用冷却液循环、自然风吹散热、热泵空调等冷却方式,对电池进行冷却降温。

加热升温:当电池温度较低时,利用收集电机电控模块工作时的热量,或利用热泵空调、PTC加热器等制热装置,对电池工作环境进行加热升温。

调整充放电策略:在充电和放电时,如果电池工作温度超过45℃或低于0℃时,应调整充放电策略,如降低倍率,保证电池在安全温度内工作。充电策略一般包括充电温度、充电倍率和充电电压。

比如,特斯拉Model 3的电池组由7000多个单体电池组成。针对锂离子电池过热的问题,它采用一套独特的冷却系统,将冷却液在围绕单体电池的密封管中穿梭循环,保证每个单体电池的工作温度控制在合理范围内,而且保证所有单体电池之间的温差不超过2℃。另外,通过分区隔离的方法,将失控电池尽可能控制在少量电池范围内,同时提供预警。

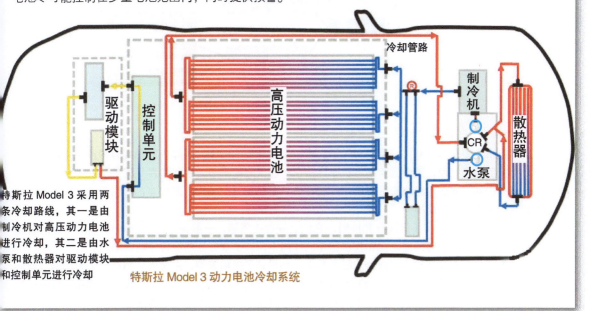

特斯拉 Model 3 采用两条冷却路线,其一是由制冷机对高压动力电池进行冷却,其二是由水泵和散热器对驱动模块和控制单元进行冷却

特斯拉 Model 3 动力电池冷却系统

为什么电动汽车要配备电池管理系统(BMS)?
BMS 是怎样工作的?

一辆电动汽车由成百上千块电芯组成,尽管电池制造工艺已经让各个电芯之间的差异化缩小,但是单节锂电池之间仍然存在内阻、容量、电压等差异,使用中容易出现散热不均或过度充放电等现象。时间一长,就很可能导致损坏甚至爆炸的危险。因此,必须为动力电池配备一套具有针对性的电池管理系统(Battery Management System,BMS),像"管家"那样照料电池,保证电池处于正常工作状态。

BMS 负责对电池进行检测、评估和处理。其中电池检测主要是通过各种传感器收集每个单体电池和每个电池模组的参数信息,比如:温度、电压、电流等。

对电池的检测流程像是对电池进行"体检",而且是在线、持续、不间断地进行。当发现数据异常时,可及时查询对应电池状况,并挑选出有问题的电池,从而保持整组电池运行的可靠性和高效性。当"体检"结束后,会进入分析、诊断、计算的阶段,之后生成"体检报告",这个过程称为电池的状态评估。BMS 根据状态评估情况,会采取异常处理程序,如预警、隔离、断电等措施。

4.3 驱动电机是怎样运行的？

为什么电动汽车通常使用交流电机驱动？

三相交流电在交流电机定子绕组中可以产生旋转磁场，而且这个磁场不仅相对直流电机更稳定，而且具有固定旋转方向，只需要控制定子电流的相位和频率，就可控制电机的转矩和转速。而直流电机需要额外增加电流换向器或者电子功率控制器件，其换向器和电刷容易产生火花，还需要定期维护，运行成本高。另外，只要使用 AC/DC 变换器，就可将电池的直流电转换为交流电，或将交流电转换为直流电储存于电池中，非常利于电机再生制动能量回收。因此，尽管动力电池都是直流电，但电动汽车通常都使用交流电机作为驱动电机。

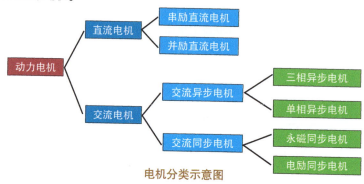

电机分类示意图

交流电机的构造是怎样的？

交流电机主要有两大部件：定子和转子。定子是最外面的圆筒，圆筒内侧缠绕有很多绕组，这些绕组与外部交流电源接通，整个圆筒则与机座连接在一起，固定不动，因此称为"定子"。

在定子内部，要么是缠绕有很多绕组的圆柱体，要么是笼型结构的圆柱体，它们与动力输出轴连接在一起并同速旋转，因此称为"转子"。

转子与定子之间没有任何连接和接触，它们之间存在气隙，一般为 0.2～2mm。当定子上的绕组接通交流电源时，在电磁感应定律和楞次定律的作用下，转子就会立刻旋转并输出动力。

转子形状主要有笼型和绕线两种。顾名思义，如果转子采用笼型，由金属条组成一个封闭的导电环路，像是仓鼠笼的形状，因此称其为笼型异步电机；如果转子采用绕线转子，也就是由绕组绕成封闭的导电环路，就称其为绕线转子异步电机。笼型异步电机在电动汽车上更为常用。

交流电机定子与转子构造

异步电机是怎样工作的？为什么称其为"异步"？

异步电机的定子绕组接通三相电源后，由于三相电源的相与相之间在相位上相差120°，而且定子中的三个绕组在空间方位上也相差120°，这样，定子绕组就会产生一个旋转磁场。

转子上的绕组是一个闭环导体，它处在定子的旋转磁场中就相当于在不停地切割定子的磁感应线，那么，根据电磁感应定律：闭合导体的一部分在磁场中做切割磁感应线的运动时，导体中就会产生电流。

感应电流产生后，再根据楞次定律：感应电流的效果总是反抗引起感应电流的原因。这就是说，感应电流产生后的效果是，它将尽力使转子导体不再切割定子旋转磁场的磁感应线，也就是让转子导体尽力"追赶"定子旋转电磁场，使两者不再产生相对运动。

就这样，在楞次定律的作用下，为了反抗引起感应电流产生的原因，转子追着定子旋转磁场跑，而交流电机的定子磁场一直在旋转，转子就一直追逐，一直转动下去。由于转子总是在"追赶"定子旋转磁场，但又必须能够切割磁感应线而产生感应电流，否则就没有什么"反抗"和"追赶"，因此转子的转速总要比定子旋转磁场的转速慢一点点（1%~5%）。也就是说，它们是异步运行，所以才将这种产生感应电流的电机称为交流异步感应电机，简称异步电机。

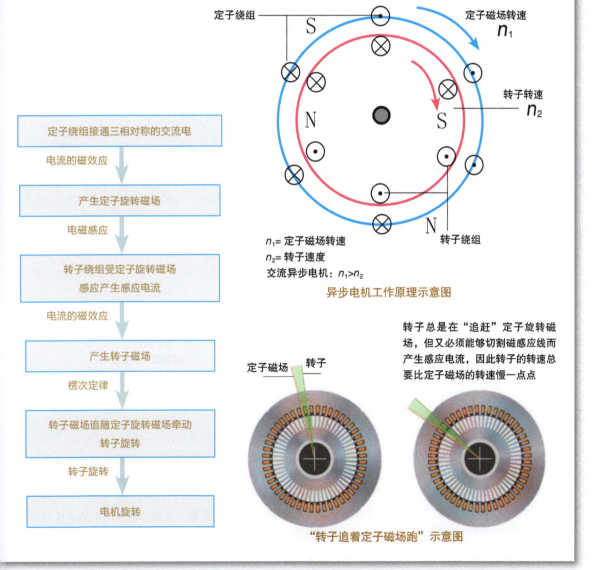

异步电机工作原理示意图

"转子追着定子磁场跑"示意图

永磁同步电机是怎样工作的？为什么称同步电机为"同步"？

前面说过，在异步电机中，转子磁场的形成要分两步走：第一步是定子旋转磁场先使转子绕组产生感应电流；第二步是感应电流再产生转子磁场。在楞次定律的作用下，转子跟随定子旋转磁场转动，但又"永远追不上"，因此称其为异步电机。如果转子绕组中的电流不是由定子旋转磁场感应的，而是自己产生的，则转子磁场与定子旋转磁场无关，而且其磁极方向是固定的，那么根据同性相斥、异性相吸的原理，定子的旋转磁场就会推拉转子旋转，使转子磁场和转子本身，一起与定子旋转磁场"同步"旋转。这就是同步电机的工作原理。

根据转子自生磁场产生方式的不同，又可以将同步电机分为两种：

一种是将转子绕组通上外接直流电（励磁电流），然后由励磁电流产生转子磁场，进而使转子与定子磁场同步旋转。这种由励磁电流产生转子磁场的同步电机称为励磁同步电机。

另一种是干脆在转子上嵌上永久磁体，直接产生磁场，省去了励磁电流或感应电流的环节。这种由永磁体产生转子磁场的同步电机，就称为永磁同步电机。永磁同步电机是电动汽车上应用最广的两种电机之一。

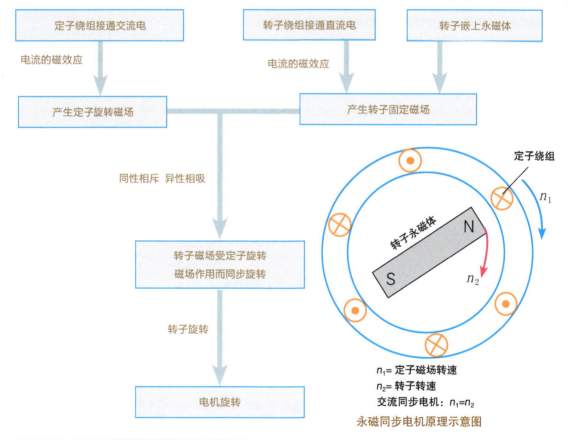

永磁同步电机原理示意图

磁铁的磁性是如何产生的？永磁体都有哪些？

磁铁的磁性产生的原理目前还没有统一的定论，但是普遍认为，磁性物体的磁性是由物质内的电子绕原子核转动、电子的自旋、原子核的振动而产生的环形电流产生的。因此，所有的物体都有导磁性能，或者都能被磁化，只是磁化能力强弱不同而已。

目前常见的永磁体有铁氧体、钐钴磁体、钕铁硼等，它们都是稀土永磁。电动汽车的电机转子上最常用的永磁体是钕铁硼，它磁性能高，充磁方便，但成本较高。

为什么电机一起动就能达到最大转矩？

因为电机的转子与定子之间没有直接连接和接触，它们之间存在一定的气隙。当定子上的绕组接通三相对称的交流电源时，在电磁感应定律和楞次定律的作用下，转子立刻旋转并输出动力。由于转子旋转时不会受到任何阻力，因此可以很容易地达到最大转矩。只有当最大功率出现时，其转矩输出才开始下降。而燃油发动机旋转机构有很多"累赘"，例如飞轮、曲轴、连杆和活塞等，不仅有重力，而且还有摩擦力等因素影响旋转机构的运转。发动机的转矩输出必须随着转速的提高而逐渐提升。

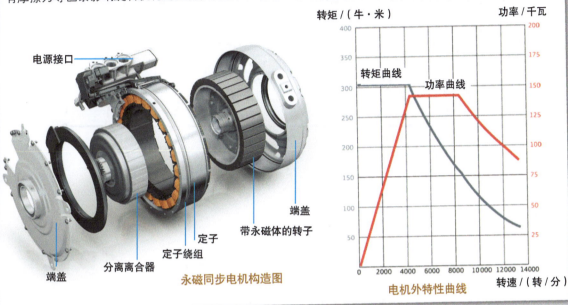

永磁同步电机构造图

电机外特性曲线

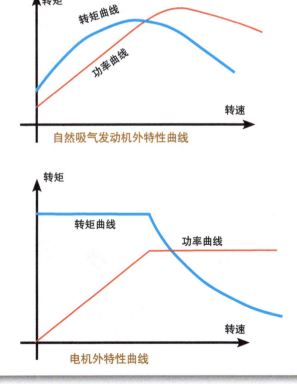

为什么纯电动汽车不需要变速器？

当初发明变速器的目的，就是帮助汽车起步和爬坡。因为燃油发动机的初始转矩较小，驱动笨重的汽车起步时就比较困难，更无法驱动汽车爬坡。变速器则可以通过齿轮组合在将转速降低的同时，可以将转矩放大，从而让汽车拥有更大的驱动力，使汽车顺利起步和爬坡。

而电机的初始转矩是最大的，不需要变速器放大即足可以驱动汽车顺利起步和爬坡，因此电动汽车可以不配传统的变速器，只需配个减速机构，将电机的转速减下来，以适应车轮的转速即可。电动汽车没有变速器，不仅少了一个传动环节，节省了制造成本和维护修理成本，而且动力传递更直接，能量损耗也更小。

为什么利用变频器就可以调节电机转速？

异步感应电机的转速总要比定子磁场的转速慢一点点（2%~6%），而永磁同步电机的转速与定子磁场转速相等。所以，只要调节定子旋转磁场的转速，就能控制电机的转速。而定子磁场的转速与电源频率和磁极对数有关，具体计算公式是：

$$定子磁场转速：n = 60f/P$$

式中，n 为定子磁场转速（转/分）；f 为电源频率（赫兹）；P 为磁场的磁极对数（磁极数除以2）。

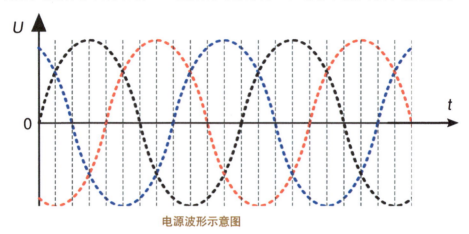

电源波形示意图

据此，我们可以得出电机的转速：

$$异步电机转速：n = (1-s)60f/P$$
$$永磁同步电机转速：n = 60f/P$$

式中，s 为磁场转速与转子转速之间的转速差（为1%~5%）。

根据此式，异步电机和永磁同步电机的转速调节方法一样，都有两种：

1）变磁极法（即调节 P），改变磁极对数 P，就能改变转速，转速与磁极对数成反比。

2）变频法（即调节 f），改变电源频率 f，就能调节转速，转速与频率成正比。

以往多用变磁极法来调节电机的转速。但随着电子技术的进步，现在的电动汽车大多是利用变频器来调节电源频率，从而实现对交流电机转速的控制，而且是无级调速。

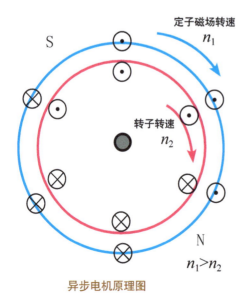

异步电机原理图

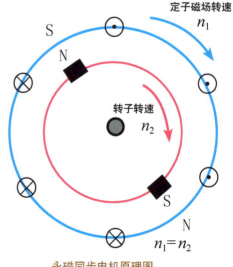

永磁同步电机原理图

变频器是怎样调节电机转速的？

电动汽车上的变频器都是采用脉冲宽度调制（Pulse Width Modulation，PWM）方式调节频率。PWM 是指通过对逆变电路中功率开关器件（IGBT）的导通和关断动作进行控制，把直流电变成一系列幅值相等而宽度不相等的脉冲，用这些脉冲来代替正弦波作为电机所需要的交流电波形，从而作为交流电源供给电机。

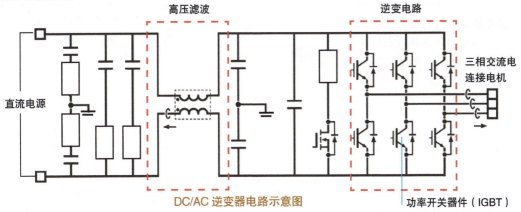

DC/AC 逆变器电路示意图

在由直流变交流的过程中，通过控制功率开关器件（IGBT）的导通和关断方式，可以控制所输出脉冲的周期、脉宽时间。而脉冲周期决定脉冲的频率（两者成反比），即供给电机的交流电的频率。频率越高，电机的转速越大。控制 IGBT 通断→调节脉冲频率→调节电机转速。

脉宽时间也称占空比，脉宽时间则决定脉冲信号电压，即供给电机的交流电的电压。电压越高，电机输出转矩越大。控制 IGBT 通断→调节脉宽时间→调节电机转矩。因此，只要对逆变电路中每个 IGBT 的通断时机和时长进行控制，就可调节交流电的频率和电压，达到调节电机转速和转矩的目的。

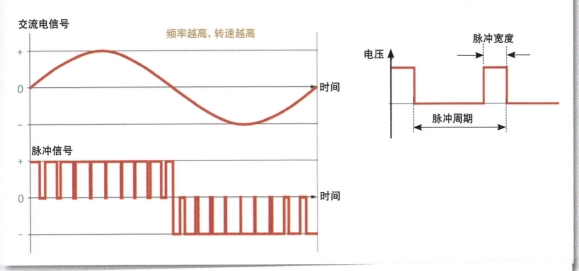

什么是 IGBT？

IGBT 是"绝缘栅双极型晶体管"的简称，它相当于一个非通即断的半导体开关。它没有放大电压的功能，导通时可以看作导线接通，断开时当作开路。

DC/AC 逆变技术的基本原理是通过 IGBT 模块的开通和关断作用，把直流电能变换成交流电能。在电动汽车的逆变电路中，每相电路配备两个 IGBT 模块，总共由 6 个 IGBT 模块组成逆变电路。通过控制 IGBT 的导通和关断，调节所输出脉冲的周期、脉宽时间，进而调节输入到交流电机的交流电的频率和电压。

4.4 纯电动汽车是怎样工作的？

电动汽车是怎样奔跑的？

通电启动：当驾驶人转动启动钥匙时，纯电动汽车并没有什么反应和动静，只是附件电器接通电源，但电机并没有开始运转。

电机转动：当驾驶人踩加速踏板时，电机控制器根据加速踏板位移传感器的信息，发出接通电机电源的指令，蓄电池通过DC/AC逆变器向电机定子绕组提供三相交流电，使电机开始旋转。

减速器：电机起动后就能达到最大转矩，只要将电机的高转速降下来即可顺利起步。

加速：当继续向下踩加速踏板希望汽车加速时，电机控制器根据加速踏板位移传感器的信息，向电机输出更高的电源频率和电压，从而使电机转速升高，进而使车速上升。

减速：当抬起加速踏板时，电机控制器根据加速踏板位移传感器的信息，通过降低电源频率来降低电机转速使车辆减速；或转为能量回收模式，车辆拖动电机转动，电机变身发电机，逐渐使汽车减速或停车。

制动：当踩制动踏板时，立即进入能量回收模式，车辆在惯性作用下拖动电机转动，电机变身发电机，使汽车减速停车。

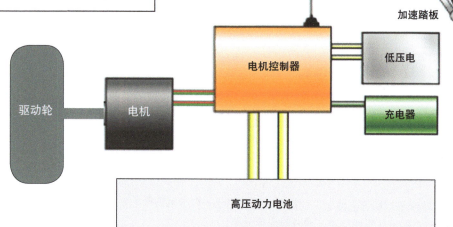

纯电动汽车变速原理示意图

为什么纯电动汽车不用驱动电机带动空调?

电动汽车装有空调系统,可以像传统的燃油汽车那样为车内乘员提供冷风,并且采用同样的制冷原理,也就是压缩机+制冷剂的方式。所不同的是,电动汽车上的压缩机不是由驱动电机带动的,而是采用一体式的电动压缩机(电动机与压缩机的组合),直接由动力电池驱动。

传统汽车都是由发动机驱动压缩机,那么纯电动汽车为什么不用驱动电机带动压缩机呢?因为驱动电机只在汽车前进时才运转,在停车时它也停止运转,如果用它来带动压缩机,那么在等红灯时制冷系统就要停止工作了,这样显然会让车内的人感觉不舒适。因此,只好采用一套与电驱系统无关的独立制冷系统,无论是停车还是行驶,制冷系统都能工作。

纯电动汽车上的电动空调系统主要由电动压缩机、压缩机控制器、冷凝器、蒸发器、膨胀阀、干燥瓶和若干管路组成。它的压缩机电机采用脉宽调制(PWM)技术,可以实现无级调速。

为什么电动汽车采用热泵空调制冷和制热?

一些高端电动汽车上采用热泵空调器,可以在制冷和制热两种方式下运行,提供冷风和热量。热泵空调器其实就是在普通空调器的基础上安装一个四通换向阀。只要改变阀的操作,就可以让蒸发器与冷凝器的功能互换,实现制冷循环与制热循环相互切换。这样,热泵空调在冬季时可以把室外较低空气中的热量抽取进室内,而在夏季时可以把室内空气中的热量抽到室外去。

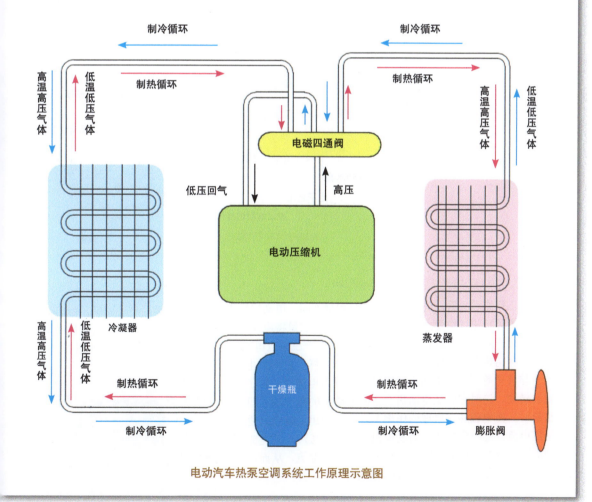

电动汽车热泵空调系统工作原理示意图

为什么不用直流电机作为驱动电机？

电动汽车上的电池都是直流电，不论是大的动力电池还是小的辅助电池，都是直流电，可现在电动汽车上都使用交流电机而不是直流电机作为驱动电机。为了将动力电池中的直流电变成电机能用的交流电，还要配备逆变器或称为转换器，而且这个逆变器的成本并不低。为什么不直接使用直流电机呢？

其实，在很多低速电动车上，就是使用直流电机的，比如低速代步车、无轨电车、电动叉车、电动观光车、电动巡逻车等，它们都使用直流电机驱动。只是那些能上正式牌照的电动汽车，无一例外，都使用交流电机。其主要原因是：

①直流电机有换向器，有电刷，不安全，可靠性差。②直流电机高转速时发热，造成磁衰减。③电刷有磨损，影响寿命。④直流电机的转速范围小。因为直流电机容易产生火花，所以最高转速不能太高，在6000转/分左右，如果不配上二级减速器，汽车的最高车速就较低。

虽然已发展出无刷直流电机，不用电刷和换向器而是通过电子器件晶体管就能调节电流方向，其结构、原理与永磁同步电机基本一样，但它的响应、控制都不够精准，因此仍没有在电动汽车上得到应用。

其实直流电机也可以看作交流电机，因为直流电源接通换向器后，通过不断地换向，直流电也就变成了交流电。电机绕组上获得的实际上是一种交流电。因此有个说法——所有电机都是交流电机。不无道理。因此，现在也有一种电机分类法，将电机分为有刷电机和无刷电机两种。

另外，电动汽车对制动能量回收比较重视，可以延长续驶里程。而直流电机要实现制动能量回收就没有交流电机方便了，相对比较困难和复杂。因此，使用直流电机的电动自行车，一般都没有制动能量回收功能。总之，直流电机上有换向器，有电刷，使得其可靠性差，寿命短，而且转速调整范围小，不适宜作为电动汽车的驱动电机。

纯电动汽车交流电机构造图

为什么电动机可以转换为发电机？

从工作原理上看，电动机与发电机完全不同。电动机是将定子绕组通电后产生磁场，然后使转子的通电导体在磁场中受力，从而使转子运转。它是将电能转换成机械能的装置；发电机则是利用外力来转动转子并使其切割定子磁场磁力线，从而产生感应电流。它是将机械能转换成电能的装置。

但从结构上看，发电机与电动机完全一样。它们都由定子与转子等组成。电动机的定子绕组输入电能时，转子就会转动，这时它就是电动机；当向电动机的转子输入机械能时，在电磁感应原理的作用下，定子绕组上就会产生感应电流，此时它就变身为发电机。因此，当汽车减速或制动时，汽车会拖动电动机的转子旋转产生电流，从而电动机就转变为发电机，为汽车回收能量。

电动汽车再生制动能量回收示意图

为什么电动汽车起步和加速特别快？

首先是因为电机的动力响应比发动机快得多。

燃油汽车起步或加速时，驾驶人踩下加速踏板，气缸内充入更多的燃油和空气，燃烧室发生剧烈的燃烧爆炸，产生的爆炸力推动活塞下行，经连杆将动力传递到曲轴，将直线运动调整为旋转运动，也就是将动力改变方向。由于力量改变了方向，运转起来不平衡，必须为曲轴装上"平衡重"或"平衡轴"，曲轴输出端还要连接上飞轮，平衡重和飞轮其实都会影响动力变化的响应。就是说，燃烧室产生的力量，要经过多个传动部件传递，还要改变方向，且还要克服平衡重和飞轮的负担，才能将发动机动力向后传递。因此，发动机的转矩特性曲线像是一座山峰，在初始转速时有一个爬坡上升的过程，接近 2000 转 / 分时才会上升到最大。转矩特性决定汽车的加速性能，功率特性决定汽车的最高速度。发动机的这种山峰形状的转矩特性，就会导致起步加速就没有那么干脆利落。

电机的结构简单，主要由定子和转子组成，而且定子与转子之间有气隙。它的基本原理就是两个磁场相互作用，在同性相斥、异性相吸的原理作用下，由一个磁场旋转带动另一个磁场旋转。动力的产生和改变，都是基于电磁学的原理，它们的动力响应也是电和磁的速度，可以说快如闪电。加上转子与定子之间存在气隙，没有任何机械阻力，转子浑身无牵挂。更重要的是，电机的力量从一产生就是旋转力，不需要改变方

燃油汽车动力传递系统

向，也不需要配什么平衡重或平衡轴和飞轮，因此电机不存在动力响应时间问题，或者说它的响应都是同步的。因此，电机的转矩特性曲线像是一堵墙，开始旋转时就达到最大转矩，并能保持较长的转速范围。当驾驶人踩电动汽车的加速踏板时，电机接通电源的同步，就能输出最大转矩，导致电动汽车的起步加速性能优势明显。

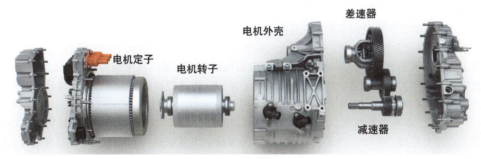

电驱动系统

其次是因为电动汽车没有变速器，动力传递更直接。

燃油汽车都有变速器，当发动机的动力输出后，还要经变速器等环节才能将动力传递到车轮。在从静止加速到 100 千米 / 小时的过程中，变速器至少要变换一次档位，这又要耽误一些时间。而电动汽车没有变速器，只有一个减速器，或者说它的变速器只有一个档位，在起步和加速过程中不必换档，可以直接将电机的动力传递到车轮，这也使得电动汽车的加速响应比燃油汽车更迅猛。

电动汽车像是百米短跑运动员，起步很快并直达终点；而燃油汽车像是障碍跑接力运动员，要越过一些障碍，还要转个弯，再换个接力棒，才能到达终点。

什么是 CLTC 续驶里程？

CLTC 续驶里程是指在符合中国轻型汽车行驶工况（China Light-duty Vehicle Test Cycle，简称 CLTC）的测试标准下，汽车在模拟实际驾驶环境中所能达到的最大续驶里程。这个标准通过将测试时间分为低速、中高速和高速三个部分，并对最高车速和平均车速进行调整，以更好地反映国内实际驾驶环境。CLTC 续驶里程可以看作在国内驾驶时，汽车能够行驶的最远距离。

什么是 WLTP 续驶里程？

WLTP 续驶里程是指根据世界轻型车辆测试标准（World Light Vehicle Test Procedure，简称 WLTP）所测得的电动汽车在充满电情况下的最远行驶里程。这个标准由日本、美国、欧盟等国家或地区共同制定。WLTP 把车辆放在不同的驾驶场景下，比如说城市道路、农村道路、高速公路等，来测试车辆的续驶里程。除了可以测试纯电动汽车的续驶里程之外，也可以测试插电式混合动力汽车、传统燃油汽车等。与之前的 NEDC（New European Driving Cycle）测试标准相比，WLTP 更加接近实际驾驶条件，能够更好地反映电动汽车的真实续驶能力。

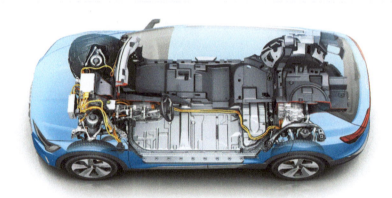

影响电动汽车续驶里程的主要因素是什么？

影响电动汽车续驶里程的因素主要有五方面：

1）电池容量。电池容量决定了动力电池的充电量高低。电池容量越大，充电量就越高，车辆的续驶里程就越长。反之亦然。电池容量主要取决于电池包的电芯数量以及电池的能量密度。电芯数越多，能量密度越高，电池容量就越大，续驶里程就越长。所以，为了提高续驶里程，一些电动汽车就装备了很多电芯，或在提高电池能量密度上下功夫。

2）车身重量。车身重量越大，汽车行驶时的滚动摩擦力就越大，就需要电机消耗更大的功来克服滚动摩擦力。反之亦然。所以，为了获取更大的续驶里程，许多电动汽车就尽力减轻车身重量（包括电池重量）。这时就需要在电芯数量、车身重量及续驶里程之间找到平衡。

3）驾驶习惯。与燃油汽车一样，驾驶人有良好的驾驶习惯，平稳驾驶，尽量不急加速、急制动，就可以减少能耗，延长续驶里程。

4）平均速度。据调研，普通电动汽车在市区以 50~60 千米/小时的平均速度行驶时平均能耗较低，续驶里程较长；而在高速公路上以高于 90 千米/小时的速度行驶时能耗较高，续驶里程较短。

5）气温因素。现在电动汽车普遍采用锂离子电池，而这种电池在温度过高或过低时都会影响电池的放电能力，从而缩短电动汽车的续驶里程。另外，气温低时的供暖、气温高时的制冷，也都要消耗电量，从而影响续驶里程。

另外，天气状况、车辆状况、交通状态等，都会对续驶里程造成一定的影响。因此，每次充满电后所行驶的里程并不完全一样。

第 4 章 新能源汽车电驱动

为什么电动汽车没有了"大嘴"进气格栅？

燃油汽车前脸采用"大嘴"进气格栅，除了增加前脸造型气势外，主要是为了向发动机提供大量进气。因为发动机的工作原理是通过燃油的燃烧做功，将化学能转换为热能，再转换为机械能。发动机需要"呼吸"大量的空气，利用空气中的氧气参与化学反应，才能使燃油燃烧。另外发动机的冷却系统也需要大量空气。现在汽油发动机的热效率也就 40% 左右，就是说有多半的热量无法转换为机械能，这些热量如果不能及时将多余的热量扩散出去，将导致发动机工作温度过高甚至损毁。因此，发动机都要配备强大的冷却系统，利用从进气格栅吹进的空气，将散热器中的热量吹散到大气中。

然而，电动汽车就不同了，它不需要大量的空气，主要有三大原因：

1）电机不需要吸入空气。它没有发动机，它利用电机将电能转换为机械能。其基本原理是依靠电流输送到电机的定子绕组，瞬间利用两个电磁场的磁极之间的相互作用而产生机械能，而非燃油燃烧，所以整个工作过程不需要吸入空气。

2）电机、电控不产生大量热量。电机工作时没有燃烧，只有电磁作用，其产生的热量比较低，对于散热的要求自然也就不高，因此电机工作时不需要特别冷却，不需要大量的冷却空气。一些电动汽车，往往将动力电池的液体冷却系统也从电机和电控系统流过，以保证电机、电控处于最佳工作温度状态。

3）电池产生热量但不需要大量进气冷却。动力电池在运行时会产生一定的热量，锂离子动力电池的合理工作温度在 0~40℃ 之间，如果温度过高有可能导致事故发生。为了保证动力电池处于更佳的工作状态，往往也会配备液体循环冷却系统，让冷却液从每个电芯周围流过，利用液体循环来冷却动力电池。然而动力电池冷却系统并不需要大量冷却进气，其原因一是动力电池的工作温度并不会高到致使冷却液沸腾，没必要像内燃机那样必须利用强大的空气流来吹散热量；二是动力电池一般都是布置在车辆底部，依靠底盘下面流过的空气，也能实现较好的冷却效果。因此，电动汽车往往都是在前脸下端设置小口径的进气孔，引导空气尽量从底盘下部流过，同时为车舱提供新鲜空气。

汽车行驶时，如果有大量空气从前脸上的进气格栅进入车舱，就会增加行驶阻力，缩短续驶里程。而电动汽车并不需要大量的进气，因此没必要设置大型进气格栅，而是将前脸设计成平滑的封闭式，也就是将"嘴闭"起来，把迎面而来的空气流引导到两侧，在减小空阻的同时，还能让车身造型显得更加动感优美。

为什么电动汽车行驶时的声音极小？
电动汽车声音小会影响行车安全和驾驶乐趣吗？

燃油汽车利用燃油燃烧爆炸的方式，将燃油的内能转换为热能，然后再将燃烧爆炸的膨胀力转换为驱动汽车的动能。燃烧爆炸时会产生振动和声音，因此，只要发动机运转，燃油汽车就会有声响。而电动汽车上没有燃烧爆炸，电机转子旋转、传动机构工作的声音极小，因此相对燃油汽车而言，电动汽车相当于"无声"奔跑。

电动汽车比较安静的运行状态对行车安全并不利，当电动汽车过来时，其他车辆和行人可能听不到它的到来，往往会导致交通事故发生。因此，一些电动汽车往往会给汽车"装"上声音，以提示他人。

另外，电动汽车也缺少燃油汽车猛烈加速时的轰鸣声，一些人可能会感觉缺少点驾驶乐趣。

什么是电池热失控？
为什么电动汽车会自燃？

现在电动汽车的自燃现象主要是由动力电池的热失控引起的。电池热失控是指动力电池遭外部磕碰致电解液泄漏、电池包进水或者在大电流充放电等诱因作用下，导致单个电芯内部的正、负极自身发热或者直接短路发热，热量无法扩散，当温度逐步上升到某一温度临界点时，电芯温度和内部压力急剧增加，使电芯急剧膨胀并释放热量，这可能会导致热失控，释放的热量在电芯内引起化学反应，产生更多的热量，以至于电芯释放气体并可能爆发出火焰。然后，一个自毁的电芯会影响到邻近的电芯，引发连锁反应，最终引起车辆燃烧或爆炸。据调查，电池热失控有三大原因：

1）电池生产缺陷。厂家检测技术或者生产流程不规范，在组装电池包时未能及时发现不良品，导致不良电芯装车，车辆在使用一段时间后，电芯的一致性等问题暴露，电池管理系统未能及时检测处理，就会导致电池因过充电、过放电、均衡等问题而触发热失控。

2）磕碰致电解液泄漏。现在电动汽车仍以液态锂离子电池为主，当因车辆碰撞、托底或磕碰车底部时，可致电芯破裂并致电解液在行驶一段时间后慢慢泄漏，使电池内部产生短路发热，最终引起电池热失控。

3）快充时热管理失误。电池快充时，电池管理系统会根据对电池健康度和当前温度的检测和评估，判定可充入的最大电量。如果检测和判定与实际偏差过大，就会导致电池的过充电，从而诱发电池热失控，导致电动汽车在充电时发生自燃。

为什么电动汽车通常不配备胎？

1）减轻重量。电动汽车配有很重的电池，使其重量比汽油机汽车重30%左右。为了优先考虑能源效率和续驶里程，就要尽量减轻车重。而一个备胎和千斤顶等相关工具总重超过10千克，不配备胎就可以增加一些续驶里程。

2）降低成本。电动汽车的制造成本仍然高于燃油汽车，为了吸引更多的买主，厂家尽量降低制造成本。一个备胎和千斤顶等相关工具的成本超过千元，不配备胎，就可以消减售价。

3）短途出行不太需要。电动汽车主要用于城区或短途行驶，即使发生爆胎等意外情况，也很容易得到及时救援和解决。

4）配有胎压监测系统。大多数电动汽车都配有胎压监测系统，可以监测轮胎压力，当轮胎出现问题时会及时提醒你，使你有机会行驶到修理店修补轮胎。

4.5 燃料电池汽车是怎样工作的？

氢燃料电池汽车是怎样奔跑的？

燃料电池汽车（Fuel Cell Vehicle，简称FCV）是一种用车载燃料电池产生的电力作为动力的汽车。

燃料电池汽车也是一种完全由电力驱动的电动汽车，但它的电能不是从外接电源获得的，而是利用可以实时发电的车载燃料电池获得的。燃料电池汽车相当于自带一个发电站，边跑边发电。

燃料电池汽车一般由燃料电池反应堆、储氢罐、蓄电装置（动力电池或超级电容）、电机、电控系统等组成。其工作过程可划分为5个步骤：

第1步：氢气和氧气被输送至燃料电池系统。
第2步：氢气与氧气产生电化学反应，发电和生成水。
第3步：燃料电池和动力电池向驱动电机供电。
第4步：电机驱动汽车前进。
第5步：排出电化学反应生成的水。

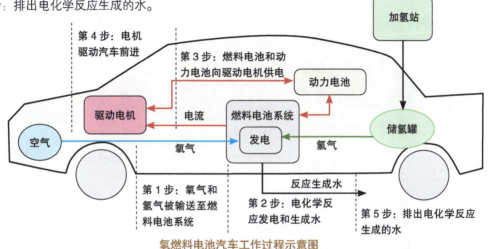

氢燃料电池汽车工作过程示意图

氢燃料电池是怎样发电的？

氢燃料电池是一种不燃烧燃料而直接以电化学反应方式将燃料的化学能转变为电能的高效发电装置。其发电的基本原理是：电池的阳极（燃料极）输入氢气（燃料），氢分子（H_2）在阳极催化剂的作用下被离解成为氢离子（H^+）和电子（e^-）；H^+穿过燃料电池的电解质层向阴极（氧化极）方向运动，电子因通不过电解质层而由外部电路流向阴极；在电池阴极输入氧气（O_2），氧气在阴极催化剂的作用下离解成为氧原子（O），与通过外部电路流向阴极的电子和燃料穿过电解质的H^+结合生成稳定结构的水（H_2O），完成电化学反应放出热量。

$$2H_2 + O_2 = 2H_2O$$

这种电化学反应与氢气在氧气中发生的剧烈燃烧反应是完全不同的，只要阳极不断输入氢气，阴极不断输入氧气，电化学反应就会连续不断地进行下去，电子就会不断地通过外部电路流动形成电流，从而持续地向汽车提供电力。

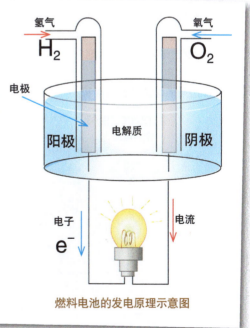

燃料电池的发电原理示意图

谁是第一款量产的燃料电池轿车？

丰田 Mirai 是世界上真正量产销售的第一款燃料电池汽车。Mirai 有两套电池。一套位于车身中部，为高分子电解质燃料电池组，是整车的核心部件，负责使氢气和氧气在催化剂的作用下产生电能；另一套为镍氢动力电池，位于行李舱下面，它可以储存燃料电池发的电，负责为车内电气设备供电以及保障低速时的纯电动运行。此外，能量回收系统也将减速和制动时回收的能量储存到镍氢动力电池中。

在整车性能方面，燃料电池最大输出功率为 114 千瓦，功率输出密度为 3.1 千瓦/升。Mirai 配置了一台交流同步电机，最大输出功率为 113 瓦，峰值转矩为 335 牛·米，其转矩表现接近 2.0T 发动机。Mirai 的续驶里程达到 650 千米，同时完成单次氢燃料补给仅需约 3 分钟。

丰田 Mirai 燃料电池汽车构造图

为什么氢燃料电池汽车还不能普及？

1）基础设施严重缺乏，加氢站少之又少。建造和维护加氢站的成本很高，仅建造就至少需要投资千万元以上，导致潜在投资者望而却步，并减缓了基础设施的扩张。

2）氢的生产和储存成本居高不下。氢气主要通过电解水获得，这需要大量的能量。虽然可以利用太阳能或风能等可再生能源生产氢气，但目前还不具备大规模的商业可行性。氢的储存和运输也非常昂贵，需要复杂的工程和材料来保持它。由于其低体积能量密度，以及高度挥发性和反应性，它很容易逃逸到大气中，使运输过程中的安全问题进一步复杂化。

3）制造成本和售价都非常高。氢燃料电池车仍然无法摆脱对稀有贵重金属——铂金的依赖。虽然铂金在燃料电池中仅仅作为催化剂使用，但其价格却是黄金的近四倍，这直接推高了氢燃料车的整体成本，使得普通消费者望而却步。

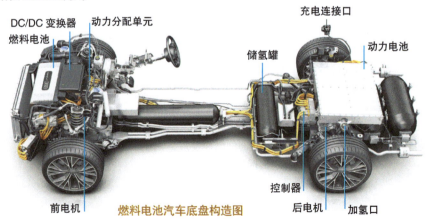

燃料电池汽车底盘构造图

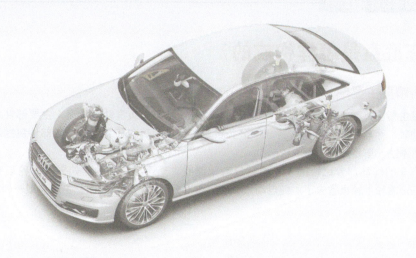

第 5 章 底盘结构

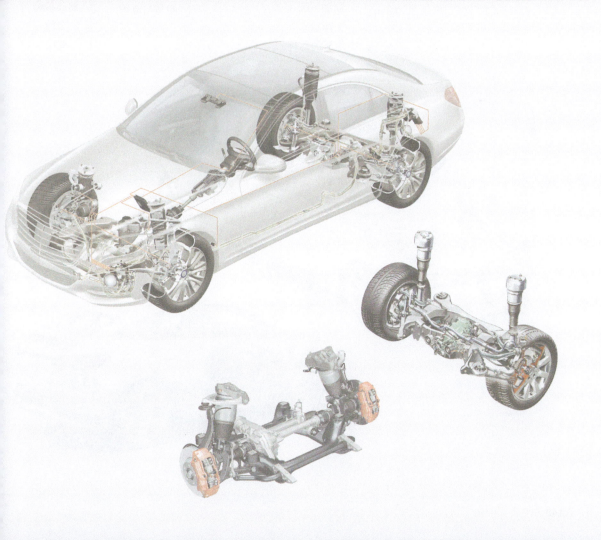

5.1 汽车底盘是怎样构成的？

汽车底盘由哪些主要部件组成？

汽车底盘主要由传动和行驶两大部分组成。其中，传动部分负责动力传递，主要部件包括离合器、变速器、传动轴、半轴和差速器等；行驶部分负责汽车行驶、转向和制动，主要部件包括悬架系统、转向系统、制动系统、车轮和轮胎等。

纯电动汽车的传动部分比较简单，通常只有减速器、差速器和半轴。如果采用轮边电机或轮毂电机，那么连差速器和半轴也省去了。纯电动汽车的行驶部分与燃油汽车相比，主要总成一个都不会少。

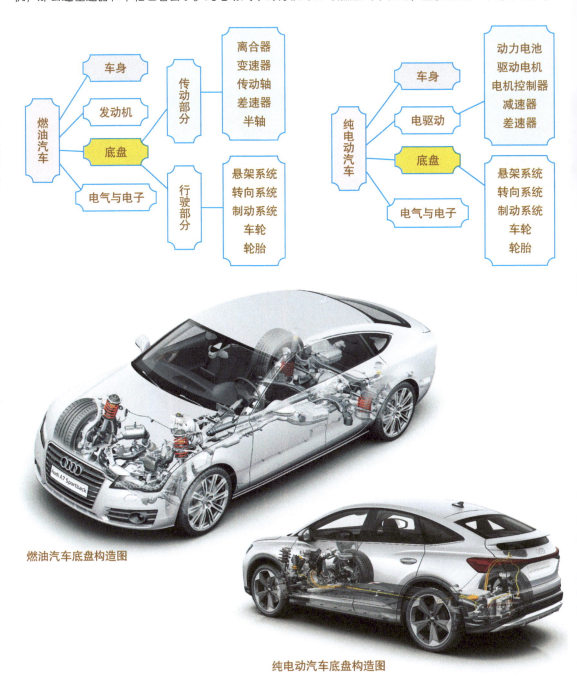

燃油汽车底盘构造图

纯电动汽车底盘构造图

5.2 悬架起什么作用？

为什么说悬架像是汽车的"腿"？

为什么我们走在坑坑洼洼的路面上身体仍然能保持平衡？甚至我们上楼梯时身体也能保持垂直和平稳，就是因为我们的双腿能根据路况而自动弯曲和伸直，这样我们走起路来就不会左摇右晃。汽车也一样，当在不平路面上行驶时，车轮与车身之间的悬架系统也会自动压缩、弯曲和伸直，使车轮尽量与地面保持最大的接触面，让车身尽量保持原来的平稳行驶状态。

悬架就像是汽车的腿，上面连接车身，下面连接车轮，起到承上启下的作用，可以保证汽车平稳行驶。悬架是指车轮与车身之间连接的部分，从形式上看，它有两个主要作用：一是将车轮悬挂在车身下面；二是将车身支撑在车轮上面。

如果从悬架自身性能上看，它主要起两大作用：一是减振作用，这也是当初在汽车上采用悬架的主要原因；二是支撑作用，它要对庞大的车身起到支撑作用（你总不能将车身直接放在车轮上吧）。

汽车悬架系统构造图

悬架系统主要由哪些部件构成？它们各起什么作用？

悬架系统主要由三种部件组成：连杆、弹簧和减振器。

连接车轮和车身的连杆，控制了车轮运动的方式和角度。我们常听到的双臂式、单臂式、扭转梁式、多连杆式等，就是指连杆结构的种类。

位于连杆与车身之间的弹簧，用来支持车身的重量，也可在车轮通过凸凹不平的路面时发挥缓冲作用。弹簧的种类很多，有螺旋式、钢板式、扭杆式，甚至是一种橡胶或者是一个充满空气的胶囊。

减振器的功能是抑制弹簧的过分振荡，除了能稳定车身，更重要的是确保车轮与地面有良好的接触。减振器有液压式、充气式、电磁式等。一般来讲，充气式和电磁式的减振器，还可随行车情况而主动调节减振器的性能，实时改变减振器的阻尼。

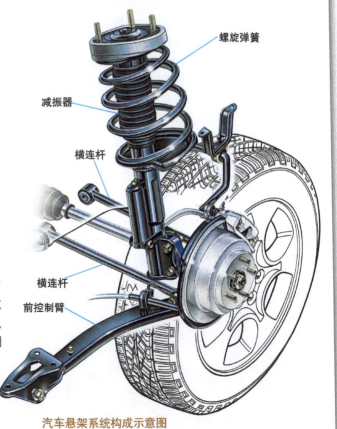

汽车悬架系统构成示意图

有了弹簧为什么还要使用减振器？

汽车上起缓冲和减振作用的主要是悬架中的弹簧，并不是减振器，减振器主要起限制弹簧回弹的作用。

在车辆受到路面冲击时，悬架中的弹簧会以本身的压缩变形吸收振动的冲击力量，缓冲不平路面对车身造成的颠簸和振动。然后，在冲击力量消失时，弹簧会在恢复原状的同时释放吸收的能量，自身拉伸变长，从而将车辆往上弹。这种现象即称为回弹（Rebound）。

回弹会使车中乘客感到不舒适，就像坐在波涛上的小船上，而且会造成车辆操控困难，容易发生危险。因此，在悬架中（一般是在弹簧圈中）装置减振器（Shock Absorber），阻止产生回弹。

如果悬架中缺少了减振器，情况就如加装了弹簧的手推车，走起路来车身会不停地摇动。因为，虽然弹簧发挥了它的弹性功能，却没有减振器将车身稳定下来。

弹簧的作用是缓冲地面的冲击，而减振器的作用却是限制弹簧的过分弹力，二者作用截然不同，但二者相互配合，保证驾乘的舒适性。

减振弹簧
减振器

液压减振器是怎样工作的？

液压减振器是最常用的一种减振器。其原理是在一个钻有小孔和装有活塞的筒内注满压力油，当弹簧振动时油液会被迫流过小孔，因此产生限制作用。而小孔直径的大小，决定了限制（或减振）的作用大小。如小孔直径较小，则有较强的限制，汽车稳定性会较高；反之，汽车舒适性则较高。设计时，小孔直径的大小要兼顾稳定性和舒适性。

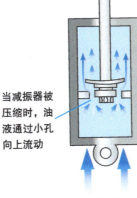

当减振器被压缩时，油液通过小孔向上流动

压缩时工作状态

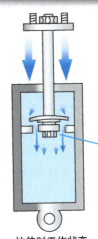

当减振器被拉伸时，油液通过小孔向下流动

拉伸时工作状态

什么是独立悬架和非独立悬架？

简单地说，如果左右两个车轮之间没有硬轴连接、一侧车轮跳动时不会影响到另一侧车轮，就可以定义为独立悬架。非独立悬架则是指两个车轮之间有硬性连接物，两侧车轮是连接在一体的，当一侧车轮跳动时，另一侧车轮也会受到影响。独立悬架由于车轮之间没有干涉，可以调校出更好的舒适性和操控性。而非独立悬架由于结构简单，可以获得更好的刚性和通过性。

独立悬架

非独立悬架

5.3 怎样识别悬架形式？

乘用车上主要有哪些悬架形式？

乘用车上的非独立悬架主要有钢板弹簧式悬架、螺旋弹簧式悬架和扭转梁式悬架；独立悬架主要有麦弗逊式悬架、双叉臂式悬架和多连杆式悬架。具体结构如下。

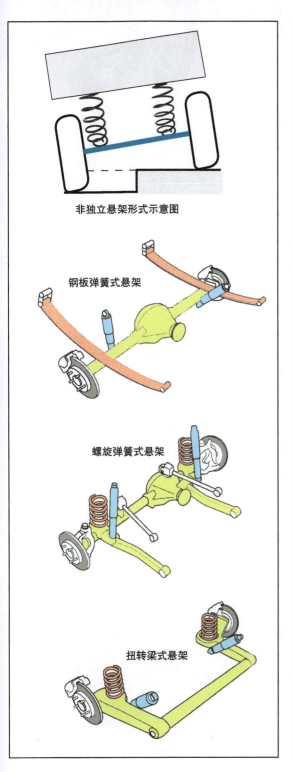
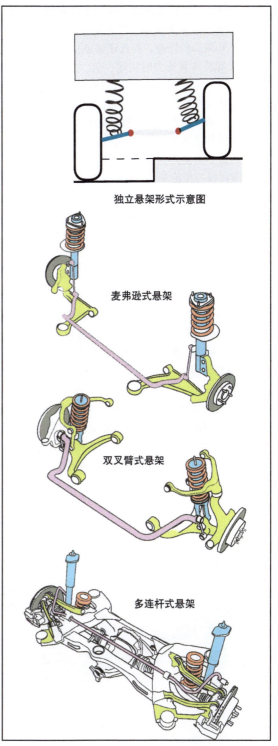

什么是麦弗逊式悬架？麦弗逊式悬架有什么优点？为什么高级别车型不采用麦弗逊式悬架？

麦弗逊式（Macphersan）悬架是独立悬架的一种，是当今最为流行的独立悬架之一，一般用于轿车的前轮。麦弗逊式悬架由A形控制臂与减振支柱共同组成，车轮的上部通过一根减振支柱与车身相连，下部则是通过一根A形控制臂与车身相连。

上部的减振支柱集成了弹簧和减振器，这根支柱不仅承担支撑车体和减振的任务，而且还要承受车轮上端的横向力。减振器可以避免螺旋弹簧受力时向前、后、左、右偏移的现象，限制弹簧只能做上下方向的振动，并可以用减振器的行程长短及松紧，来设定悬架的软硬及性能。下部的A臂，则可以承担车轮下端的横向力和纵向力。

麦弗逊式悬架

结构简单是麦弗逊式悬架最大的优点，因此它的成本不高，这也是麦弗逊式悬架自诞生开始就得到迅速普及，并且沿用至今仍属主流悬架的主要原因。由于悬架部件少，可以获得很小的簧下质量，这对于提升整车舒适性和过弯时的响应性都是非常有意义的，因此在舒适型轿车和操控型跑车上，我们都能看到它的身影。

麦弗逊式悬架的缺点在于减振支柱负担过多，使得其耐冲击性和抑制侧倾能力都较差，这也制约了其兼顾性的发挥。高级别车型不采用麦弗逊式悬架，也就是基于这个原因。

什么是双叉臂式悬架？双叉臂式悬架有什么优点？如何识别双叉臂式悬架？

双叉臂式又称双A臂、双横臂式悬架，它的下部结构与麦弗逊式悬架一样，为一根A臂，同时车轮上部也有一根A臂与车身相连。减振弹簧和减振器则一般与下A臂相连。此时的减振支柱只负责支撑车体和减振任务，车轮的横向力和纵向力的传递则都由A臂来完成。

从结构可以看出，这种悬架的强度和耐冲击力都要比麦弗逊式悬架强很多。其强度高的特点被SUV设计师看重，这也是我们在大多数SUV上都能看到它身影的原因。另外由于轮胎上下均有A臂支撑，在悬架被压缩的时候两组A臂会形成反向力，从而可以很好地抑制侧倾和制动点头等问题。在弯道上，由于支撑力强，也有利于轮胎定位的精准化，从而可以提高过弯极限，因此它也得到高级轿车和跑车设计师的青睐。

识别方法：双叉臂悬架一般应用在SUV或高性能汽车上，如果在这些车的悬架上部和下部都发现有A字形结构，则很可能是双叉臂式悬架。

上叉臂

上叉臂

上叉臂

下叉臂

下叉臂

下叉臂

双叉臂式悬架系统

什么是多连杆式悬架？
多连杆式悬架有什么特点？
如何识别多连杆式悬架？

悬架实际上就是由连杆、减振器和减振弹簧组成的。多连杆悬架，顾名思义，就是它的连杆比一般悬架要多些，按惯例，一般都把四连杆或更多连杆结构的悬架，称为多连杆式悬架。

多连杆式悬架不仅可以保证拥有一定的舒适性（因为它是完全独立式悬架），而且由于连杆较多，可以允许车轮与地面尽最大可能保持垂直、尽最大可能减小车身的倾斜、尽最大可能维持轮胎的贴地性，因此它们的操控性都相当不错。从理论上讲，多连杆式悬架是目前解决舒适性和操控性矛盾的最佳方案。

5 连杆悬架系统

采用如此复杂的悬架，自然是为了获得高性能，因此这种悬架理论上是级别最高的悬架。但由于其复杂，对于调校要求很高，对于调校功底不到位的厂家来说，采用这种悬架反而有可能适得其反。至于缺点，成本高当然是主要的，另外它的支撑强度会弱于双叉臂式悬架。

识别方法：多连杆式悬架看上去最复杂，粗细不等的连杆会让人眼花缭乱，而且常常还会与平衡杆等部件混淆。我们仍然要看减振部件的连接位置，如果减振部件与下部连杆相连，上端有独立的连杆支撑，同时又没有A臂存在，则基本上可以确立为多连杆式悬架。多连杆的"多"是相对的，常规的有4连杆和5连杆，也有3连杆的结构，都可称为多连杆式悬架。

什么是纵臂扭转梁/全拖式悬架？
扭转梁式悬架有什么优点？
如何识别扭转梁式悬架？

这种悬架只出现在后悬架中。其基本结构是左右两端各有一根纵向拖曳臂，一头与车身相连，另一头与车轮相连。在两个纵向拖曳臂之间，会有一根钢梁，这根钢梁可以被扭转，近似于平衡杆的作用。减振器和弹簧一般布置在拖曳臂与车轮相连的位置。全拖式悬架总体结构与纵臂扭转梁差别不大，只不过中间那根"扭转梁"不复存在。

纵臂扭转梁是最简单的后悬架之一，它的复杂程度比整体桥高不了多少，因此可以有效降低制造成本。由于左右车轮的干涉并不明显，因此它在调校出色的情况下，可以获得不错的舒适性和操控性。它的另一个显著

扭转梁式悬架

的优点是与车身连接简单，可以有利于布置车内空间，因此采用这类悬架的车型可以拥有比采用复杂悬架车型更大的后排座椅或者行李舱空间。由于左右车轮仍有干涉，因此它的性能还是要逊于多连杆式悬架。全拖式悬架虽然是独立式的，但它在性能上并不能超越纵臂扭转梁。这种悬架常常出现在纵臂扭转梁平台车型的四驱版本上，因为有"扭转梁"的干涉，设计师无法布置传动轴。

识别方法：纵臂扭转梁悬架一般只会与整体桥悬架相混淆，因为在车轮之间都会有一根粗壮的钢梁。我们需要注意的是"钢梁"连接的位置，如果连接点与车轮中心相连，则可定义为整体桥；如果不是，则属于纵臂扭转梁。

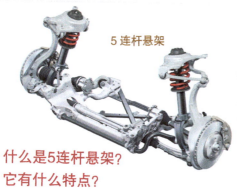
5连杆悬架

什么是5连杆悬架？它有什么特点？

顾名思义，5连杆后悬架系统包含5根连杆，分别为控制臂、后置定位臂、上臂、下臂和前置定位臂，其中控制臂可以调整后轮前束。5连杆悬架的优点是构造简单，重量轻，减少悬架系统占用的空间，它常用于轿车后悬架。5连杆后悬架能实现主销后倾角的最佳位置，大幅度减小来自路面的前后方向力，从而改善加速和制动时的平顺性和舒适性，同时也保证了直线行驶的稳定性，因为由螺旋弹簧拉伸或压缩导致的车轮横向偏移量很小，不易造成非直线行驶。在车辆转弯或制动时，5连杆后悬架结构可使后轮形成正前束，提高了车辆的控制性能，减少转向不足的倾向。同时紧凑的结构增加了后排座椅和行李舱空间。由于这种悬架优点显著，易于调整，因而受到广泛的欢迎。

什么是自适应性空气悬架？它有什么优势？

以奥迪A8L标准配置的自适应性空气悬架为例，它是一种电子控制的带有连续可变阻尼控制的空气悬架系统。它彻底解决了豪华轿车追求卓越的操控性和高速行驶时的舒适性之间长期存在的矛盾。车轴的四个传感器与车身的三个加速度传感器采集的数据，由自适应性空气悬架的中控单元进行计算分析。电脑根据已识别的车速状况，以毫秒为单位对每个振动减振器都进行相应调节，从而始终确保最佳操控性和完美驾驶舒适感。驾驶人可以自由选择四种预先设定的驾驶模式，使空气悬架范围可以从超级运动的特性调节至超级舒适平稳，车身高度也随之相应改变。

什么是防倾杆？为什么要使用防倾杆？防倾杆对汽车性能有什么影响？

防倾杆，英文"Anti-Roll Bar"，又称横向稳定杆，或稳定杆。一些注重运动特性的量产车上会装上防倾杆，目的是用来达成操控性与舒适性的协调。防倾杆通常固定在左右悬架上，车子在过弯时离心力会作用在车的滚动中心造成车身的侧倾，导致左右悬架拉伸和压缩，造成防倾杆的杆身扭转，这个扭转产生的反弹力可以用来抑制车身侧倾。

防倾杆最重要的功能就是达成操控的平衡，限制过弯时的车身侧倾，以改善轮胎的贴地性。过弯时内轮的悬架伸长而外轮的悬架被压缩，这时防倾杆就会产生扭转，抑制这种情况。它会对外轮的悬架施加一个向下压的力量，而对内轮的悬架施加一个抬起的力量，施予左右悬架的作用力是大小相等、方向相反、相互牵制的。太软的防倾杆在独立悬架的车上会造成过弯时过大的外倾角，减小轮胎的接地面积；太硬则会造成轮胎无法紧贴地面，影响操控性。假如防倾杆太硬，会减小把车轮压回地面的力，如果这种情况发生在驱动轮上，可能会使得出弯加速时内轮的抓地力变小，造成轮胎的空转。最理想的状态是把防倾杆所提供的防倾阻力控制在占总防倾阻力的20%~50%之间。

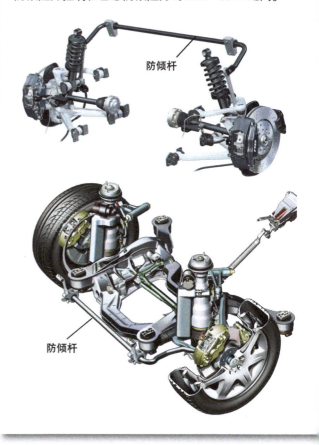
防倾杆

什么是钢板弹簧？钢板弹簧悬架有什么特点？

顾名思义，钢板弹簧就是用钢板作弹簧，它又称为叶片弹簧。你如果有机会看到载货汽车的话（皮卡也行），可以比较容易地在车的后桥上观察到钢板弹簧，它是一片一片的厚钢板叠在一起的，比较容易认出。另一种大家熟悉的车用悬架弹簧是螺旋弹簧。乘用车独立悬架的弹性元件多用螺旋弹簧，非独立悬架的弹性元件多用钢板弹簧，例如一些越野车、皮卡或面包车，大客车、货车也大多数使用钢板弹簧。

什么是空气悬架？空气悬架有什么特点？

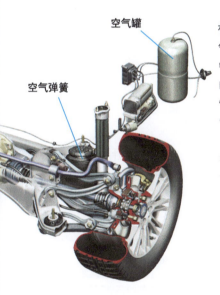

所谓空气悬架，是指采用空气减振器或空气弹簧的悬架结构。空气减振器中不像传统减振器那样充满油液，而是用一个空气泵向其充入空气，通过控制空气泵，便可以调整空气减振器中的空气量或压力，因此，空气减振器的硬度和弹性系数是可调的，空气被压缩得越多，弹性系数越大，它能大大提高行驶舒适性和稳定性。由于空气量可控，所以还可以通过行车电脑自动控制悬架的软硬度或人为地通过操作按钮控制悬架的软硬度。

空气弹簧的长度和行程也是根据弹簧内压缩空气量的多少可控的，它通过与发动机相连的空气泵，调节泵入的空气量，便可调节空气悬架的行程和长度，从而可以升降车身高度。

与传统钢制汽车悬架系统相比较，空气悬架具有很多优势。例如，高速行驶时悬架可以变硬，以提高车身稳定性，长时间低速行驶时，控制单元会认为正在经过颠簸路面，以悬架变软来提高减振舒适性。

另外，空气悬架系统还能自动保持车身水平高度，无论空载还是满载，车身高度都能恒定不变，这样在任何载荷情况下，悬架系统的弹簧行程都保持一定，从而使减振特性基本不会受到影响。因此即便是满载情况下，车身也很容易控制。

为什么跑车和赛车的离地间隙那么低？

在汽车中，低离地间隙意味着汽车的重心低。这一特性显著影响车辆的操控性和行驶稳定性。离地间隙低的汽车贴地更牢固，因此在急转弯时不太可能倾覆或翻车。相比之下，重心较高的汽车更容易受到外力的作用，从而使其容易发生横向移动甚至导致翻车。同时，低离地间隙也意味着车身空阻较小，这可进一步增强汽车的贴地性能。与跑车和赛车相反的是，SUV 和货车，它们的离地间隙就比较高，这样可以提高它们在不平坦路面上的通过性。

汽车的悬架决定汽车的舒适性吗？
哪种悬架既便宜又实在？

决定汽车舒适性的因素很多，其中之一与悬架有关，因此不能只凭悬架的性能来判断汽车的舒适性高低。一般来讲，如果悬架偏软，汽车的减振效果稍好些，其舒适性也较好些，这就好比坐在一辆没有弹簧的平板车上，和坐在一辆有弹簧的平板车上的区别。但是，并不是说悬架越软，其舒适性就越好，如果太软了，反而会影响舒适性，甚至会造成乘车人晕车。

一般来讲，非独立悬架不如半独立悬架的舒适性好，半独立悬架不如独立悬架舒适性好。因此，四轮独立悬架的车型，其舒适性较好些。但这只是从理论上分析的结果，实际中还要看厂家的具体调校效果如何。具体车型的舒适性，只能进行具体的实际比较，不能仅凭悬架结构来进行最终的判断。

另外，从某种意义上讲，舒适性和操控性是相互矛盾的，而多连杆是解决此矛盾的一个最好办法。多连杆式悬架最重要的特点是能让车轮尽最大可能与地面垂直，或者说让轮胎与地面尽可能地有最大的接触面，这样车身遇到不平路面时不至于左右摇晃和上下颠簸。

双叉臂式悬架

多连杆式悬架

为什么一些汽车的车身可以升降？

汽车车身升降的方式都是通过调节悬架中减振器的高度实现的，一是调节空气减振器的高度，二是调节液压减振器的高度。

雪铁龙 C5 的车身升降（如右图）是通过改变液压减振器的高度实现的。雪铁龙 C5 配置了主动液压悬架，这种悬架由传感器、电子控制单元（ECU）、执行器三大部分组成。车辆在路面上行驶时，各个传感器向 ECU 传递数据，当 ECU 判断车身高度需要升高时，如车速在 10 千米 / 小时以下时，减振器的高度控制阀打开，使油液进入高度可调的油液减振器，车辆高度升高，增强车辆的通过性；当车身高度需要降低时，如车速在 110 千米 / 小时以下时，ECU 控制排油阀打开，使进入油液减振器内的油液重新回到减振液压缸，这样车身的高度就会降低，可增强汽车行驶的稳定性。

现在调节车身高度的更常见方式是通过空气悬架来实现的。通过调节空气减振器或空气弹簧中的充气量，使空气悬架的行程改变，从而来实现调节车身高度的目的。

正常车身高度

降低车身高度

抬高车身高度

5.4 汽车是怎样转向的？

什么是齿轮齿条式转向器？
齿轮齿条式转向器有什么特点？

齿轮齿条式转向器（Rack and Pinion，简称 RP）是一种以齿轮为主动件、齿条为从动件的转向器形式。与其他形式的转向器相比，它结构最简单，制造方便，所占空间较小，路面状况容易掌握（路感较清晰），反应较为迅速，但相对路面凸凹所造成的振动也较容易直接传到方向盘上。在前轮驱动车型上，由于发动机舱拥挤，不占空间的齿轮齿条式转向系统自然是最佳搭配，这也是齿轮齿条式转向系统被广泛采用的主要原因。

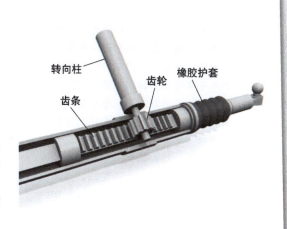

什么是循环球式转向器？

循环球式转向器（Recirculating Ball，简称 RB），是利用滚球沿着沟槽运动来传递转向力的转向器。由于循环球的作用，驾驶人可以获得非常圆滑的转向手感。越野车和大货车上较多使用循环球式转向器。

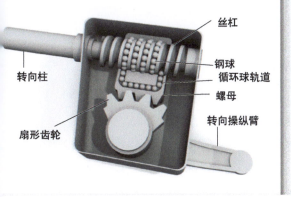

为什么转向需要助力？

早期的汽车转向是没有助力辅助的，为了减轻操作的力度，都把方向盘设计得很大，这样在操作时可以省些力。现在的汽车都有助力来辅助驾驶人进行转向操作。

助力转向也称动力转向，它是指可以借助外力，使操作方向盘的力量减轻的装置。现在轿车上都采用助力转向，因此连柔弱女性也能操作驾驶。

根据助力来源形式的不同，助力转向分为液压助力转向和电动助力转向。前者是利用液压机构来提供助力的，后者则是利用电动机的力量作为转向助力。

随着电控技术在汽车上的广泛应用，电动助力转向可实现更先进的控制方式，如车速感应助力转向等。甚至辅助驾驶和自动驾驶功能，都离不开电动助力转向技术。

什么是随速助力转向？

随速助力转向也称为速感助力转向，它的转向助力会根据车速的变化而变化。当高速行驶时，转向助力会比较小或干脆没有，确保高速行驶时的稳定性。而在低速时，它的转向助力又非常大，以便停车入位等操作方向盘时比较轻便。

其实，转向系统也许是汽车设计中最难达到完美的部分，是最不容易讨好人的一环，因为不仅反应太快太慢不好掌握，而且许多因素都会影响到转向性能，特别是悬架系统，其大多数部件都会影响转向，甚至轮胎宽窄、气压高低，都会影响驾驶人手握方向盘的感觉。

什么是电子液压助力转向？
电子液压助力转向有什么特点？

目前汽车上配置的助力转向系统大致可以分为三类：机械式液压动力转向系统、电子液压助力转向系统、电动助力转向系统。

其中电子液压助力转向系统主要构件为储液罐、助力转向控制单元、电动泵、转向器、助力转向传感器等。而助力转向控制单元和电动泵是一个整体结构。

电子液压助力转向系统克服了传统的液压助力转向系统的缺点。它所采用的液压泵不再靠发动机传动带直接驱动，而是采用一个电动泵，它所有的工作的状态都是由电子控制单元根据车辆的行驶速度、转向角度等信号计算出的最理想状态。简单地说，在低速大转向时，电子控制单元驱动电子液压泵以高速运转输出较大功率，使驾驶人操作方向盘省力；汽车在高速行驶时，液压控制单元驱动电子液压泵以较低的速度运转，在不至于影响高速操作方向盘需要的同时，节省一部分发动机功率。

什么是电动助力转向（EPS）？
电动助力转向有什么特点？

电动助力转向英文全称是 Electronic Power Steering，简称 EPS，它利用电动机产生的动力协助驾驶人进行动力转向。EPS 的构成，不同的车尽管结构部件不一样，但大体是相同的，一般由转矩（转向）传感器、电子控制单元、电动机、减速器、机械转向器以及蓄电池电源构成。

EPS 的主要工作原理如下：

汽车在转向时，转矩（转向）传感器会"感觉"到方向盘的力矩和拟转动的方向，这些信号会通过数据总线发给电子控制单元，电子控制单元会根据转动力矩、拟转动的方向等数据信号，向电动机控制器发出动作指令，电动机就会根据具体的需要输出相应大小的转动力矩，从而产生助力转向。

如果不转向，则本套系统就不工作，处于休眠状态等待调用。由于电动助力转向的工作特性，你会感觉到开这样的车，方向感更好，高速时更稳，用俗话说就是方向不发飘。又由于它不转向时不工作，所以节省了能源。一般高档轿车使用这样的助力转向系统的比较多。

什么是可变速比转向？可变速比转向的优点在哪？

可变速比转向系统较传统齿轮齿条式转向系统上疏密一致的齿条构造有所不同，它采用两边稀疏、中间细密的齿条结构。高速行驶时，使用齿比较密的齿条段，这样转向就不会那么"灵敏"，而是非常"精确"；而在低速状态下，则使用齿比较疏的齿条段。如此一来，驾驶人在驾驶时就会感觉到它的转向系统在低速行驶时敏捷灵活，而进入了高速状态后则变得更加稳定精准。

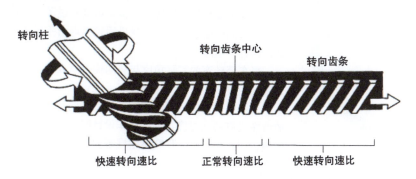

为什么前轮既能驱动又能转向？

汽车被发明后的很长一段时间，都是采用前轮转向、后轮驱动，也有个别采用前轮驱动、后轮转向的。总之就是同一个车轮不能既驱动又转向，直到等速万向节发明后，才开始出现前轮既能驱动又能转向的车型。

在前轮驱动、前轮转向的车型中，汽车的转向机构是独立的，与动力传动机构没有直接关系。负责传递动力的传动轴与车轮间是通过一个等速万向节连接的。

万向节的作用就是使车轮不论以任何角度转向，它都能保证将发动机的动力传递到车轮上，而且旋转速度不变。因此，前驱车在转弯时，前驱车的前轮仍然有驱动力。

球笼式万向节构造示意图

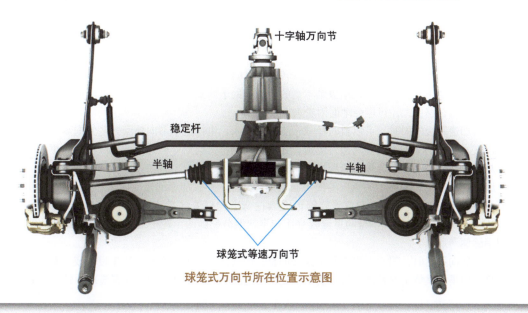

球笼式万向节所在位置示意图

什么是转向不足?什么是转向过度?

转向不足是指车辆转弯的实际角度小于通过转向输入所要求的角度,即前轮胎难以获得足够的抓地力,导致车辆的转弯半径增大。转向不足最常见的现象是前轮向弯道外侧滑动,俗称"推头"。

转向过度是指车辆转弯的实际角度超过了转向输入所要求的角度。转向过度最常见的现象是后轮抓地力不足并向弯道外侧滑动,俗称"甩尾"。

当车辆转弯的实际角度与转向输入所要求的角度一致时,称为转向中性。

一般来讲,前轮驱动的汽车具有转向不足的特性,后轮驱动的汽车具有转向过度特性。汽车设计时,一般都有适当的不足转向量,以防止汽车出现突然摆尾现象,保证一定的行驶稳定性。

什么原因会导致转向不足?
转向不足时有什么特征?

造成转向不足的原因很多,主要有车速过快、路面湿滑或不平以及前轮破裂等。但更常见的原因是激烈驾驶,如剧烈、突然地猛转方向盘,或者转动方向盘角度过大,迫使前轮上承受的驱动力与转向力之和突破了轮胎的最大地面附着力,导致前轮在弯道中产生滑动。自然,在冰雪或雨水湿滑路面,这种情况更容易发生。

转向不足的主要症状包括:①前轮发出刺耳的轮胎声;②车辆向弯道外侧滑移;③感觉方向盘很轻且会伴有一定的振动。

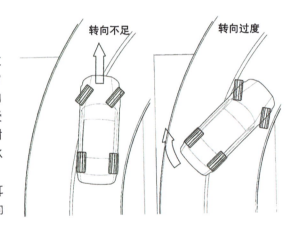

出现转向不足时怎样应急处理?

转向不足是由于前轮失去了与路面的附着力,通常这是过度加速、猛烈转向或转向角度过大造成的。为了重新获得控制,有必要首先消除造成转向不足的病因。

当转向不足发生时,放松加速踏板是本能的,这有助于恢复抓地力。因为速度降低后会使车辆重心前移,将前胎压在路面上,可增强地面附着力。

在放松加速踏板的同时,可以暂时释放一点转向输入,也就是稍微向外回一些方向盘。尽管这样做有点违反直觉,明明车辆正在往弯道外侧滑,还要往外侧打方向盘!但这样做可以使轮胎更快地恢复抓地力,从而重新控制汽车。这是一个少即多的应急场合。

一般来说,应付转向不足的情况要先将车速稍微降低,略收加速踏板(视车速而定),但切记千万不要猛踩制动踏板或是认为方向盘没转够而继续往弯道内打方向盘,否则你就可能会在马路上表演360°转圈。当车速降低后,车身的重量就会比较平均地分配到四个轮子上,重新产生足够的侧向摩擦力,以消除侧滑现象。

当出现转向不足时,驾驶人更容易觉察和调整,因此,设计师通常都将汽车设计成具有轻微转向不足的特性。但是,具体情况具体分析,赛车就要采用过度转向的设计,以求获得最短的转弯时间。

为什么前驱车更易产生转向不足？

当前轮上承受的力突破了轮胎的最大地面附着力后，前轮就会产生滑动，从而导致转向不足。而前轮驱动汽车的前轮，既要承受转向力，又要承受驱动力，这很容易超过轮胎附着力，因此前驱车比起前轮转向、后轮驱动的后驱车，更容易产生转向不足。

此外，前轮驱动的车辆更容易因用力踩加速踏板而导致转向不足，这是因为猛踩加速踏板时，车辆的重心就会往后移，而导致车辆前方部位向上微仰，使前轮胎上的附着力减弱，造成转向不足。

为什么后驱车容易产生转向过度？
转向过度时有什么特征？

转向过度是由许多因素造成的，其中一些与汽车的自然操控特性有关，而另一些则与驾驶方式有关。

转向过度的现象更有可能发生在后轮驱动的汽车上，因为动力是传递给后轮的。如果你的后驱动轮在湿滑路面或冰雪路面上失去抓地力，或者因为你加速太快，使后轮的驱动力突破后轮胎的最大地面附着力，那么汽车的后部就会摇摆，即转向过度。

当后轮打滑时，如果前轮仍有抓地力，那么此时汽车就像是一个圆规，会以前轮为圆心，在前进惯性力的作用以轴距为半径画圆，使车辆"甩尾"或打转。

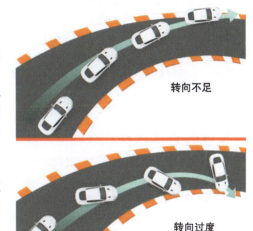

通常汽车发生转向过度时有两大特征：

1）由于后轮缺乏抓地力，车辆的后部变得不稳定和"轻"。

2）汽车开始打转，这时驾驶人的脸就会朝向弯道内侧。

如果你从来没有经历过转向过度，在普通道路上是非常可怕和危险的，它可能会导致汽车打转、突然掉头。

转向过度并不是后轮驱动汽车的专利。前轮驱动汽车也可能会转向过度，但不是因为动力，而是因为驾驶时过于激进或转弯时制动太用力。

怎样预防和应急处理转向过度？

导致转向过度的原因很多，如速度过快，或是转向操作失误等。如果转向过度发生在后轮驱动的车辆上，通常是转弯时加速踏板踩得太深或突然松开加速踏板导致的。一旦加速踏板踩下，后轮的侧向力会突然降低而导致转向过度。

如果转向过度发生在前轮驱动的车辆上，通常是在转弯时突然猛踩制动踏板，导致车身重心前移，使前轮侧向摩擦力增大，后轮上扬而减小了其附着力，造成转向过度。

因此驾驶前驱车应避免转弯时急踩制动踏板，而后驱车应避免转弯时忽然松开加速踏板或猛然改变行驶方向。

转向过度时的一般应急处理方法是：

1）慢慢松开加速踏板或微踩制动踏板，以降低车速。

2）尽快向反方向扭转方向盘来修正方向。在进行方向盘修正时，不要一次修正得太多，可分为几次修正，当汽车开始朝原先行驶方向移动时，立即回方向盘，但也不要回得过猛，以免车辆摆动过大。

什么是四轮转向？

普通汽车的转向轮都是两个前轮（2WS），而四轮转向系统（4WS）则是将后轮也作为转向轮，并通过伺服电动机操纵后轮转向拉杆，与前轮转向实行联动。通常车身较长的高级轿车采用四轮转向系统。

四轮转向车辆可以根据行驶速度和方向盘角度等信息，主动控制后轮的转向角（通常最大为5°）。通常在低速时采用逆相位转向，后轮与前轮转向相反；高速时采用同相位转向，后轮与前轮转向相同；中速时后轮不转向。

 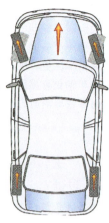 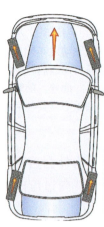

高速时：同相位转向　　中速时：后轮不转向　　低速时：逆相位转向

四轮转向有什么优点？

1）高速时同相位转向增强行驶稳定性。

普通的两轮转向车辆在转动方向盘、车身方向改变后，固定的后轮与车身的行进方向产生差距，产生偏离角，从而发生转弯力。在前轮转弯后，后轮才开始转弯，使车身转动方向的变化大，缺少稳定性。

四轮转向的车辆在高速时实行同相位转向，前轮和后轮的转向方向一致，车身方向的变化与实际行进方向没有很大的差别，具有较强的稳定感。在高速公路上变道行驶或遭受侧风以及路面倾斜等外部干扰时，驾驶人可以自如地操纵方向盘、保证行驶路线稳定。

2）低速时逆相位转向提升转弯灵活性。

低速时实行逆相位转向，后轮与前轮的转向相反，这样可以让车辆以较小的转弯半径转小弯，起到缩短轴距的效果。逆相位转向类似于叉车的后轮转向，使车辆转弯更灵活。以前需要反复倒车、转弯多次才能通过的地方，采用逆相位转向方式便可轻松地转弯通过，因此它比同相位转向方式更加实用。

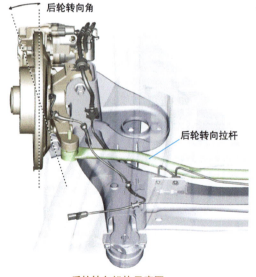

后轮转向机构示意图

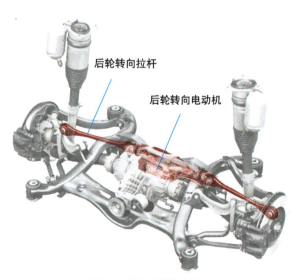

奥迪 A8 轿车后轮转向机构

5.5 汽车是怎样制动的?

什么是鼓式制动?
鼓式制动有什么特点?

之所以叫鼓式制动,是因为有一个制动"鼓"。此鼓形状有点像脸盆,盆底用螺栓和车轮连成一体。在盆内有两片半月形的制动蹄片,当踩制动踏板或拉驻车制动器手柄(俗称手刹)时,它们会用力顶紧盆边内侧,从而产生摩擦制动动作。

鼓式制动具有制动片磨损较少、成本较低以及维修容易等优点,因此目前主要应用在经济型轿车的后轮上。由于鼓式制动的绝对制动力较盘式更强劲,所以被普遍用在载货车上。

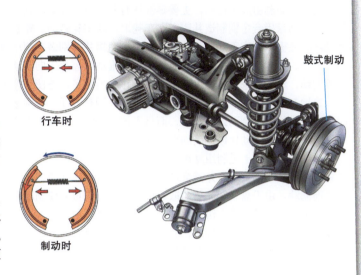

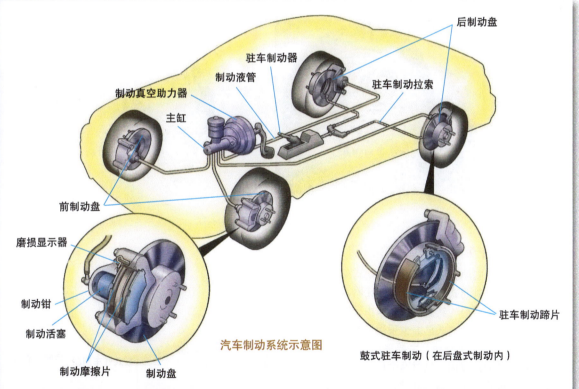

汽车制动系统示意图

什么是盘式制动?盘式制动有什么优点?

盘式制动器中有一个与车轮连接的制动圆盘,在圆盘边缘有一个带制动片的钳子,夹着圆盘边缘。当踩制动踏板时,钳子便夹紧圆盘,利用制动片与圆盘之间的摩擦力,使圆盘及车轮减速或停转,达到制动目的。

盘式制动的优点主要是,在高速制动时的制动感较鼓式制动更迅速、自然,同时散热效果好,特别是通风盘式制动,更不容易因频繁制动造成过热而失去制动效果。

为什么要让制动盘"通风"？
制动盘上打孔是为了通风吗？

通风孔　打孔

盘式制动器由液压控制，主要零部件有制动盘、轮缸、制动钳、油管等。制动盘用合金钢制造并固定在车轮上，随车轮转动。轮缸固定在制动器的底板上固定不动。制动钳上的两个摩擦片分别装在制动盘的两侧。轮缸的活塞受油管输送来的液压作用，推动摩擦片压向制动盘发生摩擦制动，动作起来就好像用钳子钳住旋转中的盘子，迫使它停下来一样。这种制动器散热快、重量轻、构造简单、调整方便。特别是高负载时耐高温性能好，制动效果稳定，而且不怕泥水侵袭，在冬季和恶劣路况下行车，盘式制动比鼓式制动更容易在较短的时间内令车停下。

制动过程实际上是利用摩擦力将动能转化为热能的过程，如果能尽快将热能释放出去，那么无疑会加快其转化速度，从而使汽车尽快失去动能而制动。由于盘式制动器的散热性能较好，它可以使制动系统快速散热，因此从制动理论上讲，盘式制动要强于鼓式制动。

为了进一步提高制动性能，有些制动盘上还打有许多小孔，或将制动盘设计成空心通风式，从而增强散热效果。这就是我们常说的通风盘式制动。通风盘也有简单和复杂之分，有些通风盘搭配有将风导向制动盘的机械机构。改变风的方向，从横向转成纵向。通风盘的制动效能更好，不过成本也更高。

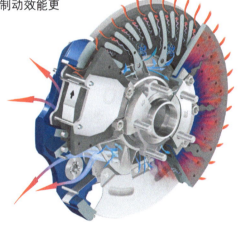

为什么驻车制动只对后轮制动？

汽车驻车制动器可分为中央制动式和车轮制动式。中央制动式通常安装在变速器或分动器（四驱车）后面，其制动力矩作用在传动轴上。这种驻车制动方式已很少采用了。现在更多地采用车轮驻车制动，主要采用鼓式制动，整合在后轮制动器内，只对两个后轮进行驻车制动。即使后轮采用盘式制动，也是将鼓式驻车制动器整合在后轮轮毂内，如右图所示。

正是由于驻车制动只对后轮进行制动，车手们在做漂移动作时为了只让两个后轮产生滑动，往往都会拉驻车制动器手柄，也就是让两个后轮停止转动而产生滑动。

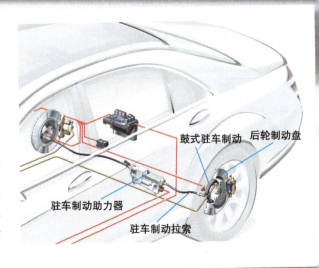

鼓式驻车制动　后轮制动盘

驻车制动助力器

驻车制动拉索

"前盘后鼓"是什么意思？
鼓式制动和盘式制动的主要区别是什么？

"前盘后鼓"就是前轮采用盘式制动，而后轮采用鼓式制动。

简单来讲，汽车制动就是利用摩擦将动能转换成热能，使汽车失去动能而停止下来。因此，散热对制动系统十分重要。如果制动系统经常处于高温状态，就会阻碍能量的转换过程，造成制动性能下降。越是跑得快的汽车，制动起来所产生的热量越大，对制动性能的影响也越大。解决好散热问题，对提高汽车的制动性能也就起了事半功倍的作用。所以，现代轿车的车轮除了使用铝合金车圈来降低运行温度外，还倾向于采用散热性能较好的盘式制动器。

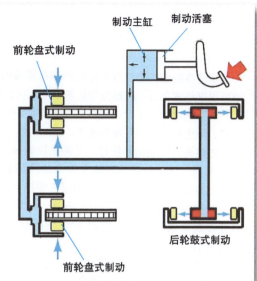

前盘后鼓式制动系统示意图

盘式制动器散热快、重量轻、构造简单、调整方便，特别是高负载时耐高温性能好，制动效果稳定，而且不怕泥水侵袭，在冬季和恶劣路况下行车，盘式制动比鼓式制动更容易在较短的时间内令车停下。有些盘式制动器的制动盘上还开了许多小孔，加速通风散热，提高制动效率。

反观鼓式制动器，由于散热性能差，在制动过程中会聚集大量的热量。制动蹄片和制动鼓在高温影响下较易发生极为复杂的变形，容易产生制动衰退和振抖现象，引起制动效率下降。

当然，盘式制动器也有自己的缺陷。例如对制动器和制动管路的制造要求较高，摩擦片的耗损量较大，成本高，而且由于摩擦片的面积小，相对摩擦的工作面也较小，需要的制动液压高，必须有助力装置的车辆才能使用。而鼓式制动器成本相对低廉，比较经济。

所以，汽车设计者从经济与实用的角度出发，一般轿车采用了混合的形式，即前轮盘式制动，后轮鼓式制动。轿车在制动过程中，由于惯性的作用，重心在制动的瞬间会前移，使前轮的负荷通常占汽车全部负荷的70%~80%，因此前轮的制动效果要比后轮大得多。轿车生产厂家为了节省成本，就采用前轮盘式制动，后轮鼓式制动的方式。

为什么说制动距离对安全性最重要？

不论你采用什么制动系统，也不管你装备有多么先进的安全技术，但衡量安全性能的最重要指标还是我们常说的制动距离。这个距离越短，那么安全性能就越好，你行车的安全系数就越高。

通常我们都以60千米/小时至0或100千米/小时至0的制动距离作为制动性能标示，也就是分别在60千米/小时和100千米/小时的时候开始制动，一直到汽车停稳后所行驶的距离。

60千米/小时至0的制动距离对市区行驶时更有意义，而100千米/小时至0的制动距离则对高速公路行驶时更有意义。由于制动结构和设计不同，一些车有可能在低速时制动性能较好，但高速制动时性能就较差。

一般来讲，制动距离和制动时车速的平方成正比。如50千米/小时至0的制动距离为12米，那么，100千米/小时至0的制动距离就可能为48米。通常我们驾驶的小轿车的60千米/小时至0的制动距离在16米内应为正常，一般在15米左右；而100千米/小时至0的制动距离在45米之内便为正常，一般在40米左右。

什么是制动热衰退现象？
为什么大型货车向轮胎上淋水？

制动系统的热衰退现象是指汽车在繁重的工作条件下，例如高速行驶或下长坡频繁制动时，使得制动器温度迅速上升，摩擦力矩显著下降，导致制动性能下降。这种现象通常称为热衰退现象。

其实制动过程是个由动能转变成热能的过程。如果升温较快、散热较慢，制动中的热能不可能马上散去，就会影响制动系统的性能。

任何先进的制动系统都无法避免热衰退现象，只是程度不同而已。性能较好的制动系统只是其热衰退现象较轻而已，热衰退性是衡量制动性能的最主要指标之一。国际标准推荐，要以一定车速连续制动15次，最后的制动效能应不低于冷制动效能的60%即算正常（在制动踏板力度相同的条件下）。

大货车通常采用鼓式制动，其散热性能不如盘式，在山区行驶时如果频繁制动，就会导致轮毂变热，引起制动失灵。通过向轮毂淋水，可降低轮毂的温度，保证制动性能完好。

什么是冷制动和热制动？

由于汽车制动时存在热衰退现象，它的制动性能会随着制动的频繁程度而变化。当长时间对汽车进行制动，或数次连续紧急制动后，汽车的制动盘和制动片会因此而发热，制动效能就会衰减，制动距离增长，此时的制动就称为热制动。至于制动盘和制动片发热到什么程度才算是热制动，并没有严格的定义，但在制动距离实际测试时，一般都会把连续做10次的100千米/小时至0的制动距离测试后所得的制动成绩，称为热制动成绩。

冷制动则是指制动盘和制动片在常温条件下的制动效果。

什么是制动渐进性？

制动的渐进性是指制动系统对制动动作的响应曲线应较为平顺或一致，制动力的上升速度保持一定大小，不能忽大忽小，让人捉摸不定，让驾驶人心中没底。一般来讲，汽车的制动力度应是先松后紧最好，如先松后紧又再松，或先紧后松，会让人感觉心中没底，不好控制安全的制动距离，这样就非常危险。

为什么"手刹"没有放松而车辆还能行驶？

驻车制动器（俗称"手刹"）是辅助制动装置，一般来讲它只对两个后轮进行制动，而一般轿车的都是前轮驱动，后轮只是随动，因此当对后轮制动时，它并不能阻止汽车继续前进。

机械驻车制动器

电子驻车制动器

5.6 为什么无内胎轮胎更安全？

什么是无内胎轮胎？它有什么优点？

无内胎轮胎也称低压胎或真空胎，分为子午线轮胎和斜交线轮胎两种。无内胎轮胎有较高的弹性和耐磨性，并有良好的附着力和散热性能。特别是子午线轮胎，由于胎冠角为零，在车辆高速前进时变化量小，并能保持较好的行驶稳定性和较小的摩擦，有利于振动冲击的吸收和车速的提高。

无内胎轮胎比一般内胎式轮胎厚得多，且内部表面又有一层优质橡胶作为密封层，充气后外表张力增大，在内表面形成一定的压力，提高了对破口的自封能力，一旦扎破，不像普通车胎那样气体在瞬间全部泄完，会持续一定的时间，从而减小了爆胎的可能性，保障了高速行车时的安全。

无内胎轮胎由于轮胎与轮毂密封为一体，对其制造精度要求高，多数为压铸铝一体化车轮毂，车胎间的定位性高，车轮的径向跳动量极小。使用无内胎轮胎后，汽车的舒适性、稳定性都会有所提高。

另外，无内胎轮胎没有内胎，结构合理，轮胎重量轻，滚动阻力较小。试验表明，无内胎轮胎的滚动阻力可降低10%，可节省燃油2%～3%。此外，无内胎轮胎由于其接地压力比较均匀，轮胎磨损均匀，因而延长了轮胎的使用寿命。

为什么无内胎轮胎不容易爆胎？

先说有内胎的普通轮胎是怎样爆胎的。由于受热过度或被扎破，内胎会破裂漏气，将高压气体泄漏于内胎与外胎之间。由于气门芯安装在内胎上并从轮辋孔中露出，因此内胎中的高压气体很快就找到一条出路，致使轮胎内的气体迅速泄漏，外胎就像是被扎破的气球那样突然爆裂。

而无内胎轮胎内有一层用特种丁基橡胶混合物制成的气密层，它就像是粘贴在气球表面的胶带，当轮胎被扎破时，气密层具有自封能力并阻止漏气，或者空气只能从漏洞形成的狭窄缝隙中慢慢泄漏出来，通常是轻微漏气，而不会像有内胎轮胎那样突然爆裂。

另外，与有内胎轮胎相比，无内胎轮胎没有内、外胎之间的运动摩擦，不容易受热过度，这也可以降低爆胎的风险。

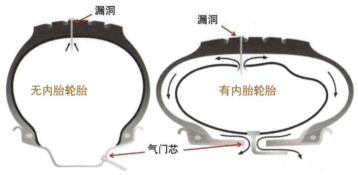

无内胎轮胎就像是在气球外面粘贴上胶带，用针扎透时只能缓慢漏气而不会爆裂

有内胎轮胎就像是一个气球，用针扎透时就会产生爆裂

无内胎轮胎　　　　　　　有内胎轮胎

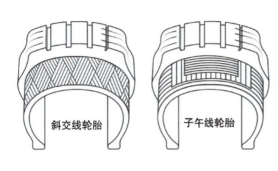

什么是斜交线轮胎？什么是子午线轮胎？为什么现在都使用子午线轮胎？

如果将轮胎沿径向切开，从它的横断面上可以看到橡胶里有一帘布层，它是橡胶附着的基层和轮胎物理强度的关键。除了帘布的材料和性能不同的差异外，帘布缠绕方式的不同，决定了轮胎的不同性能。

传统的轮胎都是帘布以一定角度，一般是35°~38°进行缠绕，称作斜交线轮胎。如果帘布以90°子午线的方式缠绕的话，就叫子午线轮胎。与传统的斜交线轮胎相比，子午线轮胎通过阻止帘线层之间的摩擦来防止内摩擦，从而减少热量积聚，这有助于促进更柔软、更舒适的乘坐舒适感。子午线轮胎的钢丝被植入胎面，使胎面更平整，确保与路面的接触更稳定，行驶更平稳和柔和。当你开车的时候，你也会感觉到更少的振动。另外，由于子午线轮胎的滚动阻力较小，还可降低燃料消耗。

什么是前束？什么是正前束和负前束？

为了使汽车在行驶时能自动调整车轮的位置，在设计汽车时，一般需要使车轮前端稍微向内倾斜，这有点像人的内八字脚（当然不那么严重）。这样在向前行驶时，会产生一个附加的滚动阻力，迫使车轮走正走直。车轮前端向内倾斜的角度很小，不好用角度来表示，于是就用左右车轮轮辋内侧轮廓线的前后两端的距离差来表示，并称为前束，右图所示就是B与A的差值。如果B大于A，称为车轮正前束；如果A大于B，则称为车轮负前束。

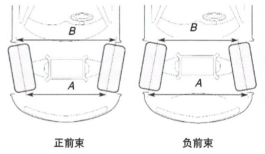

为什么汽车要有正前束？

1）能够与外倾角相互配合，使转向灵活、减小轮胎磨损。

2）可以使汽车走正走直，增强行驶稳定性。

3）可以减小油耗。

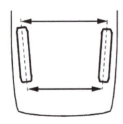

什么是四轮定位？为什么要使四轮正确定位？

车辆在出厂时，其悬架系统的定位角度（基本定位角度有7个）都是根据设计要求预先设定好的。这些定位角度共同用来保证车辆驾驶的舒适性和安全性。但是，由于车辆在售出并行驶一段时间后，这些定位角度会由于交通事故、道路坑洼不平造成的剧烈颠簸（特别是高速行驶时突然遇到不平路面）、底盘零件磨损、更换底盘零件、更换轮胎等原因而产生变化。一旦定位角度产生变化，就可能产生诸如轮胎异常磨损、车辆跑偏、安全性下降、油耗增加、零件磨损加快、方向盘发沉、车辆发飘等不适症状，也就是四轮定位失衡。当驾驶人感觉到这些情况时就应考虑做四轮定位了。

车轮正确的定位可以保证转向灵活、乘坐舒适，维持直线行车，延长轮胎寿命，减少路面引起的振动等。

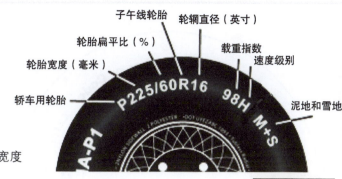

轮胎上标有哪些重要参数？
怎样看懂轮胎参数？

轮胎宽度——如225，它是指轮胎的宽度（单位为毫米）。

轮胎扁平比——第二个数字，如55，它是指胎高与胎宽的比例。"60"表明该轮胎的高度等于轮胎宽度的60%。

结构方式——如"R"代表子午线结构，表明组成胎体的织物层（即胎体帘子线）呈辐射状排布在胎体内。"B"是指轮胎为斜交结构，表明帘子线在胎体中呈对角排列，同时帘布层的方向相互交替以起到增强作用。

轮辋直径——如16，它是指从车轮一端到另一端的宽度（单位是英寸，1英寸=25.4毫米）。

载重指数——如"98"，这是个对应值，具体见右表。它并不是代表只能承载98千克的重量。这里98表示对应的最大载荷为750千克。轮胎的载重负荷是根据轮胎的构造、胎体强度以及使用气压和速度等，经过计算确定的。超负荷使用轮胎，会影响其寿命，导致轮胎过度生热。实践证明：超负荷10%，轮胎寿命将降低20%；超负荷还会增大滚动阻力，超负荷30%，滚动阻力将增加45%~60%。

速度级别——如"H"，它表明轮胎在规定条件下承载规定负荷的最高速度，其对应值见下表。轮胎主要由高分子复合材料构成，温度升高会加速橡胶老化。汽车高速行驶时，会使整个轮胎的温度升高，从而导致胎面磨损加剧，实验证明：胎面温度升高1℃，胎面磨损增加2%。轮胎都有其设计的临界速度，当高速行驶达到这一速度时，轮胎就会出现"驻波"现象，这就是该轮胎的"临界速度"，如果在此条件下使用，轮胎就很可能爆裂。

轮胎载重指数对应值表

载重指数	负载/千克
85	515
86	530
87	545
88	560
89	580
90	600
91	615
92	630
93	650
94	670
95	690
96	710
97	730
98	750
99	775
100	800
101	825
102	850
103	875

轮胎速度级别对照表

速度级别	M	N	P	Q	R	S	T	U	H	V	W	Y
速度/（千米/小时）	130	140	150	160	170	180	190	200	210	240	270	300

为什么要用扁平比来标示轮胎？

扁平比的大小会影响车辆的许多特性，如舒适性、操控性、燃油经济性等，而且扁平比更能形象地代表轮胎的形状。

一般而言，扁平比越大，胎壁越高，经过坑坎时缓冲范围较广，能将冲击力减至较低，乘坐起来较舒适，但在转弯时因轮胎变形较大，稳定性自然较差。相对而言，载货车、客车和越野车，喜欢采用扁平比大的轮胎。

扁平比小的轮胎，其胎面相对较宽，可以提高轮胎的抓地力，使车辆拥有较高的操控性，但同时也会增大燃油消耗。通常跑车喜欢采用扁平比小的轮胎。

跑车轮胎的扁平比都较小

$$轮胎扁平比 = \frac{轮胎高度}{轮胎宽度} \times 100$$

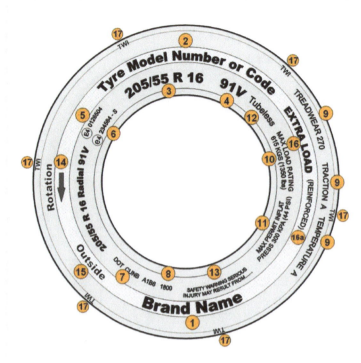

怎样看懂轮胎上的各种标识？

① 轮胎品牌名称
② 轮胎型号
③ 轮胎尺寸（轮胎宽度/扁平比 + 轮胎结构 + 轮辋直径）
④ 载重指数 + 速度级别
⑤ ECE 认证编码
⑥ EEC 噪声合格认证码
⑦ 美国运输部制造商码
⑧ 制造日期（前两位数指周数，后两位为年度，如 1800，代表生产时间是 2000 年第 18 周）
⑨ 抓地级数、温度级数
⑩ 轮胎最大载重
⑪ 轮胎最大压力
⑫ 无内胎结构
⑬ 安全警告
⑭ 旋转方向（只有单向轮胎才有）
⑮ 外侧面（内侧面为 Inner，只有不对称轮胎才有）
⑯ 额外载重
⑰ 磨损标示

轮胎的抓地级数和温度级数有什么意义？

轮胎上的"TRACTION A"是指抓地级数。它代表轮胎在潮湿的直线试验路面上的停车能力。例如：AA 级的轮胎在潮湿的直线路面上停车比 C 级的轮胎快。抓地级数有 AA、A、B、C，其中 AA 级最高。

轮胎上的"TEMPERATURE A"是指温度级数。它代表的是保养得当的轮胎的散热能力，而且是在控制下的室内试验车轮条件下。如果轮胎达到了美国运输部（DOT）规定的最低性能条件，其等级为"C"级。"B"级和"A"级则表明轮胎高于 DOT 规定的最低性能。

轮胎气压是怎样被监测的？

轮胎气压监测系统（TPR）有多种，比较常见的方式是通过分析 ABS 轮速传感器的数据，来判断轮胎气压是否正常。当轮胎气压较低时，由于车轮直径变小，它的转速就会增大。因此，当监测到某个车轮的转速有明显异常变化时，比如速度比其他三个车轮快，那么监测系统就可以判断此轮胎气压有所降低，并通过仪表板中的 TPR 警告灯提醒驾驶人，从而避免轮胎压力降低所引发的行驶危险。

为什么有些轿车的轮胎很扁？
扁平轮胎有什么优缺点？

高性能跑车、轿车一般采用扁平比较小的轮胎，外观看起来很扁，这主要是为了提高其贴地性或抓地力，保证其高超的操纵性能得到充分发挥。对扁平轮胎的制作要求较高，它应拥有卓越的减振性，以补偿因胎壁低而带来的颠簸，这类车一般不会行驶在不良路面上。

扁平轮胎的优点：扁平轮胎与地面接触面大，抓地力强，操纵稳定性好。扁平轮胎散热好，工作稳定性高，具有高速耐久力好的优点。扁平轮胎具有较强的制动能力，因为扁平轮胎通常需要大直径的轮辋来配合，较大的轮圈可以容纳更大尺寸的制动盘（鼓），制动盘（鼓）直径越大，制动力就越大。在转弯时侧向滑移率变小，同时地面支撑力更强，因此转弯性能变佳。

扁平轮胎的缺点：扁平轮胎内空气层较薄，缓冲和减振相对较弱，舒适性较差，需要相应的悬架结构来配合。在路况差的路面上行驶，扁平轮胎易被扎胎，可能大幅度缩短轮胎的寿命。同时，扁平轮胎增大了触地面积，因此会略微增加油耗和噪声。另外，扁平轮胎的制造成本稍高于普通轮胎，价格也稍贵些。

常见轮胎花纹有哪些？
不同花纹的轮胎各有什么特点？

单导向花纹：轮胎花纹具有明显的方向性，一般为V字形。其特点是排水性能较佳，适用于中高级别轿车。

非对称花纹：轮胎花纹左右不对称，对高速过弯时的操控性能极为有利，适用于运动性车型。

条形花纹：轮胎花纹呈条状，其特点是不易侧滑、噪声小，但制动性能一般，适用于普通轿车。

块状花纹：轮胎花纹相互独立，其特点是抓地力强，适用于越野车辆。

羊角花纹：轮胎花纹像是羊角，具有极强的抓地力和制动力，适用于工程车辆。

为什么胎面花纹会影响行车安全？

轮胎的排水性能不但涉及汽车直线行驶问题，也涉及汽车安全行驶问题。排水性能欠佳的轮胎会使汽车失去控制能力，从而对行车安全构成严重威胁。

轮胎的排水性能全靠胎面花纹，有些轮胎在胎面中央设置有宽大的排水沟，可使轮胎与路面之间形成较大的排水空间，使轮胎能将集中到中间的水大量抛向后面。有些轮胎在胎面设计了弯曲的弧形侧沟，利用轮胎的弹性将水挤压向侧边。

单导向花纹　　非对称花纹　　条形花纹

块状花纹　　羊角花纹

轮毂、轮辐、轮辋分别指车轮的什么部位？

轮毂就是车轮最中间的部分，它的内圈和车轴相连，外圈和轮辐相连。

轮辋就是车轮的最外沿或最外圈。最早的轮辋直接与地面接触，现在则是轮胎的支撑体。

轮辐简称辐条，当然汽车车轮已很少用辐条了，因此称轮辐较适合。它是连接轮毂和轮辋的部件。

使用铝合金车轮有什么好处？

1）铝合金车轮的美观性比钢车轮好，显得更精致、更高档。

2）铝车轮的重量比钢车轮轻。由于车轮是运动部件，是簧下重量的主要部件，更轻的重量意味着有更好的响应性。

3）铝的导热性也要比钢好，因此铝轮毂对于制动系统的散热有更好的帮助。

4）铝合金与钢相比更不易变形，如果受到超出承受能力的外力冲击只会断裂，所以能够尽可能地保持原有的形状，动平衡性能更好。

什么是T型备胎？
为什么T型备胎比正常轮胎要小些？

T型备胎的T是英语"temporary"的字头，意思为"应急"或"临时"。轮胎损坏时，它可以保证汽车行驶到修理站。但要特别注意的是，装备这种备胎时，需要在行驶中避免高速行驶或紧急制动，并且尽快更换上正规轮胎。

T型备胎比正规轮胎的尺寸小，是高压轮胎，其性能不如标准轮胎，但是具有可以缩小装备空间、加大行李舱空间、减轻车重的优点，更为重要的是，T型备胎成本较低。

T型备胎的外径和宽度都比正常标准轮胎小很多，只能应急用，且最好不要用在驱动轮上。

正常轮胎　　　　T型备胎

轮胎有方向性吗？可以左右互换吗？

普通汽车轮胎没有方向性，原则上可以左右互换，但是某些有特殊花纹的轮胎例外。为了获得高速能力，轮胎制造商们于20世纪80年代左右研发了"非对称花纹"（"方向性花纹"）的轮胎。它的胎面左右的开沟方式有不同的设计。轮胎外侧沟纹少，在转弯时有良好的肩侧抓地性能，而内侧的沟纹较多，可确保在雨天有良好的排水性。这是使斜沟与轮胎的回转方向一致的一种设计，通过这个设计可在高速时提高轮胎排水性。

还有一种单导向花纹的轮胎，轮胎花纹一般为V字形。其特点是排水性能较佳，适用于中高级别轿车。

非对称花纹　　　　单导向花纹

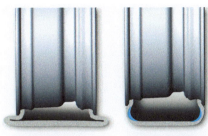

普通轮胎爆胎后　　　RSC轮胎爆胎后

防爆轮胎系统（RSC）是怎样工作的？

宝马汽车上装备的防爆轮胎系统（RSC）包括RSC轮胎和TPI电子警告系统。一旦轮胎压力开始下降，RSC立即向驾驶人发出警告，但是即使轮胎压力下降为零，RSC仍能确保轮胎安全地固定在轮辋上，使轮胎继续行驶一定的距离。这样，车辆上不再需要放置备胎、修理套件和千斤顶，而驾驶人也无须在路边亲自更换轮胎。

这种防爆轮胎具有较坚硬的胎壁，而且还具有经过特殊设计的轮辋凸峰。这种凸峰能够防止轮胎在压力突然下降后脱离轮辋。RSC轮胎与传统轮胎的不同之处包括防爆特性、加强的侧壁、附加的气门嘴条带和高耐热性的合成橡胶材料等。根据车辆负载情况，这种胎壁异常坚硬的轮胎能够在压力降至最低的情况下，使车辆以80千米/小时的最高车速继续行驶50~250千米。

RSC系统中包含的轮胎压力监视器（TPI）通过不断比较各个轮胎的转速而对各个轮胎的气压进行监视。在车速超过15千米/小时、轮胎压力下降幅度超过30%时，如果某个轮胎的转速发生不规则变化，系统将通过警告灯和声音信号提醒驾驶人注意。

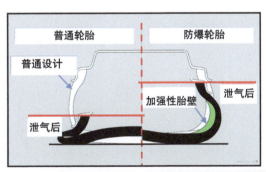

轮胎是否越大越好？

轮胎不是越大越好。许多车主在换装时一味将车胎与轮辋尺码加大。的确，换装大尺寸的轮胎外形很炫，而且轮胎的扁平比随直径扩张而降低，也会使贴地性与操控力提升。但是低扁平比车胎虽有接地面积大、摩擦力强的优点，却也会增加油耗，加快轮胎磨损速度。

如果汽车动力相对不足的话也无法体现大尺寸轮胎的性能优势，除非改装动力及其他装置，因此换轮胎要看车型条件，并非越大越好。

轮胎增大后会干扰车载电脑吗？

如果轮胎直径变化较大就会干扰车载电脑系统。应尽可能选用与原直径相近的轮胎，可以保证车载电脑系统功能正常，从而高效地控制诸如防抱死制动系统、牵引控制系统、燃料管理系统、电子控制自动变速器和电子操纵稳定系统等。改变轮胎直径会向车载电脑输送错误的信息。这些系统本身不会因此而出现故障，但是会在很大程度上受到影响。如果您对这一可能十分麻烦的问题有任何疑问，请咨询轮胎经销商。

为什么车轮上都有个小金属块？

这是为了让轮胎运转更加平衡稳定的一个小平衡块。由于技术原因，车轮上的质量分布很难达到完全平衡状态，当不平衡的车轮快速运转时，就会发生抖动现象。当给车轮做动平衡测试时，就可以用一个小金属块来调节车轮的质量分布，使车轮达到接近完全平衡的状态。

第 6 章 电气与电子系统

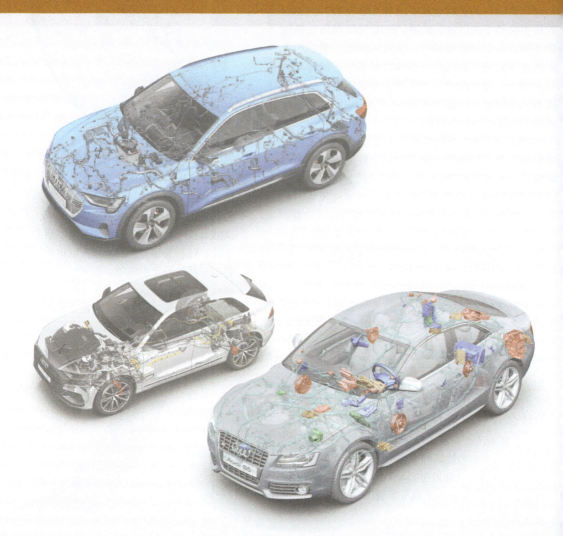

6.1 什么是汽车的电气系统？

什么是汽车的电气系统？
电气系统是怎样工作的？

汽车的电气系统负责为汽车的动力系统、照明系统、仪表、空调、音响系统等供电和分配电能，并负责发电、向蓄电池充电。电气系统主要由电源系统、起动系统、点火系统、照明系统、信号系统、仪表显示系统、辅助电气系统组成。

汽车的电气系统遵循特定的流程，以确保车辆的平稳运行。当你把钥匙插入点火装置并转动它时，电气系统就开始工作了。其工作过程包括激活电池并向起动机发送电流；然后起动机旋转并驱动发动机的曲轴，使发动机起动；一旦发动机起动，汽车的电气系统就会继续将动力分配给各个部件；由发动机驱动的交流发电机接管电源，为电池充电，并确保稳定的电流。电气系统还包括防止过载和短路的电路和熔丝等。

什么是雨感刮水器？
它是怎样感应雨量大小的？

雨感刮水器是雨量传感器自动刮水器的简称，它可以根据雨量的大小来自动开关并调节刮水器的速度。当汽车在雨中过隧道、高架桥或者行驶速度变化时，驾驶人就不用频繁调整刮水器开关和运行速度，不仅有助于提高车辆的主动安全性，更能提高驾驶舒适性和刮水片的耐久性。

雨感刮水器的核心技术是雨量传感器，它能精确感知雨点打落在风窗玻璃上的振动量，从而确定雨量大小，然后据此来决定刮水器的开关和刮水间隔。也有一些雨量传感器是通过红外线反射原理识别光线的强度及变化来确定雨量的大小，从而自动对刮水的摆动速度进行无级调节。

什么是HID前照灯？
为什么它又称氙气前照灯？

HID 是 High Intensive Discharge 的缩写，意思是"高强度放电"。这是特指一种利用灯泡内气体作为发光源的灯泡，在灯泡内注满了（Xenon）氙气及氩气，并使用超过2万伏特的高压电弧通过灯管内的特殊气体，气体碰上了电弧之后开始蒸发并相互撞击，便产生了高亮度的光源。因此，目前 HID 在汽车上一般就是指氙气前照灯。

HID前照灯的最大优势是其照明度为传统卤素灯泡的2倍，而电力消耗却只有传统卤素灯泡的1/3。但由于它是气体放电，因此在点亮时都有个比较短的延迟现象。

LED 灯有什么优势？

LED 是发光二极管（Light Emitting Diode）的简称。不同于传统的白炽灯泡，它不是通过热能使物体升温而发光，而是由电能直接转换为光，因而称之为冷光。它有色彩鲜艳丰富、耗电量低、使用寿命长、反应速度快、重量轻、体积小、耐振动等优点，可以设计出轻薄小巧的各种风格的灯具，为汽车造型设计提供较大空间。

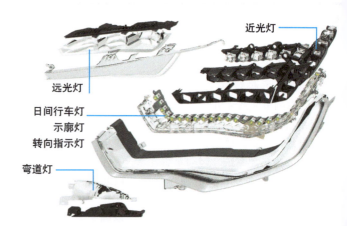

什么是随动转向前照灯？
随动转向前照灯有什么好处？

随动转向前照灯系统在行驶过程中，当驾驶人转动方向盘的同时，前照灯也会跟着转动一定角度（一般为15°）以消除照明死角。尤其是当弯道边上有行人或骑自行车者时，如右图所示，随动转向前照灯显得更为重要。

随动转向前照灯系统不仅可以使前照灯左右转动，它还会根据车身平衡度的变化而自动调节光柱的上下角度，例如当制动时，当上坡和下坡时，当前后乘坐人员不等时，车头下探或上仰的同时灯光也会自动调整上下角度，以维持光照的范围不变，从而提高行车的安全性能。

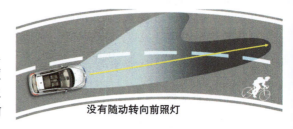

没有随动转向前照灯

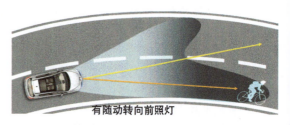

有随动转向前照灯

什么是自动辅助转向前照灯？

自动辅助转向前照灯的任何部件都是固定不动的，但它能够在方向盘转过一定角度时，自动点亮一个照亮弯道方向的卤素灯泡，从而扩大弯道方向上的照明范围，扩大驾驶人的视野，增强转向时的安全性。

这种辅助灯光不仅不能转动，而且不能够随着汽车前后重心的变化而上下随动，在转弯时汽车的前照灯一直是固定不动的，仍然直直地向下照在前方。相对来讲它不是真正的主动或随动转向前照灯，但这种辅助灯光的效果也不错，而且制造成本又低，维修费用也相应低不少。国产轿车中如迈腾、天籁等装备的就是自动辅助转向前照灯。

上图没有自动辅助转向前照灯，下图则有自动辅助转向前照灯

车后窗的线条有什么用？

车后窗的线条是汽车的防雾线。它是用丝网印刷法印上去的导电树脂，主要成分就是树脂和导电粉，通常导电粉采用石墨粉，印上去的导电树脂具有电阻性，通电后可将电能转化为热能释放出来，简单地说，其原理与家用电热毯的原理一样。

汽车玻璃内侧起雾主要是由于汽车内外温度存在差值。冬天行驶时，车内外温度会存在一定的差距，车内的水分子遇到较冷的车窗即凝结成雾状，这时候打开除雾功能，防雾线会自动加热，使车后窗温度升高，蒸发水雾，解决结雾问题，这一装置在中高档的轿车上较为常见。此外，有的车辆进行了改进，将天线也做成线条状贴在车窗上。

什么是中控门锁？
中控门锁的工作原理是什么？

中控门锁是中央控制车门锁的简称，它是指通过设在驾驶座门上的开关可以同时控制全车车门关闭与开启的一种控制装置。配有中控门锁的汽车，当锁闭驾驶座车门时，其他车门也跟着锁闭。但其他车门独自锁闭时，驾驶座车门和其他车门则不会跟着锁闭。

中控门锁采用一个开关去控制另一些开关，它用电磁驱动方式执行门锁的关闭与开启。中控门锁执行机构分两种形式：一种是电磁线圈形式，另一种是直流电动机形式。两种形式都是通过改变直流电的极性来转换物体运动方向，从而执行闭锁或开启动作。

目前，轿车的中控门锁多是电磁线圈式。锁门时给电磁线圈正向电流，衔铁带动连杆向左移动，扣住门锁舌片。开门时给电磁线圈反向电流，衔铁带动连杆向右移动，脱离门锁舌片。连杆驱动力由可反转的直流电动机提供，利用电动机的正转和反转来完成锁门和开门的动作。

现在国产轿车中稍上档次的车都有中控门锁。如果原车上没有，还可以到汽车装饰店去安装。

在许多轿车上还配置一种车速感应的中控门锁，当汽车达到一定速度时，它便会自动将所有车门锁上。

什么是第三制动灯？

汽车尾部两侧都有制动灯，但在车尾上部中间位置，都要再配置一个制动灯，这个制动灯就是第三制动灯，也称高位制动灯。这三个制动灯一起点亮和熄灭。

第三制动灯

为什么要设置第三制动灯？

第三制动灯的作用是为了让后面的车辆能尽早发现前车踩制动踏板的动作，以便提前采取措施，以防追尾。尤其是在城市行驶，由于车辆都排成队行驶，车与车之间的距离比较近，当前车踩制动踏板时，除了紧跟在它后面的那辆车外，其他车辆很难看到它的制动动作。而第三制动灯则可以让其后面更多的车辆能提前发现它的制动动作，从而可提前减速或制动。

什么是可变排量空调？它有什么优势？

开过小排量轿车的人都有这样的感觉，当空调压缩机工作时汽车的动力性就会受到影响，如此时要起步或急加速时就会感觉动力不足。其主要原因是空调压缩机与汽车"抢"动力。为了解决此问题，有人就设计出一种可以自动变化压缩机工作排量的空调，当汽车需要强大动力支持时，空调压缩机便会自动减小工作排量，为汽车动力性能"让路"。

轿车的空调系统都是非独立式的，它的压缩机都是通过带轮直接由发动机带动的。汽车在高速行驶时，输入的制冷量随发动机转速的增加而增加，汽车制冷量增多，不仅浪费一部分功率，也影响汽车的行驶性能。可变排量空调此时便会自动调整工作排量，降低制冷量，减小功率损耗。

一触式起动有什么好处？

传统的起动方式通常是采用纯机械方式，也就是一把钥匙开一把锁。只要钥匙的形状与锁芯吻合就能转动点火开关。但是这种钥匙非常容易被人复制，即便没有钥匙也很容易通过强行手段转动点火开关，因此车辆极易被盗。后来通过在钥匙里面加入芯片的方式提高了防盗性能。即便钥匙吻合，能够转动点火开关，如果钥匙里芯片的数据与发动机管理电脑里的数据不匹配，则无法起动发动机。至于现在的一触式起动，主要目的有两个：一个是防盗，原理跟芯片钥匙一样，车钥匙不能被复制；另一个目的是为了方便起动发动机。因为这种一触式起动免去了找钥匙孔的麻烦，还可以彰显汽车的豪华程度。

什么是手动空调？

空调系统是汽车上的主要舒适性装置，车内温度是舒适性的重要指标，它取决于车外温度、空气流量以及太阳辐射的大小。车外温度超过20℃时，车内的舒适温度只能靠冷风降温达到。

所谓手动空调就是由人工调控空调的运行状态。在空调控制面板上有一个温度调节旋钮，实际上是一个可变电阻装置，当人工调节空调温度时，这组电路的阻值发生变化，从而控制压缩机的工作频率，达到调节车内温度的目的。

手动空调操作比较麻烦，而且还会影响行车安全，在现在轿车上有被逐渐淘汰的趋势。

什么是分区空调？

所谓分区空调是指在一个车厢内可以独立调节出不同温度的区域。如双区空调是指车内左右两侧的温度可以独立调节；四区空调则是指前后排、左右侧的温度都可分别独立调节，也就是说有四个区域的温度可以独立调节。

什么是自动空调？

自动空调可自行设定一个温度，然后它能够依据车内温度自动调节出风温度，使车内温度向所设定的温度进行调节。自动空调具有平滑柔顺性，调节准确，可以一步到位，不用来回手动调节，对安全行车也比较有利。

为什么空调能制冷?

空调的制冷原理基本都是利用易于蒸发的制冷剂使它汽化,然后带走空气中的热量,从而达到制冷效果。为了将汽化后的制冷剂再变成液体并释放出它携带的热量,采用空气压缩机以高压压缩制冷气体,使它转变成液体后再循环使用,这样就可持续地为车内制冷。压缩机由发动机驱动,只有在汽车起动后空调才会工作。

空调系统工作时,制冷剂以不同的状态在这个密闭系统内循环流动。每个循环由四个基本过程组成:

压缩过程。压缩机吸入蒸发器出口处低温低压的制冷剂气体,把它压缩成高温高压的气体排出压缩机。

散热过程。高温高压的过热制冷剂气体进入冷凝器,由于压力和温度的降低,制冷剂气体冷凝成液体,并排出大量的热量。

节流过程。温度和压力较高的制冷剂液体通过膨胀装置后体积变大,压力和温度急剧下降,以雾状(细小液滴)排出膨胀装置。

吸热过程。雾状制冷剂液体进入蒸发器,因为此时制冷剂沸点远低于蒸发器内温度,所以制冷剂液体蒸发成气体。在蒸发过程中大量吸收周围的热量,而后低温低压的制冷剂蒸气又进入压缩机。

上述过程周而复始,达到降低温度的目的。

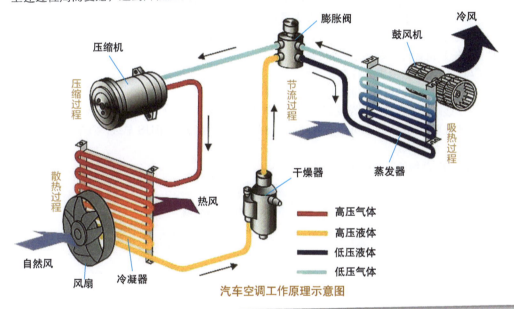

汽车空调工作原理示意图

为什么自动空调能自动调节温度?

自动空调控制系统由四部分组成:一是传感器部分,专门负责温度信息反馈;二是控制中心ECU;三是控制机构,包括混合气流电动机等;四是自检及报警机构。

自动空调一般有车内温度传感器、车外温度传感器、蒸发器温度传感器和冷却液温度传感器等。各个传感器将温度信息反馈到ECU,ECU通过"混合风档"的冷暖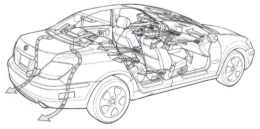风比例而控制空气流的温度,例如当温度过低时,ECU指令冷气流经加热芯升温,当温度过高时则增大冷气;当车内温度达到预定值时,ECU会发出指令停止"混合风档"伺服电动机运转。

一些自动空调还装有红外温度传感器,专门探测乘员面额部的表面皮肤温度,以便更精确地控制空调。这样,乘员只要操作旋钮或按键,设置所需温度,以后一切事情都由自动空调控制系统处理了。

6.2 什么是汽车的电子系统?

什么是汽车的电子系统?它是怎样工作的?
电子系统与电气系统有什么区别?

汽车的电子系统是一种负责控制和管理车辆各种功能的系统,它由多个电子组件和模块形成一个系统网络,它通过各种传感器采集信息,由电子控制单元处理信息并发出指令,利用执行器实现对车辆各种功能的精确控制和管理。这些功能主要包括发动机管理、变速器管理、车辆稳定性控制、音频娱乐系统、空气温度调节、安全气囊和安全带、导航、驾驶辅助系统等。

如果说电气系统就像是汽车的神经系统,负责分配电能并将电信号传递到不同的部位,那么汽车电子系统就像是汽车的大脑,处理和解释这些信号,并指挥电气系统和执行器实现特定功能。

什么是CAN-BUS总线?
使用CAN-BUS总线有什么好处?

CAN-BUS 总线的专业名称为串行数据传输系统,英文为 Controller Area Network。现代汽车中电子控制系统越来越多,各控制系统之间需要大量的数据交换,如果仍然使用传统的导线进行点对点的传输,将会有几百甚至数千条导线盘在一起,故障率高、不易维修,而且容易产生自燃隐患。因此在车辆上串行数据传输系统替代了传统的导线传输。

使用 CAN-BUS 总线的主要特点有:

1)没有了乱七八糟的电线布置在车中,显得更为整齐。
2)没有了线路老化和产生短路的现象,使行车更加安全。
3)可以实现更多的控制、显示和报警功能。如果没有采用 CAN-BUS 总线,汽车上的许多行车信息无法显示。
4)CAN-BUS 总线的制造成本非常高。

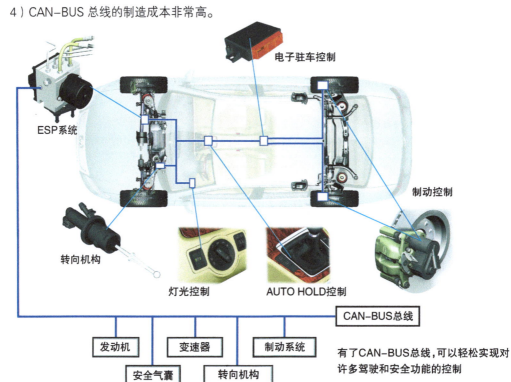

有了CAN-BUS总线,可以轻松实现对许多驾驶和安全功能的控制

什么是线控技术？在汽车上已有哪些应用？

线控代表一个控制系统，它采用控制单元之间的电信号连接来控制和驱动执行机构，取代了传统的机械或液压驱动。线控技术最初用于航空业，目前正在转向地面通信行业。汽车线控系统包括：节气门线控、转向线控、制动线控和变速器线控。

有了线控技术之后，汽车上许多现有的配备皆可简化，重量可以减轻，对汽车设计和智能驾驶都会有正面的功效。比如说，现行的液压制动系统如果换成线控技术后，所有的液压设备全部可取消，未来的制动将只是从制动踏板传出一个快制动/慢制动、重制动/轻制动的电子信号，这个信号传到四个轮子上的制动器之后，就可由电动机来驱动制动卡钳夹住制动盘，执行制动动作，这么一来，制动主缸、制动轮缸、制动液管、制动液、真空辅助泵全部都可取消，从而达到减轻重量、减少油耗、提高制动系统的可靠度、减少保养项目和耗材花费的目的。

线控技术已在线控驱动、线控制动、线控转向、线控变速等关键功能上得到应用，并已成为自动驾驶系统的核心技术之一。

什么是线控转向？线控转向是怎样工作的？
为什么线控转向还不能得到广泛应用？

2014年，英菲尼迪在Q50轿车上首次推出线控转向系统（Steering-by-wire）。该系统使用电信号来控制前轮转向。它没有转向柱，而是由转向控制器根据驾驶人的转向动作，通过电信号指挥转向执行电动机、操纵转向机构。方向盘与转向机构之间没有硬连接，只有电信号连接，因此称为线控转向。如果发现转向故障，可以重新启动机械连接。电动线控转向由方向盘总成、转向控制器、转向执行总成三部分组成。

方向盘总成：包括方向盘、转向角度传感器、转向力矩传感器、方向盘回正力矩电动机等。

转向控制器：转向控制器是电动线控转向系统的"大脑"，负责对转向和车速信号的分析处理，判断汽车的运行状态，控制回正电动机和转向执行电动机的工作。

转向执行总成：包括前轮转角传感器、转向执行电动机、转向电动机控制器和前轮转向机构等。当接到转向控制器的指令后，通过转向电动机控制器来操纵转向动作。

由于该系统去除了将方向盘连接到转向器的机械装置，因此它的转向更加平稳，也腾出不少空间，减少了机械故障的可能性，减轻汽车的重量。然而，转向系统与安全行车的关系极为密切，加之技术还不够成熟，因此极少将其应用到量产车型上。相信随着智能新驾驶技术的迅猛进步，很快会有越来越多的车型开始采用线控转向技术。

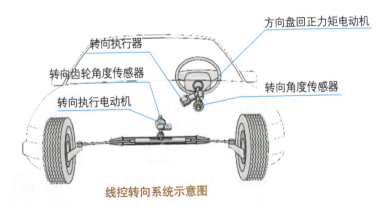

线控转向系统示意图

6.3 什么是智能座舱？

什么是智能座舱？

智能座舱技术是建立在人工智能和车联网基础上的智能化人机交互技术，而智能座舱是指可以与人、路、车本身进行智能交互的座舱。智能座舱技术构成主要包括：人机交互系统、环境控制系统、影音娱乐系统、信息通信系统、导航定位系统等。目前智能座舱的主要硬件配置包括：流媒体后视镜、抬头显示（HUD）、电子后视镜等；智能控制系统主要包括：语音识别、人脸识别、触摸识别、生物识别等。

主要硬件配置

流媒体后视镜：通过车辆后置的一枚摄像头，实时拍摄车辆后方的画面，能够将无损、无延迟的画面在车内后视镜显示屏上呈现出来。

抬头显示（HUD）：可以把重要的信息映射在风窗玻璃上，使驾驶人不必低头就可以看清重要汽车信息，包括导航、车速等。

智能控制系统

车载操作系统：车载操作系统是管理和控制车载硬件与车载软件资源的系统软件。就像Windows、安卓以及iOS系统一样，车载操作系统是用户操作驾驭汽车的接口，同时也是让车载硬件与控制软件、相关数据及第三方应用连接的平台。

远程升级（OTA）：通过网络自动下载升级包并安装，实现对车辆功能和性能的升级。

驾驶人监测系统（DMS）：检测驾驶人出现疲劳及其他异常驾驶状态的辅助设备。

语音操作助手：利用人工智能技术，识别驾驶人的语音后按指令完成操作。

手势操作助手：利用人工智能技术，识别驾驶人的手势动作后，完成指定操作。

什么是抬头显示（HUD）？它是怎样工作的？

抬头显示（Head-Up Display，简称HUD）也称平视显示系统，它默认显示行车速度、导航、转向以及自适应巡航（ACC）等相关信息。驾驶人几乎不需要低头观看仪表就能了解行车和导航信息，极大地提高了行车的安全性。

HUD的构造主要包括两个部分：资料处理单元与影像显示装置。资料处理单元将行车各系统的资料如车速、导航等信息整合处理之后，转换成预先设定的符号、图形、文字或者数字的形态输出；影像显示装置安装在仪表板上方，接收来自资料处理单元的信息，投射在前风窗玻璃的全息半镜映射信息屏幕上，然后再投射到前风窗玻璃上，最后在驾驶人面前一定距离显示模拟图像。

6.4 什么是驾驶辅助系统？

什么是驾驶辅助系统？

驾驶辅助系统又称辅助驾驶系统，它是一种能为驾驶人提供协助的系统。通过利用各种车载传感器，驾驶辅助系统能够随时感应周围的环境，收集数据与信息，并结合导航仪地图数据进行系统运算和分析，从而帮助驾驶人预判并防止可能发生的危险，有效提升汽车驾驶的舒适性和安全性。

通常驾驶辅助系统包括车道保持辅助系统、自动泊车辅助系统、制动辅助系统、倒车辅助系统、自动巡航控制系统、自动跟车系统、超车报警系统、陡坡缓降系统等。

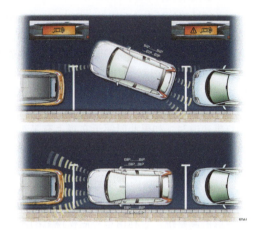

怎样操作停车辅助系统？

停车辅助系统可以帮助驾驶人准确停入路边车位，而驾驶人只需控制加速和制动即可，转向工作将交给电脑自动完成，停车操作更为便捷。

比如，斯柯达昊锐上配备的停车辅助系统（PLA）包含10个传感器，当汽车以30千米/小时以下车速经过一辆汽车，且侧面与其间距保持在0.5~1.5米时，传感器会自动探测到所有合适的停车空间并储存下来。如果空间足够泊车（空位必须至少超过车辆长度1.2米），仪表板中央会显示右方图案，表示可以自动停车。驾驶人挂入倒档，踩着制动踏板控制好车速，系统便会自动让汽车转向，无须驾驶人操纵方向盘，汽车便会自动准确进入停车位。

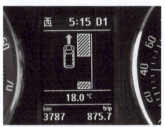

以30千米/小时以下车速经过一辆汽车

如果停车空间合适，仪表板中央会显示上方图案，表示可以自动停车

什么是主动安全性？哪些配置会影响主动安全性？

顾名思义，主动安全性就是指能够积极主动避免安全事故发生的性能。与主动安全性能相关的系统首先是汽车的制动系统，这也是我们最依赖的安全配置，它时刻都是我们安全的保障；其次是汽车的操控性，或者说是灵活应变能力，如紧急躲避障碍物的能力；最后是汽车防止侧滑甩尾失控的能力。它们一个是能让汽车停得住，一个是能让汽车躲得起，一个是能让汽车跑得稳。

现在汽车制动系统上安装了许多电子辅助系统来帮助提高汽车的主动安全性，如我们熟知的防抱死制动系统（ABS）、制动力分配系统（EBD），以及越来越普及的循迹控制（又称防滑控制，TCS）和电子稳定程序（又称动态稳定控制或车身稳定控制，ESP）等。驾驶辅助系统也属于主动安全性配置。主动安全配置只在事故发生前起作用，它的主要任务就是预防和阻止事故发生，这么说来，像转向灯、前照灯、制动灯等就都是主动安全配置了。

什么是变道辅助系统（LCA）？
什么是盲点信息系统（BLIS）？

变道辅助系统的英文是 Lane Change Assist，简称 LCA。在驾驶汽车中，许多事故都是并线超车时发生的，如果在并线时你没看到盲区中的来车，很可能会碰撞出事。在你并线超车时如果你的盲区中有其他车辆，变道辅助系统会提醒你注意。

在汽车后部装备的雷达传感器可以监测邻近车道的交通状况，覆盖范围为从紧邻本车车道的盲角到车后60米处。当你打转向灯想变道时，如果此时邻近车道上有来车，变道辅助系统便会通过LED灯闪烁来警告你处于危险之中。这里有个条件，就是你必须打转向灯，否则变道警告功能不会启动。因此，我们开车并线时一定要养成打转向灯的习惯才能保平安。

盲点信息系统（Blind Spot Information System，简称BLIS）又称盲点监测系统，它利用车外后视镜上的两台响应速度极高的摄像头，当另一辆汽车进入监视区内时，车外后视镜附近的警告灯就会闪亮，提醒驾驶人注意驾驶或采取规避措施。它与变道辅助系统的主要区别是，即使驾驶人没有打转向灯，只要在监测区内有车辆接近，它就会提醒驾驶人注意。

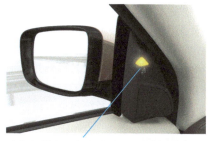

当你打转向灯想变道时，如果此时邻近车道上有来车，变道辅助系统便会通过LED灯闪烁来警告你处于危险之中

什么是陡坡缓降功能（HDC）？怎样使用此功能？

陡坡缓降功能是SUV上常见的一种安全功能，它的英文名字缩写为HDC（Hill Descent Control），也称为斜坡控制系统。陡坡缓降功能可以使驾驶人能在不踩制动踏板的情况下，让汽车以比较低的速度安全平稳下坡。在这过程中，驾驶人只需掌握好方向盘即可，不用对加速和制动系统进行任何操作，汽车即可以一定车速（一般为10千米/小时以下，各厂商设定有所不同）自动通过陡坡。

启动陡坡缓降功能必须将档位设置在低速档或倒档，系统即可利用发动机制动对车辆行驶速度进行控制，如果车速超过设定的下坡速度，车辆上的ABS和其他制动辅助系统就会参与工作，使车轮保证一定的抓地力，防止车辆在下坡时打滑或超过设定车速。

什么是疲劳驾驶警告系统？

以奔驰汽车上的疲劳驾驶警告系统为例，它通过持续识别超过70个与驾驶人相关的参数，敏感地监视驾驶人注意力水平。在每次行车最初的十几分钟内，疲劳驾驶警告系统会自动生成驾驶人个人状态，并在随后不间断地对当前传感器数据和原始信息进行对比，当高度敏感的转向角度传感器捕捉到驾驶人的呆滞或开始昏昏欲睡等行为的时候，系统就会发出响亮的警报声，提醒驾驶人集中注意力。

定速巡航系统是怎样工作的？

定速巡航系统（Cruise Control System，简称 CCS）也称巡航控制系统，是较早的驾驶辅助系统。它可以减轻驾驶人的疲劳，不需驾驶人踩加速踏板，汽车就能保持固定速度前进。

定速巡航系统是一个车速闭环控制系统，也称反馈控制或自动控制。反馈控制应用广泛，从抽水马桶到火箭发射，再到管理科学，都离不开反馈控制理论。具体到定速巡航控制上，它不断地将实际车速与驾驶人设置的车速进行比对，一旦发现有偏差就会发出调整动力输出的指令，使实际车速与设置车速尽量一致。比如，车辆上坡时速度下降，车速传感器发来的车速比设置车速低，控制单元将发指令给伺服执行机构，加大动力输出，以保持车速；下坡时实际车速比设置车速高，控制单元将发出指令，减小动力输出，以保持车辆按设置速度行驶。

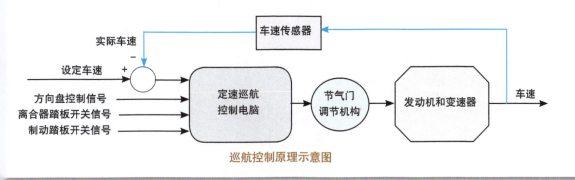

巡航控制原理示意图

什么是自适应定速巡航系统（ACC）？它与普通定速巡航系统有何区别？

自适应定速巡航系统（Adaptive Cruise Control，简称 ACC）比普通定速巡航系统要复杂得多。普通定速巡航系统只能控制节气门开度，也就是说发动机管理系统只能通过控制节气门的开度来达到控制车速的目的。主要是为了在高速公路长时间匀速行驶时"解放"驾驶人的右脚。但是，如果此时遇到前车突然减速，车间距迅速变短的话，普通定速巡航系统就帮不上什么忙了，驾驶人需要人为通过制动降低车速保持车距。

自适应巡航控制系统是一种智能化的自动控制系统，它是在定速巡航控制技术的基础上发展而来的。在车辆行驶过程中，安装在车前部的车距传感器（毫米波雷达）持续扫描车辆前方道路，同时轮速传感器采集车速信号。

当与前车的距离小于设定值时，ACC 控制单元通过与制动防抱死系统、发动机控制系统协调动作，使车轮适当制动，并使发动机的输出功率下降，保证与前方车辆始终保持设定的车距。

当与前车之间的车距超过设定值时，ACC 控制单元就会控制车辆按照设定的车速巡航行驶。当前车停止时，本车可跟停，并跟随起步。

什么是车道偏离警告系统（LDW）？

当驾驶人困倦时，很容易越过道路中心线而进入逆行，许多事故就是因此而发生的。车道偏离警告系统（Lane Departure Warning system，简称 LDW）通过检测道路边界或道路中心线的几何特征，由车道偏离评价算法对车道偏离的可能性进行评价，当认为你为非正常越过道路中心线时，它会提醒驾驶人注意。各品牌车型的提醒方式并不相同，如宝马采用轻微振动方向盘的方式，雪铁龙采用轻微振动驾驶座椅的方式。

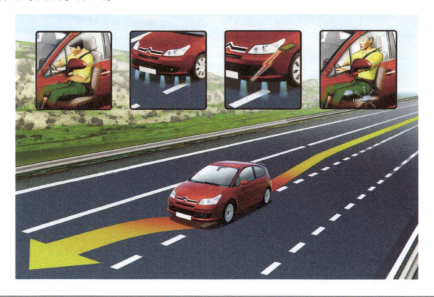

什么是车道保持辅助系统（LKA）？

车道保持辅助系统（Lane Keeping Assist system，简称 LKA）的功能是当行车轨迹偏离车道中心线时会自动给予纠正，但在驾驶人打开转向灯时则不予以纠正。车道保持辅助系统应用的前提是车辆必须配用电动助力转向系统（EPS），另外还要在前风窗玻璃上端安装数字式摄像头，实时拍摄前方道路上的车道线。拍摄的图像由电子控制单元进行实时处理分析。如果发现行驶路线偏离车道中心线并超过设定的偏离值，而且又没有打转向灯，电子控制单元就会向 EPS 发出指令对方向盘施加一定的力（这要依靠电动助力转向系统），从而对车辆的行驶方向进行纠正，让车辆保持在车道中间行驶。

当车辆偏离车道时，车道保持系统会向方向盘施加一个较小的转向力，从而纠正行驶方向，让车辆回到正道上

什么是防眩目车内后视镜？
防眩目车内后视镜是怎样工作的？
怎样知道车内后视镜具有防眩目功能？

当后面汽车的灯光过强，并照射在车内后视镜上时，尤其是后车使用远光灯时，会给驾驶人造成眩目，也就是"晃眼"，从而影响其注意力，可能导致交通事故。而具有防眩目功能的车内后视镜，则可以防止眩目，保证安全驾驶。

防眩目后视镜由一面特殊镜子、两个光敏二极管及电子控制器组成。两个光敏二极管分别设置在后视镜的前面及背面，分别接收汽车前面及后面射来的光线。当车后面跟随车辆的前照灯照射在车内后视镜上时，此时后面的光强于前面的光，此反差被两个光敏二极管感知并向电子控制器输出一个电信号到后视镜导电层上，致使后视镜镜面电化层颜色变深，此时再强的光照射在车内后视镜上也不会反射到驾驶人眼睛上。

防眩目后视镜固然能防眩目，但在从车库倒车出来时，由于车后面的光线较强而车前光线弱，此时后视镜如变暗就不利于倒车时看清车后情况，因此一些汽车便设计成当汽车挂倒档时能自动取消防眩目功能。如没有自动取消功能的也会设计有手动取消防眩目功能。

怎样才能知道你的车内后视镜是否具有防眩目功能？其实很简单，你在车内只要把手放在车内后视镜与前风窗之间片刻（挡着前面的光敏二极管），观察镜面颜色是否有变化，便可得知是否是防眩目后视镜。

什么是ABS？ABS有什么用处？ABS是怎样工作的？

ABS 是 Anti-lock Braking System（防抱死制动系统）的缩写。自从ABS被从飞机上引用到汽车上之后，可说是大行其道，现在已经是汽车上的标准配置了。

轮胎因制动不能转动而对地面失去摩擦力的时候，就可以说轮胎已经被制动片"抱死"。如果前轮抱死，任何控制、引导汽车行驶方向的功能就几乎等于零，致使汽车的行进方向无从控制；如果后轮先于前轮抱死，后轮控制车尾行进的能力立即消失，这时阻止车轮向前的力量集中在前轮，而车尾则会不受控制地扭曲和摆动，也即常说的"甩尾"，此时相当危险。

汽车在行驶时踩制动踏板，特别是紧急制动时，很容易造成轮胎抱死，轮胎与地面由滚动摩擦变成滑动摩擦，抓地力几乎消失殆尽。此时，ABS 感应到轮胎锁死后，就会快速"点放"制动摩擦片。此举可解除轮胎的抱死现象，维持轮胎与地面的附着力，驾驶人因而可以控制车身方向。

ABS 的作用相当于"点刹"，当检测到车轮抱死时，它会自动松开制动，然后再重新进行制动，从而让车轮一直保持转动而非滑动状态。ABS 松开和重新制动的频率，可以达到每秒 10～20 次。

一个真正的驾车好手没有 ABS 照样能通过"点刹"达到防止制动抱死的目标，但毕竟这些人只是少数。况且如果四个车轮的抓地力不一样时，高档次的 ABS 则可根据每个车轮上的抓地力大小分别调整每个车轮上的制动力，这是任何驾车好手也做不到的。

ABS能缩短制动距离吗？

ABS的主要任务是避免轮胎抱死而使车身失去控制发生侧滑、甩尾等危险现象。严格说来，制动距离缩短，只是ABS的一项附加价值而已，因此效果并不明显。ABS的本意是要防止汽车发生侧滑、甩尾等危险现象。

在松软路面，如沙地等，如果ABS起作用，反而会增大制动距离，因为此时让车轮滑动比滚动时更容易让汽车停住。

什么是EBD？EBD有什么作用？

EBD 是 Electronic Brake Distribution（电子制动力分配）的缩写。在制动的时候，车辆四个车轮的制动卡钳均会动作，以使车辆停下。但由于路面状况可能会有所变化，加上减速时车辆重心的转移，四个车轮与地面间的抓地力将有所不同。传统的制动系统会将制动主缸的力量平均分配至四个车轮。这样的分配并不符合制动力的使用效率。

配置有 EBD 系统的车辆，会自动侦测各个车轮与地面间的抓地力状况，将制动系统所产生的力量，适当地分配至四个车轮。在 EBD 系统的辅助之下，制动力可以得到最佳的效率，使得制动距离明显地缩短，并在制动的时候保持车辆的平稳，提高行车的安全性。

EBD 工作原理示意图

尤其是汽车轻负载时，制动时汽车重心前移，此时后轮的地面附着力减小，制动力自然也减小，从而导致汽车的制动距离较长，严重的则会造成汽车甩尾现象。如果此时利用 EBD 增大后轮的制动力，不仅可缩短制动距离，而且可以保证汽车制动时的稳定性。

另外，在制动时如果四个车轮附着地面的情况不一样，比如左前轮和右后轮附着在干燥地面上，而右前轮和左后轮却附着在水中或泥水中，这种情况也会导致汽车制动时四个车轮与地面的摩擦力不一样，制动时容易造成打滑、倾斜，甚至车辆侧翻事故。如果此时利用 EBD 根据四个车轮的情况分别施加不同的制动力，让四个车轮的制动力达到平衡，则可提高汽车制动时的稳定性。

什么是夜视系统？它是怎样工作的？夜视系统有实用意义吗？

汽车夜视系统是一项先进的汽车安全技术，旨在夜间或低光条件下、眩光及雨雪雾霾恶劣天气下，帮助驾驶人更好地看到道路和周围环境，更早地发现潜在的危险。

夜视系统的工作原理是，任何物体都会散发热量，不同温度的物体散发的热量不同。人类、动物和行驶的车辆，与周围环境相比，散发的热量要多。夜视系统使用红外线和热成像技术收集这些信息，然后转变成可视的图像，把本来在夜间看不清的物体清楚地呈现在眼前，增加夜间行车的安全性。

毫无疑问，夜视系统可以改善行车安全性，因为它能让驾驶人发现前照灯照射范围以外的潜在危险情况，如路边更换轮胎的驾驶人、高速路上出现的动物、灌木掩映下的人以及前照灯照射不到的地方有无人影等，所有这些单凭肉眼是很难发现的。

但是日常行车中遇到上述这几种情况少之又少，让夜视系统派上用场的机会更是罕见，因此夜视系统并没成为汽车上的必备安全配置，也没有什么机构来提倡安装它，也没见到过有什么统计数据表明安装夜视系统后能提高多少行车安全性，只有商家为了提高汽车的豪华度而在炫耀此配置。由于夜视系统的成本不低，对于普通汽车来说很难接受。对于豪华汽车来讲，夜视系统也是有它不多，没它不少。

TCS是什么？TCS的工作原理是什么？

　　TCS 是 Traction Control System 的缩写，意为牵引力控制系统，也称为循迹控制系统。此外，它还有其他别名，如加速防滑控制系统（Acceleration Slip Regulation，ASR）、DTC（宝马）、TRC（丰田）、TRAC 等，这都是同样系统的不同叫法。

　　汽车行驶时，驱动力取决于发动机的输出转矩，但又受到驱动轮附着力的限制，而附着力的大小又取决于路面的附着系数。对于雨雪、湿滑的路面，发动机过大的输出转矩将会引起驱动轮打滑，从而破坏了车辆行驶的稳定性。东北车主可能都有在冰雪上起步时踩加速踏板太猛，车辆可能会出现不能起步的现象；而在行驶中如加速太猛，车辆还会在冰雪上打转。这都是驱动力过大惹的祸。同样，在制动时，如能切断发动机施加给车轮的驱动力，也会有利于快速制动。

　　TCS 是在 ABS 基础上发展而来的。它遵循于车轮的滑转差介于 10%~30% 之间时车轮附着力最大这一原则进行设计。在汽车起步或加速中，当电脑监测到驱动轮的滑转差大于 30% 时，便向发动机发出指令，发动机便会减少喷油量，从而减小发动机转矩输出，或者对此车轮实行制动，以使驱动轮的滑转差回到 10%~30%，保证车轮始终拥有较大的附着力。同理，在制动时，除了完成防抱死和制动力自动分配外，还向发动机发出停止喷油的指令，从而切断发动机动力输出，帮助车轮快速制动。

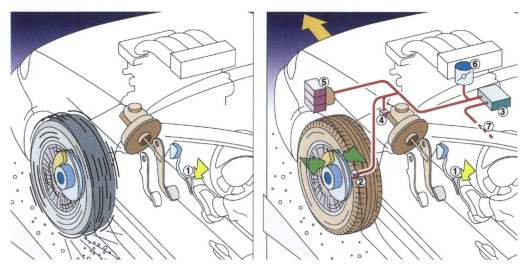

①加速踏板　②轮速传感器　③发动机管理控制单元　④制动压力传感器　⑤ABS控制单元　⑥电子节气门　⑦CAN总线

没有TCS的汽车在起步或加速时，如果驱动轮出现打滑现象，制动系统不会起作用来干预打滑

装备有TCS的汽车在起步或加速时，如果驱动轮出现打滑现象，制动系统则会起作用来干预打滑

TCS有什么缺点？

　　TCS 也有缺点，当驾驶人利用节气门开度调整汽车行驶状态时，该系统妨碍驾驶人的驾驶意图。例如后轮驱动汽车转弯时，为了减小转弯半径，技术熟练的驾驶人往往加大节气门开度使汽车加速，利用后驱动轮打滑产生的转向过度现象，调整汽车转向中的状态。但由于牵引力控制系统的作用，后驱动轮不能打滑，这样就妨碍了驾驶人的驾驶意图，使汽车在较大的转弯圆弧上转向。此外有的人过分相信牵引力控制系统，认为该系统能保证汽车按照驾驶人的意图转向。随便地以超高车速进入弯道，结果不是出现转向不足就是转向过度。牵引力控制系统和防抱死制动系统一样，其作用是有限的，过分地依赖这些控制系统是十分有害的。

什么是 ESP？

ESP（Electronic Stability Program，电子稳定程序）是博世对车辆稳定控制系统的称呼，其他公司对此有不同的称呼，可以统称为车辆稳定控制系统。

ESP 的具体工作原理是通过一个在方向盘上的转向角度传感器来感知驾驶人所希望的转向角度，此外在接近车身重心的位置还装有一个行驶偏转角度传感器，它可以测定车身围绕自身垂直轴实际旋转的角度。ESP 再通过这两个数据之间的差别计算出驾驶人希望转角与实际转角间的偏差，并通过控制各个车轮的制动装置和发动机驱动力来稳定汽车的行驶状态。

ESP 与 DSC、VSA、VSC 都是一回事吗？

ESP 是博世公司对车辆稳定控制系统的称呼，凡是使用博世电子稳定程序的，一般都称为 ESP。其他汽车公司对与 ESP 类似的系统有不同的称呼，如本田称之为 VSA，丰田称之为 VSC，宝马和马自达称之为 DSC 等。其实它们的原理和作用基本相似。

ESP是怎样稳定车身姿态的？

这么说吧，ABS 只能控制车轮的制动力，可以让车轮在出现打滑之前的瞬间进行快速"点制动"，使车轮保持最大的附着力；在 ABS 基础上发展的 TCS 不仅能控制车轮的制动力，还能调节控制发动机的驱动力，共同配合 ABS 来防止汽车在起步和加速时打滑；而 ESP 则是更高级的车辆稳定控制系统，它也是在 ABS、EBD 及 TCS 基础上发展而来的，它不仅包括 TCS 等功能，可以控制驱动力和制动力，而且可以分别独立控制每个车轮，从而可以"纠正"更危险的车辆不稳定状况。

如后驱车辆在转弯中发生转向过度而将要出现"甩尾"时，ESP 会制动弯道外侧的前轮来稳定车辆；当前驱车辆在转弯时发生转向不足而将要出现"推头"现象时，ESP 便会制动弯道内侧后轮来纠正车辆的行驶方向。尤其是急打方向盘时（如紧急躲闪路中突然出现的行人），ESP 的介入能够大大降低车身失控（如侧滑、甩尾）的危险。

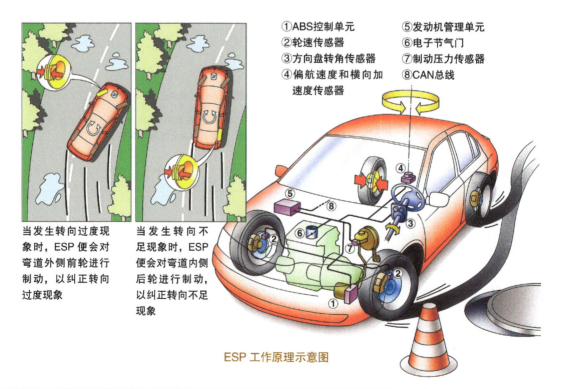

当发生转向过度现象时，ESP 便会对弯道外侧前轮进行制动，以纠正转向过度现象

当发生转向不足现象时，ESP 便会对弯道内侧后轮进行制动，以纠正转向不足现象

①ABS控制单元　⑤发动机管理单元
②轮速传感器　　⑥电子节气门
③方向盘转角传感器　⑦制动压力传感器
④偏航速度和横向加速度传感器　⑧CAN总线

ESP 工作原理示意图

什么是EBA？
EBA有什么用处？

EBA 是Electronic Brake Assist的缩写，中文名称是电子紧急制动辅助系统，也称BA。

在一些非常紧急的事件中，驾驶人往往不能迅速地踏制动踏板，EBA就是为此而设计的。当EBA发现驾驶人迅速大力地踏制动踏板时，便会认为是一个突发的紧急事件，马上自动地提供更大的制动压力，增大制动效果。不仅如此，其施压的速度也远远快于驾驶人，这能大大地缩短制动距离，增强安全性。尤其是对于脚力较差的妇女及高龄驾驶人，在闪避紧急危险的制动时帮助更大。

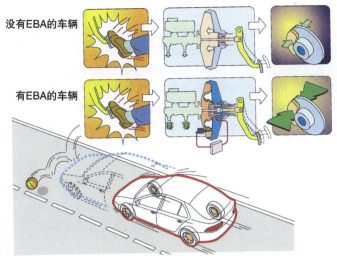

EBA 工作原理示意图

什么是防翻滚稳定系统？

防翻滚稳定系统是一种能防止车辆倾翻的装置，它能够在车辆处于越野路面转弯时监控车辆的侧滑速度，通过车轮传感器发出的信号计算车辆的侧倾程度，对弯道中外侧车轮进行额外的控制。当车辆任何一侧出现严重侧倾时，防翻滚稳定系统会迅速调整两侧车轮的制动力分配，同时降低发动机的转矩输出，从而在最短时间内恢复车辆的平衡，降低车身抖动翻滚的危险，确保车辆驾乘人员的安全。

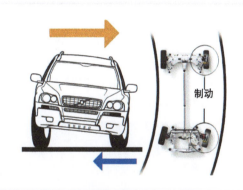

什么是自动紧急制动（AEB）？它是怎样工作的？

自动紧急制动（Autonomous Emergency Braking，简称 AEB）利用毫米波雷达、摄像头和其他感知传感器，实时检测自身的速度以及前方车辆的距离和速度，并将与前车距离与设定的距离进行比较。当监测到与前车距离小于设定值时，将发出警告声以提醒驾驶人注意。如果驾驶人不响应，与前车距离继续变小时则将主动施加制动，以防止与前车碰撞。

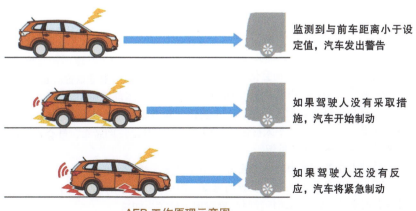

AEB 工作原理示意图

什么是汽车的行驶稳定性？

举个例子，当车速超过100千米/小时或某个车速时，尽管是直线行驶，但也会感觉车尾有轻微的摆动或飘动；或者遇到稍为不平路面时汽车方向就会发生意外变化；或者并道变线时方向需要多次修正。这些现象都说明汽车行驶稳定性较差。因此，可以这么定义汽车行驶稳定性：当汽车以一定车速行驶时，在遇到侧风、不平路面、并道变线、过弯转向时，能够保证车身平稳、方向准确，并避免使驾乘人员感到不安全和不舒服的性能。

汽车行驶稳定性直接影响汽车的安全性，可算是主动安全性的重要组成部分。

什么因素影响汽车的行驶稳定性？

影响汽车行驶稳定性的因素较多，但主要因素有车身造型、转向机构、悬架机构和车体重量等。相对而言，车体越重、越宽大，其行驶稳定性能就可能越高，因为升力对它的影响会相对较小。但并不是说重量大的车型就一定比重量小的车型更加稳定，一些欧洲品牌的微型车，它们的高速行驶稳定性也非常好，其中关键的因素还是在造型设计和结构设计上。

悬架结构也会影响汽车行驶稳定性。如果悬架太软，当转弯或变线时，车身侧倾就会较为明显，让你不敢以较高车速过弯；如果遇到不平路面，车身的振荡也较为严重，从而影响驾乘人员的安全性和舒适性。悬架结构方式对行驶稳定性影响也较大，性能优良的悬架，如多连杆式悬架，在过弯时它能保证轮胎的贴地性，可以让车轮总是垂直路面，从而使汽车拥有较高的行驶稳定性。

为什么一些汽车在高速行驶时会发飘？

汽车在行驶中由于车身形状的原因，会在尾部产生一定的升力（其道理和飞机的升力近似），这个升力会减轻后轮轮胎的抓地力，从而会使尾部发飘，影响汽车的行驶稳定性。正是由于这个原因，赛车和跑车在尾部都要装个扰流板，其作用就是增加汽车行驶时的尾部下压力。一般来讲，空阻系数越小的车型，其行驶稳定性可能越好，但并不绝对，主要还是看汽车尾部产生的扰流情况如何。普通轿车尾部上没有扰流板，如果车身造型设计不太符合空气动力学，尤其是三厢轿车，就会在尾部产生较大的升力，当超过一定车速时，就会感觉尾部发飘。

影响汽车空气动力学的因素有：车身重量、外观设计、前后轴载荷、行驶时升力大小等。同时，轴距和悬架的设计不当，也会使车辆产生发飘的感觉。而一些汽车为了降低油耗，车身重量普遍较轻，行驶时的升力对抗表现不是很好，高速行驶时的发飘现象就较为明显。

6.5 为什么汽车能自动驾驶?

自动驾驶级别是怎样划分的?

自动驾驶功能是汽车的最重要智能化体现,因此一般按自动驾驶技术水平高低来划分智能汽车的智能级别。国内将自动驾驶技术水平划分为 6 个级别,从 L0 到 L5,自动驾驶技术水平逐步提高,实际上是将驾驶权限逐步转让,直到最高级别的无人驾驶。

"无人驾驶" L5 级

完全自动驾驶:在全道路和全天候下,可由车辆完成所有驾驶操作,车内所有乘员可以从事其他活动甚至睡眠,不需要人员监控车辆的行驶状态。

"脱脑" L4 级

高度自动驾驶:由车辆完成所有驾驶操作,驾驶人无须保持注意力来监控车辆及周围情况,但对道路和环境条件还有一定的要求。

"脱眼" L3 级

条件自动驾驶:车辆能够在大部分时间内代替驾驶人操作,但仍需驾驶人对车辆的运行状态进行监控,在必要时仍需要驾驶人接管车辆的操控。

"脱手" L2 级

部分自动驾驶:在驾驶人收到警告却未能及时采取相应行动时,车辆能够自动进行干预,如自适应巡航控制、车道保持、自主变道等。

"脱脚" L1 级

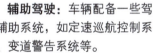

辅助驾驶:车辆配备一些驾驶辅助系统,如定速巡航控制系统、变道警告系统等。

"脑眼手脚" L0 级

人工驾驶:完全由驾驶人操作车辆。

什么是智能汽车和智能网联汽车?
智能汽车具备哪些主要功能?

智能汽车是指拥有"自动驾驶""智能座舱"或"车联网"等智能和网联技术的车辆,因此也称为智能网联汽车。智能汽车是一种集环境感知、规划决策、多等级辅助驾驶等功能于一体的智能网联综合系统。它通过搭载先进的车载传感器、执行器、控制器等设备,并融合各种现代通信网络技术,实现车与车、人、云端等智能信息交换、共享,具备智能决策、复杂环境感知、协同控制等功能。

智能汽车主要具备下列功能:
1) 能够替代人来操作车辆按照人的意愿到达目的地(自动驾驶)。
2) 能够自动分析车辆行驶的安全及危险状态并自动避让(自动驾驶)。
3) 能够实现完全智能化的车内操作(智能座舱)。
4) 能够通过车载传感系统和信息终端实现与人、车、路等智能信息交换(车联网)。

燃油汽车和电动汽车都可以实现智能化,一般把具有智能化功能的电动汽车称为智能电动汽车。

什么是自动驾驶技术？自动驾驶系统是怎样工作的？

自动驾驶是指利用电子信息与自动控制技术，辅助或替代驾驶人对汽车进行控制的技术，它的基本原理是通过各种环境感知系统（如摄像头、测距雷达、激光雷达、超声波传感器、GPS 和惯性测量单元等）来感知周围环境，收集驾驶信息、车辆信息和道路信息，经控制单元运算决策后，指令控制执行系统（如动力控制、车身控制、安全控制等）操纵汽车的方向、制动和加速等，使汽车能够具备一定的辅助驾驶和自动驾驶功能。

自动驾驶系统主要由感知系统、决策系统和执行系统组成。自动驾驶系统就像是一位专职驾驶人，而这三大系统分别像是驾驶人的眼睛、大脑、手脚。

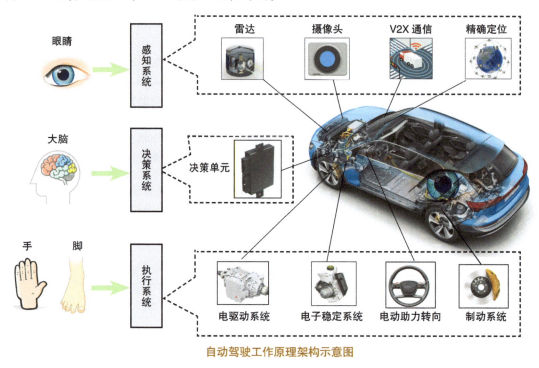

自动驾驶工作原理架构示意图

什么是纯视觉方案？什么是多传感器融合方案？
纯视觉与多传感器融合各有什么特点？

目前主流的自动驾驶感知方案有两种，一种是多传感器融合方案，即同时使用摄像头和雷达采集信息，分别利用摄像头和雷达特点，处理各自擅长的数据类型和任务，并将处理结果进行融合得到统一的感知结果；另一种是以特斯拉为代表的纯视觉路线，即仅使用摄像头作为传感器进行信息采集，构建纯计算机视觉网络进行感知结果输出，类似于人眼的感知模式。

激光雷达看得远、看得清，但看不见近处，是个远视眼，拥有夜视能力，但对恶劣天气无能为力，同时只能看见三维结构，看不见二维平面结构；毫米波雷达是能看远，也能看近，但越远越看不清楚，是个近视眼，不仅拥有夜视能力，且拥有恶劣天气条件下能看见的超能力，不过同样看不见二维平面结构；而摄像头仅凭自身能力很难准确判断距离，但有算法加持，可以发展出这项能力，且摄像头能看见更多的信息，包括车道线等二维结构、物体分类、颜色等，是个超级眼，但在光线不佳、有雨雪雾等恶劣环境下，能力存在短板。

鉴于以上各传感器的特性，目前多传感器融合路线的思路是各取所长，通过激光雷达在各种光照条件下探测距离并完成物体形状分类，通过毫米波雷达探测附近物体距离并保障自动驾驶感知在恶劣天气条件下的鲁棒性，通过摄像头识别物体细致分类及车道线、交通标识、信号灯等参与交通必须掌握的信息。

6.6 为什么汽车能远程升级（OTA）？

远程升级（OTA）是怎么回事？怎样进行远程升级？

智能汽车上的"远程升级"（OTA）是英文"over-the-air technology"的简称，意为"空中下载技术"。具备OTA功能的汽车，可以通过网络传输系统实现对软件进行远程管理、对硬件功能进行远程修补等。而这些升级和修补的传统做法是必须到汽车制造商指定的4S店才能完成，而现在就像是电脑或手机升级一样，只要上网下载安装包并安装，就可以完成各种升级和服务。

OTA的升级和更新范围涉及人机交互界面、自动驾驶功能、动力系统控制、电池管理系统等模块，可以提升续驶里程、提高最高速度、提升乘坐舒适度、修补软件漏洞等。

OTA最早出现在汽车上是在2012年，特斯拉Modes S率先采用OTA技术，开始对地图、音乐等车载信息系统进行升级。从2015年开始，特斯拉OTA开始对电子器件功能进行升级，包括动力系统、自动驾驶系统，以及多个域控制器和域控制器之下的ECU等。

汽车OTA分为软件升级（SOTA）和固件升级（FOTA）两种方式。SOTA像是为电脑操作系统"打补丁"做迭代升级，多应用于多媒体系统、车载地图以及人机交互界面等功能。而FOTA是通过网络升级，去下载一个新的固件镜像或修补现有的固件，从而达到改善汽车硬件功能的作用。

OTA的升级方式都和我们手机更新App以及系统升级一样。第一步：下载升级包；第二步：传输更新包；第三步：安装更新。当驾驶人停车，并且点火钥匙关闭时，信息娱乐系统显示屏上会弹出一条消息，以通知用户更新并询问用户是否要立即安装（同时会给出大约时间）。大多数升级都声称可以在几分钟内完成，但也有可能长达一夜的升级。就像手机更新一样，一些车型要求电池电量至少为50%。升级过程和手机升级系统一样，按对话框操作即可。在升级完成后，信息娱乐系统上会显示一条消息，告诉您更新是否安装成功。

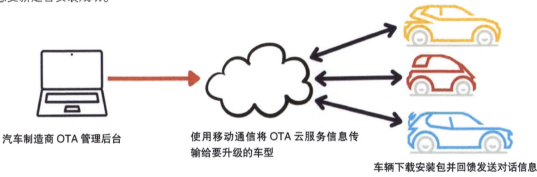

汽车制造商OTA管理后台　　　使用移动通信将OTA云服务信息传输给要升级的车型　　　车辆下载安装包并回馈发送对话信息

车联网能帮助汽车实现什么功能？

车联网技术主要是指车与云平台（V2I）、车与车（V2V）、车与路（V2R）及车与V2X（vehicle to everything）等全方位的网络链接、信息交流与共享。

车联网利用传感技术感知车辆的状态信息，并借助通信网络与现代智能信息处理技术，可以实现交通的智能化管理以及车辆的智能化控制。比如，车联网实现车与车之间的信息交流与信息共享，包括车辆位置、行驶速度等车辆状态信息，可用于判断道路车流状况，引导车辆选择最佳行驶路径。

车联网还能够为车与车之间的间距提供保障，降低车辆发生碰撞事故的概率。车联网技术主要包括：识别传感技术、网络通信技术、大数据云计算技术和卫星定位技术等。

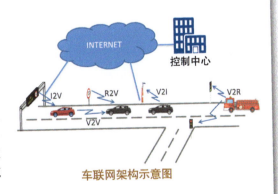

车联网架构示意图

第 7 章 车身与安全

7.1 什么是安全车身?

什么是汽车的被动安全性?

被动安全配置是当事故发生后为减少或避免人员伤害而设计安装的配置,如车身、安全带和安全气囊等,它只是在事故发生后才起作用,因此它是被动的,或者说是一种补救措施,它不能主动地阻止事故的发生。

被动安全配置现在越来越多。过去的汽车设计师在考虑汽车安全时都是想尽办法让汽车如何"抗撞",或者说被撞得不太烂、不太难看,这样才是安全性高的车辆。然而,现在的情况变了,在设计概念、制造技术以及材质应用大幅进步的今天,汽车的被动安全性事实上已和车内的乘员安全直接挂钩了,以是否能保护车内乘员的人身安全作为衡量被动安全性能的指标,而不是仅仅来考虑汽车的车身如何抗撞。更相反的是,反而要以牺牲车身的"完好率"来降低碰撞力对车内乘员的伤害,让撞击能量在侵入车内之前尽量被车身吸收。这就是现代汽车设计中被动安全意识的根本转变。

为什么碰撞测试成绩不能代表汽车的整体安全性?

被动安全性是个综合概念,你只能从车身结构设计、碰撞测试成绩、被动安全配置和交通事故调查,以及使用者对其被动安全性评价等方面,来衡量一款汽车的被动安全性能高低。

其实,欧洲和美国的NCAP碰撞测试就是专门评价汽车被动安全性能的,由于它们建立时间较早,发展已比较成熟,相对更权威和可信,因此它们的碰撞测试成绩已成为衡量汽车被动安全性的最主要参考指标。

请注意,碰撞测试只是衡量汽车的被动安全性,对汽车的主动安全性没有任何反映,况且随着电子技术的进步,汽车的主动安全技术得到飞速发展,其重要性甚至超过了被动安全性。因此,决不能拿碰撞测试成绩来代表汽车的整体安全性。

为什么车身钢板厚度不能代表汽车的安全性？
为什么感觉一些车辆车身较轻？

有人总说日系车设计不太"厚实"，驾驶日系车时感觉车身较轻。毫无疑问，日本是个汽车工业非常发达的国家，日本车在美国、亚洲特别受欢迎，其主要特点是外观漂亮、舒适性高、经济实用。日本开发新车的速度相比其他国家较快，说明他们掌握较为先进的新车开发技术。至于说一些日本车没有其他国家品牌的汽车"厚实"，这要看你怎样理解"厚实"的含义。如果是指车身钢板的厚度，那么这个说法可能是对的，因为日本品牌汽车的车身钢板确实相对较薄；如果"厚实"是指安全性，则就不一定对了。原因很简单：车身钢板厚度不能完全代表汽车的安全性。

日本汽车在各种碰撞测试中往往能得到高分，这说明日本车确实非常重视碰撞测试，因为日本车原来曾给人安全性不高的印象，他们要通过碰撞测试来扭转这一印象，因此在应对各种碰撞测试上很下功夫，最终也取得了很好的成绩。但日本车辆显然不是靠加厚车身钢板来取得好成绩的，因为车身钢板的厚度对碰撞成绩几乎没有影响，碰撞测试成绩主要取决于车身骨架的安全设计，车身钢板在严重碰撞时起不到什么作用，碰撞力主要还是由车身骨架来承担的。况且，车身钢板的强度与厚度并不一定成正比，就是说，薄钢板的强度并不一定比厚钢板的强度差。同时，日系车又特别重视燃油经济性，除了提高发动机工作效率外，减轻车身重量也是一个主要手段。因此日本车辆尽量采用较薄较轻的高强度钢板，结果是使日本车看起来不够厚实，感觉车身较轻，甚至个别车款的高速行驶稳定性不够好。

总结一下：日本品牌汽车的被动安全性能测试成绩往往较好，这既不说明日本汽车安全性特别高，更不能说明日本汽车安全性能差，而是要具体车型具体分析。同是日本汽车，其安全性也相差较大。

其实，现在在各国品牌的汽车在设计、制造上也越来越趋同，如果再以国家来区分汽车的性能，显然不太合时宜，要犯教条主义了。

被动安全性和主动安全性谁更重要？

看一辆汽车的安全性，要首先看其主动安全性。从某种程度上讲，它比被动安全性更重要，因为它时时刻刻都用得上，而被动安全性只有在发生事故时才会起一定作用。主动安全是防止驾乘人员受伤害的主要力量，并能充分体现"防患于未然"的意识。一旦发生事故，有时任何补救措施都是徒劳的，再先进的被动安全性都是没有作用的。比如说，一辆被挤成一团的轿车，车内没有任何生存空间了，那么再先进或再多的安全气囊也形同虚设。

在电脑技术还不太发达的过去，人们更注重被动安全性，也就是抗撞的能力，让汽车更结实些。而现在不同了，随着电脑技术的发展及在汽车上的广泛应用，汽车的主动安全性得到了极大提高，ESP等主动安全系统可以防止许多事故发生，从而使主动安全性在汽车安全性中的地位不断提高，主动安全性在安全性中的作用已经超越被动安全性的作用。

为什么多数轿车没有大梁？

汽车上的发动机、变速器和座椅，包括车身，都要固定在一起，不能直接装在悬架和车轮上。过去的汽车都必须用一个坚固的车架，也就是大梁来承载这些东西，然后通过悬架将车架和车轮连接在一起。然而，由于车架本身较重，对于轿车来讲，车身太重会影响许多性能，如油耗、动力甚至操控性等。后来汽车工程师们就将车架去掉，用车身的下部作为承载发动机、变速器和座椅等部件的机构。这样的车身也就是所谓的承载式车身，因为车身承载着车上的主要部件和重量。现在轿车基本采用这种结构设计。

什么是承载式车身？
承载式车身有什么特点？

承载式车身的汽车没有刚性车架，只是加强了车头、侧围、车尾和底板等部位，发动机、前后悬架和传动系统的一部分总成部件等装配在车身上设计要求的位置，车身负载通过悬架装置传给车轮。这种承载式车身除了其固有的承载功能外，还要直接承受各种负荷力的作用。承载式车身具有质量小、高度低、没有悬架装置、装配容易等优点，现在许多轿车及多数SUV，都采用承载式车身，没有大梁。这种形式的汽车在公路上行驶没有问题，但如果通过越野地面，就会显得刚性不足，有时我们在过沟坎时会听到车身"咯吱咯吱"响，就是由于这个原因。

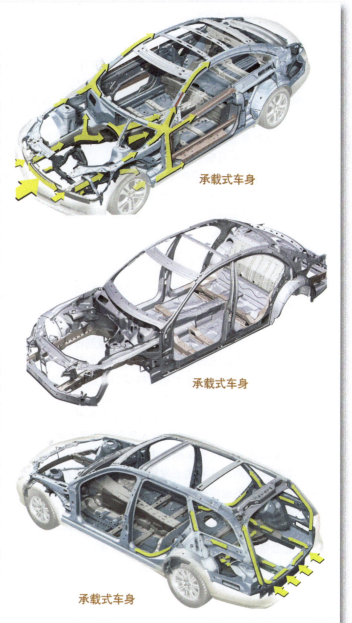

承载式车身

承载式车身

承载式车身

什么是非承载式车身？
为什么一些汽车采用非承载式车身？

那种用车架而不是用车身来承载主要部件的车身，则称为非承载式车身。现在货车、客车和越野车仍采用非承载式车身结构。一部分豪华轿车为了突出体现豪华、舒适的理念，其车身仍采用非承载式车身，依然保留"车身+车架（大梁）"的结构，使轿车更显气派，并可以有效地保证其稳定性和安全性。

非承载式车身

什么是碰撞吸能区？
吸能区是怎样保护驾乘人员的？

汽车的碰撞吸能区是指在汽车碰撞时，车身的某部分能吸收碰撞能量，使碰撞能量不能传递到驾乘室去。

为了在发生碰撞时更好地保护车内人员的安全，在发生汽车碰撞时，轿车车身的变形能够按照预先设计的方向逐渐变形直至停止，从而尽量减小传递到驾乘室和对车内人员身体的冲击，减小驾乘室的变形，保障车内乘员安全。

在设计吸能区时，需要在车身上设计一些强度比较小的区域。在发生碰撞时这些区域会断裂或者发生折叠，而不会向驾乘室方向挤压。经过精确设计吸能区的轿车，可以准确预测在发生碰撞时车身的变形方向和程度。

小车与大车相撞，小车更危险吗？

小车和大车相撞是会吃亏的。虽然车身尺寸大小对主动安全性没什么影响，但对被动安全性却影响很大。尽管一些小车的碰撞测试成绩也是五星，非常优秀。但是，那只是按照和大车一样的测试标准进行的碰撞测试，是以同样的速度撞击同样的障碍物，或者说当它和大尺寸汽车受到一样的撞击时，车身尺寸大小对碰撞测试成绩没什么影响，主要取决于自身的安全结构设计。然而，当用一款小车和一款大车相撞时，车身尺寸对于驾乘人员的保护影响非常大。一般来说，小车中的驾乘人员会遭遇更大的危险。

其主要原因是，在两车相撞中，驾乘室所受到的冲击力大小与驾乘室和车头间的长度距离有很大的关系。当大车和小车以同样的速度相撞，如果大车的车头"可承受撞击的长度"是小车的两倍长，那么撞击过程中大车内的人体受到的冲击力就会是小车的1/2。因为从发生撞击开始算起，它会多花两倍的距离才会到达驾乘室。多争取到的时间让大车在惨烈的对撞比赛中胜出。

重量小的车与重量大的车相撞，谁更危险？

重量小的车和重量大的车相撞会吃亏。当两辆车以同样的速度对撞时，结果是谁的重量轻谁吃亏。此时较重的车会把重量轻的车向后推，也就是说撞击时，重车相对移动的距离较短，重车在相撞过程中"速度的改变率"会比轻车缓和些。比如，两辆车相撞，一辆车自重为1吨，另一辆车为2吨，当两辆车以60千米/小时的速度相撞时，大车会把小车以20千米/小时的速度向后推。那么，在相撞中，大车的速度变化是60-20=40千米/小时。而小车的速度变化则是60+20=80千米/小时。

当速度变化越大时，其受到的冲击也越大，或者说其危险程度也更大。如果还不明白这个道理，则可以想象一下慢制动和紧急制动时车内乘员受到的冲击哪个大？当然是紧急制动时较大，因为紧急制动时汽车的速度变化较大。

基于以上的说法，当两辆重量相差一倍的大车和小车对撞时，小车内的人受到冲击的程度就会将近是大车的两倍。

7.2 被动安全配置是怎样工作的？

安全气囊的构造是怎样的？安全气囊是怎样起爆的？如果电源电路被撞坏后安全气囊还能起爆吗？

典型的气囊系统包括两个组成部分：探测碰撞点火装置（或称传感器）、气体发生器的气囊（或称气袋）。当传感器开关起动后，控制线路即开始处于工作状态，并借着侦测回路来判断是否真有碰撞发生。如果信号是同时来自两个传感器的话才会使安全气囊开始起爆。

由于汽车的发电机及蓄电池通常都处于车头易受损的部位，因此，安全气囊的控制系统皆具有自备的电源以确保安全气囊正常工作。在判定起爆安全气囊的条件正确之后，控制回路便会将电流送至点火器，借着瞬时快速加热，将内含的氮化钠推进剂点燃。在近乎爆炸的化学反应快速发生的同时，会产生大量无害的以氮气为主的气体，将气囊充气至饱满的状态，并借着强大的冲击力，气囊能够冲开方向盘上的盖而完全展开，以保护驾驶人头部不受伤害。同时在推进剂点燃的过程之中，点火器总成中的金属网罩可冷却快速膨胀的气体，随即气囊可由设计好的小排气口排气，以发挥逐渐缓冲功能，并避免在车身仍继续移动时阻碍碰撞后的视线。

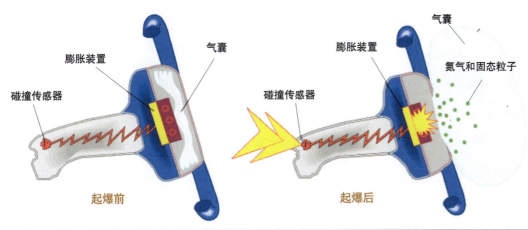

什么是双段式安全气囊？

双段式安全气囊，又称两级式安全气囊。为了降低安全气囊起爆时对人脸部的冲击，让安全气囊不是一下子就完全爆开，而是根据碰撞强度设定气囊的充气压力。

1）非严重时，气囊先充气 70%，经过 0.1 秒的间隔后再充气 30%，以减小压力，使人的头部与气囊更柔和地接触。

2）严重碰撞时，气囊迅速实现 100% 充气的工作状态。

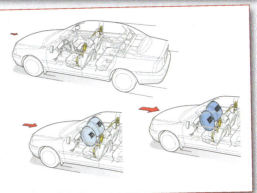

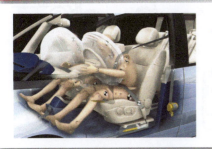

安全气囊在多长时间内起爆？

据计算，一般安全气囊必须在发生汽车碰撞后的 0.01 秒内微处理器开始工作，0.03 秒内点火装置起动，0.05 秒内高压气体进入气囊，0.08 秒内气囊向外膨胀，0.11 秒内气囊完全胀大，此刻之后，驾驶人才会撞上气囊。

安全气囊起爆时对戴眼镜者会有伤害吗？

理论上讲，或者说在设计安全气囊时，气囊在起爆时的冲击力不会伤害到戴眼镜者的眼睛。但条件是你必须系着安全带，否则就很难保证你不受安全气囊的伤害。

安全气囊是个爆炸装置，但它是定向爆破，它的保护对象是系安全带者，而对没系安全带者不具备保护作用，甚至还有害。安全气囊的原名并不是AIR BAG，而是SRS Airbag，其中SRS是英文Supplemental Restraint System的缩写，意为辅助防护系统。它是辅助或增加由安全带提供的碰撞保护。因此，只要系上安全带，安全气囊就不会对你造成伤害。

有些情况会让气囊弹出时误伤驾乘人员。气囊可以在发生正面碰撞后弹出，提供缓冲和保护，以确保人身安全。气囊在瞬间冲破塑料面板，如果面板上放有物品，物品就会随着向前弹出，速度之快也许可以赶上子弹。还有就是有些驾驶人的驾驶习惯不好，把手放在方向盘的顶端，这样气囊高速弹出来，会把手高速弹到脸上。

安全气囊弹出时外面那块硬塑料会伤人吗？

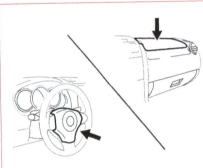

就目前的技术水平来说，可以很容易控制气囊只是冲破塑料面板弹出，而不是把整块或者大块的塑料板弹射到驾乘人员脸上的。但是，快速充气不可避免的后果是会刺激裸露的皮肤，如正对前气囊的面部可能受到冲击。同时，在充气时会发出较大的爆破声，释放出一些粉末和烟雾，不要以为汽车起火了。需要注意的是，起爆后安全气囊的一些部件可能会比较发烫，而且不要把这些粉末吸入口中。

前排安全气囊在什么条件下才会起爆？

前排安全气囊只在发生严重正面碰撞时才会充气胀开。至于什么是"严重"正面碰撞，每个汽车厂家所设定的标准则并不完全一样。在下列条件下安全气囊应该起爆：

1）以车速25千米/小时（各车型不太一样）以上车速从正面撞击厚水泥墙壁之类的物体时，前排气囊会起爆。

2）车辆前方受到从约30°之内方向来的强力撞击时，前排气囊会起爆。

在什么条件下前排安全气囊不易起爆？

各车型的前排安全气囊不起爆的条件基本一样，主要包括：

1）汽车在发生后面、侧面碰撞时不会起爆。

2）汽车翻车或较小面积正面碰撞时，如碰撞到电线杆上，不会起爆。

3）甚至汽车钻到前面大货车下面时都可能不会起爆。

4）从斜前方撞击道路护栏等物体时，也不易起爆。

5）以50千米/小时的速度撞击停着的同等级的车辆时，也不容易起爆。

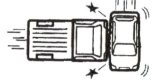

驾乘有侧安全气囊的车要注意什么？

1）装备侧安全气囊的车辆，前排座椅上不要安装座套，因为座套会限制侧安全气囊的膨胀。

2）不要在前排靠背侧面附近放置伞或手提包等物品，否则可能使侧气囊展开时被弹飞或导致侧气囊不能工作。

3）不要将手、足、脸部不必要地靠近前排座椅外侧面的侧气囊模块处。

4）前排乘坐时不要从窗户伸出手臂或搭在车门上。

5）后排乘坐时不要抱着前排座椅的靠背。

6）不要强烈（使车窗玻璃破碎的程度）关闭前车门，以免使侧气囊误起爆。

驾驶有安全气囊的车要注意什么？

现在汽车基本上都配有安全气囊，最少也要配前排两个安全气囊。在驾驶这样的汽车时要注意几点：

1）无论何时，都要系紧安全带。安全气囊是一种辅助安全带的装备，如不系安全带，岂不是失去了辅助对象。

2）驾驶人不能以离方向盘太近的方式驾驶。前排乘客不能将自己的身体靠在仪表板上，或离仪表板太近。对于装有侧安全气囊和帘式侧窗安全气囊的车辆，乘员不应斜靠在车门上或者倚在车门上睡觉。在这些情况下，起爆的气囊有可能会造成伤害。

3）不要往方向盘或仪表板上放任何物品，也不要在上面放东西。在安全气囊和前排人员之间不要放置任何物品。在撞车时这些物品可能会被气囊推出，从而引起严重伤害。

4）不要将脚放在仪表板上。

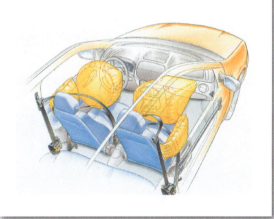

前排乘客座位安全气囊开关

为什么前排乘客安全气囊还有开关？为什么撞车时安全气囊不一定打开？

有的车辆安全气囊装有控制开关，尤其是当前排乘客座位上安装儿童座椅时，一定要把前排乘客座位上的安全气囊关闭，否则会伤及儿童。在断开控制开关的时候，控制安全气囊的传感器会失去作用，不管振动冲击多大，气囊也不会打开。

关于安全气囊，另有两点在这里给出解释。

1）安全气囊只在车辆发生严重碰撞时才打开，并且碰撞的方向要在气囊传感器测量的 30° 范围之内。对于只有两个前安全气囊的车辆，尽管侧面或后面的撞击可能很厉害，甚至发生侧翻，由于主碰撞不在前方，两个前安全气囊通常是不会打开的。

2）由于很多车辆的安全气囊传感器和安全带预紧装置的传感器连接在一起，或根本就是同一个传感器。所以如果安全带预紧不能正常工作，即使安全气囊没有故障，警告灯也会一直闪烁，此时应分别检查两个系统。

什么是预紧式安全带？为什么要将安全带预先拉紧？

在理想的情况下，当碰撞发生的时候，安全带应该是及时收紧，在事故发生的第一时刻毫不犹豫地把人保持在座椅上，然后适度放松，待冲击力峰值过去，或人已能受到气囊的保护时，即适当放松安全带。这样就可以避免因拉力过大而使人肋骨受伤。

不过普通的安全带都没有这样的"理想"工作状态，只是直接地限制人体移动而已，因此在车祸之中还是有可能让人体受伤，所以就产生了安全带预紧装置以及拉力限制器。

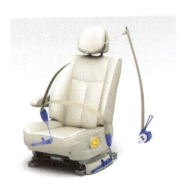

预紧式安全带是怎样动作的？

首先由一个感应器负责收集撞车信息，然后释放出信号，该信号传递到电脑中，经处理后与气囊电脑协调，然后传导至气体发生器上引爆气体。爆炸产生的气体在管道内迅速膨胀，压向所谓的球链，使球在管内往前窜，带动棘爪盘转。棘爪盘跟安全带卷轴连为一体，安全带就绕在卷轴上。简单地讲，就是气体压力使球运动，球带动棘爪盘转，棘爪盘带动卷轴旋转，从而在瞬间实现安全带的预紧功能。从感知事故到完成安全带预紧的全过程仅持续千分之几秒。管道末端是一截空腔，用于容留滚过来的球。

什么是安全带拉力限制器？
为什么要限制安全带的拉力？

事故发生后，安全带在预紧装置的作用下，已经绷紧了。但我们希望在受力峰值过去后，安全带的张紧力度马上降低，以减小乘员的受力，这份特殊任务就由安全带拉力限制器来完成。

在安全带装置上，有一个如前所述的预紧装置，底下卷绕着安全带，轴芯里边是一根钢质扭转棒。当负荷达到预定情况时，扭转棒即开始扭曲，这样就在一定程度上放松了安全带，实现了安全带的拉力限制功能。

在安全带预紧装置和安全带拉力限制器的共同作用下，安全带的保护能力几乎达到了理想状态。有关测试数据表明，预紧式安全带和标准卷收器安全带在发生事故时，乘员头部伤害指数下降30%。

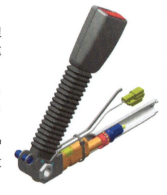

系安全带要注意什么事项？

1）座椅背不要放倒。否则当发生撞击时，由于身体钻入安全带下面，易受到伤害。

2）后排乘客也必须系安全带。否则当发生撞击时，后排乘客有飞出车外的危险。而且不仅是本人，还有可能会撞伤前面座位上的人。

3）整理好安全带，不要有拧扭。否则受到撞击时，会导致局部受到强力，易造成重大伤害。

4）请将安全带的高度调整到靠车门侧的肩膀高度，而不是颈部的高度。应让安全带从肩部中间穿过。

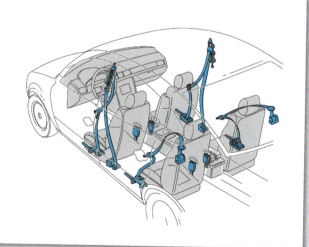

为什么孕妇驾车也要系好安全带？
孕妇怎样正确系安全带？

孕妇和其他人一样，需要以正确的方式系安全带才能确保自己和腹中胎儿的安全。正确做法如下：

1）移开厚重的衣服，让安全带尽量贴近身体。
2）将下半截安全带拉到大腿上，水平保持在腹部下。
3）确保上半截安全带穿过胸部中间。
4）收紧安全带。

系安全带的位置非常重要，直接影响安全带的效果。安全带必须固定身体比较结实的部位，例如躯干和骨盆，从而才能确实保护身体薄弱的部位，例如含有胎儿的柔软腹部。

为什么要采用下沉式发动机设计？
怎样实现下沉式发动机设计？

汽车在受到前方撞击时，前置式发动机很容易被迫向后移动，也就是挤向驾驶室，使车中生存空间变得更小，从而给驾乘人员造成伤害。为了防止发动机向驾驶室移动，汽车设计人员便为发动机安排一个向下沉的"陷阱"，一旦汽车受到前方撞击，发动机便会向下移动而不是直接撞向驾乘人员。

采用下沉式发动机设计的结构并不复杂，有的厂家是将发动机固定在一个特别设计的结构上，并采用了特殊的连接方式，能确保在发生前方剧烈撞击过程中，承载发动机的托架后移，促使发动机倾倒，从而可部分阻止发动机向驾驶室移动。也有的是通过可溃式的卡扣固定发动机，当受到正面撞击时，可溃式卡扣会自动断裂，致使发动机下沉。发动机在下沉时还可吸收和分散一部分撞击能量，同时也能减小撞击对驾乘人员的伤害。

为什么采用可溃缩式转向柱设计？

方向盘和转向柱与驾驶人的距离相当近，当发生正面撞击时，它们常是造成驾驶人头部、胸部受伤的主要原因。用来控制汽车方向的方向盘和转向柱，事故中转瞬间就成为最致命的武器。

受"溃缩论"的影响，汽车安全专家将转向柱设计成可溃缩式的，一旦发生正面撞击，转向柱便会自动收缩进去，或者说瞬间"折断"，从而拉开与驾驶人间的距离，以增加生存空间。

另外还有一种可伸缩式转向柱。当发生正面撞击且撞击力超过设计规定值时，转向柱会自动断开或脱开，使转向柱与转向机构脱离，避免转向柱因正面撞击而向后移动挤向驾驶人的前胸。

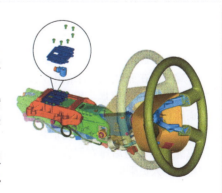

为什么儿童乘车时要使用专门的座椅？
儿童乘车时常存在哪些误区？

儿童并非成人的缩小版，儿童头部重量占身体重量的比例比成人大得多，且颈部柔弱，一旦车祸发生，儿童的伤亡率比成年人要高得多。因此，儿童在乘车时需要采用专门的座椅固定装置。下面是儿童乘车时常见的错误现象：

1）让孩子坐在成人的怀里乘车。"抱着就是安全"的观念是错误的。当出现紧急情况时，抱着儿童并不能保证儿童不受撞击的伤害。

2）让孩子坐在未安装儿童安全座椅的后座上。紧急制动或碰撞时，会使儿童向前撞去。

3）在没有任何安全装置的保护下让孩子坐在前排乘客座位上。撞击时不仅身体会向前移动，而且当安全气囊爆炸时会导致生命危险。

4）让身高未及140厘米的孩子使用标准安全带。

儿童头部重量占身体重量的比例较大

为什么儿童座椅尽量不要放在前排？

前排乘客座位上的安全气囊在打开时，会对前排乘客座位上的儿童造成致命的伤害，尤其是坐在儿童座椅中的儿童，受伤害的危险性更大，因此，尽量将儿童座椅安装在后座上。

当不得不在前排乘客座位上安装儿童座椅时，一定要将前排乘客座位上的安全气囊关掉。

如何挑选和安装儿童座椅？

1）要选择与儿童身材相当的儿童座椅。儿童座椅有很多的型号，要注意选择。一般可分为婴儿、幼儿和小学生三种。

2）要选择与汽车相适配的座椅。这一点非常重要，买时最好开车前往，当场就将座椅安装在汽车座位上看是否合适。

3）儿童座椅要安装在后座上。相比较而言，后排乘客的安全系数从统计数据上显示更为安全。

4）安装儿童座椅一定要牢固。安装时要仔细阅读说明书，将座椅牢牢地安装在后排座椅上，并保证安装儿童座椅的座椅靠背不能放倒。

轿车中哪个位置最安全？哪个位置最危险？

轿车中最安全的位置是驾驶人后面乘员的位置，而最危险的位置是前排乘员位置。

驾驶人在面对危险而采用应急措施的情况下，通常都是本能地避开自己，而将前排乘员座位和车身右侧置于最危险境地。因此，一般来说，驾驶人后面座位应是最安全的位置，通常将最尊贵的乘员安排坐在这个位置上；而前排乘员位置是最危险位置，其次是后排右侧位置，这两个位置通常安排陪护人员乘坐。

第 8 章 评车与购车

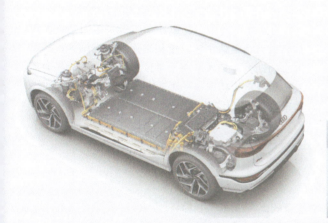

8.1 怎样评测汽车的动力性？

什么是汽车动力性？
汽车动力性主要包括哪些指标？

所谓汽车动力性，就是指汽车在一定道路条件下以尽可能高的平均车速运送客货的能力。衡量汽车动力性能的指标主要有三个：最高车速、加速时间和最大爬坡度。一般轿车的最高车速为 180~250 千米/小时。0—100 千米/小时的加速时间：普通燃油轿车约为 6~12 秒，普通纯电动轿车约为 3~10 秒。最大爬坡度为 50%~80%，极个别越野车的最大爬坡度可达到 100%。

在汽车的各种使用性能中，动力性能占有主导地位，很难想象一辆动力不足的汽车会有其他什么良好的表现。

什么因素决定汽车的动力性？

汽车的动力性是由汽车的驱动功率和行驶阻力决定的。发动机或电机的输出功率通过传动系推动汽车前进，扣除传动损失，即驱动功率。汽车的行驶阻力一般包括滚动阻力、空气阻力、坡道阻力与加速阻力。阻力与车速的乘积称为阻力功率。

汽车在行驶中，其驱动功率等于阻力功率。汽车的阻力功率随车辆总重和车速增加而增大，所以汽车的动力性基本取决于单位汽车总重量所具有的发动机或电机功率——比功率（用马力/吨或千瓦/吨来表示）以及空气阻力系数等。

什么是比功率？它影响汽车的什么性能？

汽车发动机或驱动电机的最大功率与汽车总重量的比值，就称为比功率。比功率又称吨功率。载重量越大的汽车，其比功率越小。

重型货车的比功率一般为 4~7 千瓦/吨。
中型货车的比功率为 10 千瓦/吨左右。
轿车一般为 60~100 千瓦/吨。
跑车的比功率较高，如兰博基尼 Murcielago 为 258 千瓦/吨。
F1 赛车的比功率更大，约为 1700 千瓦/吨。

从理论上讲，比功率越大，其加速性能应越好。在选车时，你可以先算出各种轿车的比功率，然后做一个对比。当然，厂家提供的数值只能供参考，那毕竟只是静止的死数据，不能全面反映汽车的整体动力性。最好的办法还是亲自驾驶，简单测试一下汽车的加速性、最高车速和爬坡能力等。

什么是最大爬坡度？
最大爬坡度30%与30°有什么区别？

汽车的最大爬坡度是指它满载时在良好路面上用最低档所能通过的最大坡度。

汽车的最大爬坡度有两种表述方法，一是百分比坡度，它是指坡

道的垂直高度与坡道的水平距离之比值，如30%，即表示此坡度为每前进100米，坡度便升高30米。汽车最大爬坡度的另一个表述方法是坡道的倾斜角度。

这两种表示方式不能混淆，在谈到汽车的最大爬坡度时一定要说明是角度还是百分比。它们两者之间的关系是一种三角函数（正切）关系，具体换算见下表：

角度（°）	百分比（%）
15	26.8
20	36.4
25	46.6
30	57.7
35	70.0
40	83.9
45	100

越野汽车的爬坡能力要求最高，因为它要在坏路或根本无路的情况下行驶，一般要求越野汽车的最大爬坡度不能低于30%。载货汽车使用范围广、负荷重，也需要有足够的爬坡能力，最大爬坡能力不能低于20%。轿车及跑车等一般在较好的路面上行驶，它们则不要求有多强的爬坡能力。

为什么不能用发动机性能代表汽车动力性能？

发动机性能只能代表发动机本身的动力性，它不能代表汽车的动力性。配用同一种发动机的汽车，它们的动力性能可能会有很大差别。在选购汽车时，不能只看它的发动机性能，而要看整车性能，毕竟我们是在买汽车，而不是买发动机。

发动机的大功率或高转矩数值，并不能代表一辆车实际上的动力性能就一定优秀，发动机就是发动机，它代表不了汽车，汽车上还有其他许多部件制约发动机的性能发挥，如汽车的悬架、变速器、传动系统、制造和装配工艺等。这就好比一个人，他如果只有一颗健康的心脏并不能表明他一定有一副好身体，还要看他的腰、腿等是否健康。

发动机输出的性能必须经由变速器和动力传递机构才能传递到车轮上。而变速器的齿轮比和最终差速器齿轮比的大小组合，以及自动变速器中电脑的调校是否恰当等，都直接影响汽车行驶性能的好坏。尤其是自动档车，其变速器的性能决定汽车行驶性能的一半左右。因此，评价一辆车的性能优劣，最好的办法就是亲自试车，不能仅根据厂家提供的功率或转矩数字进行汽车性能的比较，更不能就此妄下结论认为数值越大越好。厂家提供的数字只能用作参考。

怎样测试自动档车的加速性？

自动档车在做起步加速能力测试时要先踩着制动踏板，把发动机转速提升到最大转矩转速（车型不同，此转速也不同）后猛抬制动踏板，深踩加速踏板，这样测出的起步加速成绩可能最快。

但是，由于设计不同，一些自动档车不用先提升发动机转速，而是直接猛踩加速踏板，这样测出的起步加速成绩也可能更好些。因此，在测量自动档车的动力性时，应根据具体车型选择合适的方式进行测量。

对于设有运动模式的自动档车来说，往往是采用运动模式时测试的加速成绩稍好些。

将加速踏板踩到底时的车速就是汽车最高车速吗？
怎样正确测试汽车最高车速？

汽车最高车速是汽车动力性能的一个重要指标。一般来说，当发动机节气门全开（即加速踏板踩到底），汽车连续加速行驶，变速器升到最高档位，不久汽车的驱动力就会与行驶阻力达到平衡，汽车速度再不会上升，这时汽车的速度就是最高车速。当然在测试时还要考虑风速和道路坡度等。

测试时可选取具有适当长度的平坦铺装路面，车上驾乘人员为两人，而且没有其他载重，往返数次测定出汽车所能达到的最高车速，然后进行平均即可得出最高车速。现在一般使用GPS式的测速仪来测量汽车速度。

车主自己测量汽车的最高车速一般较难，主要原因是车上的车速表为了安全起见一般有点"缺斤短两"，它显示的车速要比实际车速高出5%左右，因此通过观察车速表测出来的最高车速有点"虚"。

如何测量0—100千米/小时加速时间？

汽车加速性能包括起步加速和定速加速两个部分。0—100千米/小时属于起步加速。

测量起步加速时，先使汽车处于怠速停止状态，然后踩加速踏板，提高发动机转速，急剧抬起离合器踏板，离合器接合，汽车起步。合理选择变速器档位，节气门全开加速，测量达到100千米/小时车速时的时间。与测量最高车速时一样，也要往返数次测试，然后算出平均值。这主要是考虑到风向及道路的平坦度等因素。

过去测量汽车最高车速和加速时间的方法是使用五轮仪，现在一般用更为先进的GPS测量仪器，可以把各个车速段的加速时间测量出来，如0—40千米/小时、0—60千米/小时、0—80千米/小时、0—120千米/小时，以及40—60千米/小时、60—80千米/小时、80—120千米/小时等，测量项目可由自己设定。

值得一提的是，手动档车在测试起步加速的时候，需要驾驶人有一定的技巧，并且由于剧烈抬起离合器，将对汽车造成一定的伤害。

为什么要测量0—400米直线加速时间？

0—400米加速是指汽车从静止开始直线加速奔跑400米的距离所需要的时间，它和0—100千米/小时加速时间所代表的意义近似，这个加速时间越短，说明汽车的起步加速能力越强。

0—400米直线加速测试能够更全面地测试出一款车的动力性能，因为它可以超过100千米/小时的速度，甚至可以测出最高档位时的加速表现。然而，由于它的测试速度超过了高速公路限速，因此并不具有太大的实际意义，主要出现于竞技比赛。

8.2 怎样评价汽车的舒适性？

什么是汽车的舒适性？怎样评价汽车的舒适性？

舒适性是个非常主观的概念，没有统一或权威的定义，每人对汽车舒适性的理解可能都不太一样，因为每人对舒适性的需求不一。比如，我喜欢布料的座椅面料，而你可能认为真皮的舒适性更好。一般来讲，我们可以从六方面来评价汽车的舒适性：

1）车内空间尺寸。一般人会认为空间越大，舒适性越好。
2）过滤底盘振动的能力。相对而言，过坎坷路面时颠簸越小，舒适性越好。
3）隔绝各种噪声的能力。坐在车中感觉非常吵，肯定会让人不舒服。
4）车内装饰材料。包括方向盘包裹、座椅面料等在内的选材，也会影响舒适性。
5）车内操作自动化程度。如多功能方向盘、座椅调节、方向盘调节、空调调节、天窗操作、GPS导航及后视镜操作等。
6）舒适性装备的多少。如车载冰箱、电视机、杯架、扶手、后排空调、电源插座、座椅加热、蓝牙及音响等。

汽车都有哪些主要噪声？

汽车的噪声源有多种，例如发动机、变速器、驱动桥、传动轴、车厢、玻璃窗、轮胎、继电器、喇叭和音响等都会产生噪声。这些噪声有些是被动产生的，有些是主动发生的（如人为按动喇叭）。但是主要来源只有三个：发动机、轮胎和空气摩擦声。

如何降低发动机的噪声？

在发动机的各种噪声中，发动机表面辐射噪声是主要的。发动机表面辐射噪声由燃烧噪声和机械噪声两大类构成。燃烧噪声是指气缸燃烧压力通过活塞、连杆、曲轴和缸体等途径向外辐射产生的噪声；机械噪声是指活塞、齿轮和配气机构等运动件之间机械撞击产生的振动噪声。

一般情况下，低转速时发动机内的燃烧噪声占主导地位，高转速时机械噪声占主导地位。为了防止发动机噪声进入驾乘室，工程师除了尽量减少噪声源外，也在车厢的密封结构上下功夫，尤其是前围板和地板的密封隔声性能。

消声器是怎样降低发动机排气噪声的？

排气噪声是一种在空气中传播的冲击波。当发动机气缸开始排气行程时，此时气缸内的压力高达300～400千帕。因此，在排气管路内形成非常强的排气冲击波，从而形成较大的噪声源。为了减小排气噪声，都会在排气系统中安装消声器。

消声器的工作原理是消减排气冲击波的能量，包括冲击波的压力和温度。因此，一般都是围绕以下三个方面进行消声：

1）多次改变排气流的方向。
2）使排气流反复通过收缩和扩大的通道或曲折异常的通道。
3）使排气流通过多孔管流动，使之产生摩擦而转化成热能并耗散掉，使声波减弱。总之，就是尽力不让排气顺利地通过，利用各种方式减弱排气流所含的内能，减小排气压力，从而达到减小排气噪声的目的。

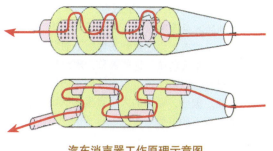

汽车消声器工作原理示意图

为什么说减小空阻噪声也是必需的？

一般来讲，当汽车高速行驶时，来自车窗上方的"唑唑"声音，就是空阻噪声。空阻噪声太大了就会扰人，会直接影响车内的舒适性，甚至让车内人之间的语言沟通成为困难。相对而言，流线型较强的汽车，其空阻噪声会较小。

与发动机声音一样，减小空阻噪声也是必需的。在低速时，我们一般听不到风与车身摩擦的声音，因为此时汽车所受风的阻力较小，对轿车来讲，在60千米/小时以下时，其空阻几乎可以忽略不计。然而，空阻与车速的平方成正比，随着车速的提高，空阻力急剧增大，空阻噪声也会骤然增强。此时来自驾驶人耳旁的明显空阻噪声，不仅会给人快速的感觉，让人享受速度激情；同时也会提醒驾驶人车速提高了，要注意安全！

具体到某款车型的空阻噪声是大还是小，没有统一标准，而且因人而异。如果你觉得空阻噪声分散了你的注意力，感觉不舒适，那么则表明空阻噪声较大。

什么因素影响空阻噪声的大小？

1）车身表面风切声的发生。在车身上安装着车门、发动机罩等多种零部件，光滑表面车身就是尽量减少这些零部件接合面的段差和间隙，使车身表面平滑化。车身表面实现平滑化，可起到减小风切声的效果。

车身零部件接合缝处卷入空气，会产生很大的风切声，作为汽车生产厂家，都希望尽可能减小零部件的间隙。但是，要减小间隙并不容易，要求有很高的制造精度。在车身的段差部位产生的空气紊流会形成很大的风切声，尤其是车窗玻璃部位发出的声音距驾驶人很近，很容易注意到。

2）风切声传入车内。钢板制造的车身覆盖件振动后容易传播噪声，必须采取措施吸收噪声。可能有人会注意到在地板下面贴有柔软的石棉垫或毡垫。这些被称为隔声材料或吸声材料，以减小透过车身传到车内的噪声和振动。因此，噪声的大小直接反映出轿车制造水平上的差异。

为什么汽车行驶时有轮胎噪声？

当汽车快速从我们眼前驶过时，我们往往会听到它的轮胎发出的"唑唑"声，即轮胎噪声，简称胎噪。

轮胎噪声主要来源于两个方面，其一是轮胎凸起部分撞击路面引起轮胎周围空气的振动，因此产生声音；其二是轮胎沟槽内的空气先是被压缩，当辗压过后又被释放，这相当于爆破的气球，也能引起轮胎接地面后面的空气产生剧烈振动，从而产生一个个爆破声。由于轮胎转速较快，因此听起来就是连续不断的声音。

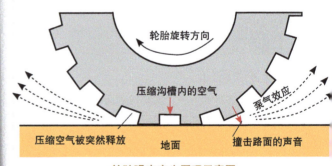

轮胎噪声产生原理示意图

另外，胎面花纹接触地面时也会产生连续打击路面的振动噪声。根据试验，表面光滑的轮胎发出的噪声最小，因为上述产生噪声因素的作用最低。换句话说，只要胎面有花纹，就会有一定程度的噪声，只是噪声程度的大小有差别而已。

8.3 怎样评测汽车的经济性？

为什么同一辆车的实际耗油量有时不一样？

目前通行的汽车耗油量自测办法是：在某天加满油箱，记下当时的里程表数值。以后记录每次的加油量，经过一段时间，甚至是一个春夏秋冬，当你想计算耗油量时，就再把油箱加满，记下此时里程表的数据，减去开始时的里程数据，即得到总行驶里程，再把这段时间的加油量累加起来，除以行驶里程数就得出燃油消耗量了。

不可否认，这是最实际的耗油量。但它是你驾驶这辆车在某一个时期内行驶通过某个路线的实际耗油量。这个数值所代表的也仅仅是一个特例。如果你下次再计算你的耗油量，肯定会走不同的路线，你的驾驶动作也会不同，那么你测得的耗油量又是另一个特例，就有可能和上次一样，也可能不一样。如果换个人驾驶你的车，甚至再走同样的路线，其耗油量都可能不一样。

车辆的重量也是耗油量的绝对影响因素，换句话说，耗油量是随着车身重量的变化而变化的，不同的重量就有不同的耗油量，多坐个人或少坐个人其耗油量就会不同。

再就是，实际耗油量与个人驾驶习惯、行驶条件、汽车保养情况及载重情况等都有很大关系。因此从严格意义上来讲，某一款车的实际耗油量是不存在的，或者说总是在变化的。

为什么厂家耗油量与实际耗油量差别很大？

厂家公布的都是等速耗油量，都是在等速运行情况下测量出来的。因为它的特定条件是不变的，它反映的就是车辆本身的特性，与驾驶人及行驶条件等没有关系。只要按照特定条件测试，它就会产生同样的结果。可以说，厂家公布的耗油量是理想化的一个数值，在实际中根本不可能达到。

实际耗油量则是汽车本身的特性加上每个人的驾驶方式和自然状态决定的。因为每个人都不同，自然环境更是千变万化，所以，实际耗油量就是一个不确定的因素，不同的人测试出的结果可能会不一

样，即使同一个人在两次测试中其结果也可能不一样。可以说，每次实际耗油量的测试都是唯一的、不可重复的。因此，理论与实际就必然有差距，而所有汽车性能数据栏中公布的耗油量都是理论数据，那么，唱的比说的好听就不奇怪了。

根据个人的不同驾驶风格和实际用途以及使用环境，正常情况下实际耗油量是理论耗油量的1.2~1.4倍，也就是说实际耗油量一般比理论耗油量高出20%~40%。如果低于这个比例，说明你的驾驶技术或行驶条件比较好；如高于这个比例，则说明你的驾驶习惯不好或行驶条件较差。

什么是等速耗油量？它是怎样测量出的？

等速耗油量是在规定的温度、风向及风速等客观环境中，车辆在平坦路面或在底盘测功机上保持某一速度（一般为60千米/小时、90千米/小时、120千米/小时）时，然后通过排气分析仪和"碳平衡法"（分析尾气中碳元素的含量来判断汽油消耗的多少），最终测算出车型的实验室耗油量数据。由于多数车辆在90千米/小时时接近经济车速，因此大多对外公布的耗油量通常为90千米/小时时的百千米等速耗油量。欧洲车厂则通常还要公布120千米/小时时的等速耗油量。等速耗油量与实际耗油量有非常大的差别。主要原因有三个：

1）等速耗油量是在实验室测得的数据，是在特定实验条件下测得的数据。
2）实际行车中不可能做到完全等速驾驶。
3）等速耗油量往往选择"经济时速"时的速度作为等速条件。

综上所述，等速耗油量可以说是理想最低耗油量，是在实际中不可能达到的一种耗油量标准。

怎样准确自测耗油量？

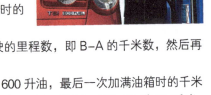

第一步：到加油站加满油箱。观察里程表，记下此时的里程数 A，但不用记下这次加油的升数。

第二步：此后每次加油都要记下加油的升数，里程数则可以先不用管它。

第三步：行驶 1000 千米或更长里程后，再加满油箱，记下此时的里程数 B，记录下最后一次加油升数。

第四步：把此期间加油的升数累计起来，然后除以这期间行驶的里程数，即 B-A 的千米数，然后再乘以 100，即得出你在这段里程内的百千米耗油量。

如，第一次加满油箱时的里程数是 1.2 万千米，然后总共加了 600 升油，最后一次加满油箱时的千米数是 1.7 万千米。你的总行驶里程是 17000-12000=5000 千米，那么，600÷5000×100=12 升 / 百千米。

这种测试耗油量的方法虽然不完全精确，但非常有实际意义，它实实在在地衡量了汽车消耗的燃油量。

为什么汽车越重耗油量越高？

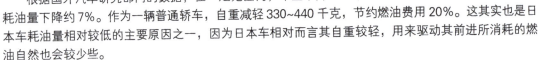

车重与耗油量的关系简单得不用我多介绍了，相信读者都应清楚。如从专业上讲，车重主要影响汽车的滚动阻力，车越重，其滚动阻力越大，那么在行驶时需要的动力也要更强，自然就要消耗更多的燃油。

根据国外汽车研究部门的数据，在一定范围内，车重下降 10%，耗油量下降约 7%。作为一辆普通轿车，自重减轻 330~440 千克，节约燃油费用 20%。这其实也是日本车耗油量相对较低的主要原因之一，因为日本车相对而言其自重较轻，用来驱动其前进所消耗的燃油自然也会较少些。

为什么汽车外部形状影响耗油量？

汽车外部形状主要影响汽车需要克服的空气阻力大小。正投影面积越小的车辆，或外形越是圆滑的车辆，在前进时遇到的空气阻力就越小，所消耗的燃油自然也会较少。反之亦然。

汽车外部形状对空气阻力的影响，可以通过一个参数 Cd 来表示。Cd 就是所谓的空阻系数，能综合反映汽车流线型程度。有人计算过，以 80 千米 / 小时行驶的汽车，60% 的耗油量用来克服空阻。这其实是按照中等程度的空阻系数来计算的，即一般轿车的空阻系数在 0.3~0.4 之间。如果你购买的汽车空阻系数是 0.25 或更低，恭喜你可以比别人更省油了。

什么是经济车速？普通轿车的经济车速是多少？

汽车在不同的速度下，其燃油的平均消耗量是不同的。并不是说车速越低其耗油量就越低，当汽车的速度太低时，发动机的负荷率也较低，此时燃油所做的功都浪费在汽车内部的损耗或散热上；然而当车速太高时，空气阻力随车速的平方增长（如车速 80 千米 / 小时时的空阻是 40 千米 / 小时时的 4 倍），当达到一定车速时其空气阻力会变得异常大，此时燃油所做的功主要用来克服空气阻力。经研究实验表明，汽车只有在一定的速度范围内其百千米耗油量才是最低的，此时汽车的速度也就是其经济车速。

不同的车型其经济车速也不一样，经济型轿车的经济车速比较低，而大排量的轿车经济车速都比较高，我们常见的普通轿车的经济车速一般在 70~90 千米 / 小时之间。在行驶时，如能尽量保持在经济车速并匀速行驶，则是最省油的。

8.4 怎样评测汽车的操控性？

什么是汽车的操控性？怎样感受汽车的操控性？

简单地说，汽车的操控性可以简单理解为过弯能力强不强，速度极限高不高，能否提供丰富的路感让驾驶人与车辆沟通等。

汽车的操控性与很多因素有关，如发动机、变速器、轮胎、悬架系统、制动系统、前后重量分配、轻量化、空气动力学套件及车架刚度等。另外，电子辅助系统也对操控性起重要作用，如果它能适时介入，便能在保障安全的前提下让车辆发挥出更高的操控性。如果对操控性还不太明白，可根据下面操控性标准来感受：

1）动力较强，起步、加速、超车迅速。
2）转向反应迅速，并且能很好地控制汽车的偏离角度。
3）转向与速度配合默契，尤其在紧急情况下制动时转向没有偏移滑动。
4）正常驾驶时转向控制平稳，重心感强，并能迅速回正。
5）低速时转向灵敏，而高速行驶时转向应该更迟钝些。
6）方向盘的回馈力适中。
7）路面凹凸不平时方向抖动较小，并且车身倾斜在可控制范围内。
8）车身设计符合空气动力学，无论以何种速度行驶，车身都不会随意飘动，而轮胎都紧抓地面。
9）车身倾斜时有足够的侧向支撑力，使车身不致倾斜太严重。
10）制动距离短，并有适当的制动预警，能让汽车渐进停止。

车主怎样自测汽车的操控性？

转向：主要是考察车辆的方向是否灵敏、准确、稳定。方法是，在行车过程中，轻轻地、小幅度地晃动一下方向盘，看看车头能否随着方向盘发生晃动，以及反应的快慢程度，反应快当然就很灵敏，如果没有反应，那就说明该车的方向有松动。高速行驶时，看方向盘是否稳定，如果需要双手紧握才放心行驶，则说明稳定性比较差。

制动：主要感受制动器是否灵敏，制动反应是否能和制动踏板的力度保持一致，以及制动时车辆是否稳定。可以试着以不同的力度踩制动踏板，看看制动能否做到轻踩则有轻微的制动效果，重踩能否迅速停下，而没有滞后感、不跑偏。

变速：对于手动档型车辆，变速器是使用最为频繁的操作部件。在试驾中，将变速杆按顺序推入各个档位，感觉变速杆进入和退出各档位时是否顺滑而没有阻涩感，以及各档位的位置是否清晰而不易挂错。

悬架：悬架的软硬并没有优劣之分。较软的悬架有利于更好地减振，提高乘坐舒适度；较硬的悬架则有利于提高车辆的操控性能，尤其是弯道性能。喜欢哪一种风格的悬架完全是根据个人的感受。判断一辆车的悬架软硬程度，可以在低速状态下（35千米/小时以内）做一个急转弯，感受一下车辆的侧倾程度，根据侧倾的大小，可以初步判断出悬架的软硬。这个动作带有一定的危险性，试驾时应选择车少、无人的场地或路段进行。

哪些因素影响汽车的过弯稳定性能？

过弯稳定性主要与汽车的动力大小、悬架设计和调校、轴距长短、轮距宽窄、驱动形式、车身重心位置（高低前后）、ESP相关主动安全配置及轮胎性能等有关。可以说汽车的过弯性能是个综合性能，我们常说的操控性能主要就是指汽车的过弯性能，即使采用同样的结构布局的设计，但不同厂家设计和调校出的汽车的过弯性能也不尽相同。

什么是横向加速度？

横向加速度一般是用来表示车中人在汽车转弯时所受离心力的大小。如果把汽车行驶的方向定为纵向，那么汽车转弯时产生的离心力方向便为横向，也就是端坐在车中伸直手臂所指的方向。加速度是指单位时间内速度的变化，它的单位是米/秒^2。表明地球引力大小的重力加速度是9.8米/秒^2，并用g表示。因此其他加速度也常用g为单位，如杨利伟在飞上天空时所受的最大横向（从胸到背）加速度为7~8g。

为什么悬架软硬度会影响操控性能？

对于底盘偏软还是偏硬，基本是凭个人感觉来衡量的，或者说每人定义"软"和"硬"的标准不一样，没有统一的标准和定义。同样一辆车，不同的人驾驶后可能会得出不同的结论。

"底盘偏软"是指该车的悬架系统的弹簧刚度较低和减振器阻尼较小，乘员的体会就像是坐在软软的垫子上。因此，一般强调舒适性的轿车会把悬架设定得稍软。这样的悬架设定会使汽车过弯时的侧倾非常大，相对来说对操控性不利。

"底盘偏硬"则是指悬架系统的弹簧刚度较高和减振器阻尼较大，乘员能体会到高频的颠簸，从而会有较强的路感，牺牲舒适平顺性能来获得更高的操控性。因此，跑车和赛车等强调运动性能的车辆通常采用较硬的悬架系统，以保证较强的操控性。

什么是车轮抓地力和附着力？换宽胎能增大抓地力吗？

抓地力是指路面提供行驶方向的最大驱动力。车轮的抓地力其实就是指车轮与地面之间在前进方向的摩擦力。汽车正是依靠车轮与地面的摩擦力，在作用力与反作用力原理下使汽车前进或后退的。当车轮打滑时，则表明车轮与地面的抓地力为零。

附着力包含行驶方向和侧向两个方向的摩擦力。车轮的附着力越大，表明可以提供的驱动转矩就越大，同时防止侧滑（比如横向风）的能力也就越强。

车轮与地面间的摩擦力包括滚动摩擦力和滑动摩擦力。车轮转动需要克服地面的滚动摩擦力，滚动摩擦力等于车轮承载重量与滚动摩擦系数的乘积，而滚动摩擦系数则与接触面积有关。较宽轮胎与地面的接触面较大，其滚动摩擦力也较大，因此它也能提供更大的抓地力和附着力，但同时也会使汽车的耗油量增加。

什么是激烈驾驶方式？

激烈驾驶的意思就是指在不平直的路面上高速驾驶车辆，通常伴有急加速、急减速和急转弯等剧烈车辆运动。专业车手在试驾汽车时，为了能试出汽车的真正性能，往往采用激烈驾驶的方式，只有感受汽车在极限状态下的性能表现，才能更好地判断汽车的性能特点。

8.5 怎样挑车选车更聪明？

什么是好车？

好车标准因人而异，因人们的需要和追求而异，只有适合你的车才可能是好车。

什么是适合你的车？当然是指满足你要求的车。比如你喜欢动力强大、操控性好、外形有个性的车，那么符合这些标准的车对你来说就是好车。反之就不是好车。如果你喜欢内部空间宽大、配置丰富、行驶平稳，那么符合这些要求的车对你来说才可能是好车。或者说，你喜欢的车就是好车。

除了能满足个性需求外，好车的其他重要标准则是统一的，这些统一标准主要有三个：
1）可靠性较高。总出毛病的车对谁都不是好车。
2）安全性较高。不安全的车无论如何都不能算是好车。
3）售后服务好。不能提供优质服务的车，谁都不会说它好。
如果上述条件之一比较差，那就不能说这是一辆好车。

什么是性价比？
如何确定一款车的性价比高低？

性价比是性能与价格之比的简称。虽然它看起来是个比值，是个很量化的东西，但这又是个非常模糊的概念，没有人能给它下个非常明确的定义，更没有人能算出某款车的性价比到底是多少。

性价比的本意应是指汽车的综合性能与价格的比值。这些综合性能包括舒适性、可靠性、安全性、动力性、操控性、燃油经济性和通过性等各种性能，还包括售后服务及品牌价值等各种因素。价格是一个明确的数值，而这些性能却是无法计算出数值的，怎么办？只有一个办法，那就是比较，与价格相当的其他车型进行性能比较，然后再确定其性价比是较高还是较低。因此，性价比只能是个相对衡量标准，不是个绝对值。在说一款车的性价比高低时，一定要说它和哪些车相比，否则就失去意义。

为什么说性价比因人而异？

性价比是个相对参考值，它不仅是与同价位车型的综合性能进行比较后得出的一个模糊结论，而且针对不同人对汽车性能的需求不同而有所不同。对于你比较看重的性能，在衡量性价比时，你自然会加大这些性能的分值。比如，你喜欢内部空间宽敞的车型，那么你在考虑汽车性能时则会加大舒适性的考虑，而对于一款空间狭小的车型，你可能就会认为它的性价比较低。如果你喜欢动力强劲的车型，那么你就会认为动力不足的车型性价比较低。

因此，在衡量某车性价比时，不仅要和同价位车进行比较，更要考虑购车人的需求如何。同一款车，对于有不同购车需求的人来讲，其性价比也会有所不同。

配置丰富就是性价比高吗？

我们常说某款车的配置非常丰富，主要是指舒适性配置，如天窗、中控锁、真皮座椅、电动调节座椅、倒车影像及DVD导航等，如果这些配置丰富，我们就会说这车的性价比高。其实这是误会了性价比。真正的性价比中的"性"还应包括安全性、动力性、可靠性和燃油经济性，甚至售后服务等因素。因此，以配置是否丰富来确定性价比高低，比较片面。如果两车的其他因素都一样，只有配置有差别，则可以说两款车的性价比不同，否则，应综合衡量汽车的性能后再进行比较。

为什么选车要考虑保有量大小？

保有量的大小，直接关系它的售后维修的便利性和费用。例如捷达和桑塔纳，由于它们的保有量极其庞大，在哪里都可以找到维修的地方。可以说，如果不能修捷达和桑塔纳，那么再小的汽车修理店它都不敢开张；如果它不卖捷达和桑塔纳的配件，再偏远的汽车配件商店，它都不好意思开门。更为重要的是，某种车的维修和卖配件的多了，其费用和价格自然就会降低，因此，许多捷达和桑塔纳车主，一出保修期就再也不去4S店了，只到汽配城或汽配店了。这就是保有量较大车型的优势，也因此导致捷达和桑塔纳十几年来销量一直名列前茅。反之亦然，一款保有量极小的车型，全城就几百辆，不仅维修不方便，而且其费用大多一口价，你就没有更多的选择余地，只能认宰。

为什么要尽量选择销售量大的车型？

一般来讲，销售量大的车型更值得购买。因为销售量是表明这款车是否真正受欢迎的指标，是消费者对车型性价比高低的投票。销量大，说明消费者认为此车物有所值，当然就会用钞票投票。少数人不识货上当买车有可能，但几万甚至几十万人同时不识货的可能性就极小。可以说，销售量高或低，自然有其原因。就像世上没有无缘无故的爱一样，汽车也是没有无缘无故的畅销或滞销。

在选购汽车时，建议"跟风"和"随大流"，挑选销量大的车型。除非你特想追求个性，特想特立独行，特想开一辆罕见的车型上街，而对品质、售后服务及使用费用等并不在乎。

提车时怎样检查汽车外观？

有经销商曾说，一上来就迫不及待进驾驶室挑车的，一般都是新手，而经销商们最怕那种围着车辆转了半天不进驾驶室的，因为汽车外观是最容易出问题的地方。

检查外观应该在光线较好的地方进行，而且车辆一定要洗干净，因为存放汽车的地方往往是在露天，容易有日晒雨淋的痕迹，所以检查一定要相当仔细。

检查车身表面是否有划痕和凹陷。还要查看发动机舱和车底边缘是否有补漆的痕迹。

检查车门和前发动机舱盖两边的缝隙是否对称，有无过大过小的地方。

开车门时检查钥匙和锁的配合情况，试试车门开启是否灵活，开门时不应太吃力，仔细听门轴有没有杂声。

检查风窗玻璃是否完好，是否有裂纹。看外观时还要注意玻璃是不是原配的，玻璃下脚有标记，以免你精心挑选的是辆有过事故的车。

认真检查车辆配件，诸如蓄电池、刮水器和机油等耗材，看看是否老化。查看底盘、轮拱、减振器和悬架等工作情况。特别要提醒的是，检查轮胎时一定要仔细，看有无破损、老化现象。

提车时怎样检查汽车内部?

检查电动车窗是否升降自如,上升能到顶,下降能到底。车窗开关应轻松自如,很重要的是检查密封条,必须仔细检查各个门窗密封条。用手顺着密封条方向滑动,并施加一定的压力,感觉密封条是否均匀、粘贴是否平整、按在上面是否有弹性。观察密封条在门槽里是否安装正确。轻轻关闭车门,听声音,沉重感的说明密封很好。

仪表板上各种仪表应齐全有效,不反光,不被任何物体遮挡,象形图案能准确理解,易于识别。插入钥匙拧动后,观察各个指示灯是否正常工作。

加速踏板不应有犯卡、沉重和不回位的现象。脚腕应自然舒适,这是保证安全的前提。

控制面板是一个容易出问题地方,在物流中有时可能会刮伤面板上的涂料。

仔细检查中控台上所有的按钮和拉杆,看看是不是安装妥帖。用手掌轻轻拍打中控台,按中控台饰板的边缘是否装配牢固,听是否有由于安装不好而产生的振动声音。

打开行李舱,检查里面是否平整干净,还有工具是否齐全,如备胎和随车工具等。

选车时怎样试驾?

现在销售的新车一般都有试驾活动,只要有驾驶证,销售商便会让你开一段路程,或在固定场地里驾驶。不过对于新手来讲,最好是请一位懂车的人帮忙试乘试驾。在试车中主要应注意以下几点:

1)先起动汽车,让汽车在怠速状态下着车一分钟,冬天时间还可以长些,看看在怠速时发动机运转是否平稳,有无不规则的颤动等。如果有发动机转速表,还可以看一下指针是否来回晃动。

2)慢慢深踩加速踏板,发动机的声音应是由小到大的平稳轰鸣,不能有任何杂声出现或不顺畅。

3)如果你听不出来什么奥妙,你可以多试几辆或几种品牌的汽车,互相区别一下它们的不同。运转稳定、声音细小及顺畅柔和的汽车性能较好。

4)试一下加速踏板是否反应灵敏,离合器踏板是否过硬过沉或过高过低,离合器踏板是否有一定的自由行程等。另外所有踏板都应迅速回位,不能有任何卡滞现象。

5)开车上路试车时尽量多走几种路,在颠簸道路上听一听底盘是否有异响,在过沟坎时减振器是否会发出什么声音。这些声音往往很小,最好可以打开车窗细听。

6)在公路上行驶时,最好专往井盖、减速带等不平路面上行走,以便检查悬架性能,看车身振动是否过大或振动不止。

7)选择一个安全路段突然加速,看汽车是否能向前蹿起来,你的后背是否有感觉,如无则说明此车的加速性能不怎么样。找个上坡路段,停车后再起步,看上坡是否吃力。

8)在低速时转动方向盘掉头,看方向盘是否沉重费力。转弯后手不要动方向盘,看它是否能自动回正并朝正直方向前进。另外方向盘的自由行程不能过大,那样的话转向时反应会太慢。

9)驾驶通过一段较窄的路段甚至胡同,看汽车能否灵活通过。

10)最重要的一环就是检查制动了,你可以在低速时轻踏制动踏板,反应太慢或太灵敏都不太好,应该感觉自如从容、随心所欲。选择安全地带且后面无车的情况下,在较高车速时紧急制动,一是看能否迅速停车,二是看是否跑偏,这两者都很重要,可谓性命攸关。

第 9 章 驾车与养车

9.1 新手怎样驾驶汽车?

驾车中焦急烦躁时如何自我减压?

1) 深呼吸。这种做法对任何紧张情绪都能起到一定的缓解作用。
2) 开窗让新鲜空气进入车厢。
3) 听收音机或比较轻松的音乐。
4) 试着与前车保持一定距离。
5) 稍事休息。

为什么疲劳驾驶会影响行车安全?

驾驶人在一天之内不同时段的反应能力是不同的,一般来说上午时反应能力最好,而在夜里零点到凌晨5点、下午1点到下午3点行车时,驾驶人容易昏昏欲睡。在疲劳状态下驾驶车辆,容易带来下列影响:
1) 听觉和视觉敏锐度下降,难以及时发现险情。
2) 注意范围变小,注意力难以集中。
3) 反应时间显著延长,反应能力下降。
4) 操作动作的准确性下降。

怎样预防驾驶疲劳?

1) 连续驾驶时要注意停车休息,连续驾车时间不能超过3个小时。
2) 眼睛不要老盯着公路的中心线。
3) 行车中给驾驶室通风,适度地听听音乐。
4) 中途休息时通过伸展运动来放松。
5) 不要吃得过饱。
6) 与前车保持安全距离。

为什么饮酒后驾车容易出事?

酒后驾车是绝对禁止的,因为饮酒后血液中的酒精浓度会增高,容易导致以下现象:
1) 驾驶人的视野通常会变窄,视线变得模糊不清,如常常看不清正在过马路的行人。
2) 驾驶人的反应速度越来越慢,而且越来越不准确,如打方向盘时往往转向角度不够,甚至操作方向盘失误而进入逆行车道。
3) 驾驶人失去对交通状况的全局了解,难以预先估计和判断交通情况。
4) 驾驶人变得情绪化和草率,越来越倾向于冒险的驾驶行为,如往往会无视信号灯的存在等。

新手稍一紧张就会使车辆熄火怎么办?

新手都有这样的过程,主要原因还是对车辆不太熟悉,驾驶技术不太熟练,过些时候就好了。即使总这样,其后果也不是特严重,不用太担心。如果总是这样熄火,可能会造成燃烧不完全,积炭可能会严重些,影响动力发挥,耗油量也会增高,需要到修理厂清理积炭或清洗节气门,但对汽车的机械结构不会造成太大影响。

拉驻车制动器手柄行驶的后果会很严重吗?

偶尔几次拉驻车制动器手柄行驶没有太大关系,以后注意就是了。如果拉着驻车制动器手柄行驶后对驻车制动器性能不太放心,可找个安全的坡道上试试驻车制动器,挂空档、拉驻车制动器手柄,看汽车是否会溜车。如果溜车,则说明驻车制动器已失效。

拉着驻车制动器手柄行驶时会感觉动力性能下降,松开加速踏板滑行时车速较慢。带驻车制动器行驶较长时间后还会出现焦糊味。

为什么紧急制动时制动踏板会剧烈抖动？

这是正常情况，是制动系统中的防抱死制动系统（ABS）在起作用。ABS 的工作过程其实就是"点制动"，它的制动方式是紧—松—紧—松—紧，让车轮停一下、转一下，防止车轮抱死不转而产生侧滑。因此驾驶人会感觉制动踏板在抖动。

然而，许多轿车在紧急制动时，制动踏板并不会出现剧烈的抖动，虽然它的 ABS 也在起作用，但由于技术水平较高，不会给驾驶人造成心理恐慌。

左脚踩制动踏板来驾驶自动档车可以吗？

完全可以，左脚制动还是一项高级的赛车技术呢，因为左脚制动可以减少反应时间，它是赛车手必须掌握的技能。但对于普通驾驶人来讲，这种做法并不可取。因为学习左脚制动的最困难之处是要改变驾驶人对脚踏板固有用力的概念。自从学习用右脚制动以来，我们的脑子里便已植入对踏板应给予的力度，相当于见到哑铃，我们会使劲举，看见纸盒就会轻拿。你不妨用左脚试一下，其感觉和力度与右脚截然不同。除非你从开始学车时就练习左脚制动，也已形成固有的概念和意识反应。

什么是发动机制动？什么时候使用发动机制动？

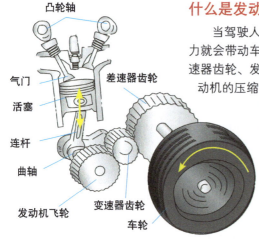

当驾驶人完全抬起加速踏板，但不踏下离合器踏板，车辆的惯性力就会带动车轮继续旋转，进而由驱动轮通过半轴、差速器齿轮、变速器齿轮、发动机飞轮等传动机构，带动发动机曲轴旋转。而此时发动机的压缩行程会产生压缩阻力，加上发动机内摩擦力和进、排气阻力等，就会对驱动轮形成制动作用。这种现象就称为发动机制动。

发动机制动时，档位越低，发动机制动力就越大；反之，则越小。在下长坡道路行驶时，挂入低速档利用发动机制动可以减少制动次数，防止制动器过热引起制动力热衰减；在冰雪、湿滑路面上行驶，应用发动机制动可以防止侧滑。

利用发动机制动有什么好处？

1）可以帮助汽车快速制动。汽车需要紧急制动时，发动机制动和制动系统同时作用，制动效果会明显提高，这显然要比空档滑行时制动器独立工作的制动效果好得多。

2）可减小制动器使用的强度，降低摩擦材料（制动蹄片）磨损。当不需要紧急制动而只是减速时，只利用发动机制动往往即可达到减速目的。

3）可降低燃油消耗。发动机制动时，发动机往往会"断油"行驶，此时没有燃油消耗，而如果是空档滑行，则发动机仍有怠速燃油消耗。

9.2 怎样防御性驾驶？

什么是防御性驾驶？

防御性驾驶是一种特殊驾驶技术或驾驶原则，它要求在驾车中不因自己的操作失误而伤害到别人，自己的行车不能影响他人的正常行车，同时提前预防其他人或车对自己可能造成的伤害或事故隐患。

防御性驾驶强调的是提前预测和识别潜在的危险，并采取预防措施以避免事故的发生。不仅要注意自己的驾驶行为，还要考虑到其他道路使用者的行为、外界环境等因素对驾驶安全的影响。

怎样超车更安全？

1）超车前要先观察清楚前后方的情况。在没有中间隔离带的道路上超车时，超车前应先观看对面是否有来车，在确定没有来车或来车挺远时方可超车。准备超车时先打左转向灯，并从左侧后视镜中看清楚左侧车道没有从后面跟上的汽车，再向左转头观察左后方，确定没有正在超你的车辆时，方可加速切入左面行车道。注意超车时不要压越中间的实线隔离线。

2）一定要注意必须从左侧超车。从右侧超车是非常危险的，尤其是在高速公路上。

3）超车时打方向盘的动作切忌突然，应该是循序渐进地切入左车道，然后继续加速超越前车。

4）不要急于并回原车道。当超过前车时，先打右转向灯，并注意观察右侧后视镜。当在右侧后视镜中可以看到完整的被超车时，你便可以打方向盘进入右侧行车道，这样才算完成整个超越前车的过程。

在什么转速下换档最好？

理论上讲，当发动机转速达到其最大转矩转速时升档最为顺畅，此时发动机的转矩输出最大，它能够用最大的扭力来啮合下一组齿轮，保证升档时动力衔接更加顺畅，减少因升档而损失的时间。赛车手要想取得胜利至少要明白这个道理。一般汽车的最大转矩转速在3500~4500转/分。但是，这样换档的方式也会使耗油量增大，这对于普通驾驶人来讲，并不是最佳换档时机，而应比此转速低些，以便节省燃油消耗。一般轿车的升档时机应掌握在2500~3500转/分，这要根据发动机特性来决定。

其实，以上都是理论分析出来的升档时机，并不一定适用在所有的车型上，尤其是我们在日常驾驶中，行驶条件时刻在变，要灵活掌握换档时机。原来的汽车上根本就没有转速表，转速表是从赛车上移植过来的。难道没有转速表的车就无法开车了？显然不是。那么，应如何掌握升档时机，或者说什么时候升档最合适呢？我个人意见：跟着感觉走。

还记得在驾校学习时教练是如何指导升档时机的吗？主要是"听音"。当感觉发动机声音不太轻快或声音不和谐、有点粗暴时，就要考虑加档了。其实随着你行驶里程的累计增加，你对自车升档时机的掌握会日益成熟。

为什么雨中驾车要特别注意行人？

雨中行车时要对行人给予特别关注，因为这时候行人的处境最危险。

1）下雨影响人们心情，容易导致人们心慌，这对驾驶人、骑车者和行人都是一样的。

2）雨中骑自行车者往往穿雨衣，不仅阻挡他两旁的视线，看不到旁边的车辆，而且耳朵也被雨衣覆盖，影响他的听力，加上雨声的掺杂，他很难发现旁边来车甚至听不到喇叭声。

3）雨中骑车者一般都会更加关注前面道路情况，生怕压到水坑中或碰到其他障碍物，而对两旁和后方的情况不太关注。

4）撑伞的路人容易被顶风倾斜的雨伞阻挡视线，而且他更加关注脚下的情况，对周围的动静可能会"不闻不问"。

5）雨中骑自行车者和撑伞的行人，到路口时都可能会突然猛拐或摔倒，甚至被狂风吹倒，此时更需防备。

怎样携带宠物一同乘车？

带宠物上车，最应注意的是避免让宠物单独坐在前座，有时候因为宠物迫不及待地想要表达它对主人的热情而冲向正在开车的主人，可能会使驾驶人惊慌失措而导致误操作，严重者还会产生交通意外。

宠物也会有晕车现象。宠物晕车会导致流口水、呼吸困难，严重一点还会呕吐、大小便失禁、四肢无力等。它们晕车的原因和人一样，主要是因为车辆的振动与气味。当我们发现宠物开始有点晕车症状出现时，可以减缓行车速度、开窗保持空气流通等，若是如此还没有办法改善宠物晕车的症状，下次就要记得出门前先请兽医师给宠物一点温和的镇静剂或是开点晕车药。

如果车厢内有宠物时，最好有专人照看，或者用带子将其固定在后排或两厢车的行李舱空间，不然宠物受到惊吓，或者在好奇心的驱使下，可能会做出让人意想不到的动作。

特别提醒

1）当宠物在车上时，驾驶人注意不要分心。

2）坐垫和车内铺上旧报纸或毛巾，以防宠物晕车呕吐。

3）每隔两三小时停会儿车，让宠物大小便或下车走动一会儿。

4）宠物喜欢把脑袋伸出车窗，尽量不要紧急制动，以免把宠物摔出去。

怎样跟车行驶？
为什么跟在一些车辆后面不安全？

在城区行驶时，不可避免地要跟车行驶，而城区最常见的追尾事故往往就是跟车时操作不当造成的。跟车行驶时首先要保持安全距离，不能离得太近，尤其是跟在某些车后面时，必须离得更远一点，如制动性能较好的跑车，它遇情况很快就停住了，而你却还在使劲地踩制动踏板，容易导致追尾。下列7种车尽量不要跟，否则很容易出事故。

1）出租车不能跟，尤其空驶出租车。出租车为了拉客，可能说停就停，往往不顾及后面车辆的情况，跟在它后面很容易造成追尾。

2）货车不能跟。尤其是满载货物的自卸车，它上面很容易撒落下东西，这些东西则可能击碎你的风窗玻璃或损坏车身。在市区，车身高大的大货车还容易遮挡视线，容易让你误闯红灯。

3）公交车和大客车不能跟。这些车车身高大，影响你的驾驶视线，而且公交车会突然进站或出站，令人难以避让。

4）外地牌照车不能跟。外地车往往对路线不熟，很容易走错路，并可能随时停下来问路，或突然并线，让后面的车辆措手不及。

5）实习车辆不能跟。新手驾驶技术不熟练，往往不按规矩行车，突然并线或车速较慢，甚至突然停车，都有可能。

6）跑车不能跟。跑车的制动性能好，遇有情况时跑车能马上停住而你可能不行，况且追尾跑车会造成巨额赔偿。

7）超级豪华轿车不要跟。追尾后可能赔不起。

怎样过弯更顺畅？

由于弯道情况复杂，视野较差，车身处于相对不稳定的状态，因此汽车在转弯时，要保证走自己的路线，尽量不要在弯中并线，更不要走到对面车道上，这在山路上行驶时更要注意。

不仅要走自己的路，而且还要防止对面车辆突然出现在你的车道上，因为你无法保证他人一定只走他自己的路线。

如果弯道足够宽，你可以按照"贴外切内"的原则走线，或称为"外—内—外"的转弯路线。这样走过的圆弧半径要大于实际弯道的半径，也就是说可以更圆滑地转弯。具体操作方法是：

1) 如果是右转弯，在进弯前可以尽量贴路中间走，在弯中则尽量贴着路边走，当然前提是路边没有非机动车或行人。出弯时则又慢慢靠右侧行驶。

2) 如果是左转弯，在进弯前可以贴着路边走，进入弯道时，则可以贴着中间走，其前提也是路边没有非机动车或行人。出弯时则又靠向右侧行驶。

为什么转弯时大力制动比较危险？

转弯时尽量避免大力制动，否则很容易出现爆胎、侧滑和翻车等现象。

汽车在直线行驶时，前驱车的两个前轮载荷稍大些，后驱车则4个车轮基本相同。可以说分布在4个车轮上的载荷相差不多，而且两个前轮的载荷是一样的，两个后轮的载荷也是一样的，汽车在一个相对稳定的状态下行驶。

在转弯时，由于离心力的作用，汽车4个车轮上的载荷将重新分配，结果导致4个车轮的载荷不平衡，弯道外侧的前轮载荷最大，弯道外侧的后轮和弯道内侧的前轮载荷居中，最小的则是弯道内侧的后轮。如果此时大力制动，由于惯性力的作用，将加重4个车轮载荷不平衡的现象，弯道外侧前轮的载荷更重，有可能超出其承受能力而导致爆胎，进而可能侧翻，后果严重。

避免转弯时大力制动的最好办法就是进弯前减速，将车速控制在不需要弯中大力制动的程度。在进弯前尽量观察好前方情况，尤其是弯道盲区较大时，要把车速降得更低些，以便随时可以缓慢制动就可停车。

为什么驾驶SUV要避免急转弯？
为什么说四驱并非万能？

SUV的性能优势主要是通过性和安全性。由于它是4个车轮在驱动，相对两个车轮驱动的普通轿车来讲，它应付湿滑路面本领更强些。但在干燥的铺装路面公路上，它的优势相对较弱。此时它的重心高、行驶稳定性差的弱点反倒显现出来。驾驶SUV时，应先了解它的特点，扬长避短，充分发挥它的优势，注意避开它的弱势。

1) 不要急转弯。由于SUV的重心较高，相对轿车来说，它的行驶稳定性稍差些，在转弯时更应注意它的侧倾现象。如果转弯时大幅度转动方向盘，会使它的侧倾更明显，甚至会有翻车的危险。

2) 弯道上降速。弯道上降速是为了减小它的离心力，使它的侧倾尽量减小，防止侧翻。千万不可拿SUV来和轿车比拼操控性，就像不能拿轿车和SUV比拼通过性一样。

请注意，四驱并非万能。虽然四轮驱动对于公路行驶的稳定性有贡献，但是不能认为四轮驱动就是万能的，在湿滑路面就永远不会打滑。如果突破它的物理极限，路面的附着系数过小，而发动机动力输出或转向力较大，那么四轮驱动一样会打滑。俗话讲，淹死的都是会游泳的，千万不可依仗车辆是四轮驱动就不管不顾了。

9.3 怎样越野驾驶？

越野前怎样检查和准备？

在越野之前，务必查看风扇传动带是否松了，同时不要忘了检查所有的开关和指示灯是否工作正常，机件各部分是否缺油。一旦去越野，可能会离任何一个加油站和维修中心都有几百千米，因此必须确定每个部件都经过认真检查，防患于未然。检查的项目有：

1）节气门拉索是否卡住。首先确认加速踏板是否操作自如，如果感觉节气门反应迟钝，不仅会妨碍你灵活操作，而且有时会有加速失控的危险。

2）检查离合器是否打滑。越野驾驶时离合器的负担要比公路驾驶更重，打滑的离合器不仅不能产生足够的扭力，而且在某段路上半离合状态过长，还会烧毁离合器。

3）检查是否有不均匀制动。不均匀制动也就是通常说的制动跑偏，这是非常危险的。如果在下坡时突然踩制动踏板，制动不均匀会导致车身向一侧倾斜，有翻车的危险。如有这几个问题，应马上去修理，切不可贸然越野，如果真到了人迹罕至的越野地方出现麻烦，就追悔莫及了。

为什么越野前一定要加满油箱？

越野驾驶极其费油，往往比人们想象的还要费油。一旦在山中或野外把油用尽，将会是很麻烦的事情，所以出发前一定要把油箱加满。如果有必要，还应带上一个备用油箱，以防万一。

要把油箱加满的另一个原因是一旦车身倾斜，如果油箱里的油面太低，油会很难被输送出去，导致供油不畅。还有一个原因是装满油后会防止油箱内积聚水汽而将燃油稀释。

为什么越野前要拧紧所有固定件？

越野前，应拧紧车身上的所有接头，并把行李固定好。由于越野时车身振动强烈，幅度很大，车上的螺栓很容易松动，如果发现有松动的地方，一定要立刻把它拧紧，切不可嫌麻烦而忽略，因为开始的小松动很有可能给后面的越野带来大麻烦。同时要注意检查那些一旦脱落可能会引起事故的部件，特别注意蓄电池的接头要牢固。为了防止行李移动，要用橡皮筋或行李网来固定，如果不经意地把一把铁锹放在行李舱中而没有固定，车开起来便会在行李舱中四处磕碰，不仅会损坏车，还有伤害乘客的危险。

为什么分时四驱车要及时切换两驱/四驱模式？

虽然全时四驱车越来越多，但多数真正的越野车依旧采用分时四驱系统。在普通路面我们更多地采用两驱模式行驶，当进入越野路面或两驱不能适应的环境时，就要切换到四轮驱动模式。而且要切换及时，如果车辆已经陷在泥地里，再切换到四驱会有亡羊补牢之嫌。

在全时四驱车上，中央差速器可以弥补前后轴的转速差。但是，分时式的四驱系统，车的前后轴直接相连，没有中央差速器，不能弥补转向时四个车轮之间的转速差。这最终导致车被猛力制动停下，这便是"急转弯制动现象"。这时如果继续行驶，就要踩下加速踏板，为了消除转速差，让抓地力小的轮胎空转，以便有效地分配驱动力，这种空转现象被称为强制空转，这时发动机和传动系统承受很大的力。特别是在公路这种附着力较好的路面，很容易出现这种现象。因此采用分时四驱系统的越野车，在公路或良好路面应采用两轮驱动模式，否则容易损坏车辆，且会大幅增加耗油量。

如何通过坑洼路段？

1）控制车速。土路上坑洼、碎石等障碍物较多，行驶速度不能过快，可选择3档或2档驾驶，否则车辆振动加剧，不仅造成车辆传动系统和行走系统等机件损坏，而且直接威胁行车安全。

2）选择路面。路面上有坑洼、乱石和积水时，应考虑到车辆的离地间隙，转动方向盘小心避让，让车轮沿路面凸出部分行驶。尽量不要太靠路边行驶，防止掉下路基。

3）在通过松软、泥泞积水路段时，应特别谨慎，必要时应下车观察，当判明车轮确实不会陷入泥土中时，方可挂低档缓缓地一气通过。

4）新开通的土路，若路面有车辙，应尽量沿着车辙行驶，不可盲目冒险。

汽车托底时怎么办？

当汽车托底时，一定不要强行前进，而应采取后退的办法让汽车解脱困境。一个非常有效的办法是在驱动轮后面垫上石块或其他硬物，然后让汽车慢慢往后倒，如不行也可以转动方向盘，让车轮能压上所垫的石块即可。

汽车涉水时如何操作？

汽车应避免涉水，即使你的车是SUV，遇到溪水时也要尽量避开，毕竟汽车是为在公路上奔跑而设计的，它不是水陆两用车。

1）汽车涉水时，要保证发动机运转正常，转向和制动机构灵敏，挂低速档平稳开进水中，避免猛踩加速踏板或猛冲，以防止水花溅入发动机而熄火。

2）行车中要稳住加速踏板，一鼓作气通过水面，尽量避免中途换档或急转弯，遇水底有泥沙时，更要注意做到这一点。

3）如水底有流沙，车轮打滑空转时，要马上停车，不可勉强通过，更不能半联动地猛踩加速踏板。要在发动机不熄火的情况下，组织人将车推出去，避免越陷越深。

4）行驶中要尽量注视远处固定目标，双手握住方向盘向前直行，切不可注视水流或浪花，以免晃乱视线产生错觉，使车辆偏离正常路线而发生意外。

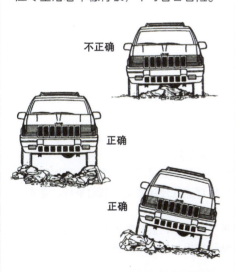

不正确

正确

正确

怎样正确操作分时四驱车型？

很多人在驾驶分时四驱车型时认为，只要是在湿滑、冰雪或者沙土路上行驶时，就应当挂上四驱模式，然后就可以高枕无忧，高速飞驰。其实这是不对的。

分时四驱车型在挂上四驱模式以后会产生一个转向制动特性。而对于冰雪湿滑路面来说，虽然前后车轮可以相对打滑，不会有太明显的转向制动，但是打滑的车轮意味着抓地力的丧失，在这种情况下转弯，前轮很难提供足够的横向力，那么会比两驱情况下更容易出现转向不足。所以虽然一些分时四驱车配备了四驱高速（4H）档位，但并不是说所有湿滑路面都全程挂着四驱高速档位跑。正确的做法应该是直线加速时可以挂上四驱高速档位跑，如果需要转弯，则应当挂回两驱高速（2H）档位。

全地形轮胎

四驱车应当如何挑选轮胎？

对于什么样的轮胎更适合四驱车，并没有明确的规定，而是根据自己的需求匹配。对于一些注重公路性能的四驱车来说，原厂往往会出于经济性、行驶噪声及操控性的考虑配置一些公路轮胎。对于公路四驱，并不建议更换原厂轮胎。而对于一些配备全时四驱的SUV来说，可能原厂更注重舒适性的体现，配备的往往是一些低噪声高扁平比轮胎。这类车型的车主如果对于越野有特别偏好，倒是可以更换更偏向越野的全地形轮胎。但是不管怎么更换，一定要保证前后车轮的外径和胎宽与原厂轮胎相同，因为改变原厂轮胎尺寸会影响到公路性能的表现，甚至会影响到行车安全。

越野后怎样检查和保养车辆？

越野驾驶前需要检查车辆，结束时也要做同样的事情。

检查车身： 把车停在一块平地上，看看越野之后车身平整度。因为在艰苦的越野驾驶过程中，钢板弹簧有可能折断，某些钢梁有可能变形，减振器可能会漏油，悬架系统可能会出现问题。如果车停在平地上，而车身发生倾斜，则一定要找出原因，马上修理，不要把隐患带到下次越野中。

洗去车上的污渍： 如果在海边驾驶过，一定要把车上的海水和盐渍清洗干净，否则会对车身有腐蚀。如果在泥地驾驶过，在上公路前应该先洗去车身和底盘上的泥，否则会把泥掉在公路上，不仅弄脏路面，而且会给其他驾驶人带来麻烦，同时车身上的泥会使车身生锈，影响到部件的性能。

检查轮胎和车轮： 粘在轮胎和车轮上的泥会给车辆增加额外的重量，影响车轮的平衡。在清洗车轮和轮胎时，要注意把卡在缝里的小石子和异物都清理掉，同时检查轮胎的受损程度。还要检查轮胎的气门和边缘，看是否有漏气的地方。如有受损严重的轮胎，最好换上备用轮胎，以防发生爆胎。

检查轮胎气压： 降低轮胎气压是越野时增加轮胎附着力的一种方法。但是越野后如不把气压调整到正常水平，在公路上驾驶就会非常危险，所以越野后要把轮胎气压调整到正常水平。

检查是否有渗漏： 越野时，车底很容易磕在地面上，引起机油渗漏。如果渗漏不严重，可以回家后再修理；如果渗漏严重，为了安全起见，一定要先找一家修理厂修理。此外还要检查制动系统、蓄电池和散热器的液面情况。

检查制动性能： 使用鼓式制动器的越野车，如果制动鼓里进了泥或水，会严重影响制动性能，从而导致制动严重跑偏。遇到这种情况，一定要慢慢驾驶，轻轻给制动踏板加压，用摩擦产生的热量烘干制动鼓里的水分。

9.4 怎样应急驾驶？

应急驾驶要掌握什么原则？

1）无论遇到什么紧急情况，最首要的基本原则是切勿惊慌失措，而是要保持沉着冷静，尽快做出准确的判断，并采取措施。

2）先人后物，避重就轻。如果事故不可避免，要本着宁让物质受损也要减少人员伤亡的原则，采取相应的应急措施。

3）先方向，后制动。在道路条件允许的前提下，应尽可能优先考虑汽车行驶的方向，同时降低车速。如果当时车速非常高，不要轻易猛打方向盘避让，应尽可能降低车速，否则容易导致车辆侧滑相撞或侧翻。当降速后仍不可避免地要发生事故时，才采取打方向盘来避让，选择伤害较轻的撞车方式。

转向失控时如何应急操作？

1）立即松开加速踏板。
2）车速较高时不可采用紧急制动来降低车速。
3）抢挂低档，利用发动机制动来降速。
4）配合使用驻车制动器（俗称手刹）。
5）第一时间打开危险警告灯。
6）尽量选择安全地点停车，并在车后放置警示牌。

为什么汽车会出现制动失灵？

一是对制动系统缺乏必要的保养，制动主缸里杂质太多、密封不严、真空助力泵失效、制动液过脏或几种制动液混合使用受热后出现气阻、制动主缸或轮缸漏油、储气罐或管路接口漏气。

二是操作不当导致机件失灵，如长时间下坡会使制动片摩擦剧烈生热，使制动片炭化，导致制动功能完全失效。

三是由于严重超载，在重力加速度的作用下，加大了车辆运动惯性，直接导致制动失灵。

行车中制动失灵怎么办？

如果车辆在行驶中发生制动失灵，首先不要惊慌，握好方向盘，下面是常见的几种紧急处理方法，根据具体情况，采取相应措施。

1）根据路况和车速控制好方向，将高速档换入合适的低速档。这样，发动机会有很大的牵引阻力，使车速迅速降低。同时，可结合使用驻车制动器，但如果拉得太紧，容易使制动盘"抱死"。

2）如前方无危险情况，可使车速慢慢降低并向路边靠近，直到最后停车。

3）如前方有危险情况，可利用车的保险杠、车厢等刚性部位与路边的天然障碍物（岩石、大树或土坡）摩擦、碰撞，达到强行停车脱险的目的，尽可能地减少事故损失。

这些都是万不得已的应对措施，稍有不慎即有生命危险，最好不要把自己和爱车逼到此等境地，平时要注意保养车辆，行车之前做好车辆常规监测。

为什么夏天汽车自燃事件时有发生？

夏天天气炎热，汽油的挥发性很强，停车后，在车周围很容易形成易燃的汽油混合气体圈，而这时的汽车电器，比如空调、风扇等均在高负荷运转，容易引起电线短路产生火花，从而导致汽车自燃。另外其他任何可能产生火花的小毛病（如点火线圈、高压线漏电以及排气管密封不严等），都可能成为火灾的起火源。

引起汽车起火的主要隐患有：油路滴漏、电线短路、电气系统漏电、停车后不关点火开关、蓄电池通风孔不畅通引起爆炸、气体打火机留在车内仪表板或阳光直射处受热爆裂等。

为什么手动档汽车能推着起动？
怎样推着起动没电的手动档车？
为什么自动档车无法推着起动？

要想学会怎么才能推着起动没电的汽车，就要弄明白在蓄电池有电的时候汽车是怎么起动前进的。

汽车的发动机正常点火时，应该是断开传动系的连接，即踩下离合器或挂空档；自动档车一般在P位时才可起动。此时将点火钥匙拧到点火位置，接通起动电动机线路，使蓄电池与起动电动机形成闭合的回路。起动电动机的小齿轮与发动机输出端的飞轮外缘的轮齿啮合，起动电动机旋转带动飞轮旋转；飞轮是固定在曲轴端的，飞轮旋转带动曲轴旋转；曲轴旋转带动连杆活塞组上下运动开始压缩气缸内的可燃混合气；当转速达到需要的起动转速时，可燃混合气在压缩行程末期的压力和温度也符合了着火燃烧的基本条件，此时火花塞跳火点燃混合气，混合气爆炸燃烧释放能量推动活塞连杆组运动，连杆活塞组带动曲轴、飞轮旋转，凭借旋转的惯性即可稳定旋转并输出能量；于是发动机不再需要起动电动机的带动，即可以维持下去。

上面讲了这么多，不知道各位有没有注意到发动机起动着火所必需的要求，那就是发动机曲轴必须达到一定的转速，以便使混合气的压力和温度符合着火条件；同时一定的转速也是火花塞跳火的必要条件，因为如果转速太低，次级绕组产生的电压太低，不能击穿火花塞的间隙形成跳火或火花太弱点燃不着混合气。所以说能让曲轴转速达到规定以上的转速，发动机的起动便可不再需要起动电动机的带动，蓄电池没电也可着火起动。很多长途驾驶人都有这样的经验：在下长坡的时候，为了省油而空档熄火滑行，当滑到坡底的时候，将钥匙拨回正常行驶的位置（并不是点火起动的位置），此时并不需要起动电动机，车辆会立即着火恢复起动，就是这个道理。虽然坚决反对下坡空档熄火滑行，但必须承认这也是蓄电池没电推动着火的最直接的体现。为什么呢？因为在传动系统没有断开的情况下，发动机可以通过一系列的传动关系而被带动旋转起来，从而达到上述的着火起动的条件：车轮带动半轴、半轴带动主减速器、主减速器带动传动轴、传动轴带动变速器、变速器带动离合器、离合器带动飞轮和曲轴，发动机就着火起动了！以上的传动过程一旦有任何一个环节断开，发动机均不可能着火起动。

虽然原理简单，但如果在实际应用中用得不恰当，想推着发动机还不是很容易的事儿。在广大驾驶人朋友的实践中证明，按如下的操作进行，相对来说是比较容易和省劲儿的。

将钥匙拨到正常行驶的位置（ON），踩下离合器踏板，挂2档或是3档（离合器踏板不要松开），平路或下坡推动车子，车速起来后快而平稳地松开离合器踏板，一般就可以搞定。

自动档的车不可以推着，因为液力传动的原因，它在上述的传动关系中将传动轴与离合器在变速器处断开了，或者说它的动力传递有不可逆的特性，只能由发动机输出到车轮上，而不能由车轮传递到发动机，因此自动档车无法推着，而只能用有电的蓄电池跨接起动。

爆胎后如何驾驶车辆？

汽车在行驶中如果轮胎突然"爆炸"，此时车辆往往会急速摇摆，驾驶人应掌握好方向盘，控制住车辆的行驶方向，同时迅速松开加速踏板，让汽车减速。

当发动机的牵阻作用控制住车速后，可轻轻地使用制动，慢慢地使汽车停住。

行驶中如发现方向盘不停地左右摇摆，最好马上松开加速踏板，让车辆逐渐地慢下来。

不要使用紧急制动，因为紧急制动将会加大方向盘的摇摆程度，汽车有失控的危险。

制动失效是爆胎后常见的故障，如果汽车在下坡时制动失效，不能利用车辆本身的机构控制车速时，应果断地利用天然障碍物，如路旁的岩石、大树等，给汽车造成阻力。如果一时找不到合适的地形地物加以利用时，紧急情况下可将车身的一侧向山边靠拢摩擦，增加阻力来降低车速，然后及时送修理厂维修。

怎样正确更换轮胎？

1）在车后放置警示牌，取出随车工具，包括千斤顶和套筒扳手。

2）取出备胎。大多数轿车的备胎在行李舱下面，有的车型需要松开固定的螺栓才可以取下。

3）用螺钉旋具（俗称螺丝刀）将车轮饰盖板取下（有的车型没有），露出车轮螺栓。用套筒扳手松开轮胎螺栓。

4）在指定位置装好千斤顶，把换胎部位的车身抬离地面。

5）用套筒扳手彻底松开车轮螺栓，并将需要更换的轮胎卸下。

6）装上备用轮胎后，将螺栓拧上。

7）将车身放落于地面，再一次用套筒扳手将车轮按规定力矩拧紧。有四个固定螺栓的车轮按画"十"字的顺序拧紧；有五个固定螺栓的车轮按照画五角星的顺序拧紧；有六个固定螺栓的车轮按对角交叉的顺序拧紧。

8）将车轮饰盖板压入装好。

9）坏胎放入备胎座内，取回警示牌，整理好工具，重新上路。

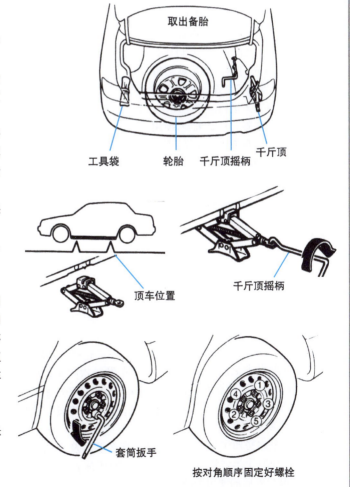

9.5 怎样使用保养汽车？

什么是制动跑偏？怎样检查汽车制动跑偏？

驾驶人在制动时，汽车不按直线方向减速停车，而是向左或向右偏驶，这种现象称为制动跑偏。这时驾驶人无法控制前进方向，汽车处于不稳定状态，往往是造成撞车、掉沟甚至翻车等事故的根源。而且，跑偏容易引起侧滑，甚至使汽车掉转180°，很可能造成交通事故。

1）无规律的忽左忽右的跑偏：造成无规律制动跑偏的主要原因是轮胎磨损严重不均，特别是后轮内外轮胎直径差越大，无规律制动跑偏越严重。为避免这种现象产生，应对轮胎进行合理调配，按规定进行换位，使各轮胎磨损趋于一致。如果轮胎磨损正常，但仍出现制动忽左忽右跑偏，则应检查是否有负前束或横、直拉杆球头销等松动。

2）制动突然跑偏：制动时车辆突然跑偏。往往是由于制动系统或悬架部分突然发生故障。这种故障虽然为数不多，但其危害极大，稍有不慎，则可能造成严重后果。

3）有规律的单向跑偏：汽车制动时最常见的就是这种有规律的单向跑偏，造成单向跑偏的主要原因是左右车轮制动力不相等。

制动盘有锈斑怎么办？

一般车型车辆停放时间太久，都有可能造成制动毂或制动盘生锈，严重者会使盘片之间无间隙锈死。一般锈蚀情况不严重，可用榔头敲振后即可解决。如果锈蚀严重，拆下制动毂或制动盘用砂布打磨清理后就可解决，当然这个操作还是建议到正规维修店委托修车工人进行。

制动盘的最新材料是陶瓷，使用陶瓷材料的制动盘都不会生锈，不过这一技术离普通的家用车尚有一段距离。

制动系统进水后会降低制动性吗？

盘式制动系统进水后会对制动效能有影响，但一般不会太大，相比鼓式制动要小得多。因为盘式制动系统的制动片面积很小，外围又全部暴露在外面，留不住水滴。而且由于车轮转动时离心力的作用，盘上的水滴会自动散失，几乎不影响制动系统的功能。

汽车涉水后应找个安全地带，轻轻地多踩几次制动踏板，一是试试制动性能是否完好有效，二是利用摩擦生热将制动鼓中的进水排出。

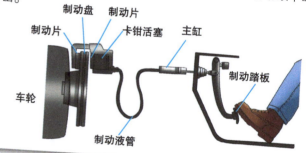

换新轮胎要注意什么？

1）换轮胎最好要两个对称地换，而且要使左右轮胎为同一品牌、同一型号的轮胎，以免造成左右行驶不平衡，或制动跑偏等现象。

2）定期给轮胎换位，具体如右图所示。如果是前驱车，最好将右后轮换到左前轮、左后轮换到右前轮；如果是后驱车或四驱车，最好将右前轮换到左后轮，左前轮换到右后轮。

3）新胎装上之后，最好让店家给车做一次平衡，因为哪怕只有二三十克的误差也会导致高速行车时车子严重的抖动。虽然换胎一般并不会影响四轮定位，但能"顺便"请店家检测一下就更好了。

4）如果你将四个轮子一起更换，那么要顾及轮胎的磨合期，前2000千米尽量将车速保持在120千米/小时以下，否则将会减少轮胎的使用寿命。

轮胎使用多久应该更换？

这要看其磨损程度，不同的轮胎有不同的使用寿命，在正常状况下一般可以行驶 10 万千米。不过建议在行驶八九万千米或使用超过 3 年时间就要去检查一下是否需要换胎。如果轮胎磨损到胎面花纹沟在 1.6 毫米时或轮胎胎肩上磨损警告标志"△"处露出一条横线时就必须更换了，否则易出事故。另外，因为橡胶材料时间一长会有变质老化现象，所以在购买新轮胎的时候也要看其生产日期，以保证轮胎的使用寿命。

虽然有不少的车主用车里程并不多，但轮胎还是有一定的使用寿命，当车主发现轮胎逐渐变硬、老化龟裂等情形发生时，就应毫不犹豫地换轮胎，特别是有类似气泡的凸起物，就表示该处的结构层已经断了、承受不起胎压而起泡，随时都可能有爆胎的情况发生。

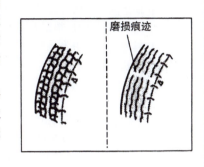

轮胎磨损不匀是否要紧？

胎面中央磨损较快说明胎压过高，两侧磨损较快说明胎压不足，如果左右磨损不平均，造成的原因是定位不准或是轮胎变形。这都会使轮胎抓地力受影响。单边磨耗太严重的会把轮胎内部的钢丝都磨出来，易发生爆胎事故。胎壁起泡或隆起说明轮胎缺气行驶，或者胶质老化，此时需换胎。在特定行车速度下车身会抖动，这说明轮胎不平衡，一般只要去轮胎店做轮胎平衡校正就能解决。如果出现行车方向不易控制或是车子斜着跑、直行时方向盘不正等现象，那就需要去做一下四轮定位。

为什么要给车轮做动平衡？

汽车的车轮是由轮胎、轮毂组成的一个整体。但由于制造上的原因，这个整体各部分的质量分布不可能非常均匀。当汽车车轮高速旋转起来后，就会形成动不平衡状态，造成车辆在行驶中车轮抖动、方向盘振动的现象。为了避免这种现象或是消除已经发生的这种现象，就要使车轮在动态情况下通过增加配重的方法，使车轮校正各边缘部分的平衡。这个校正的过程就是人们常说的动平衡。

怎样保养检查轮胎？为什么要定期给轮胎换位？

1）经常检查轮胎螺母是否丢失或松动。
2）检查轮胎气压是否符合规定，过高、过低都不安全。
3）仔细检查外胎有无裂纹、穿孔或其他伤痕。
4）定期实施轮胎换位可有效防止轮胎偏磨。汽车行驶一定里程后，应进行轮胎换位，汽车前轮轮胎一般比后轮轮胎磨损程度低。另外，汽车的左右轮胎的磨损情况也各不相同。为了使轮胎磨损均匀，延长轮胎的使用寿命，必须定期实施轮胎换位。具体方法见上页。
5）长途行驶需备一套轮胎修理工具，如撬胎棒、手锤、千斤顶、轮胎套筒扳手、气压表、补胎材料等。
6）长途行驶的车辆，在休息时，应注意检查各个轮胎的气压，还应检查轮胎螺母有无松动，轮胎花纹中有无石子和杂物，轮胎是否过热等。

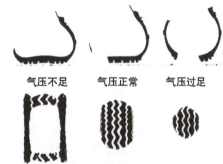

怎样驾驶才能不伤害轮胎？

1）汽车起步不可过猛，无论空、重车都应低速平稳起步。避免轮胎与地面拖曳，以减少胎面磨耗。

2）在良好路面上行驶，应保持直线前进，除会车和避让障碍物外，禁止左右摇摆和急剧转向，以防轮胎和轮辋之间产生横向的切割损伤轮胎。

3）车辆下长坡时应根据坡度大小、长度和道路情况，适当控制车速。在坡长、路陡、路况复杂的情况下，应挂档行驶，并利用轻微制动控制车速下坡，这样不但可以避免紧急制动，减少轮胎磨损，而且对安全行车也有保障。

4）车辆上坡时，应尽量及时换档，上坡时要保持车辆有适当的余力，不要等车停了再重新起步，以减少轮胎的磨损。

5）行车转弯应根据弯道情况控制车速，不要高速转弯，否则车辆产生较大的离心力，使车载货物倾斜，质心偏移一侧，单边轮胎超载拖曳，加速磨耗，同时还会使轮胎被轮辋横向切割，造成损坏。

6）在复杂情况下（会车、超车，通过城镇、交叉路口、铁路）行驶时，应掌握适当的行车速度，避免频繁制动和紧急制动，否则造成轮胎与地面之间的滑动摩擦，致使胎面严重磨损。

7）在不良道路上应减速行驶，并仔细观察，择路通过，通过后应停车检查双胎之间是否夹有石子，如有应及时排除。

8）车辆途中停车和到场停车，要养成安全滑行的停车习惯。在停车前要选择地面平整、干净和无油污的地面停放，每条轮胎都要平稳落地，尤其是车辆装载过夜，更应该注意选好停放地点，必要时将后轮顶起。

从哪知道轮胎的标准气压是多少？
怎样测量轮胎气压是否符合标准？

轮胎的标准气压在驾驶人这边的门上或门边上都有标注（另外这个标准值还可以在油箱盖上和说明书上找到）。这里要注意的是气压有不同的表示单位。就像表示重量有用千克的也有用市斤的一样，气压表上也有3或4种标示单位，如kg/cm^2、bar、PSI和kPa，它们之间的换算关系是这样的：

$1bar=1.02kgf/cm^2 =100kPa=14.5PSI$

车主不用管怎么去算，只要看气压表上指针指在哪个位置，这个位置是用什么单位来标示，然后看车辆对应的气压单位标准值是多少就可以。看看测量值和标准值之间有多少差异，如过高就放掉一些气，直到轮胎气压和标准气压吻合。如低于标准就需要补气。车主最好在车上配备车载式充气机，价格不高但非常实用。

为什么要往轮胎中加充氮气？
氮气可以防止爆胎吗？
氮气轮胎都有哪些好处？

氮气属于惰性气体，干燥洁净，渗透率低，广泛存于空气中。它不会因外界的温度变化而热胀冷缩。它的最大好处是还可以防止爆胎。

高速行车时轮胎不断地进行周向性伸缩，变形加大，磨损加剧，产生的高温会对高速行车造成一定的安全隐患。轮胎充上氮气后，胎压极其稳定，尤其是氮气遇热后膨胀系数低，渗透性低，不易漏气，即使轮胎发生破裂，它也不会一下子把气漏尽，从而降低了因为压力遇热增高而造成的爆胎概率，增加了车辆行驶的安全性。

另外，氮气轮胎还可以改善轮胎的吸振弹性，加强轮胎在转向、驱动或制动时的贴地性能，提高轮胎与地面的附着能力，使驾驶更操控自如。

由于氮气中没有氧气，不含水，不含油，因此它还可以延缓胎体橡胶的老化，提高轮胎的使用寿命。

由于氮气音传导率低，可以减少噪声，减少振动，使行车舒适宁静。

什么是轮胎升级？轮胎升级方式有哪些？

轮胎升级一般是指在车轮外径不变、不影响车轮正常运动的情况下，更换更宽或更高等级或更高性能的轮胎。轮胎升级方式主要有两种：

一是将轮胎尺寸升级，简单地说就是将轮胎胎面加宽，或轮胎内径加大，或两者同时进行。这种升级方式首先应保证轮胎外径变化不超过±3%，还应保证不低于原来的速度级别、承载指数和气压，并且保证轮胎转动空间。如果改装成扁平比在50以下的轮胎，还应适当调整悬架等减振系统。

二是选择与原配轮胎规格相同，但等级较高、性能较好的轮胎品牌。由于选择同尺寸轮胎，不需要更换轮辋，所以比较经济。

轮胎升级有哪些优点？

1）操控稳定性：在外径相同的情况下，加大轮胎内径，轮胎胎壁变薄，刚性提高；胎面加宽，接地面积增加，行驶更加稳定；方向盘路感增加，抓地力增加，提高了中高速的操控稳定性。

2）过弯能力增加：轮胎胎壁刚性提高，转弯支持力增加，因此过弯时轮胎的变形将会变小，车辆的循迹性会因此提升，因此在紧急事故的应变上也更显宽裕。

3）加速与制动效率：提高胎壁刚性，加速和制动时轮胎的变形小，可以更快地传送力量；同时由于胶料的不同，高性能轮胎有更好的抓地性能，制动距离及加速时间因而缩短，提供更快反应的驾驶体验。

4）安全：有了优异的操控稳定性和过弯能力，制动加速反应更加灵敏，轮胎升级让车主有更高的安全保障；同时选用铝合金轮毂，散热性能增强，可以让轮胎在长时间高速行驶后保持相当温度，降低爆胎概率。

5）外观：低扁平比的轮胎和式样新颖、颜色各异的铝合金轮毂，会使汽车看起来极富激情。

怎样计算升级轮胎的尺寸？升级轮胎要注意什么？

对想要做轮胎升级的车主来说，最重要的当然就是要确认自己轮胎可以升级到多大的规格。有一个最简单的原则，那就是升级之后的轮胎规格，整个直径与原先轮胎的直径之差必须控制在3%之内。

轮胎直径 = 轮辋直径（英寸）×25.4 + 轮胎高度（轮胎宽度 × 扁平比）×2。

若是以185/60 R14的规格为例，原先的轮胎直径尺寸如下：

轮辋直径：14×25.4=355.6（毫米）。

轮胎高度：185×60%=111（毫米）。

但是因为轮辋上下各有一胎高，所以要111×2=222（毫米）。

轮胎直径：355.6+222=577.6（毫米）。

如升级为195/50 R15这样的较大规格，可以吗？计算试试看：

轮辋直径：15×25.4=381（毫米）。

轮胎高度：195×50%=97.5（毫米）。

但是因为轮辋上下各有一胎高，所以要97.5×2=195（毫米）。

轮胎直径：381+195=576（毫米）。

与185/60R14规格轮胎的577.6毫米相比，差值仅在0.28%，可说是轮胎直径相当，升级没有问题。如果想升级为更宽的轮胎，如205/50 R15会如何呢？按最上面的公式计算试试看：

轮胎直径 =15×25.4 + 205×50% ×2=586（毫米）。

与185/60R14规格轮胎的577.6毫米相比，直径差值为8.4毫米，占原来直径的1.45%，还是在误差容许范围之内。但是因为直径变大了，整个轮胎的圆周也就变长了，因此车速表会变得不准，里程表也会跟着失准；而最重要的是，变宽之后的轮胎胎面在方向盘打到极左或极右的止点时，是否会顶到轮拱的内沿，如果情况严重，甚至会导致定位偏离及轮胎异常磨耗的现象，想要轮胎升级的车迷们千万要留意这一点。

什么是机油等级和机油黏度？怎样选择发动机机油？

机油等级： 只要满足车型使用说明书上要求的最低等级即可，您可根据自己的能力选择更高等级的机油。机油等级从低到高分为 E、F、G、H、J、L 等多个等级，厂家在说明书中一般要求最低等级，如一般汽车要求选用 SE 或 SF 级（其中 S 是指汽油发动机使用的机油），如果要求使用 SG 级别的机油，则一定要选用至少 SG 级的机油。如果实际使用机油的等级，没有说明书中要求得高，则在燃烧室内很容易形成较多的积炭，影响发动机性能的发挥，还会增加油耗。

机油黏度： 必须根据天气最低温度和最高温度来选择。如 10W-40 黏度的机油（W 代表冬天），代表它适应的最高温度为 40℃，最低温度为零下 20℃。在我国，除东北三省外，其他地区一般选用 10W-40 的机油即可全年适用。东北三省也可以根据温度变化选用，如即将进入冬天时再改用可以应付 -20℃ 以下温度的 5W-30 机油。

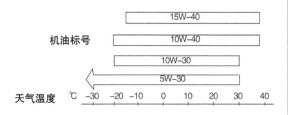

为什么排气管会有水排出？

汽油燃烧时会产生水蒸气，当水蒸气遇到温度低的排气管时，就会冷凝成水，因此排气管中有水滴出是正常的物理现象，只要发动机的其他性能正常，对此现象就不用担心。

由于汽车停放的倾斜角度不同，或发动机的转速不同，或天气温度不同，有时排气管会排出大量的水，这也是正常现象，不必惊慌，所有的发动机在运转时都可能会产生水。

一个气缸不工作，车还能开吗？

发动机有一个气缸不工作不会立即造成汽车停驶，因为还有其他缸可以工作，只是动力会有所下降。当然，这不是正常现象，需要送修。

现在为了节省燃油，一些多气缸的发动机还故意在不需要强大动力时关闭一些气缸呢。

怎样通过观察排气颜色判断发动机故障？

由发动机排放废气的颜色与状态可以掌握一辆车发动机运转的好坏。作为一位好车主，对自己车辆的排气颜色也要经常观察。

白烟： 如果发动机运转时排气管排出乳白色油雾，主要原因是燃油雾化不良，没有燃烧便从排气管排出，从而形成乳白色烟。在冬季发动机起动时较为常见，这是因为温度低，燃油雾化不良。通常在发动机起动后随发动机温度升高而消失。如果排气管排出大量水汽白烟，且排气管口有水珠，主要是冷却液窜入气缸或汽油中含有水分而形成的水蒸气所致。

蓝烟： 如果排气管在暖车行驶后排出的废气带点蓝色，或为青烟，则表示车辆有机油进入燃烧室燃烧，这是一种"吃"机油的病症，必须送回修理厂加以检修。这种问题不仅会发生在旧车上，新车若是机油添加过量，超过了上限，也会使过多的机油进入燃烧室燃烧而产生蓝色的废气。

黑烟： 如果排放的废气是黑色的，就说明汽油的混合比过浓。汽油混合比过浓，除了会污染空气以外，还伴随着油耗高、加速无力和发动机内部容易积炭等后果，必须尽快调整。

为什么冷车起动时发动机抖动？

冷车起动时发动机抖动的可能原因：

1）发动机机械故障。例如各气缸压力不均匀。
2）进气系统故障。例如进气管漏气、进气门及进气管积炭过多、节气门及进气管内壁污物过多等。
3）发动机管理系统故障。例如冷却液温度、进气温度信号不正确、线路故障等。
4）点火系统存在故障。例如火花塞积炭过多或间隙不对，高压线、分电器盖漏电，点火线圈损坏等。
5）供油系统故障。例如喷油器喷嘴内部胶质积炭过多造成喷嘴关闭不严或堵塞等。

如果发动机抖动现象会随着发动机温度上升而消失，则可能是火花塞积炭过多造成的，积炭随着进气量增大、温度升高被烧掉。

踩加速踏板有"噗噗"放炮声是怎么回事？

加速时听到排气管处有放炮的声音，一般是气缸内燃烧不完全的高温混合气排到排气管，而排气管的温度又非常高而且又有氧气，使排出的混合气燃烧"爆炸"。这种现象也称为回火。

导致回火现象的原因可能是氧传感器和空气流量计出现了问题，或者是喷油系统，如点火正时、喷油器、汽油滤清器、高压线等出现问题。

爆燃是什么意思？

汽油发动机的可燃混合气，开始由高压火花点燃。然后，燃烧的火焰以火花为中心，向外传播，将燃烧室混合气都引燃，这种燃烧过程为正常燃烧。如果在火焰还没有到达之前，其余混合气未被引燃就自行发火，这种燃烧叫爆燃，是不正常燃烧。它会在气缸内突然产生爆炸波，向四面冲击，使发动机的活塞、连杆、曲轴等发生强烈的振动，并伴有金属撞击声。

为什么搭电起动时要先接正极、后接负极？

如先接蓄电池的负极，那么在接正极时电路就通电了，此时会出现电火花现象，产生不安全因素。

如果后接蓄电池的负极，在连接过程中就不会出现电火花现象。另外，即使接通了，但你接触的是负极，相对要安全些，也不会产生漏电现象等。

抗磨剂和各种添加剂有用吗？
节油器、节油添加剂真有用吗？

不建议添加任何添加剂，包括各种抗磨剂等。润滑油出厂时已经按配方调和均衡了。额外添加提升某一性能的添加剂，会引起其他性能的下降，严重的会引起发动机损坏。

另外，市场上还有许多所谓的节油器和各种节油添加剂，它们都不会有任何省油的作用，不建议安装和添加。面对这类有"神奇作用"东西的最好办法就是视而不见。使用过这类东西的车主，一般都会说好，否则会显得自己有点做傻事了。

错加低标号汽油会怎样？

如果偶然加了比要求标号低的汽油，最大的隐患就是有可能产生爆燃，但不一定会发生，发动机在设计时都会考虑一定的"余量"。

如果长期使用低标号汽油，会对发动机造成危害。如果有条件的话，还是尽量按照厂家建议的标号加油。关于油品问题民间有各种说法，建议尽量在城区内或较为正规的加油站加油。

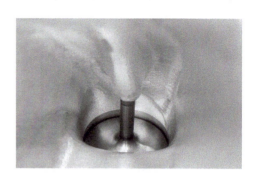

怎样清除发动机中的积炭？

过去许多汽修厂清除积炭普遍采用的方法还是把发动机拆卸后再进行清洗，这种做法有很多的弊端。现在只需要在油箱中按一定比例加入特殊的燃油系统清洗剂，就可以解决因积炭引起的各种问题。在使用这种产品清洗积炭后，应更换汽油滤清器。因为油箱和油管中的胶质物质和沉积物都积聚在此，如不及时更换，可能会造成供油不畅。

鉴于车辆发动机的质量水平以及使用情况的诸多不同，没有什么所谓的"积炭周期"之说。较好的车辆、较好的驾驶习惯和较好的使用保养，会让车辆永不积炭。平时多注意不要加劣质燃油，并及时到指定的维修服务站进行车辆保养就行了。

为什么发动机会产生积炭？

发动机产生积炭的主要原因如下：

1）燃油在储存、运输过程中发生氧化反应后，会生成胶状物质，其中的可溶胶质进入燃烧室和汽油一起燃烧后，就会在进气门、活塞顶部、活塞环槽、燃烧室、火花塞等部位形成许多坚硬的积炭。

2）发动机工作时，燃油或窜入燃烧室的润滑油也不可能百分之百燃烧，未燃烧的部分油料在高温和氧的催化作用下形成盐酸和树脂状的胶质，黏附在零件表面上，再经过高温作用进一步浓缩成沥青质和油焦质等复杂的混合物，也是所谓的积炭。

积炭的危害有很多，最主要的是降低发动机的动力性和经济性，甚至缩短发动机的使用寿命。

汽车"放炮"是怎么一回事？

一个最简单的说法就是，本来混合气应该在发动机气缸内部燃烧爆炸，可是却到了排气管处才被点燃。

为什么混合气会跑到发动机体外才被点燃呢？原因有很多，常见的有：混合气过浓，以至于在做功行程和排气行程中，燃油都没有被燃烧完而排出了机体；个别气缸压力太低，达不到燃烧条件，造成工作不良，甚至不工作，未燃烧的混合气被直接排出发动机；火花塞的高压火花弱，无法点燃混合气体；点火顺序错乱，不该点的跳了火，该点的却没跳火；点火时刻过迟，影响正常燃烧或不燃烧等，诸如此类的问题都使某缸的混合气或大部分的混合气没有在缸内燃烧掉。

燃烧不完全或未经燃烧的可燃混合气排入排气管道内（包括消声器、三元催化转化器），当遇到高温积炭处的火星或排气火焰时，便在排气系统内产生爆燃发出放炮声。可燃混合气在气缸内爆炸燃烧，通过很多道减振、消声处理以后，基本能达到有关的噪声法规的要求，甚至人耳已经听不出来。但是混合气在发动机体外的爆炸燃烧，绝对比爆竹厉害得多（一个小型的油气炸弹），严重时会使排气系统损坏。

为什么早晨起动时要尽量热车?

在车辆行驶之前,使发动机运转变暖的操作称为热车。对于轿车来说,是否需要热车,一直存在争议。但基本的看法是,在行车前最好能进行热车,就是在发动机起动后,以低速运转,使发动机机油泵将机油输送到各机油道中,以利于润滑。若没有这段热车时间使润滑油能充分、足量地送到发动机各油道中,则当发动机有重负荷时,如急加速等,发动机部件就无法得到有效的润滑,会使部分零件严重磨损。

如果没条件热车,那也最好在起步后前几千米先低速行驶,因为车的各个活动部分,特别是发动机的各个摩擦件大都为金属对金属,也有金属对橡胶或金属对塑料等情况。但无论什么材料,都不宜一下子就处于高速运动状态。当然,并不是说不暖机就一定会造成故障。

一般热车多长时间为宜?

热车时间不宜过长,否则,不仅会增加油耗,还会增大排放污染,因为怠速时的排放污染最严重。一般来讲,冬天机器较凉,热车时间可长些,但也应控制在两分钟内。其他季节视天气而定,如果是夏天,大约在30秒到1分钟即可。反正开车前您也要做些例行检查,利用这个时间热车,两不耽误。另外,即使已经热车了,最好也应缓慢起步,用低档慢速行驶,边走边热车。

实际油耗突然增大怎么办?

如果最近油耗突然增加不少,请按下列具体步骤检查:

1)回忆最近的驾驶风格是否有变化,如最近是否总是猛踩加速踏板或紧急制动较多,驾车时心情较为急躁等,都可能造成油耗增加,如果不是,那么进入下一步。

2)最近的行驶条件是否和平常不太一样,走市区内的拥堵路段是否多了,或者跑山路、坎坷道路是否多了,如果不是,那么进入下一步。

3)最近车辆是否总是人员满载,或者行李舱中装了整箱的矿泉水或其他重物,如果不是,请进入下一步。

4)检查四个轮胎气压是否过低,如果不是,那么请进4S店吧,可能是您的汽车发动机出了问题。

怎样根据汽车异味判断发动机故障?

烧焦橡胶味:可能是频繁紧急制动造成轮胎过热而发出的气味。

烧焦油味:或许是机油量太少或变速器液太少,以致变速器过热,机油滴在发动机最热的部分。

车中废气异味:可能是排气管破漏造成废气进入车内。

废气有臭味:如果废气的味道闻起来很刺鼻,可能是发动机的一氧化碳值调整不当,最好用仪器彻底检查一下。还有过脏或是品质不佳的机油、堵塞的空气滤芯或是气缸活塞环破裂等原因,也都可能使车辆冒出令人厌恶味道的废气。

烧焦塑胶味:多数是电器系统的电路短路造成的电线外皮烧焦所致。

车中汽油味:多数是由于油管或油路泄漏。

最后两种情况非常危险,有可能会造成汽车着火。

为什么发动机会有机油消耗？

机油对发动机而言，好比人体的血液，重要性不言而喻，发动机运转中机油不断被机油泵运送到发动机各部位，起润滑、清洁、散热等作用，再回收过滤后重复使用，看起来不应减少。但实际使用中，机油的确会减少。以下就是可能原因：

泄漏：此原因在泄漏处会湿润或滴油，容易发现。

发动机磨损消耗：发动机长期使用后，活塞环或气门油封会磨损导致机油进入发动机燃烧室内而被烧掉，严重时排气管会冒蓝烟。

新车磨合期：新车磨合期间，各零件间未完全磨合，导致间隙存在，使机油进入燃烧室消耗，此种情况在磨合期后会自动消失。磨合期间一般在半年或1.5万千米左右，也有可能更长或较短。

正常消耗：机油为一种流质液体，在长期高温下，小部分会蒸发成气体而消耗，另外，活塞环并非完美地密封，使用中小部分机油也会进入燃烧室消耗。一般每5000千米可能减少半升机油。

即使完全正常的发动机，或多或少也会消耗机油，因此车主定期检查机油尺高度是非常重要的。

为什么一些发动机比较费机油？

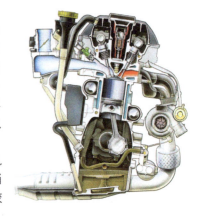

一些发动机的气缸壁在显微镜下呈现为网状形（一般看自然感觉是光滑的），这些细小的网孔都可以保存微量的机油，因此活塞在气缸中上下运行工作时就会比平面气缸壁的润滑性能更好，也就将活塞环和气缸壁之间的磨损降到了最低。所以一些车型在行驶了几十万千米后，其发动机气缸壁的磨损要比其他车型小许多，发动机仍然能保持良好的工作状况（主要指气缸压力）。

活塞做功（点火膨胀）下行时，气缸壁的细小网孔中残留的机油也会被燃烧掉一些。这种设计形式在欧洲国家使用时，其机油消耗量要比在我国使用少很多，原因是欧洲国家道路较好，跑高速较多，发动机在高转速条件下，网孔中的机油较少，烧掉的就少。

我国高速公路最高车速为120千米/小时，而在我国的大多数车辆都是在城市中行驶，城区车速能有40千米/小时就很不错了，加之路堵，长时间低速，每个路口的红灯等待，发动机过多时间处于怠速状态，这样的发动机工作环境，导致停留在气缸网孔的机油较多，消耗掉的机油也就多了。但从技术层面分析，这样的机油消耗正是对发动机气缸壁的一种有效保护。

针对一些汽车机油消耗量较大的最好解决办法就是勤检查机油，等机油消耗到一定程度就进行适当的补充，或者将原先换机油的里程适当缩短一些。随着汽车行驶里程的增加，气缸壁网状磨耗得较平滑时，烧机油的量就会越来越少。

什么是"烧机油"现象？为什么会"烧机油"？

所谓的"烧机油"，是指机油进入了发动机的燃烧室，与混合气一起参与了燃烧。一般有烧机油现象的车辆都会有不同程度的尾气冒蓝烟，机油消耗明显增加，较短的时间内就不得不补加机油。车辆出现烧机油现象，会导致燃烧室的积炭增加、汽车的经济性和动力性下降、尾气排放超标等不良后果。

气缸的密封性差是造成烧机油的主要原因。如果活塞与缸壁间的配合间隙过大、活塞环的安装不当或密封性变差，会导致缸壁上的机油进入燃烧室，从而引起烧机油现象。另外，气门密封圈密封性能差、曲轴箱通风阀损坏或曲轴箱通风口堵塞使曲轴箱内的压力过大，也会使机油随曲轴箱气体进入气缸参与燃烧。

对于一些老旧车出现烧机油现象是比较正常的，我们可以适当选用黏度稍大的机油来增加活塞、缸壁间的密封性。当然，解决烧机油的最终办法还是对车辆进行比较彻底的检修，从根本上解决问题。

错加柴油或汽油该如何处理？

出现这种失误，后果都很严重。由于汽油和柴油的燃烧方式不同，所以本应加汽油的汽车加柴油后对发动机影响很大，会出现抖车、尾气冒黑烟甚至无法打着火等现象。如果汽油车加了柴油而继续使用，会损坏整个油路系统乃至发动机，基本上就算报废了，更重要的是，这种损坏不在保险公司的理赔范围之内。

给汽车加错了油，如果发现时车还没有发动，要将加错的油抽出来，清洗油箱后重新换油。还有一种情况是车发动一段时间后才发现，这时要做的是马上把车拖到专业修理厂，让专业人士进行维护，把损失降到最低。

加错油属于常识性错误，但确实有此类事故发生，多是加油站员工粗心所致，之前就有加油站加错油花百万元买下车主大奔的新闻，大家到加油站加油时也得多个心眼，自己盯着点总没错。

汽车贴膜该注意什么？

1）为了确保施工质量，贴膜的作业场地应进行无尘化处理，严禁在路边施工。
2）注意对车身面漆的保护，贴膜时会用到各种工具，为了避免损坏行李舱面漆，应垫铺一块大毛巾。
3）贴膜应贴于玻璃的内侧，不能贴于外侧。
4）贴膜前车窗玻璃必须绝对清洁，要用清水反复清洗，如果玻璃上留有粉尘，会影响贴膜的黏附力和透视度。
5）贴膜时应该彻底去除太阳膜内的气泡，为了避免刮刀损伤膜表面，需在表面喷洒适量清水。
6）贴膜贴于曲面的前后风窗玻璃上技术要求很高，曲面的预定型一般是利用该前后风窗玻璃为模型，对贴膜进行加热预定型，否则便无法将膜贴牢固。
7）选择高品质的车膜。

手工洗车要注意些什么？

1）不要一桶水用到底，因为洗车水中携带的沙砾被擦车布裹挟到车漆表面，而沙砾反复摩擦是车漆的大敌，不需要太多的时间，车身就会出现细小的划痕、失去光泽甚至褪色。
2）不要用同一个抹布擦全车身。车身不同部位要用不同的抹布，否则抹布上如果带有颗粒类的泥土或沙砾，会损害车身漆面。
3）不要用对车身、塑料及橡胶有腐蚀作用的洗涤剂清洗车辆，否则会对车辆内部的密封圈、管路和轮胎造成腐蚀。
4）在水量不足时不要去擦污物，否则容易弄伤漆面。

为什么空调会有异味？怎样除去空调异味？

空调是个空气流通的装置，吸收外面的热空气，经过降温后再吹向驾驶室。因此，空调中难免会进入些灰尘等污物，虽然有空调滤芯，但总有细小的灰尘进入空调内部。另外，空调内部基本是个低温潮湿的地方，时间一长，黏附在空调内部的污物就会发生霉变，其中有些霉变会产生令人厌恶的怪味、臭味和馊味，有的还会刺激并引发驾乘人员的某些疾病，如过敏性鼻炎、过敏性哮喘等。

解决办法是，先用高压气枪从里到外吹空调的散热器，然后再用洗车的水枪冲洗散热器，更换空调滤芯。如果还有异味，可先打开车窗，让空调运转，并开高风档，让车内充分地通风，把异味吹掉。如果还不如意，可使用空调器除臭剂，开空调内循环，喷向空调进风口处，也就是前排乘员搁脚位置的上方。

9.6 怎样驾驶更节能？

汽车始终开前照灯是否增大耗油量？

汽车前照灯打开时确实需要消耗一定的燃油。汽车前照灯所用的电虽然来自蓄电池，但蓄电池的电也是发动机带动发电机而得来的，发电机发电需要消耗发动机的一部分功率（就像汽车开空调对发动机的影响是一样的）。如果把发动机所带的附件去掉，如去掉发电机、空调和风扇等，汽车所得到的功率会大得多，但大多数附件是对汽车正常运转所必需的，所以发动机必须牺牲部分功率来维持它们的运转。

由于汽车前照灯的功率较小，虽然打开前照灯对汽车耗油量有影响，但其影响几乎可以忽略不计。

为什么超高速行驶时耗油量比较高？

空气阻力的计算方式可以简化为：空气阻力 = 空气阻力系数 × 车速平方。就是说，空气阻力与车速的平方成正比。如果车速 40 千米/小时时它所受空气阻力是 1 倍，那么当它加速到车速 80 千米/小时和 120 千米/小时时，空气阻力则分别增加到 4 和 9 倍。毫无疑问，用来克服空气阻力的燃油消耗量也会大幅增加。

实验证明，当车速在 60 千米/小时以下时，空气阻力的影响不大，但是随着速度增加，空气阻力迅猛上升，车速 120 千米/小时时就消耗了总功率的 60%，如果超过了 120 千米/小时，还要增大，空气阻力最高可以消耗掉总功率的 80%。现在大家可以明白降低空气阻力的方法了吧？那就是不要跑高速，或者选择空气阻力系数低的车型。

为什么匀速行驶可降低耗油量？

汽车行驶中如果加速度较大，汽车需要克服的加速阻力就大，就需要更多的燃油消耗量。

加速度是指车速变化的速度，如果踩着加速踏板不动，汽车车速不变，就没有加速度，也就没有加速阻力。加速踏板踩得快，加速度就大，加速阻力就大；加速踏板踩得慢，加速度就小，加速阻力就小。

降低加速阻力的驾驶操作方式可以归纳为：少踩加速踏板、缓踩加速踏板、及时换档，实际上就是"尽量保持匀加速"。

如果是等速行驶，加速度就是"零"，那么就没有加速阻力。常见到汽车的理论耗油量用 90 千米/小时等速耗油量来表示，为什么？因为这个时候汽车不需要克服加速阻力，所以测量出来的耗油量当然较小。

为什么采用高档位行车可省油？

当发动机转速一定时，燃油的喷射速度是一样的，使用不同的档位，其车速会不同，最后平均下来的百千米耗油量则会不同。在相同时间内，发动机所消耗的燃油是一样的，但高档位高车速，行驶里程较长，它的百千米耗油量就会较低；低档位时低车速，行驶里程较短，最后平均下来的百千米耗油量就较高。

档位要合适，尽量就高不就低。举个简单的例子，你以同样的车速行驶，比如车速80千米/小时，你可以3档、大节气门开度前进，也可以4档、小节气门开度行驶。你说哪个更省油？

但是并不是说只要高档位就一定省油。这里要避免拖档行驶的现象。拖档就是驱动力小于行驶阻力时，如不及时降档，发动机就会产生不稳定的工作状态，这种现象称为拖档。它往往就是因为档位太高造成的，出现这种现象时发动机和传动系统的损害较大。

为什么少踩制动踏板可以省油？

踩制动踏板是一种被迫动作，不踩就可能会出事故。但每踩一脚制动踏板，都会把消耗燃油所做的功给舍弃掉，等同于在浪费燃油。在一次省油赛中，最后的冠军在谈论驾驶经验时，他说只有一个原则：尽量别让自己踩制动踏板，或者说不给自己踩制动踏板的机会。

那么，怎样才能少踩制动踏板？如有人快到路口了，明明前面已是红灯了，他还在加油加速，急急地跑到路口，然后一脚把制动踏板踩死，不仅坐在车上的人会感觉不舒服，而且还容易追尾，你刚才加速时消耗的燃油也被白白浪费掉了，可谓是既费油又不安全。

燃油报警灯亮后你还能走多远？

为了避免因油箱干涸造成路上抛锚，或造成油泵（油泵都是设在油箱中）因缺油而烧损，我们最好是赶在燃油报警灯亮之前去加油站。然而，有时并不能保证自己一定能赶在燃油报警灯报警前路过加油站，因此我们时常会看到黄色的燃油报警灯出现。这个时候，你最好明白你的车还能行驶多远，以便做好行驶计划。

一般来讲，当燃油报警灯亮时，你的车辆大概还能行驶50千米左右，有的更多些，如60千米或70千米。这个数据一般可从车主手册中找到。值得注意的是，这个里程数的得来有两种方法，一是当油箱中剩余一定燃油时（如6升），燃油报警灯就会报警；二是按此前最后一段行驶里程（如30千米）的平均耗油量，计算出油箱中还剩下可行驶50千米或60千米的燃油时，燃油报警灯便会报警。

怎样驾驶更节能？

1）确保轮胎气压正确。气不足或过多，都会增加耗油量，因此应该定时检查轮胎气压。

2）不要随意更换轮胎的大小。选择更宽的轮胎或许让你的车辆看来更有跑车味，但轮胎越宽，车轮阻力越大。除非你真的很需要那额外的抓地能力，否则你只是在白白浪费汽油钱。

3）好好保养发动机，有问题立刻修好它。因为不论问题大小，它们都会降低发动机的工作效率，浪费你的汽油。

4）车身上尽量少装华而不实的装饰品，它也会增加阻力。

5）不要热车过度。有些车主喜欢在早上开车前，先起动发动机让它热一热后才上路，这是个好习惯。但如果热车时间太长，那只会浪费燃油。也可以先让车子慢慢行驶一两千米来达到热车的效果。

6）如果你需要在车上等一段时间，就把发动机关掉。

7）不要猛踩加速踏板来加速。这只会大大增加耗油量，还可能欲速则不达而出现事故。

8）什么速度就换什么档。在低档行车太久只会让发动机嗓门儿变粗，不会提高速度。

9）对一般轿车而言，70~90千米/小时是最省油的速度。你可以选择适当车速，既不太低，也不超过公路限速，这样既安全又省油。

10）清理你的行李舱。

11）弄清行车路线后再上路，实在不行先打个电话问清楚。冤枉路只能让你多花冤枉钱。

第 10 章 赛车运动

10.1 赛车常识

国际汽车联合会（FIA）是什么组织？

国际汽车联合会（英文简称 FIA，中文简称国际汽联）于 1904 年 6 月 20 日成立，由法国、英国、德国和比利时等几个欧洲国家发起，现在总部设在巴黎。

FIA 是一个非营利性组织，代表五大洲的 132 个国家的 221 个国家级汽车驾驶组织，是所有国际级四轮汽车运动规则的制定者和管理者，包括一级方程式世界锦标赛（F1）、世界汽车拉力锦标赛（WRC）等。FIA 根据各国的申请，每年在世界上约 80 个国家安排近 800 场各类汽车比赛。FIA 的官方语言为法语和英语。

为什么赛车手套不能用真皮制作？

赛车用手套与一般手套完全不一样，它是由柔软的防火材料制成的，戴在手上仍然能有不错的触觉，从而能无拘无束地准确操纵赛车，且手掌上有防滑表面。

至于真皮制的手套则绝对不能用在赛车上，因为真皮手套着火后会粘在手上，造成脱不掉的危险。

赛车服要符合什么要求？

赛车服为连身服装，有单层也有双层，但不是一般化纤尼龙材质，而是由特殊的防火布缝制而成，重量并不轻。在国际大赛上，赛车服必须经国际汽联（FIA）认可，确保安全无误后才能准许赛车手穿着。服装上还必须在左胸前标明车手的姓名、血型等，规定甚严。凡通过 FIA 检验合格的赛车服都会有识别标示。

防火布制成的赛车服虽然防火，但并不表示永远烧不起来。按照 FIA 的标准，一个装备齐全的车手必须在 700℃ 的火焰中待 12 秒钟而不被烧伤，以便让车手自己逃生。但超过这个期限后，车手就有被烧伤的危险。

为什么赛车手要戴护颈？

护颈是拉力赛车手常用的装备，因为车子在起伏不定的路面上行驶，车手坐在里面，在剧烈晃动下很容易将颈部扭伤。如果在脖子上套一个环形的护颈，则可减少头部晃动的机会和幅度，从而防止因车身剧烈的起伏摇摆而扭伤颈部。

汽车比赛旗帜都是什么含义？

在正式汽车比赛中，不管是什么级别、类型的汽车比赛，其指挥旗帜的规格、大小、颜色和含义都基本一致，因为这都是由国际汽联统一规定的，在全世界通行。它们的具体含义如下：

棋格旗

比赛正式结束。

在F1比赛中，当第一名通过终点时，即开始挥动此旗，而后对每个通过终点线的车手都挥动棋格旗。

红旗

因故中断比赛。

绿旗

危险已排除，一切恢复正常。

蓝旗

静止不动——有车紧随你后面可能要超车，注意。

向你挥动——后面紧随的赛车要超车，请你尽快让车，否则将受到"时间处罚"。

黄旗

静止不动——前面危险，车手不要加速，此时禁止超车，并做好避让的准备。

挥动——前面非常危险，车手应减速，并做好随时停车的准备。

红黄条旗

静止不动——赛道滑，注意安全。

挥动——前方路面很滑，车手应采取防滑措施。

白旗

前面有非常慢的车辆，如救护车、安全车或故障车。

黑旗 + 车号

此车号的车手必须进入维修站，或停在维修站不要动，也就是要他停止比赛。

黑底橘红点旗 + 车号

此车号的赛车出现了可能危害本人或他人的机械故障，必须返回维修站。当机械故障修复后还可以重新加入比赛。

黑白对角旗 + 车号

此车号的车手因违反体育道德而给予警告，如故意阻挡后方车手超车、有故意危险行为等。如再有类似行为，将可能被出示黑旗。

怎样保证赛车手的安全？

赛车风驰电掣，你争我抢，其安全防护问题也就成了这项充满刺激、惊险的运动关键所在。我们平时在电视里看到的赛车，有的撞得人仰马翻、全身稀烂，有的甚至冲出好几米，有的还在着火，但车手却能从车里安然无恙地爬出来。这是因为赛车组织者把车手和观众的安全放在第一位，从参赛车手到车辆都有一套相应的安全防护措施。赛车除要进行安全改装外，还必须符合国际汽联的有关标准，车的性能和标准都要过关。参赛选手必须技术精良、身体健康。车手必须无条件地听从指挥，看准旗帜摆动和其他警示。车手还必须戴安全头盔、系安全带、穿防火服，车上必备防火材料、灭火器、安全防滚杆及防止车手甩出车外的装置。赛道与护栏之间设有缓冲区，万一赛车滑离车道，汽车就可以在撞上护栏前减速。护栏外边还有一圈高高的围栏，可以避免观众在发生撞车时被飞来的碎片击伤。

赛车手的安全头盔是什么样的？

安全头盔是保护车手头部的重要装备，尤其在激烈的比赛中缺之不得。安全头盔在国际大赛中也必须经过国际汽联的检验认可后方能用于比赛。

用于赛场上的安全头盔有全覆式和半覆式两种。基本上全覆式的安全头盔对面部的保护效果大，可防止在高速撞击下伤及鼻子、下巴及牙齿，F1车手全部使用这种头盔。而拉力赛车手为方便喝水或做其他事情，因此使用半覆式安全头盔者较多。

赛车鞋必须符合什么要求？

在驾车中，脚是不断工作的，无论是制动踏板、加速踏板的收放，还是离合器的离合，脚都必须非常灵敏地控制每个踏板，稍有疏忽便会产生失控的危险。因此赛车鞋也必须符合激烈比赛的要求。

赛车鞋同样是由防火材料制成的，高筒、薄底、柔软，让脚产生最大的灵活度，对踏板的感觉更明显。为了防滑，鞋底用一种高级防滑橡胶制成。

为什么赛车手要戴防火面罩？

防火面罩是保护面部的装备，因为无论是半覆式或全覆式的头盔，都不能完全保护面部不被火灼伤，而防火面罩则可以包住安全头盔挡不到的部位，减低被火烧伤的可能。在国际大赛中几乎都少不了这项装备。防火面罩当然是由高级、轻质、柔软、舒服的防火面料制成的。

赛车座椅为什么要设计成桶形？

赛车座椅一般都为桶形，座椅两边特别高，有点像是婴儿座椅，这主要是为了保证赛车在快速过弯时车手身体发生倾斜时能提供较好的腰部支撑，使赛车手不至于左右滑动，使车手能更准确地操控车辆。

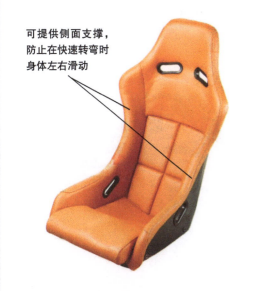

可提供侧面支撑，防止在快速转弯时身体左右滑动

为什么赛车必须安装自动断油装置？

根据FIA的规定，赛车必须安装自动断油（Automatic fuel cut-off）装置。该装置直接装在油箱上，当赛车发生事故或燃油系统发生破裂泄漏时，它能自动关闭所有的油路，确保赛车安全。

后燃现象是怎样产生的？

在电视上看一些汽车大赛，发现赛车尾部有时火花一片，像是"喷火"。这是因为有少量汽油在发动机气缸内未完全燃烧就排放到排气管，而赛车因长时间高速运行，排气管温度很高，从而再次点燃那些未燃烧的余油，自然就会冒出火星，甚至发出火光。这种现象就叫后燃现象。

赛车安全带有什么特别要求？

轿车的安全带一般都是斜拉三点式的，有预拉紧装置。正常行驶状态下可以很轻松地拉在乘员的前胸和腹部，避免造成乘员身体不适。只有在遇到紧急制动或车身剧烈振动的时候，才会自动拉紧，将乘员固定在座位上，不至于撞到前风窗玻璃。

而赛车安全带则为双肩式固定，两条肩带、两条腰带，加上一条下摆带，以五点式固定，非常像日常旅游时背的双肩式登山包。安全带的长短是事先根据车手坐在座椅上的尺寸调好的，基本上不再调节，也没有预拉紧装置。

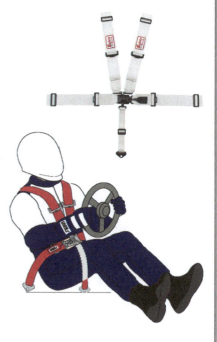

选手系好这种安全带后，与其说是系，不如说是被绑在座椅上的。这样一来，一是可以在车辆遭受翻滚或滑动时，车手不会因剧烈晃动而产生位移而导致身体伤害；二是车手通过座椅与车身更加紧密地结合到一起，更能够感受到车辆的动态，即达到常说的"人车合一"的状态，以便更有效地操控赛车。

赛车安全带有快速解锁装置，如有意外，扳动胸前的释放钮，原来缠满全身、五花大绑似的几根安全带瞬间便会分散开，便于车手及时逃生。

赛车安全带也是由国际上几家著名品牌厂商制造的，一般厂商或个人是不允许制造的。每年在FIA也会出一个目录，上目录的安全带才可以用在赛车上。

为什么赛车要加装防滚架？它是怎样制作的？

赛车防滚架是一种在车辆碰撞或翻滚时用于防止车体严重变形的结构，从而保护车手安全。它由无缝碳素钢管焊制而成。如果去掉车身外壳，所看见的就是一个由数根钢管搭建的金属笼子。在防滚架的保护下，即使车辆打几个滚，造成车身外形惨不忍睹，但由于驾驶室不会变形，那么车内车手也会安然无恙。

另外，防滚架还有个保证车身刚性的好处。没有装防滚架的车辆就好像是一个盒子，在激烈操控的时候很容易发生扭曲变形，而防滚架撑起的骨架比车厢坚固得多，即使车辆剧烈颠簸，但地面的冲击力都会通过防滚架进行分散，从而可以保证车身拥有较强的刚性。

10.2 F1 大奖赛

为什么称"方程式"赛车？还有哪些"方程式"赛车？

从 1894 年举行首次汽车比赛到 1900 年间，一直没有"方程式"（Formula）一词。那时比赛非常简单，只是按汽油机汽车与蒸汽机汽车分类，或者按座位数分类。当时赛车至少有两个座位，因为必须有一位"副驾驶"专门观看左右及后面来车情况，及时提醒车手有人要超车了。一直到 20 世纪 20 年代末发明了后视镜，单座汽车才开始出现。

FIA 于 1904 年成立后，为确保车手及观众的安全，一直致力于规范汽车比赛，指导赛车朝有利于道路汽车技术进步的方向发展，并在漫长的汽车运动史上多次修订赛车规则。1904 年，FIA 首次将大型车叫"方程式"赛车，以区别于小型赛车。实际上，"方程式"相当于"比赛规则"的意义。

1907—1939 年，每种可能的规则或"方程式"都试过，最小重量、最大重量、燃料消耗、气缸口径等都限制过。但自 1939 年后，最常使用的"方程式"才是与现代方程式一样限制发动机排气量。但第一次出现"一级方程式"（Formula One）却是在 1950 年，FIA 将这年 5 月 13 日在英国银石赛道举行的英国大奖赛命名为 FIA 一级方程式世界汽车赛。

除了一级方程式 F1 之外，还有二级方程式 F2、三级方程式 F3、方程式 3000（已更名为 GP2）等，也都是 FIA 对于不同等级赛车所做的规范，只不过这几种赛事的性能等级较 F1 来得低。

什么是 F1？现在的 F1 是怎样的？

F1 是 Formula One 的缩写，即一级方程式。F1 是一套专为单座位赛车所设立的技术规则，由 FIA 每年修订一次，其中详尽规范了赛车尺寸、发动机容积，什么是可以采用或什么是不能采用的技术等所有的条列式规范。以车手的安全为赛车制造的依据，而依照一级方程式这个规范所生产出来的赛车就是一级方程式赛车。

F1 每年在世界各地举行 17~18 场分站比赛，最终积分最高者为冠军，并设车队和车手两项冠军。

F1 大赛每年赛季中共吸引 50 多亿次电视观众，并有来自 60 多个国家的 600 多名记者到现场采访。

F1 赛车的技术规则几乎每年都有新变化。2023 年赛季，F1 赛车发动机最大排量为 2.4 升，车体重量加上车手体重及比赛装备，但不包括燃油，总重量不准小于 798 千克；2024 年赛季，发动机最大排量调整到 2.5 升，车体总重不小于 796 千克。

F1 车手必须持有 FIA 签发的"超级驾驶证"方能参赛。

为什么 F1 赛车不是全封闭式车身？

全封闭式车身也不是最安全的，如果防护不当，它不一定有 F1 赛车那样的敞开式车身安全。公路上车毁人亡的几乎都是全封闭式汽车。F1 赛事组织者对 F1 赛车的安全性有严格的要求，实际上有关 F1 赛车的技术规则，几乎都是出于对安全性的考虑。

对 F1 赛车的技术与设计要求主要有哪些？

F1 赛车严格遵循国际汽联（FIA）制定的技术规则，而且此技术规则每个赛季都会有变化。对 F1 赛车的技术与设计要求主要包括：

1）驾驶舱采用单体壳式设计，可以最大限度地保护车手的安全。车手以半躺式姿势驾驶。由于驾驶舱狭窄，车手进出赛车时必须把方向盘摘下来。

2）车身采用开放式单座设计，底盘与车身极低，前翼和尾翼都非常宽大，车身上装有丰富的高性能空气动力学套件。

3）现代 F1 赛车采用涡轮增压发动机混合动力系统，包括内燃机、电动发电机单元（MGU-K）、热能回收系统（MGU-H）、能量存储单元（ERS）和动力电池等，并且需满足严格的燃油效率和排放标准。

4）赛车轮胎由独家供应商（目前为倍耐力）提供，采用专用光头轮胎，并分为干胎（硬、中、软等多种配方）和雨胎（半雨胎和全雨胎）。

F1 积分怎么计算？

每站比赛中，车手按名次获得的积分如下：
第一名：25分
第二名：18分
第三名：15分
第四名：12分
第五名：10分
第六名：8分
第七名：6分
第八名：4分
第九名：2分
第十名：1分

将车手在全年比赛中的所有得分加起来，就是年度总得分，最后得分最高者就是冠军；车队积分也是如此，积分最多的车队可获得年度车队冠军。

为什么F1轮胎都很厚，扁一点不是操控性更好吗？

F1 赛车采用较厚的轮胎有多种原因：

1）F1 赛车在加速和制动时候的所承受的作用力要比普通轿车大上数倍，因此轮胎需要承受更大的热量和变形量，加大轮胎的厚度也就更加有利于提高轮胎的强度来抵抗更大的作用力冲击，而 F1 轮胎讲究最大的抓地力和相对较高的工作温度，因此橡胶单位体积密度低，考虑到磨损等因素，厚度也就被加大。

2）F1 轮胎在比赛中要承受高强度工作，随着轮胎温度升高，胎压也会发生变化，轮胎内部的惰性气体压力只是普通轿车的 1/2，大约 0.11 兆帕，在这样的低胎压下，低扁平比轮胎是无法保证轮胎与地面保持正常附着力系数的，在过弯时会因为胎压过低而导致轮毂与高扁平比（低扁平率）轮胎脱离。

3）F1 赛车在比赛中所形成的空气动力学是影响轮胎的另一个重要因素，在弯路和直路上，赛车所造就的下压力可能相差几百千克，因此轮胎必须快速适应并调整自己的承载状态，只有足够高的胎壁才能通过轮胎的变形更好地缓解这一压力。

4）F1 赛车悬架几何角度的可变程度非常低，因此需要轮胎来承受一部分本该由悬架负责的伸缩行程和几何角变量，在普通轿车上，轮胎需要为悬架分担的变形量大约只有 10%，而 F1 赛车则可以达到 30%~40%。

5）为了提高弯路抓地性能，在弯中悬架会对轮胎形成强力压迫，将轮胎的平行圆心直径延长，形成某种不易被察觉的椭圆形，同时通过对胎壁的压迫，让胎壁产生变形，让其部分胎壁变成暂时性的胎面，也参与到弯路中的抓地工作中去，这也是低扁平比跑车轮胎所不可能做到的。

F1车手要具备什么样的身体条件？
F1赛车的最高车速是多少？

不要以为一级方程式赛车是一辆很容易驾驶的赛车。听来容易，但是真的要驾驶就没有那么轻松了。一个其他级别的赛车手第一次驾驶一级方程式赛车时感到最大不同的是碳素制动系统产生的强大制动力和随之而来的减速 g（重力加速度）。用他们的话来说："内脏要从嘴里喷出来。"另外，转弯时从侧面而来的横向 g 也是极其强烈的。要成为一级方程式赛车手的另一条件就是拥有强有力的颈部肌肉。

由于 F1 大赛要求车手有强壮的身体和足够的耐力，因此他们的食谱必须科学合理。在 F1 大奖赛中，车手承受因加速、减速和离心作用所引起的巨大作用力以及由振动、噪声和高温所带来的影响。在高速转弯时，头部和头盔的重量可增加到原来的 4 倍。在 200 千米/小时的速度下，要转动方向盘需要 200 牛顿的力量，稍微不慎，手指会受到挫伤。比赛中紧张而激动的情绪使车手的脉搏跳动可达到每分钟 140~160 次，而且要持续至少 2 小时。据测定，一个车手在 2 小时的大奖赛中要消耗 3 千克体重，比参加世界级网球赛的运动员在同一时间内还多消耗 1 千克体重。

F1 赛车的最高车速（一般是在直道上）通常可以达到 350~360 千米/小时，如为 F1 赛车加上一个翅膀，它可以起飞。因此，F1 车手有时处于一种类似失重的状态，而在此时他还必须做出各种操纵动作，稍有闪失便会车毁人亡。

除此之外，一名一流的赛车手要具备一流的心肺能力、耐力和自我调整的能力。当然，一般一级方程式车手的体型都比较小，因为他们所坐的赛车要求尽可能地节省空间给其他部件。

为什么 F1 不漂移过弯？

比赛中很少看到 F1 赛车漂移过弯，但这并不代表 F1 赛车不能漂移过弯，而是主要有 4 大原因导致 F1 不利用漂移的方法过弯：

1）F1 的轮胎非常重要，如果要使用漂移动作过弯，那么对轮胎的摩擦特别严重，会增加更换轮胎的次数，从而影响成绩。

2）F1 赛车功率太强大，车轮一旦产生侧滑，转向就很难控制，车身姿态也很难再调整过来，或者说 F1 赛车的漂移动作更难完成。

3）在正常路面上，漂移过弯法不如让赛车在极限边缘走正确的行车线更快。

4）F1 赛车在弯道上超车的可能性最大，在直道上很难超车，因此，在弯道上一般都是多车行驶，如果有车在弯道上漂移，很容易发生撞车事故。

10.3 拉力赛

什么是拉力赛？
有哪些著名拉力赛事？

拉力赛（Rally）是指按规定的平均速度，在完全或部分对普通交通开放的道路上进行的一项赛事。比赛路线由若干个特别路段及若干个行驶路段组成，所有参赛车手必须按照规定到每个预定地点集结。每辆赛车组由 1 名车手及 1 名领航员组成。以在特殊路段的比赛用时及在行驶路段和其他受罚时间相加来最终确定比赛成绩，时间最少者为冠军。

主要拉力赛事有：世界拉力锦标赛、欧洲拉力锦标赛、非洲拉力锦标赛、中东拉力锦标赛、亚太拉力锦标赛和亚洲区拉力锦标赛等。

"拉力"是什么意思？

1911 年，摩洛哥首次举行从欧洲 10 国首都到该国城市蒙特卡洛的长途汽车越野赛。这次比赛以 Rally（意为集中、集合）命名，从此 Rally 就成了汽车长途越野赛的新名。

Rally 音译为"拉力"，无论是读音还是含义都较贴切。

拉力赛是一种道路条件差、行驶环境恶劣的长距离高速汽车竞赛。车手只有历尽艰辛、长途跋涉才能到达终点，是技能和意志的双重考验。

什么是拉力赛特殊路段？

特殊路段（Special Stage）是拉力赛中最重要的比赛场地，它是全封闭的、禁止其他车辆和人员进入的比赛路段，在特殊路段的计时可精确到秒甚至 1/10 秒。在特殊路段车手必须戴安全头盔、穿比赛服、系安全带。在特殊路段上，赛车禁止反方向行驶。特殊路段上的最高平均车速规定一般不超过 110 千米/小时（允许误差 20%）。总的特殊路段里程一般不超过 400 千米（允许误差 5%）。

什么是拉力赛行驶路段？

在拉力赛中，连接两个连续时间控制点的路线，称为行驶路段（Road Section）。在行驶路段上不是比谁跑得快，而是比谁跑得"准"，迟到或提前都会受罚（罚时间），从而影响比赛成绩。为了使赛车准时到达，"路书"上明确标有各个行驶路段的平均车速。

拉力赛车有什么要求？

根据 FIA 的有关规定，参加拉力赛的汽车主要由 A 组及 N 组车改装而成。

A 组赛车：A 组赛车的产量要求在连续 12 个月内不少于 2500 辆，同时车内座位不少于 4 个。它们可以进行较大幅度的改装，如采用较大的制动器，加强悬架系统及更换变速器等。

N 组赛车：除产量与 A 组赛车要求一致外，只允许加强赛车的安全性，例如悬架系统、轮胎等，不可以将功率加大，也就是说发动机部分不允许改装。这类车更接近于出售的普通汽车，但其性能更优越。

现在参加世界拉力锦标赛的赛车有雪铁龙赛纳 WRC、福特福克斯、三菱蓝瑟翼豪陆神、标致 307CC WRC、斯柯达晶锐 WRC 等赛车。

什么是拉力赛超级特殊路段？

专为现场观众欣赏或新闻媒体摄像、摄影而设置的特殊路段，称为超级特殊路段（Super Special Stage）。在超级特殊路段上，为了提高观赏性，组织者可以选择让数辆赛车同时出发。超级特殊路段的长度在 1.5~5 千米。

什么是世界拉力锦标赛？
世界拉力锦标赛有什么特色？

世界拉力锦标赛（World Rally Championship），简称 WRC，是由 FIA 组织的拉力汽车巡回赛，每年在世界各地举办 14 场分站比赛，主要是 A 组及 N 组赛车参加。赛季分为两部分，在上半年度赛季结束之后，会经过约一个月的休息之后再进行下半年度赛季。分站前 8 名得分，冠军得 10 分，第二名到第八名依次为 8 分、6 分、5 分、4 分、3 分、2 分、1 分。将每分站的得分相加，分数最高的 A 组车队或车手即为当年度世界拉力锦标赛总冠军。将车队名下车手积分相加，即为车队积分。

WRC 的比赛方式很特别，一场分站比赛要跑三天，总比赛里程有时会长达 1500 千米。由于赛道是由普通的道路组成的，所以不像封闭赛车场是一路跑完的，WRC 赛道通常是由分布在一个地区的许多段道路组成，赛车必须跑完一段赛道后再开往下一段赛道进行比赛，如此一天跑个几段，连续跑三天才算跑完比赛。

一般道路不像赛车场的跑道宽敞，再加上会有前车烟雾的影响，因此 WRC 比赛是采取每隔几分钟一车一车逐一出发的比赛方式，所以不会有一般赛车场的两车追逐镜头（除非有人落后了），比赛是以各车完成各段比赛的时间总和论胜负。

WRC 的参赛车可说是所有赛车种类中最严苛、也最接近真实世界的赛车，因为所有参赛车辆都是以市售量产车为基础研发改装而成的，赛道都是由各主办国提供国内的公路所组成的——瑞典的冰天雪地、阿根廷的恶劣山路、西班牙的高速道路、新西兰的草原、非洲肯尼亚的原野，并在雨林泥泞、雪地、沙漠及蜿蜒山路等全球各地最具代表性险恶路段的道路中进行，全都是真实世界的道路，几乎可以说"只要有路的地方，WRC 就能比赛"。

什么是拉力赛路书？

所有参加拉力赛的车队都会得到拉力赛用路书（Road book），此书详细介绍比赛中必须行走的路线。任何偏离路线的举动都可能造成取消比赛资格的后果。车队必须绝对按路书中的线路行走，并且必须在组委会设立的服务区内停留，除非组委会认为有不可抗力。

怎样才能成为拉力赛车手？

要想成为一名拉力赛车手，必须经过以下步骤：
1）考取普通驾驶执照。
2）考取赛车执照。
3）从场地赛开始熟悉汽车比赛。
4）参加短道赛。

在中国，必须经过中国汽车运动联合会（简称中汽联）指定的培训才可以获得赛车执照，之后可以参加一些低烈度的比赛，慢慢积累经验，然后才进入全国拉力赛，成为一名真正的拉力赛车手。

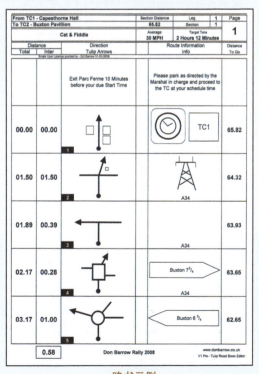

路书示例

拉力赛领航员起什么作用？

在拉力赛中，每辆赛车由两人共同驾驶，一名是真正的车手，而另一位则是领航员，也叫"副车手"。

领航员最重要的工作就是看路书，根据道路的不同，如岔口、弯道、距离、路面等，提出不同的建议：这些弯道以什么方式、多高的速度通过；哪些路要更换哪种轮胎；每个赛段有哪些险情等。在比赛中，领航员头盔中的送话器随时向车手报告路况。车手在前一两个弯道时就能知道前方的情况。当然，领航员的工作不仅仅是念路书，他还得扮演秘书、机械师、心理学家、甚至拉拉队长的角色。他们眼盯钟表，掌握赛程时间，还要耳听发动机有无异常声音；要是车手底气不足，他就是个打气筒，把车手的勇气鼓得足足的。

领航员的成绩与车手成绩一致。

拉力赛车改装有什么要求？
拉力赛车改装的首要目的是什么？

拉力赛车的外形虽然与同型号的销售车大致一样，但其内部却进行了不少改装，尤其是A组赛车，属拉力赛最高级别，改装程度较高，甚至连发动机排气量、功率等也扩大不少。

A组拉力赛车质量的高低，实际上就是"改装"水平而非"生产"水平的高低。N组拉力赛车则不同，由于属于低成本的赛车组别，参赛者一般都是业余选手或新手，财力也有限，因此改装较小，赛会组织也不允许N组赛车为发动机排气量"增容"，只允许做些安全性的改装等。

拉力赛车改装的首要目的是提高安全性。一般是先根据赛会印制的《路书》，加装符合规格的安全装备，这包括车厢防滚架、赛车专用安全带、灭火器、电流断路器（一失控马上熄火）、夹层前风窗玻璃、驱动轮用的挡泥板、前拖车钩、发动机舱盖和行李舱盖锁扣等。然后才是悬架系统、制动系统的改装。

车底护板也是拉力赛车不可缺少的，排气管也要固定好，防止振掉脱落。轮胎、轮毂也要相应改装。

在比赛中，容易失败的例子都发生在电路系统。在颠簸及泥泞的赛道上，电线的接头及插头特别容易松脱，因此必须加固，并戴上防护套。

夜间比赛的车辆还要更换较大的发电机，以便安装车顶远视灯（探照灯）。

最后是通信系统，在嘈杂的车内，车手与领航员都戴安全头盔，因此车内必须有内线通话器，车上还要有高能量的无线通信设备，以便随时与维修补给车队联络。

什么是拉力赛时间卡？

时间卡（Time Card）是用于记录赛车通过各个时间控制点时间的卡。车手在出发前会得到一个时间卡，当到达路段终点时，必须换一个新的时间卡。一般是一个路段一个时间卡，也有几个路段用一个时间卡的。赛车通过时间控制点时，必须按规定的方式登记和盖章，组委会最后凭时间卡计算车手的比赛成绩。任何违背时间卡规定的行为，都可能导致被取消继续比赛资格的后果。

拉力赛和 F1 有什么主要区别？

F1 与拉力赛，已成为最受欢迎的汽车比赛。不过，它们又是两种大不相同的赛车运动，对追寻不同程度与风格刺激口味的车迷来说，实有各异的吸引力，它们有很大的区别。

赛车结构与性能取向不同

所谓拉力赛车，其实就是一般的路面汽车，准许在街道、公路上行驶。根据规定，拉力车队所选用的赛车型号，必须有超过 2500 辆的路面汽车市场售量。当然，车队可以在符合赛规标准的情况下进行改装，以适合不同路况。相反，F1 赛车则是纯为比赛而设计制造的赛车，绝对不准开到公路上去，只能在赛道上行驶，更不会在市场上大量出售。F1 赛车外形结构及发动机等部件情况，均是一般车主所无法接触及了解到的。车厂制造此类赛车，只是为了向速度极限挑战，只为了争夺冠军。因此，即使你是法拉利车主，你的发动机与法拉利 F1 赛车发动机也绝对不同。但你从汽车商店买来的一辆福克斯汽车的发动机，则与福特福克斯拉力赛车的发动机在结构上基本是相同的。总之，一级方程式赛车的设计和制造只有一个目标——"挑战速度"。而拉力赛车注重的则是耐力和持久的考验，即整体性能表现的稳定发挥。

比赛环境不同

当置身在 F1 赛车场上，车手的工作是在大约两小时数十圈约 300 千米的赛程中向速度挑战。F1 赛车速度可超过 350 千米/小时。难怪世界 F1 比赛自 1950 年创办至今，纪录不断被打破，发动机的设计进展往往成为车队制胜的关键。无疑，拉力赛车也同样要求速度的发挥，在"特殊路段"可达到 200 千米/小时以上，每个"特殊路段"8~35 千米不等。不过，车队出赛的目的，是在速度发挥之余测试车厂新产品在不同路面情况下的性能发挥。要知道，一场拉力赛往往要进行 3~8 天，每日行 500 千米左右，途中可能要经历寒冷或炎热的气候，崎岖或平坦的路面，还有泥泞、沙漠、流水，车队要面对的考验更多。

比赛压力不同

此外，两者虽然同样承受相当的比赛压力，但也有一定的差异。先说车手，试想，当一场 F1 赛事正式展开，车手在短短两小时内得靠自己的判断力去决定一切，车队后勤人员只能给予有限的支援。车手所需要的，是将速度一步步地提高到所能达到的极限。车手是凭借个人的经验及对赛车性能的认识去完成比赛。换言之，车手如有丝毫判断失误，或车手未能预知机械故障，意外便会发生。

与 F1 车手比较，拉力赛车的车手组合是一正一副。在比赛中，正车手只需集中驾驶，领航则交由副车手。副车手在赛前已全盘计划出沿途比赛路线，包括时速指示甚至战术决定等。正副车手合作默契越深，战术发挥越能奏效。所以，拉力赛车手的压力赛可以说是由二人同等分担的。

比赛战术与后援不同

在车队战术部署及后勤支援方面，拉力赛显然较具弹性。由于赛事是连战多日，拉力赛车除了可以在赛前部署一切之外，比赛中途也可因环境而改变策略，甚至在每日比赛后重新部署翌日战术。车队工程人员也可安排每日路段间的维修工作，保持赛车总处在良好的机械性能状态。即使车手发现赛车出现故障，也可预先通知支援车队，在指定地点进行紧急维修。相比之下，F1 的支援工作，却因比赛短促而有所限制。更换轮胎和加汽油，只有 10 秒钟左右，而每次的紧急修理更是越快越好，否则难以追回失去的时间。这些时间的限制，均对 F1 车手及车队造成极大的心理压力。

粉丝群不同

由于两类赛事的要求不同，二者也各有自己的车迷。喜欢拉力赛的车迷，不惜长途跋涉翻山越岭，宁愿日晒雨淋忍受沙尘，在大自然荒野欣赏驰骋于山水间的赛车。这份对拉力赛运动的热诚，直接刺激着这项运动的发展。而喜欢 F1 比赛的车迷，陶醉于那种近乎狂风式的速度感，其魔力也是不可言状的。

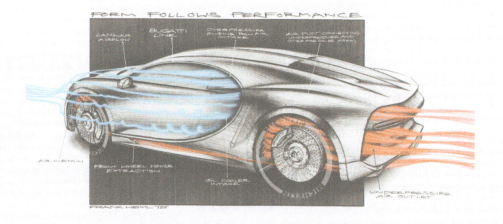

第 11 章 设计与制造

11.1 汽车是怎样设计的？

什么是空气动力学？空气动力学对汽车设计有什么帮助？

空气动力学是流体力学的一个分支，是研究空气或其他气体的运动规律、空气或其他气体与飞行器或其他物体发生相对运动时的相互作用和伴随发生的物理化学变化的学科。它是在流体力学基础上随航空航天技术的发展而形成的一门学科。在空气动力学实验中，工程师们最关注两大方面内容：空气阻力和行驶稳定性。

通过空气动力学测试，可以不断修改汽车的外观造型，降低汽车的空阻系数，减小汽车行驶中遇到的空气阻力，从而可以节省能量消耗。据空气动力学专家称：每减少10%的空气阻力，就会降低2.5%以上的能量消耗。

空气动力学在汽车上的另一个重要应用是提高汽车的行驶稳定性能。一辆汽车在行驶时，会对相对静止的空气造成不可避免的冲击，空气会因此向四周流动，而蹿入车底的气流便会被暂时困于车底的各个机械部件中，空气会被行驶中的汽车拉动，所以当一辆汽车飞驰而过之后，地上的纸张和树叶会被卷起。此外，车底的气流会在车头和发动机舱内产生一股上升力，削弱车轮对地面的抓地力，影响汽车的行驶稳定性和操控表现。

另外，通过空气动力学测试，还可以让汽车在行驶中不会变得太脏，确保进入车内的空气量合适，引导空气对制动系统进行冷却等。

什么是空阻？
空阻对汽车性能有什么影响？

顾名思义，空阻就是风的阻力，即空气阻力。静止的汽车不会遇到空阻，当汽车行驶时你把手伸出窗外，就会很容易感觉到风的阻力，一股力量往后推动你的手，这个力量就是空阻。

一般汽车在前进时所受到风的阻力大致是来自前方，除非侧面风速特别大，不然不会对车辆产生太大影响，就算有，也可通过方向盘来修正。空阻对汽车性能的影响甚大。

一辆车能否顺利从研究发展至生产，它的耗油量标准是非常重要的。而空阻则对耗油量标准有相当大的影响。因为当车辆在行驶时，它的空阻与车速的平方成正比，如100千米/小时时的汽车空阻是50千米/小时时的4倍，是25千米/小时时的16倍。若车辆想保持一定的速度，相对的，它的发动机就要多烧些油来增加力量，使之能与空阻相抗衡。若外形设计不良，车身空阻系数较大，油耗自然较高，就会失去市场竞争力。根据测试，当一辆轿车以80千米/小时前进时，有60%的耗油量是用来克服空阻的。

什么是风洞？为什么要在风洞中做测试？

其实风洞不是个洞，而是一条大型隧道或管道，这与它的英文名 Wind Tunnel 的原意比较相符，当初不知哪位先生将其译为风洞。里面有一个巨型风扇，能产生一股强劲气流。气流经过一些风格栅，减少涡流产生后才进入实验室。

风洞的最大作用是测量汽车的空阻，空阻的大小用空阻系数 *Cd* 表示，空阻系数越小，说明它受空气阻力影响越小。当然，除了用来测量空阻外，风洞还可以用来研究气流绕过车身时所产生的效应，如升力、下压力，并可以模拟不同的气候环境，如炎热、寒冷、下雨或下雪等情况。这样，工程师们便可以知道汽车在不同环境下的工作情况，特别是散热器散热、制动器散热等问题。汽车风洞有模型风洞、实车风洞和气候风洞等。

汽车行驶时受到哪些力？
怎样知道汽车所受空气阻力的大小？

一般来讲，当一辆汽车在正常行驶中，它所受到的主要力量大致来自三个方面，一是由发动机输出并传递到车轮上的驱动力，二是来自地面的摩擦阻力，三是空气阻力。空气阻力可以在风洞中直接测试出来，也可以根据汽车本身的空阻系数、车速等计算出来。

什么是空阻系数？

空阻系数是空气阻力系数的简称，也称风阻系数，一般用 Cd 表示。它是衡量物体受空气阻力影响大小的一个指标。空阻系数越小，说明它受空气阻力的影响越小，反之亦然。一般来讲，流线型越强的汽车，其空阻系数也越小。

空阻系数是如何得出的？

空阻系数不是凭空算出来的，它是根据风洞测试结果计算出来的。当车辆在风洞中测试时，借由风速来模拟汽车行驶时的车速，再以测试仪器来测知这辆车需花多少力量来抵挡这风速的空阻，使这车不至于被风吹得后退。在测得所需之力后，再扣除车轮与地面的摩擦力，剩下的就是空气阻力了，然后再根据空气动力学的公式就可算出所谓的空阻系数。

空阻系数=空气阻力×2÷（空气密度×车头正面投影面积×车速平方）

一辆车的空阻系数是固定的，根据空阻系数即可算出车辆在各种速度下所受的空气阻力。

一般轿车的空阻系数是多少？

一般来讲，大多数轿车的空阻系数在 0.30 左右。流线型较好的汽车，其空阻系数可在 0.25 以下。小米 SU7 电动汽车的空阻系数只有 0.195，号称是全球量产轿车中空阻系数最低的车型。

汽车各部位对空阻的影响如何？
怎样才能达到较小的空阻系数？

首先明确一个概念：并不是只有汽车的外观形状才会影响汽车所受空气阻力的大小，汽车的底部、车轮等也会影响汽车所受空阻。空气动力学技术专家认为：

汽车的外观形状和车身比例对空气阻力的影响约占 40%。

车轮和车轮所在空间（或者说车轮室）对空气阻力的影响要达到惊人的 30%。据测试，一个车轮外露的正常汽车模型，其空阻系数为 0.28，将车轮包围封闭后的空阻系数马上就降为 0.18。

车身底部带来的空阻约占 20%。

空气进入车内造成的空阻约占 10%。

从上面可看出，要想让汽车拥有一个较小的空阻系数，主要应在 4 个方面做文章：

第一，将汽车设计得更流线型、更平滑，车身附件更小巧和隐蔽，让空气更容易、顺畅地通过车身，在尾部不能产生较大的紊乱气流。

第二，车轮不能太宽，车轮室不能太深。

第三，车身底部应布局合理，排气管等部件应尽量平整，利于空气从车底通过。

第四，车前部的进气孔设计要合理，让进入到车内的空气不能太多，也不能太少，因为冷却发动机和制动盘时都要用空气，而且也要通气顺畅。

什么是升力？
为什么汽车行驶时会产生升力？

汽车在快速行驶时会受到一种向上升的力量，即升力。升力是飞机能够飞行的基本要素，但就陆地行驶来说，升力却是不利因素，因为车轮要紧贴路面方能产生抓地力。

流线型的车身与飞机机翼有一个共同点：在它们上部表面掠过的空气，其流程比在它们底部掠过的空气流程长。空气流程越长，其速度也越快。根据流体力学中的伯努利定律：流体速度越快，压力会越小。因此，汽车上部所受的空气压力要比底部小，结果便会产生升力。

或者这样理解升力产生的原因：当汽车前进时，气流与车头互相碰撞后，有一部分气流会从车辆上方飘过，一部分则从车底飘过。因为从车顶飘过的气流行程较长，因此气流密度也就降低了；而从车底飘过的气流，则有点被"压缩"的情形，压力较上部气流大，因此每辆汽车多少都有些升力。

为什么说升力影响汽车的行驶稳定性和动力性？

汽车在快速奔跑中会产生一定的升力，而且速度越高，升力越大。升力虽然有利于减小滚动阻力，但升力太高后，就会使轮胎与地面的摩擦力降低。但汽车其实就是靠轮胎与地面的摩擦力前进的，这种摩擦力实际上就是我们常说的轮胎抓地力。

抓地力减小后，汽车的驱动力就很容易突破抓地力极限使车轮打滑，从而影响汽车行驶时的稳定性。同时，抓地力减小，还会影响驱动力的发挥。因此，在后驱型的跑车或赛车上，加装扰流板来增强车尾的下压力，从而提高后轮的抓地力，保证跑车或赛车的操控性和动力性。

什么是下压力？
F1赛车尾部为什么要装那么大的扰流板？

汽车的下压力是指利用空气动力学部件在汽车行驶时和空气对车身产生的向下方向的压力，从而可以减小或抵消汽车在行驶时所受到的升力，达到使轮胎紧贴地面的目的，增加轮胎对地面的抓地力，提高汽车的动力性和行驶稳定性。

F1赛车在前部装有导流板，在尾部装有扰流板，它们的作用都是为了产生下压力，让赛车拥有更强的操控性和行驶稳定性。F1尾部的扰流板也称"定风尾翼"，一般倾斜15°，当前进时可以产生巨大的下压力，但由于一个倾斜角度，因此同时也会产生一定的空阻，使F1赛车的空阻系数加大，一般F1赛车的空阻系数在1.0左右，而一般轿车仅为0.3左右。这里就要求设计时必须"恰到好处"，使增加的空阻与改善的性能相比非常小。

F1赛车的车翼的截面形状与飞机的机翼形状正好颠倒。当F1赛车以300千米/小时的速度行驶时，将产生1000千克力的下压力，而F1赛车加上车手及装备的重量都不到700千克。因此，从理论上讲也可以将F1赛车倒过来在天花板上行驶。

扰流板起什么作用？
扰流板是怎样起作用的？

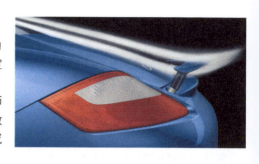

所谓的扰流板，是指安装在汽车尾部上方的空气动力学板件，用来改善和平衡汽车高速行驶时的动力性与稳定性能。

为了减小轿车在高速行驶时所产生的升力，汽车设计师除了在轿车外观方面做改进外，还在轿车行李舱盖上后端做成像鸭尾似的突出物，将从车顶冲下来的气流阻滞一下形成向下的作用力，这种突出物称为扰流板。

这种扰流板是人们受到飞机机翼的启发而产生的。在汽车尾端上安装的这个平行板的横截面与机翼的横截面相同，只是反过来安装，平滑面在上，抛物面在下，这样车辆在行驶中会产生与升力同样性质的作用力，只是方向相反，利用这个向下的力来抵消车身上的升力，从而保障了行车的安全。汽车上的扰流板有多种样式。如赛车上的扰流板较高，这是为了充分发挥扰流作用，使没有乱流的气流直接作用在扰流板上，而且使它产生的下压力不致作用于车身而抵消其效应，因此必须将扰流板离开车身表面安装。

两厢车的顶盖后缘常安装一个像鸭尾那样的扰流板，使顶盖上一部分气流被引导流过后窗表面。这样既可使后窗后部的升力降低，也可引导气流将后窗表面浮尘消除，避免尘污附着而影响汽车后视野。

在许多普通轿车上，也装有扰流板。其实由于这些车的速度都不是很高，因此扰流板难以发挥实际作用，而美化车身外观则成了装扰流板的最大目的。

为什么汽车的最高速度比公路限速高得多？

汽车的最高速度只是表明汽车可以达到的极限速度，但在极限状态时，汽车的安全系数就会降低，危险性增大，车辆磨损和燃油消耗也非常高。高速公路的最高限速其实就是根据大多数汽车的实际性能考虑设定的，汽车在这个速度下行驶，其安全系数相对较高。如果超过这个速度，其制动距离就会特别长，驾驶人不容易控制车辆，发生交通事故的可能性就会加大。

为什么国内极少生产敞篷车？

我认为主要有三大原因：

1）敞篷车对于使用环境的要求比较高，而中国属于发展中国家，特别是北方，春秋两季风沙比较大，这样车内的保洁将会变得很困难，驾驶敞篷车就不太实际。

2）在欧、美一些发达国家，人均收入相对较高，一般家庭都会拥有两辆以上汽车，而敞篷车还是属于奢侈品，大都会是家中的第二辆甚至是第三辆汽车，其用途也不是上下班或是日常使用。但在中国的实际情况就不尽相同，在中国，人均收入实际并不高，汽车对于一般家庭还是属于奢侈品，而敞篷车相对售价较高，维修和保养也比较复杂。另外，敞篷车（尤其是软顶敞篷车），防盗性能非常不佳，对于绝大多数人来说还承受不起，所以目前在中国大量推广敞篷车并不实际。

3）敞篷车的制造技术水平要求很高，如在车身焊接方面、对车的安全性方面，以及密封性方面，都需要很高的工艺，而国内很多厂商目前的工艺还不能达到制造敞篷车的要求。

每开发一款车型是否同时要开发一款发动机？
车身和发动机哪个最先设计？

真正的世界汽车巨头，都使用自己开发的发动机，只有一些小汽车厂家因没能力自己设计才会从别人那里购买发动机。但即使大的汽车厂家，也常常把同一款发动机用在不同车型上，甚至是不同级别的车型上，但一般都会对发动机性能进行重新调校，以适应不同的用途。可以说，一般都是利用原有发动机，或在原有发动机的基础上进行改进和调校，然后设计车身和底盘等汽车的其他部分，共同组成新款车型。其实变速器和发动机一样，一般也是利用已有的变速器为新车型进行配套。

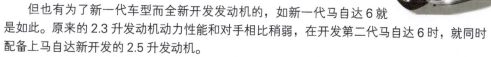

但也有为了新一代车型而全新开发发动机的，如新一代马自达 6 就是如此。原来的 2.3 升发动机动力性能和对手相比稍弱，在开发第二代马自达 6 时，就同时配备上马自达新开发的 2.5 升发动机。

相对来讲，发动机的技术进步较车型改款和换代速度稍慢，这也是导致"新瓶装旧酒"的主要原因。每开发一款发动机都是一项极其耗时耗钱的项目，大的汽车厂家都有自己的研究院和庞大的研发队伍，并且研发出发动机后，要在一定环境下进行长期的测试、不断改进后，才可以投入量产。

什么是最小离地间隙？
最小离地间隙是根据什么确定的？

最小离地间隙是指地面与车辆底部刚性物体之间的最小距离。它代表汽车无碰撞通过有障碍物或凹凸不平地面的能力。此数值影响汽车的通过性和行驶稳定性。

确定最小离地间隙的数值大小时，要考虑到轿车在靠近一般人行道边沿时不会发生碰擦的可能性。如果限定向某个国家或地区销售，还要考虑到当地道路质量的情况。同时，最小离地间隙的数值是有一定限制的，它与车型功能、空气动力学有关系。例如，F1 赛车的最小离地间隙最小，跑车的最小离地间隙比较小，而 SUV 的最小离地间隙就会比较大，载货车的最小离地间隙可能是最大的。如果最小离地间隙的数值不合适，汽车的性能就会受到影响，而且整车的外观就会显得不协调。由于汽车的离地间隙与通过性有很大关系，因此像 SUV 之类具有越野性能的汽车更强调此数值，一般其技术参数表中都标有最小离地间隙的数值。

最小离地间隙的数值还与燃油箱布局、前后轴重量及轴距等都有关系。汽车的离地间隙是根据负载变化而变化的。空载时最大，而重载时当然就较小了。

最小离地间隙

什么是汽车的前悬和后悬？
前悬/后悬尺寸受什么因素限制？

前悬是指前轴到汽车最前端的水平距离。后悬是指后轴到汽车最后端的水平距离。

如果想设计一辆前悬或后悬很短的轿车，分别会受到布局和配重的限制。对于前置发动机的轿车来讲，发动机都要放置在前轴前端，这也就决定了它的前悬不可能太短，因为前悬的尺寸中要包括放置发动机的位置。后悬的尺寸主要受配重的影响。现在轿车一般都是前置前驱，发动机、变速器等重量较大的部件都在车前部放置，使前轴承受较大的重量，如果前轴配重超过60%或更多，就会头重尾轻，使汽车的性能极不协调，因此，必须使后轴的配重不能太少，这也就要求后悬不能太短。

另外，如果车身较重较长，而前悬和后悬都非常短，就像一块长木板在两头下面支块砖，那么中间就会很脆弱，对于汽车来讲就非常危险。

前悬和后悬的长短对车身配重有何影响？

现在设计乘用车，尤其是轿车时，有将前悬和后悬设计得越来越短的趋势，主要目的有两个，一是可以增加驾乘空间的前后长度，使纵向空间更大，感觉车内更宽敞；二是在同样长度车身的条件下，可以将轴距设计得更长些，从而可以增强汽车的行驶稳定性。

前悬和后悬的长短，对车身配重也有影响。比如后悬加长或变短后，就会使后轴所承受的重量增加或减少。前悬的变化也是如此。

为什么有的轿车可以达到50∶50的前后配重比？

汽车的前部和后部的配重，是指前轴和后轴上所承载的重量比。如果前轴和后轴都承担一半的车身重量，那么就是说此车的前后配重比为50∶50。但对于普通轿车来讲，显然很难达到这个配重比，因为普通轿车都是前置前驱，也就是发动机、变速器及传动机构等，都放置在车辆的前部，主要由前轴承载重量，因此，一般都是前轴的配重比后轴的大。

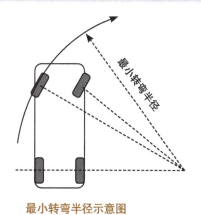

最小转弯半径示意图

什么是汽车的最小转弯半径？
汽车的最小转弯半径跟什么有关？

最小转弯半径是汽车前轮处于最大转角状态行驶时，汽车前轴离转向中心最远车轮胎面中心在地面上形成的轨迹圆的半径。

由于转向轮的左右极限转角一般有所不同，因此左转弯半径和右转弯半径有所差别。

最小转弯半径与汽车的轴距、轮距及转向轮的极限转角直接有关。轴距、轮距越大，转弯半径也越大；转向轮的极限转角越大，转弯半径就越小。

什么是前后50∶50配重比？
为什么前置后驱车型的前后50∶50配重比不理想？
为什么跑车喜欢采用中置发动机式布局设计？

所谓前轴和后轴的配重比为50∶50，是指在车辆静止状态或匀速前进时，只有驾驶人或前排乘员在车上时，前轴与后轴的载荷接近相同。理论上，在这种前后平衡的状态下，汽车可拥有更佳的操控性，快速过弯时更加平稳。然而，如果后排坐上乘员，或行李舱装满货物时，所谓的前后平衡也被打破。因此，厂商在宣传其车型拥有"最理想的前后50∶50配重比"时，不必太看重，其宣传作用要远大于实际效应。

现实中，虽然前置后驱的车型容易实现前后50∶50配重比，但也不能保证汽车能够完美过弯。那么什么形式的布局设计更能使汽车快速平稳过弯呢？看看超级跑车的驱动形式就会明白，它们没有一个是采用前置后驱方式的，它们要么采用前中置后驱，如法拉利的ROMA、F8 Tributo等众多车型以及奔驰SLR等；要么采用后中置后驱或四驱方式，如布加迪、兰博基尼、科尔维特、保时捷等跑车品牌的车型以及奥迪R8等。这种中置发动机布置方式，通常采用双座或2+2座设计，当车上坐上人员之后，汽车重量主要集中在车辆中间位置，这样就能使汽车快速平稳地通过弯道。

前置后驱车型容易实现前后50∶50的配重比，但它是"两头沉"

后置后驱车型的尾部较重，很难实现前后50∶50的配重比，因此只有极少数跑车采用

中置发动机布局方式，不论是前中置还是后中置，主要是将重量集中在汽车的中部，减轻了车头和车尾的重量，从而达到了所谓的前后50∶50配重比。但它和前置后驱的前后50∶50配重比是有区别的。前置后驱是将重量分布在汽车前后两端，这样对汽车过弯并不一定更有利。试想，是"两头沉"的东西容易转动，还是"两头轻"的东西更容易转动？当然是后者，超级跑车总是将发动机、变速器、差速器等布置在靠近车辆中部位置，使车身重量"两头轻"，让汽车拥有最佳的转向特性，使车辆快速过弯。

前中置后驱方式，不仅容易实现前后50∶50的配重比，而且"两头轻"，因此很多超级跑车常采用这种方式

后中置后驱或四驱方式，最容易实现前后50∶50的配重比，因此跑车常采用这种布局方式

为什么一些跑车的后轮距比前轮距大？

一些跑车的前后轮距不一样，通常是后轮距大于前轮距。这主要有以下原因：

一是跑车使用大功率发动机，而且通常都是后轮驱动，那么后轮打滑的概率就要比前轮大得多。为了让汽车能更稳定地行驶，必须增加后轮胎的宽度来获得更大的抓地力，而更宽的轮胎往往导致轮距加大。

二是跑车往往采用中置发动机、后轮驱动方式，在开始进入转弯时容易造成转向过度的现象，也就是车尾不稳定。为此，可加宽后轮距并大于前轮距，从而增强后轮的行驶稳定性，防止转向过度现象发生。

三是为了符合空气动力学设计，并且看起来更动感，跑车的车身往往是前窄后宽，而更宽的车身后部自然会导致后轮距比前轮距稍大些。

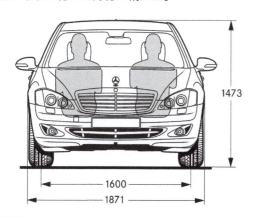 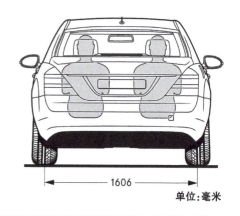

单位：毫米

为什么汽车设计先从草图开始？

汽车设计都是先从"纸上谈兵"开始的。画草图是第一步，当然在此之前应该有市场调查等一系列准备工作。设计师要先将自己头脑中的想法或灵感用草图的形式，大概向主管和同事们展现出来。草图只是汽车外形的大致轮廓，表达的是一种理念，没有必要太精致，只要看出基本风格即可，因此在草图上可以看到许多线条。如有必要，还要将草图放大到与真车一样大小来观看。

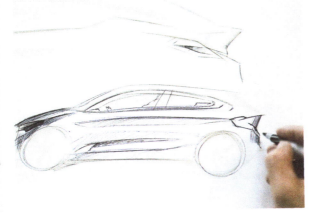

什么是汽车设计效果图？

在选定若干草图的基础上，就可以着手描绘效果图，它比草图更细致，不仅局部细节更逼真，而且立体感更强。为了让人们看清各部位的细节，效果图一般都是彩色图，线条已不多见，并有不同角度的视图。有些效果图是手绘的，马克笔、色粉或者喷枪都会采用，也有设计师利用电脑绘画。

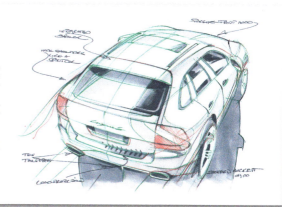

第 11 章 设计与制造

为什么要做 1:5 油泥模型?

效果图确定后,设计师便开始制作 1:5 的油泥模型。虽然电脑技术在汽车设计上应用较广,但由于油泥模型非常直观,因此它依然是汽车设计生产中的必要环节。所谓的油泥是一种类似橡皮泥的黏土,但是更加坚硬,成型后的细节需要用刀刮削才能完成。为了便于修改,一般都是先做较小一点的 1:5 油泥模型。

怎样制作 1:1 油泥模型?

经过对 1:5 模型的评估,决策层会选择一个设计方案制作与真车一样大小的 1:1 油泥模型。1:1 油泥模型对尺寸、细节等方面的要求非常严谨,一般这种全尺寸模型会有专业的模型师来制作。具体的制作步骤为:

1)制作车身骨架(一般为金属材料)。
2)在骨架上覆盖木板。
3)在木板上添加覆盖物。覆盖物一般为高密度苯板或聚氨酯硬质泡沫板材,然后修整形状,使之基本与所要完成形态一致。
4)在覆盖物上添加油泥。1:1 油泥模型表面一般覆盖 40~60 毫米厚油泥。
5)精细修整及表面平整处理。

样车要做哪些试验?

在投产前,汽车样车要进行一系列的试验,其中室内试验包括:风洞测试、噪声测试、碰撞测试、抗电磁干扰测试、等速油耗测试等。室外试验项目主要有耐久性测试、加速性测试、制动测试、高速行驶稳定性测试、超高温和超低温测试、可靠性(异响、磨损、变形、裂纹)测试等。

什么是人性化设计？

人性化设计主要指机械操作设计与人体特点之间的适应程度，是否符合人类身体活动特点，对驾乘人员的关怀程度如何等。

人性化设计在汽车上的应用，主要内容包括：使驾驶人更容易看清仪表、更方便操纵汽车、乘车更舒适、上下车更方便等。

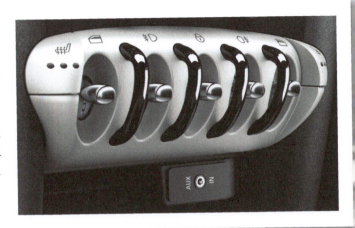

怎样评价内饰人性化设计？
什么是"手伸界限"？

什么是人性化设计？说白了就是当你操作时是否会感觉舒服、顺手和方便。要评价内饰人性化设计优劣，最好的办法是亲手试试，因为每个人的身高和手长都不太一样，许多车型也并不是针对中国人设计的，因此对他人来说人性化设计较佳的车型，对你并不一定合适。也正因如此，现在汽车上设计了许多调节装置，如传统的座椅前后调节、座椅高度调节、仰角调节，还有转向柱的多向调节，甚至还有脚踏板的调节等，让你总能找到适合自己的驾驶姿势。这就是典型的人性化设计。有些车不仅如此，而且还设有座椅加热功能、按摩功能等，可谓人性关怀备至。

每人都有一个"手伸界限"，也就是伸展双臂后，人的双手所能触及的活动范围。在设计汽车时，驾驶操纵杆、各种控制开关、调整旋钮等，均应在"手伸界限"内。不仅如此，而且最好是在双手不需做明显动作的可触及范围内，这样不仅可减少误操作，而且还可以减轻驾驶人的疲劳程度。

怎样评价汽车造型设计水平？

一般来讲，评价外观造型的标准主要有四个：

1）车身造型是否有整体感。任何艺术品都不是随便由局部一个个凑起来的，一定是由各个部分协调统一组成一个完美的整体。如一些车型的前照灯和尾灯相呼应，甚至与车身造型都保持呼应。不能平均对待各个局部，但也不能过分突出某个局部，否则容易造成紊乱的感觉。但是，还要有设计主题，要在整体统一中有变化。

2）车身线条比例是否协调，能否与车型定位特点相符合。不同市场定位的车型，要有不同的造型风格特点，以满足某特定人群对其外观的审美需求。例如，一款运动跑车，其造型风格应是充满动感力量的；一款家用小车，其造型风格最好能体现出温馨、灵巧、可爱的形象；一款商务轿车，不用说，则应具有大气、尊贵、豪华的造型特点；一辆越野车，则应有勇猛、豪迈的造型特点。

3）空阻系数是否较低，尤其是对轿车更为重要，它不仅可提高高速行驶时的稳定性，而且可降低行驶阻力，从而拥有较小的耗油量。

4）其外观造型是否有独特个性，一款抄袭或模仿他车的设计会让人产生呕吐感。与前面标准相比，这个要求其实更难满足。尤其是在满足前面标准的前提下再想有自己的个性，确实是对造型设计师的挑战。更为难上加难的是，一些品牌还要求有自己家族的 DNA，和同品牌的其他车型摆在一起时还要"像是一家人"。

汽车设计师应当具备哪些条件？
怎样才能让车厂制造我设计的车？

你所说的汽车设计师可能是指造型设计师吧。在汽车开发过程中，造型设计师和工程师起着重要的作用。造型设计师主要负责外形和内饰的设计，工程师则自然与机械方面关系密切。想要成为造型设计师是非常难的，比工程师要难很多倍。如果在大学期间没有工业设计方面的基础学习和实际经验，基本上不会有希望成为设计师。工程师相对容易一些，不一定非要到汽车工程系或者一定要学习发动机设计、底盘设计。汽车是很包容的工业产品，里面容纳了力学、机械和热学等很多方面。只要在某一方面有深入研究，都会在汽车行业中找到属于自己的位置，就可能成为汽车工程师。但要想成为汽车造型设计师，必须具备下列条件：

1）首先要有较宽的知识面。造型设计师的知识面要宽而广，专业知识则要精而深。卓越的造型设计师绝对不是只会设计而对其他方面知识一概不知，恰恰相反，许多优秀的汽车造型设计师都有丰富的业余爱好，如滑雪、高尔夫、游泳等体育运动，从这些运动或活动中获得创作灵感。如果只是闭门造车，显然难有什么作为。

汽车造型涉及工程和艺术两方面的知识，工程知识包括车身结构、制造工艺等，还有人体工程学、空气动力学、机械力学、工程材料学等；艺术知识则包括绘画、雕塑、视觉色彩等。另外，还要对现代世界各国新车型有所了解，对未来汽车发展趋势有所掌握等。

2）要有高雅的艺术鉴赏能力。自身艺术鉴赏能力的高低，直接决定其作品的品位高低。汽车也是艺术作品，只要是艺术作品，就有高雅和庸俗之分。很难想象，一个艺术鉴赏力低下的造型设计师，怎能设计出格调高雅的汽车造型来。

3）造型艺术表现能力。在创作任何艺术作品时，一般都是先有构思，后再表现。汽车造型也一样，不仅具有巧妙的创意和构思，还要用绘画和雕塑表现出来。具体地说，就是要绘制设计草图和效果图，用逼真和艺术的手法表现给相关人员审视。在效果图通过后，还要能用油泥模型将你的构思呈现在众人面前，让人们真切地了解你所设计的车型。

4）善于学习和进取精神。世界每天都在进步，要与时俱进，学习和了解最新社会发展，学习他人成功经验，吸取他人失败教训。仿者死，学者生。总是仿照他人，永远落后。只有学习他人并进一步提高，才会创作出经典车型来。

一般汽车公司不会请单个的设计师为他们设计产品。我们听到某个公司请了一位知名设计师，这句话所隐含的是，这个公司邀请了知名设计师和他的团队。一个人是没法设计汽车的。仅仅设计就包括草图/效果图、2D/3D仿真、油泥模型制作和1∶1尺寸模型制作。每一个步骤实现起来都相当艰难。

为什么美国货车都是长头，而中国货车多是平头？

这里主要有三大原因，导致中美货车外形设计有很大不同。

1）美国平原多，道路平坦、顺直，弯道少，而且车辆稀少，交通顺畅，不用频繁转弯，适合较长车身的车辆行驶；相反在中国，山路较多，道路交通不是特别顺畅，车辆拥堵较严重，更适合车身较短的车辆通行。

2）美国法规对货车的车身长度几乎没有限制，制造商可以放开设计车身长度；反之，我国法规还没有完全放开对货车车身长度的设计限制，为了拖挂更长的货箱，只好缩短驾驶室，采用平头设计。

3）美国驾驶人对安全性、舒适性要求更高，而长头车的前部拥有较长的撞击缓冲区，发动机噪声和振动也不容易传到驾驶室，因此长头设计更容易满足驾驶人对安全性和舒适性的要求；反之，国内货车驾驶人收入有限，对安全性和舒适性的要求还不是特别高，平头设计即能满足他们的需求。

为什么纯电动汽车都不设计转速表？

在传统燃油汽车中，可以利用转速表来观察发动机的运行状态，比如手动档汽车可以通过观察转速来掌握换档时机；通过控制发动机转速让汽车在更为省油状态下运行；通过观察转速的变化察看发动机是否存在故障。

而电动汽车没有变速器，不需要通过观察转速来掌握换档时机。由于电动汽车通过电子管理系统监控电机和电池的运行，不需要观察转速来判断汽车的运行状况，因此现在电动汽车已不再需要转速表，取而代之的往往是续驶里程、能量管理等显示。

什么是单踏板驾驶模式？
为什么纯电动汽车可设计单踏板驾驶模式？

汽车单踏板驾驶模式并不是指只设计一个踏板，它仍是两个踏板，只是在这种模式下，驾驶人只控制一个加速踏板就能控制车辆的加速和减速，踩下加速踏板即加速，抬起加速踏板即减速。一些车辆抬起踏板后甚至可以将车辆制动停止。原来的制动踏板仍然存在，可在紧急制动时使用。

单踏板驾驶模式其实是一种车辆强动能回收模式，而纯电动汽车利用电机更容易实现动能回收，而且更需要通过增强动能回收来增加车辆的续驶里程，因此单踏板驾驶模式主要应用在纯电动汽车上。

由于单踏板驾驶模式可能会影响驾驶习惯，使驾驶人在紧急时刻误踩加速踏板而造成交通事故，因此现在国内管理部门已明令禁止单踏板驾驶模式可以将车辆完全制动停止。

11.2 汽车是怎样制造的？

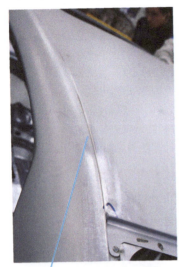

激光焊接的缝隙极小，而不是激光焊接的车顶因缝隙较大而必须用胶条遮盖

激光焊接是怎么回事？
激光焊接有什么好处？

激光焊接是利用激光束的高能量热效应，急剧加快两块金属原子的运动速度，使两块金属的原子在极短的时间内重组成一个整体。

与传统的焊接技术相比，激光焊接使不同钢板之间的连接达到分子层面的接合；在焊接后，原本不同的钢板相当于一整块钢板。这一技术具有诸多优势，如焊接装置与焊件无机械接触，降低了对工件的污染；加热集中，能量密度大；热影响区小，产生的热变形和热损伤少；焊缝美观，焊缝强度大；通过数控，能精确控制能量输出，焊接速度快，生产率高等。它不仅给车身加工带来了更高的精度和效率，同时也使车身的刚度及强度得到大幅提升，车辆行驶舒适性、稳定性、振动及噪声均得到明显改善。

关于激光焊接与传统点焊之间的区别，有个比较形象的比喻：传统点焊相当于用一个个的扣子将胸前衣襟连接起来，而激光焊接则相当于用拉锁将胸前衣襟连接起来。你说哪个更牢固可靠？

什么是共线生产？
什么是柔性化生产？

共线生产是指两种或两种以上车型在一条生产线上同时组装生产。共线生产可以降低生产成本，对开发成本没有多大影响。例如，东风雪铁龙和东风标致的车型曾共用一条生产线生产，在一条生产线上同时装配五六种不同的车型。

现在国内汽车厂的总装线基本都是共线生产，尤其是共平台的车型基本都在一条线上组装，如福特福克斯、马自达3和沃尔沃S40都曾共线生产，很少专为某一个车型单独建一条生产线。

实行共线生产主要还是为了控制制造成本，而对开发成本没有什么影响。

柔性化生产是指根据市场需求灵活调整生产线上生产车型的颜色、配置、型号和数量，以节约成本、提高效率。柔性化生产可以满足客户对车型的个性需求，实现高度定制化的大规模生产，适应市场的快速变化。

共线生产和柔性化生产的关键是看板管理，每个工位上的零部件供应都按照所组装车型的顺序精确控制，工位上的工人也会根据看板管理清楚了解所要组装的车型，不会造成混乱。

什么是镀锌钢板？
为什么轿车车身多用镀锌钢板？

镀锌钢板是指在钢板上镀有一定厚度的锌层以提高抗腐蚀能力的钢板。这种钢板现在主要应用于车身制作。

人们在早期的试验中发现，将铁和锌放入盐水中，二者无任何导线连接时，铁和锌都会生锈，铁生红锈，锌生"白锈"；若在二者间用导线连接起来，则铁不会生锈，而锌生"白锈"，这样锌就保护了铁，这种现象叫牺牲阳极保护。工程师正是将这种现象运用到实际生产中，生产了镀锌钢板。经研究，在镀锌量350克／平方米（单面）时，镀锌钢板在屋外的寿命（生红锈），田园地带为15~18年，工业地带为3~5年，这比普通钢板长几倍甚至十几倍。

从20世纪70年代开始，轿车车身钢板采用镀锌薄钢板，装配时镀锌面置于汽车内侧，提高车身耐蚀性能，非镀锌面置于汽车外侧，喷涂油漆。随着汽车对耐蚀性的要求不断提高，镀锌钢板不断增加镀锌层重量，还出现了双层镀锌钢板。但由于增加镀锌重量也会使电镀锌的电能消耗大幅增加，导致材料成本上升，因此20世纪70年代末又出现一种采用热浸镀锌工艺生产的镀锌钢板，称为热镀锌钢板。为了满足汽车对镀锌钢板的各种要求，一些生产厂家在镀锌生产线上对镀锌钢板进行扩散退火等特殊处理，以使钢板表面形成一种"锌－铁"合金镀层，其特点是涂漆后的焊接性和耐腐蚀性比纯锌镀层板要好。以后还出现了诸如"锌－铝－硅""锌－铝－铼"等合金化热镀锌钢板，使得热镀锌钢板的耐腐蚀性成倍提高，与漆间的结合性能长期稳定。

目前轿车已经广泛使用镀锌钢板，采用的镀锌钢板厚度为0.5~3.0毫米，其中车身覆盖件多用0.6~0.8毫米厚的镀锌钢板。

什么是空腔注蜡技术？

空腔注蜡是一种车身防腐技术，即在喷漆工序结束时，车身底部四个空腔中打入一定量的液态蜡，经过一定的工艺流程，最终留于车内3千克左右的蜡，可在车身空腔表面形成均匀的保护膜，达到最好的防腐效果，大大增加了车辆长期行驶后的安全性和保值率。像大众系列车型敢保证防锈12年，主要原因就是它普遍采用了空腔注蜡技术。

什么是夹层玻璃？
为什么汽车前后风窗要使用夹层玻璃？

夹层玻璃一般由两片普通平板玻璃和玻璃间的有机中间胶合层构成，也可以是三层玻璃与两层胶合层构成，还可以由更多的层复合在一起。夹层玻璃的原片可以是普通平板玻璃，也可以是钢化玻璃、半钢化玻璃、镀膜玻璃、吸热玻璃、热弯玻璃等。中间层胶片在一定温度压力条件下将相邻两片玻璃牢牢黏附在一起，破碎时碎片仍黏附在中间层胶片上，保持为整体，因此没有碎片飞溅，对人体有安全保护作用，其承受高速冲击的强度一般高于钢化玻璃。夹层玻璃常用于汽车前后风窗。

为什么有些车风窗玻璃周围有黑色胶带？

您所说的风窗玻璃周围的那一圈黑色胶带样的东西是密封条。就像您观察的那样，很多款型较老的中档车和经济型轿车的密封条都显露在了风窗玻璃的外沿上，而在一些比较新和较为高档的车型上，由于采用了新的粘贴工艺，将密封条放在车内，玻璃和周边距离缩小，使玻璃和车身连接在了一起，这样做不但使其变得美观，而且可以防止因密封条脱落造成的盗窃。

车身钣金接缝会有什么影响？

虽然钣金接缝间隙大了不好，但也不是越小越好，它应在一个比较合理的范围内。据了解，现在世界一流的汽车厂家生产的汽车车身装配间隙，一般都不会大于3毫米。更为重要的是，钣金接缝必须大小均匀，否则说明其装配不到位，装配工作有缺陷，或松或紧，因为每款汽车在设计时其钣金接缝都应是均匀的。

我们有时驾驶汽车时会感觉车身有散架的感觉，或过高低不平的沟坎时车身响声不断，或路面噪声较大等，这都可能是车身钣金装配不佳造成的。而且随着时间的推移，一些汽车的钣金接缝还会不断变化，有的地方越来越大，可能会"龇牙咧嘴"；有的接缝则可能越来越紧，甚至到"亲密无间"的地步。这样一来，汽车的密封性会越来越差，声响也会越来越多、越来越大。

怎样检查钣金接缝是否均匀？

可以将一张纸进行多次折叠，在折叠过程中不断试着插入一个钣金接缝中，当感觉正好能刚刚插进去时，以此折纸为标准，再去试插车身其他地方的接缝，看是否也是刚好能插进去。如果感觉有地方紧，有地方较松，而且相差较为明显，则表明此车钣金接缝不是很好。

怎样评价内饰做工质量？

其实说一款车的内饰做工是精致还是粗糙，都没有严格的标准，都是相对而言。只能在比较两款车时才可说它是粗糙的或精致的。没有比较就没有鉴别，在哪都是真理。

在比较内饰做工时，最重要的就是观察。内饰的观感很重要，只要坐在车内，就要面对它。塑料感较强的内饰，不会给你高档的感觉，影响你的观感。用料低劣、缝隙较大、装配稀松的内饰，会给人很低档的感觉。

观察后就要用手触摸一些操作部件。方向盘是驾驶人摸得最多的地方，塑料的方向盘和真皮包裹的方向盘区别较大，方向盘的粗细及大小、真皮的柔软度及精致度、缝纫技术等，都会导致不同的握感。座椅蒙面、变速杆、扶手、开关钮、门拉手等，都会影响你的"触感"。

可以用手按动来检查内饰板装配质量的精密度，一般中控台装饰边框、门内板等是最能检验装配质量优劣的地方。装配不良的零部件，在按动时会感觉到松动，甚至还会有响声。

车身制造有哪四大工艺？

在车身制造中共有四大工艺，即冲压、焊装、涂装和总装。

冲压工艺是指将钢板冲压成车身板件；焊装则是指将冲压成型的车身板件焊接在一起，最后要焊接成一个车身主体及车门、发动机舱盖、行李舱盖等；涂装工艺则是指对车身板件进行防锈处理、喷涂漆等；最后一道工艺就是将涂装后的车身与底盘进行总装成整车。

冲压

焊装

涂装

总装

一辆燃油汽车是怎样驶下生产线的?

汽车制造流程中主要有四大工艺,即车身冲压、车身焊装、车身涂装、整车总装。这四大工艺流程一般都是在整车厂内完成,但发动机、变速器、车桥、车身附件、内饰件等部件,一般都是由配套厂商完成制造,然后运输到整车总装车间与车身一起组装成整车。一辆汽车走过生产线的流程大致如下。

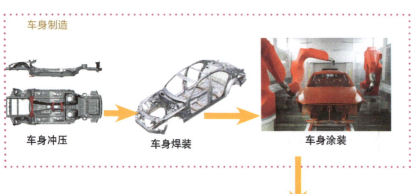

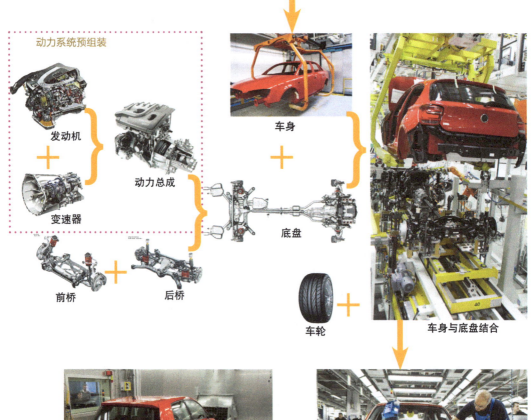

新车性能测试

新车外观检验